Hübner

Klausur-Leitfaden Einkommensteuer

Zusätzliche digitale Inhalte für Sie!

Zu diesem Buch stehen Ihnen kostenlos folgende digitale Inhalte zur Verfügung:

- Online-Version ✓
- Online-Training
- Aktualisierung im Internet
- Zusatz-Downloads
- App
- Digitale Lernkarten
- WissensCheck

Schalten Sie sich das Buch inklusive Mehrwert direkt frei.

Scannen Sie den QR-Code **oder** rufen Sie die Seite **www.nwb.de** auf. Geben Sie den Freischaltcode ein und folgen Sie dem Anmeldedialog. Fertig!

Ihr Freischaltcode

GGSV-ZKGM-VWGE-RVIH-VDYY-P

www.nwb.de

Klausur-Leitfaden Einkommensteuer

Von
Marcus Hübner, Dipl.-Finanzwirt (FH)

nwb AUSBILDUNG

ISBN 978-3-482-**67571**-3

Satz: Griebsch & Rochol Druck GmbH, Hamm
Druck: medienHaus Plump GmbH, Rheinbreitbach

VORWORT

Das Einkommensteuerrecht ist regelmäßig Gegenstand des zweiten Tages der schriftlichen Steuerberaterprüfung und stellt die Prüfungskandidaten vor besondere Herausforderungen. Dies liegt zum einen an der Vielfalt und dem Umfang der einkommensteuerrechtlichen Themen, sowohl im Bereich des nationalen, als auch im Bereich des internationalen Steuerrechts. Zum anderen ergibt sich eine weitere Schwierigkeit aufgrund der unterschiedlichen Aufgabentypen, durch die in der Folge kein einheitliches Prüfungsschema anwendbar ist. Eine weitere Hürde stellen einkommensteuerrechtliche Aufgaben, für deren Lösung eine korrekte Anwendung des Bilanzsteuerrechts die Voraussetzung bildet, dar.

Dieser Leitfaden zeigt Ihnen deshalb, wie Einkommensteuer-Klausuren bearbeitet werden. Eingangs werden die Inhalte der Prüfungsjahre 2006 bis 2014 aufgelistet (**Kapitel I**). Themen des **Kapitels II** sind die Prüfungsvorbereitung und die Prüfungsbearbeitung als solche, unter Beachtung wichtiger Aufgabentypen und Bearbeitungshinweise der vergangenen Jahre. Anschließend wird das, für die Bearbeitung von einkommensteuerrechtlichen Aufgaben notwendige, Basiswissen dargestellt (**Kapitel III**).

Die wichtigsten inhaltlichen Schwerpunkte der Prüfungsjahre 2006 bis 2014 werden im **Kapitel IV** behandelt. Für einzelne Themengebiete werden in diesem Kapitel gängige Grundaussagen sowie Musterschemata angeboten. Komplettiert wird der Leitfaden durch ausgewählte Prüfungsaufgaben, die im **Kapitel V** dargestellt werden.

Dieser Leitfaden ersetzt kein Lehrbuch. Er soll Sie dabei unterstützen, Ihre einkommensteuerrechtlichen Kenntnisse in der Prüfung erfolgreich anzuwenden. Der Leitfaden soll Ihnen helfen, komplexe einkommensteuerrechtliche Aufgaben lösen zu können und eine bestmögliche Punkteausbeute zu erzielen. Er eignet sich gut zur Wiederholung und Festigung des Stoffs vor den Prüfungsklausuren und kann darüber hinaus auch als Vertiefung dienen.

Die schriftliche Steuerberaterprüfung besteht zu etwa 20 bis 25 % aus Einkommensteuerrecht. Planen Sie deshalb entsprechend viel Vorbereitungszeit ein, in etwa so viel wie für das Bilanzsteuerrecht.

Genau wie für die anderen (schriftlichen) Prüfungstage gilt auch hier – „Übung macht den Meister". Versuchen Sie, möglichst viele Übungsklausuren zu lösen, vor allem die, die in den Vorbereitungskursen auf die Steuerberaterprüfung angeboten werden. Wichtig ist auch, die Bearbeitung von Prüfungsklausuren in speziellen Klausurkursen zu üben, sei es vor Ort oder auch zu Hause. Eines ist für das Üben von Klausuren immer wichtig – lösen Sie die Klausuren unter realistischen Bedingungen und nicht „nebenbei".

Kritik und Anregungen nehme ich gern entgegen.

Chemnitz, im April 2019 — Marcus Hübner

INHALTSVERZEICHNIS

ABKÜRZUNGSVERZEICHNIS

A

A	Abschnitt
a. a. O.	am angegebenen Ort
Abs.	Absatz
abzgl.	abzüglich
AfA	Absetzung für Abnutzung
AfaA	Absetzung für außergewöhnliche Abnutzung
AIG	Gesetz über steuerliche Maßnahmen bei Auslandsinvestitionen der deutschen Wirtschaft
AktG	Aktiengesetz
Alt.	Alternative
AO	Abgabenordnung
Art.	Artikel
AStG	Außensteuergesetz

B

BewG	Bewertungsgesetz
BFH	Bundesfinanzhof
BGB	Bürgerliches Gesetzbuch
BGBl	Bundesgesetzblatt
BMF	Bundesministerium der Finanzen
BStBl	Bundessteuerblatt
BtDrs.	Bundestagsdrucksache
Buchst.	Buchstabe
bzgl.	bezüglich
bzw.	beziehungsweise

D

DBA	Doppelbesteuerungsabkommen
d. h.	das heißt
DVStB	Durchführung der Vorschriften über Steuerberater, Steuerbevollmächtigte und Steuerberatungsgesellschaften

E

EmoG	Elektromobilitätsgesetz
EStDV	Einkommensteuerdurchführungsverordnung
EStG	Einkommensteuergesetz
EStH	Einkommensteuerhinweise
EStHB	Einkommensteuerhandbuch
EStR	Einkommensteuerrichtlinien
EU	Europäische Union
EWR	Europäischer Wirtschaftsraum

F

f., ff.	folgend, folgende
FördG	Fördergebietsgesetz

G

GbR	Gesellschaft bürgerlichen Rechts
gem.	gemäß
GewStG	Gewerbesteuergesetz
GewStH	Gewerbesteuerhinweise
GewStR	Gewerbesteuerrichtlinien
GG	Grundgesetz
ggf.	gegebenenfalls
GmbH	Gesellschaft mit beschränkter Haftung
GmbHG	Gesetz betreffend die Gesellschaften mit beschränkter Haftung
grds.	grundsätzlich

H

H	Hinweis
HGB	Handelsgesetzbuch

I

i. d. F.	in der Fassung
i. d. R.	in der Regel
i. H.	in Höhe
i. R.	im Rahmen
i. S.	im Sinne
i.V.	in Verbindung

K

KapG	Kapitalgesellschaft
Kfz	Kraftfahrzeug
KG	Kommanditgesellschaft
KGaA	Kommanditgesellschaft auf Aktien
KStG	Körperschaftsteuergesetz
KStR	Körperschaftsteuerrichtlinien
kWh	Kilowattstunde

L

LStH	Lohnsteuerhinweise
LStHB	Lohnsteuerhandbuch
LStR	Lohnsteuerrichtlinien

M

m^2	Quadratmeter
Mio.	Millionen

N

Nr.	Nummer

O

OECD	Organisation für wirtschaftliche Zusammenarbeit und Entwicklung
oHG	offene Handelsgesellschaft

P

Pkw	Personenkraftwagen
p.r.t.	pro rata temporis (anteilmäßig auf einen bestimmten Zeitablauf bezogen)

R

R	Richtlinie
Rz.	Randziffer

S

S.	Seite
sog.	sogenannte(n)
SolzG	Solidaritätszuschlaggesetz
StBerG	Steuerberatungsgesetz
Stpfl.	Steuerpflichtiger

T

Tz.	Textziffer

U

UmwStG	Umwandlungssteuergesetz
UStAE	Umsatzsteuer-Anwendungserlass
UStG	Umsatzsteuergesetz

V

vgl.	vergleiche

Z

z. B.	zum Beispiel
zzgl.	zuzüglich

I. Gegenstand der Prüfungsklausuren „Einkommensteuer- und Ertragsteuerrecht"

1. Die Prüfungsaufgabe aus dem „Einkommensteuer- und Ertragsteuerrecht" als Teil der Steuerberaterprüfung

Die Steuerberaterprüfung besteht aus drei schriftlichen Prüfungen sowie einer mündlichen Prüfung (vgl. § 37 Abs. 2 StBerG). Die Prüfungsgebiete der Steuerberaterprüfung sind gem. § 37 Abs. 3 Nummern 1 bis 8 StBerG:[1]

1. Steuerliches Verfahrensrecht sowie Steuerstraf- und Steuerordnungswidrigkeitenrecht,
2. Steuern vom Einkommen und Ertrag,
3. Bewertungsrecht, Erbschaftsteuer und Grundsteuer,
4. Verbrauch- und Verkehrsteuern, Grundzüge des Zollrechts,
5. Handelsrecht sowie Grundzüge des Bürgerlichen Rechts, des Gesellschaftsrechts, des Insolvenzrechts und des Rechts der Europäischen Union,
6. Betriebswirtschaft und Rechnungswesen,
7. Volkswirtschaft,
8. Berufsrecht.

Die DVStB[2] konkretisiert die Verteilung der Prüfungsgebiete insoweit, als dass zwei Aufsichtsarbeiten die Prüfungsgebiete der Nummern 1 bis 4 des § 37 Abs. 3 StBerG enthalten sollen. Die dritte Aufsichtsarbeit ist dem Gebiet der Buchführung und des Bilanzwesens zu entnehmen (vgl. § 16 Abs. 2 DVStB). Alle drei schriftlichen Prüfungen können sich jeweils auch auf andere Prüfungsgebiete erstrecken. Der Bereich des Ertragsteuerrechts wird regelmäßig am zweiten schriftlichen Prüfungstag geprüft. Üblicherweise besteht die Prüfungsaufgabe aus dem Ertragsteuerrecht aus mehreren eigenständigen Teilaufgaben (Einkommensteuer, Gewerbesteuer, Körperschaftsteuer). Der Bereich des Einkommensteuerrechts war fester Bestandteil in mindestens einer Teilaufgabe und bildete zumeist den Hauptschwerpunkt des schriftlichen Prüfungstages. Neben der Prüfung des Einkommensteuerrechts im Bereich des nationalen Steuerrechts erfolgte in einigen schriftlichen Prüfungen auch die Prüfung des Einkommensteuerrechts im Bereich des internationalen Steuerrechts.

Für die schriftliche Prüfung ist eine Gesamtnote zu bilden (vgl. § 25 Abs. 1 DVStB). Die Prüfungsnoten reichen gem. § 15 Abs. 1 DVStB von der Note 1 (= hervorragende Leistung) bis zur Note 6 (= völlig unbrauchbare Leistung). Um die Zulassung zur mündlichen Prüfung zu erhalten, muss der Prüfling eine Gesamtnote für die schriftliche Prüfung von mehr als 4,5 erreichen (vgl. § 25 Absätze 1 und 2 DVStB). Die Steuerberaterprüfung findet regelmäßig jährlich statt, wobei die schriftliche Prüfung meist Anfang Oktober durchgeführt wird (vgl. § 14 Abs. 1 DVStB). Der schriftliche Teil der Steuerberaterprüfung für das Jahr 2019 wird vom 8. bis zum 10. Oktober 2019 stattfinden.[3]

2. Hilfsmittel bei der schriftlichen Steuerberaterprüfung

Die Hilfsmittelliste wird für jede Steuerberaterprüfung von den obersten Finanzbehörden der Länder bundeseinheitlich bestimmt (vgl. § 37 Abs. 2 StBerG).

Aus dem Hilfsmittelerlass 2019 geht hervor, dass „[...] für den schriftlichen Teil der Steuerberaterprüfung [...] als Hilfsmittel Textausgaben (Loseblatt-Sammlung oder gebunden) beliebi-

1 Es ist nicht erforderlich, dass alle Prüfungsgebiete Gegenstand der Steuerberaterprüfung sind (vgl. § 37 Abs. 3 StBerG).

2 Verordnung zur Durchführung der Vorschriften über Steuerberater, Steuerbevollmächtigte und Steuerberatungsgesellschaften

3 Vgl. Gleich lautende Erlasse der obersten Finanzbehörden der Länder über den Termin der schriftlichen Steuerberaterprüfung 2019 und die hierfür zugelassenen Hilfsmittel vom 2. 10. 2018, BStBl I S. 1028.

ger Verlage zugelassen [sind]. Mindestens benötigt werden die Texte folgender Gesetze einschließlich ggf. hierzu erlassener Durchführungsverordnungen und Richtlinien:

- Abgabenordnung, Finanzgerichtsordnung, Verwaltungszustellungsgesetz,
- Erbschaftsteuer - und Schenkungsteuergesetz, Bewertungsgesetz,
- Umsatzsteuergesetz,
- Einkommensteuergesetz, Körperschaftsteuergesetz, Gewerbesteuergesetz,
- Umwandlungsgesetz, Umwandlungssteuergesetz,
- Außensteuergesetz,
- Investitionszulagengesetz,
- Grunderwerbsteuergesetz, Grundsteuergesetz,
- Bürgerliches Gesetzbuch, Handelsgesetzbuch, Aktiengesetz, GmbH-Gesetz,
- Steuerberatungsgesetz.

[...] Die Textausgaben dürfen weitere Gesetzestexte, Verwaltungsanweisungen der Finanzbehörden, Leitsatzzusammenstellungen, Fußnoten und Stichwortverzeichnisse enthalten.“[4]

Für die Teilaufgabe aus dem Bereich des Einkommensteuerrechts sind insbesondere folgende zugelassene Hilfsmittel von Bedeutung:

- Einkommensteuergesetz (EStG),
- Einkommensteuerhinweise (EStH),
- Einkommensteuerrichtlinien (EStR),
- Einkommensteuerdurchführungsverordnung (EStDV),
- Lohnsteuerhinweise (LStH),
- Lohnsteuerrichtlinien (LStR),
- Außensteuergesetz (AStG).

3. Die Prüfungsschwerpunkte der Prüfungen 2006 – 2014

Schwerpunkt/ Themengebiet	Jahr	wesentliche Inhalte	Kapitel
Einkünfte aus Gewerbebetrieb			
Einkünfte aus Gewerbebetrieb	2008	Anwendung Betriebsvermögensvergleich; Privatnutzung von Kraftfahrzeug	IV.1.3.1
	2009	Entnahme von Betriebsvermögen (Teilwertaufholung)	-
	2012	Anwendung Betriebsvermögensvergleich; betrieblich veranlasste Schuldzinsen (§ 4 Abs. 4a EStG)	-
	2013	Anwendung Einnahmenüberschussrechnung; Anschaffung und Verkauf von Anlagevermögen; Zerstörung privates Kraftfahrzeug auf betrieblicher Fahrt; Übertragung stiller Reserven bei Ersatzbeschaffung	IV.1.3.1
gewerbliche Mitunternehmerschaft	2006	Gewinnermittlung und Gewinnverteilung	IV.1.5.5, IV.1.5.6
	2007	Gewinnermittlung und Gewinnverteilung bei einer GmbH & Co. KG (Einheitsgesellschaft)	IV.1.5.5, IV.1.5.6
	2009	Gewinnermittlung und Gewinnverteilung bei einer OHG; Tätigkeitsvergütung Geschäftsführertätigkeit sowie Privatnutzung Kraftfahrzeug (1-%-Methode)	IV.1.5
	2010	Gewinnermittlung und Gewinnverteilung bei einer (Einmann) GmbH & Co. KG; Negativabgrenzung Betriebsaufspaltung bei Schwesterpersonengesellschaften; Begünstigung von nicht entnommenen Gewinnen	IV.1.5

4 Vgl. Gleich lautende Erlasse der obersten Finanzbehörden der Länder über den Termin der schriftlichen Steuerberaterprüfung 2019 und die hierfür zugelassenen Hilfsmittel vom 2. 10. 2018, a. a. O.

	2011	Geschäftsführertätigkeit; Pensionszusage; erfolgsneutrales Gewinnvorab	IV.1.5.5
	2011	Hinweis Betriebsverpachtung im Ganzen; Negativabgrenzung Betriebsaufspaltung	IV.1.6.5
	2013	Gewinnermittlung und Gewinnverteilung bei einer GmbH & Co. KG (Einheitsgesellschaft); Privatnutzung fremdfinanziertes Kraftfahrzeug im Sonderbetriebsvermögen	IV.1.5
Verluste bei beschränkter Haftung	2008	Verlustberücksichtigung Kommanditist (drei Veranlagungszeiträume)	IV.1.5.7
	2011	Berücksichtigung von Verlustanteilen eines Kommanditisten	IV.1.5.7
	2013	Berücksichtigung von Verlustanteilen eines Kommanditisten	IV.1.5.7
Betriebsaufspaltung	2007	Zusammenrechnung der Gesellschaftsanteile von Eltern und Kindern	IV.1.4
	2014	Prüfung der Voraussetzungen und Darstellung der Folgen	IV.1.4
Veräußerung eines Betriebes			
Veräußerung eines gesamten Mitunternehmeranteils	2006	fremdübliche Veräußerung; Erstellung der Bilanzen bei der betroffenen Personengesellschaft	IV.1.6.2
	2007	fremdübliche Veräußerung inklusive Anteil an Komplementär-GmbH	IV.1.6.2
	2013	fremdübliche Veräußerung; Zurückbehaltung Betriebsvermögen; nachträgliche Betriebsausgaben	IV.1.6.2
Veräußerung von Anteilen an KapG (§ 17 EStG)			
Auflösung einer Kapitalgesellschaft	2008	Fiktion der Veräußerung durch Auflösung und Liquidation (Insolvenzverfahren)	IV.1.7
teilentgeltliche Veräußerung	2009	Teilentgeltliche Veräußerung von Anteilen an Kapitalgesellschaft (vorweggenommene Erbfolge)	IV.1.7
entgeltliche Veräußerung	2009	Veräußerung eines 50%-igen Anteils	IV.1.7
	2013	Veräußerung eines 100%-igen Anteils	IV.1.7
Einkünfte aus selbständiger Tätigkeit			
Katalogberuf	2010	Einnahmenüberschussrechnung (Arzt); Einlage eines bebauten Grundstücks (Darlehen von Ehefrau); Veräußerung von Betriebsgrundstück (Übertragungsmöglichkeiten stille Reserven)	IV.2
Einkünfte aus nichtselbständiger Tätigkeit			
Beschäftigung im privaten Dienst	2006	Geschäftsführertätigkeit	IV.3
	2008	Geschäftsführertätigkeit; fremdübliches Anstellungsverhältnis bei Schwester eines Gesellschafters	IV.3
	2009	Geschäftsführertätigkeit für eine inländische KapG; Privatnutzung Kraftfahrzeug	IV.3.2
	2010	Pauschalierung der Lohnsteuer, Ermittlung Steuerbelastung, Betriebsveranstaltung	IV.3.4
Einkünfte aus Kapitalvermögen			
Dividendenzahlung	2007	Ausnahme der Anwendung des gesonderten Steuertarifs	IV.4.3
Zinseinkünfte	2010	Zinsen aus Darlehen an nahe Angehörige	IV.4.1
Einkünfte aus Vermietung und Verpachtung			
bebaute Grundstücke	2006	Abgrenzung zwischen Erhaltungsaufwand – nachträglichen Herstellungskosten	IV.5.3.2.3
	2007	Vermietung nach teilentgeltlicher Übertragung	IV.5.1

	2008	fremdübliche Vermietung	IV.5.1
	2011	fremdübliche Vermietung	IV.5.1
	2014	verbilligte Überlassung; Abgrenzung Erhaltungsaufwand – nachträglichen Herstellungskosten	IV.5.3, IV.7.4
Vermietung eines Erbbaurechts	2012	Einmalzahlung Mietzins; Abgrenzung Erhaltungsaufwand – nachträglichen Herstellungskosten	IV.5.1, IV.7.4
Sonstige Einkünfte			
privates Veräußerungsgeschäft	2006	Veräußerung von bebautem Grundstück	IV.6.3
	2008	Veräußerung von bebautem Grundstück; nachträglichen Werbungskosten (Schuldzinsen)	IV.6.3
	2010	Einlage in ein Betriebsvermögen und Veräußerung; Teilzahlungen in zwei Veranlagungszeiträumen	IV.6.3.4.2
	2011	Veräußerung bebautes Grundstück an Personengesellschaft (50%-ige Beteiligung des Veräußerers)	IV.6.3
	2012	Negativabgrenzung; Veräußerung von Gebäude und nicht von Grund und Boden	IV.6.3.1
	2014	getrennte Prüfung Zehnjahresfrist wegen teilentgeltlichem Erwerb; Verlust	IV.6.3.1.3
Leibrenten und andere Leistungen	2009	Rente (Berufsunfähigkeitsversicherung); Verletztengeld (gesetzlichen Unfallversicherung)	IV.6.1.2, V.2.4.1
Leistungen aus Pensionsfonds	2010	Versorgungszusage	IV.6.5
Berücksichtigung von Kindern			
Kinderfreibetrag	2008	Kinder über 18 Jahre	III.5.3
Sonderausgaben			
Unterhaltszahlungen	2009	Unterhaltszahlungen an geschiedene Ehefrau im Ausland	III.6.3
außergewöhnliche Belastungen			
Unterhaltszahlungen	2009	Unterhaltszahlung an geschiedene Ehefrau im Inland	III.7.2.1
vorweggenommene Erbfolge			
Übertragung Privatvermögen	2006	teilentgeltliche Übertragung von unbeweglichem Vermögen	V.1.1
	2007	teilentgeltliche Übertragung von unbeweglichem Vermögen	V.1.1
	2014	teilentgeltliche Übertragung von unbeweglichem Vermögen	V.1.1
Erbfolge			
Übertragung Privatvermögen	2008	Anteilen an Kapitalgesellschaften	V.1.2
Internationales Steuerrecht			
unbeschränkte Steuerpflicht	2006	Anwendung DBA (Einkünfte aus Vermietung und Verpachtung; Einkünfte aus Kapitalvermögen)	IV.8.2
	2006	ohne DBA (negative Einkünfte § 17 EStG)	IV.8.1
	2012	Anwendung DBA (Einkünfte aus Gewerbebetrieb; Einkünfte aus Kapitalvermögen)	IV.8.2
	2013	Anwendung DBA (Doppelansässigkeit; Einkünfte aus selbständiger Tätigkeit; Einkünfte aus Kapitalvermögen; Einkünfte aus Vermietung und Verpachtung; sonstige Einkünfte)	IV.8.2
	2014	Anwendung DBA (Einkünfte aus selbständiger Tätigkeit; Einkünfte aus nichtselbständiger Tätigkeit; Einkünfte aus Vermietung und Verpachtung; sonstige Einkünfte)	IV.8.2
Wechsel von unbeschränkter zu beschränkter Steuerpflicht	2012	Anwendung DBA (Einkünfte aus selbständiger Tätigkeit; Einkünfte aus Vermietung und Verpachtung; Wegzugsbesteuerung § 6 AStG)	IV.8.1, IV.8.2, IV.8.3.3

	2014	ohne DBA (Einkünfte aus Kapitalvermögen; Wegzugsbesteuerung § 6 AStG)	IV.8.3.3
beschränkte Steuerpflicht	2007	Anwendung DBA (gewerbliche Mitunternehmerschaft; Veräußerung gesamter Mitunternehmeranteil)	IV.8.2, IV.8.3.2
	2009	ohne DBA (Einkünfte aus selbständiger Tätigkeit; Einkünfte aus Gewerbebetrieb; Einkünfte aus Kapitalvermögen; Einkünfte aus Vermietung und Verpachtung)	IV.8.2, IV.8.3.2
Sonstiges	2006	unentgeltliche Aufnahme in ein Einzelunternehmen	IV.1.6.6
	2007	Gebäudesachverhalt (verschiedene Nutzungs- und Funktionszusammenhänge)	IV.7.2
	2009	Umwandlung von Personengesellschaft in Kapitalgesellschaft (zu Buchwerten)	-
	2010	Übertragung von Versorgungsanwartschaften auf einen Pensionsfonds	IV.3.2, V.2.4.2
	2011	Gründung einer Personengesellschaft	V.2.2.2
	2013	Gründung einer Kapitalgesellschaft	-
	2014	Prüfung und Berechnung Altersentlastungsbetrag	III.8

II. Prüfungsvorbereitung und Prüfungstechnik

1. Vorbereitung auf die schriftliche Steuerberaterprüfung

Die Möglichkeiten zur Vorbereitung auf die schriftliche Steuerberaterprüfung sind vielfältig. Angeboten werden unter anderem eine Vielzahl an Vorbereitungskursen in Form eines Fernstudiums/Fernkurses, Abendkurses oder Vollzeitlehrgangs. Zunehmend werden auch Online-Seminare angeboten. Darüber hinaus gibt es spezielle Lehrbücher sowie diesen Klausurleitfaden.

Um ein Gefühl für häufig auftretende Aufgaben sowie einkommensteuerliche Probleme zu erhalten, empfiehlt es sich, möglichst viele Klausuren detailliert und möglichst unter Einhaltung der Zeitvorgabe zu lösen. Realistische Prüfungsbedingungen beim Lösen von Klausuren als Vorbereitung auf die Steuerberaterprüfung helfen, Routine zu entwickeln und in der Prüfung ruhiger an die Bearbeitung heranzugehen. Darüber hinaus entwickelt sich mit der Zeit eine Selbsteinschätzung dafür, was man selber in der Prüfung „schaffen“ kann. Das Lösen von Klausuren kann, je nach Lerntyp, sowohl zuhause als auch in besonderen Klausurkursen erfolgen.

2. „Fahrplan“ für die schriftliche Steuerberaterprüfung

2.1 Das Erfassen der Prüfungsaufgabe

Die Bearbeitung der schriftlichen Steuerberaterprüfung sollte stets mit dem Lesen des Sachverhalts inklusive der Aufgabenstellung beginnen. Es empfiehlt sich ein mehrmaliges Lesen (mindestens zweimal).

Das **1. Lesen** sollte dazu dienen, sich einen Überblick über die Prüfungsaufgabe zu verschaffen und einen „ersten Eindruck“ zu gewinnen. Sofern bereits zu diesem Zeitpunkt spontane Ideen zur Prüfungsaufgabe entstehen, können diese zum Beispiel am Rand des Textes notiert werden. Das 1. Lesen kann auch bereits dazu genutzt werden, eine grobe Übersicht über die Prüfungsaufgabe zu erstellen, die in der Folge verfeinert wird.

Das **2. (und ggf. nochmalige) Lesen** sollte gründlicher erfolgen. Es bietet sich an, die möglichen Schwerpunkte auf einem Blatt zunächst der Reihenfolge nach zu notieren und mögliche Verbindungen einer Textpassage zu einer anderen zu skizzieren, da in der Prüfungsaufgabe die notwendigen Angaben zumeist nicht in der, für die Lösung erforderlichen, Reihenfolge dargestellt werden.

HINWEIS

Um komplexe und lange Sachverhalte zu verstehen und bei der Lösung keinen Teil zu vergessen, empfiehlt es sich, die wichtigsten Daten und Fakten auf einem gesonderten DIN A4-Blatt (in Form einer Fallskizze oder Tabelle) zu ordnen und zusammenzufassen.

2.2 Die Aufgabenstellung als „Roter Faden“

Im Anschluss an das mehrmalige Lesen sollten Sie sich auf die Aufgabenstellung konzentrieren. Die **Aufgabenstellung** ist für die folgende Fallbearbeitung maßgebend und bestimmt „den Roten Faden“ Ihrer Klausurlösung. Sie setzt die Schwerpunkte in der Fallbearbeitung und grenzt andererseits mögliche Schwerpunkte von der Lösung aus.

Die Aufgabenstellung wird i. R. der Prüfungsaufgabe Einkommensteuer regelmäßig in einem Hauptsatz formuliert. Die darin formulierte Aufgabe ist maßgebend für den Lösungsaufbau und die Auspunktung der Prüfungsaufgabe. Um zielgerichtet die Klausurpunkte „einzusammeln“, empfiehlt es sich, i. R. der Lösungserstellung nur Aussagen zu treffen, die von der Aufgabenstellung verlangt werden. Aussagen, die außerhalb der verlangten Lösung erfolgen, können vom Korrektor nicht bepunktet werden und führen damit zu einem unnötigen Zeitverlust in Ihrer Prüfung. Teilweise waren in der Vergangenheit Aufgaben in verschiedene **Teilaufgaben** geteilt. Sofern dies der Fall ist, sollte die Lösung entsprechend der Reihenfolge der Teilaufgaben aufgebaut werden.

Die Bearbeitungshinweise ergänzen regelmäßig die Aufgabenstellung. Sie dienen, genau wie die Aufgabenstellung auch, dazu, auf mögliche relevante Probleme aufmerksam zu machen und andere Probleme von der Fallbearbeitung und Falllösung auszugrenzen. Sind ein Bearbeitungshinweis oder mehrere Bearbeitungshinweise vorhanden, sollten Sie diese bei der Lösungserstellung immer im Hinterkopf behalten, um keine unnötigen, zeitfressenden steuerlichen Probleme zu analysieren, oder andere relevante Probleme bei Ihrer Falllösung zu „vergessen".

Im ersten Schritt ihrer Lösung können Sie, sofern noch nicht erfolgt, den Lösungsaufbau unter Einbeziehung der „ersten Gedanken", die Ihnen beim mehrmaligen Lesen eingefallen sind, auf einer DIN A4-Seite skizzieren (= **„Lösungsskizze"**). In der Folge können Sie von dieser Skizze die gelösten „Probleme" abhaken und vermeiden damit, relevante steuerliche Aspekte zu übersehen.

Anschließend können Sie damit beginnen, die **Reinschrift** ihrer Klausurlösung anzufertigen. Achten Sie dabei darauf, die Lösung möglichst gut für den „Empfänger" (= Erst- und Zweitkorrektor) aufzubereiten. Eine möglichst leserliche Handschrift sowie eine logische Gliederung können helfen, die Korrektoren durch ihre Lösung zu führen und eine zutreffende und zügige Bewertung zu erleichtern.

2.3 Typische Aufgabenstellungen

In den vergangenen Jahren traten häufig ähnliche Aufgabenstellungen auf. Insbesondere aufgefallen sind folgende Formulierungen:

1. Ermitteln Sie die festzusetzende Einkommensteuer für [...].
2. Ermitteln Sie das zu versteuernde Einkommen von [...] für den Veranlagungszeitraum [...].
3. Ermitteln Sie den Gesamtbetrag von ... im Veranlagungszeitraum [...].
4. Ermitteln Sie die Einkünfte des ... für den Veranlagungszeitraum [...].
5. Ermitteln Sie den korrekten steuerlichen Gewinn der [...] (Personengesellschaft) und verteilen Sie diesen auf die Gesellschafter.
6. Stellen Sie die einkommensteuerliche Behandlung der Verlustanteile bezüglich des [...] für die Veranlagungszeiträume [...] bis [...] dar.

Die **Formulierungen 1 bis 3** haben gemeinsam, dass sie sich auf eine bestimmte „Phase" der Ermittlung des Umfangs der Besteuerung beziehen. Eine Hilfe für die Einordnung und den möglichen Lösungsaufbau stellt die R 2 EStR (vgl. dazu auch Kapitel III.3.2.1) dar.

Der **Aufgabentyp 5** stellt eine konkretere Aufgabenstellung unter Bezug auf eine Rechtsform (z. B. „Personengesellschaft") und gliedert gleichzeitig die Lösung in zwei Teile. Im ersten Schritt soll hier der steuerliche Gewinn ermittelt werden, der anschließend im zweiten Schritt auf die Gesellschafter zu verteilen ist.

Die **Aufgabe 6** wiederum weist indirekt auf mögliche steuerliche Vorschriften hin. Mögliche Lösungsinhalte wären hier z. B. § 15a EStG oder § 10d EStG.

2.4 Ergänzende Bearbeitungshinweise

In den letzten Steuerberaterprüfungen sind im Bereich der Einkommensteuer einige Bearbeitungshinweise gehäuft vertreten gewesen. Wichtige Hinweise waren sinngemäß z. B.:

1. **„Begründen Sie Ihre Lösung anhand der gesetzlichen Vorschriften."**

   Dieser Hinweis ist der am häufigsten verwendete und zugleich wichtigste Bearbeitungshinweis. Er impliziert, dass Sie Ihre Aussagen für die Lösung der Aufgabe vorrangig und soweit wie möglich anhand der Gesetzesnormen begründen sollen. Im Umkehrschluss sind z. B. Verwaltungsanweisungen nur insoweit zu zitieren, als dass sich die Lösung nicht bereits aus dem Gesetzestext ergibt.

2. **„Alle Vereinbarungen entsprechen dem zwischen fremden Dritten Üblichen."**

Verträge zwischen nahen Angehörigen stellen auch ein Problem im Bereich der Einkommensteuer dar. Diese Problematik soll in einer solchen Aufgabe jedoch nicht aufgegriffen werden.

3. **„Etwaige gewerbesteuerliche/umsatzsteuerliche Fragen sind nicht zu klären.“**

   In dieser Aufgabe sind vermutlich gewerbesteuerliche/umsatzsteuerliche Probleme enthalten. Auch wenn diese offensichtlich erscheinen, sind diese für die Lösung nicht relevant.

4. **„Sofern verschiedene Lösungsmöglichkeiten bestehen, ist das für das Jahr [...] günstigste steuerliche Ergebnis zu wählen.“ und „Alle erforderlichen Anträge gelten als gestellt.“**

   Diese beiden Hinweise treten zumeist in Kombination auf. Sie weisen den Prüfling darauf hin, dass für die Lösung steuerliche Wahlrechte relevant sein können, die einen Antrag des Stpfl. erfordern. Beim Vorliegen dieser beiden Hinweise sollten die Lösungsmöglichkeiten (sofern vorhanden, meist zwei) dargestellt werden und begründet werden, welche Möglichkeit steuerlicher günstiger als die andere ist.

5. **„Geben Sie in Ihrer Lösung an, ob etwaige ausländische Steuern dem Grunde nach auf die Einkommensteuer anzurechnen sind und inwieweit ausländische Einkünfte dem Progressionsvorbehalt unterliegen.“**

   Diese Art von Hinweis kann im Bereich des internationalen Steuerrechts vorkommen. Er stellt auf die Anrechnungsmöglichkeit von ausländischen Steuern (nur dem Grund, nicht der Höhe nach) sowie den Progressionsvorbehalt von ausländischen Einkünfte ab.

6. **„Auf mögliche Steuervergünstigungen ist nicht einzugehen.“, „Auf einen etwaigen Kapitalertragsteuerabzug sowie den Solidaritätszuschlag und die Kirchensteuer ist nicht einzugehen.“, „Auf die Steuerpflicht, den Tarif sowie die Veranlagungsart ist nicht einzugehen.“**

   Diese drei formulierten Hinweise haben gemeinsam, dass sie einen bestimmten steuerlichen Sachverhalt bzw. eine bestimmte Steuer von der Lösung ausnehmen. Aussagen zu diesen Punkten brauchen Sie in Ihrer Lösung nicht zu treffen, da diese nicht bepunktet werden können.

7. **„Auf Cent lautende Beträge sind abzurunden.“**

   In einigen Hinweisen werden Aussagen zu den Rundungsregeln getroffen, die bei Berechnungen beachtet werden müssen.

2.5 Weitere allgemeine Hinweise

- **„Auch bei vermeintlich leichten Aufgaben ist eine genaue und gründliche Arbeitsweise notwendig.“**

  Auch wenn Ihnen der Sachverhalt sowie die Aufgabenstellung sofort klar sind, sollten Sie darauf achten, dennoch ausführlich auf die Aufgabe einzugehen und Ihre Lösung detailliert aufzubauen, da die Korrektoren ausschließlich Aussagen bepunkten können, die Sie schriftlich formuliert haben.

- **„Verzweifeln Sie nicht.“**

  Stellen Sie bei der Lösung der Prüfung fest, dass Sie einen Teil des Sachverhalts in Bezug auf die Aufgabenstellung nicht lösen können, sollten Sie nicht verzweifeln, sondern diesen Teil zunächst überspringen, um keine Zeit zu verlieren. Versuchen Sie nicht, diesen Teilsachverhalt auf Krampf irgendwie zu lösen. Bleibt Ihnen am Ende noch Zeit übrig, können Sie erneut die Lösung des Teilsachverhalts versuchen.

- **„Auch der gesunde Menschenverstand führt im Steuerrecht (manchmal) zur richtigen Lösung.“**

  Fallen Ihnen zur Falllösung zunächst keine relevanten Vorschriften ein oder können Sie diese nicht sicher anwenden, so können sie versuchen, Ihre Lösung zunächst mit Logik und gesundem Menschenverstand zu begründen. Versuchen Sie etwas „Sinnvolles“ zu Papier zu bringen – möglicherweise stoßen Sie im Laufe des Schreibens auf die passenden Vorschriften oder Ihnen fällt die richtige Anwendung dieser ein.

- **„Was nicht lesbar ist, kann nicht bepunktet werden."**

  Achten Sie in Ihrer Reinschrift der Lösung immer darauf, so leserlich wie möglich zu schreiben. Kann der Korrektor eine Aussage nicht lesen, kann er diese nicht bepunkten, was zu einem vermeidbaren Punktverlust führen würde.

III. Grundlagenwissen Einkommensteuer

1. Einordnung der Einkommensteuer in das Steuersystem

Die Einkommensteuer (einschließlich der Lohnsteuer) ist die **ertragreichste Steuerquelle** der Bundesrepublik Deutschland (Stand 2017).[5] Es handelt sich um eine **direkte Steuer**, die von natürlichen Personen erhoben wird. Darüber hinaus ist die Einkommensteuer eine **Gemeinschaftsteuer**, deren Aufkommen dem Bund, den Ländern sowie den Gemeinden zusteht (vgl. Art. 106 Abs. 3 GG).

Die Einkommensteuer bildet die **Bemessungsgrundlage** für den Solidaritätszuschlag (§ 51a EStG, § 3 SolzG) und die Kirchensteuer.

2. Erhebungsformen der Einkommensteuer

Die Erhebung der Einkommensteuer erfolgt i. R. des **Veranlagungsverfahrens** sowie des **Abzugsverfahrens**.

Die Einkommensteuer ist eine Jahressteuer, wobei die Grundlagen für die Ermittlung der Einkommensteuer jeweils für ein Kalenderjahr zu ermitteln sind (vgl. § 2 Abs. 7 Sätze 1 und 2 EStG). Sie entsteht mit Ablauf des Veranlagungszeitraums, welcher dem Kalenderjahr entspricht (vgl. § 36 Abs. 1 EStG i.V. mit § 38 AO). Unter den Voraussetzungen des § 37 EStG hat der Stpfl. Vorauszahlungen auf die Einkommensteuer zu entrichten, die er voraussichtlich für den Veranlagungszeitraum schulden wird (vgl. § 37 Abs. 1 Satz 1 EStG). Die Vorauszahlungen entstehen jeweils zu Beginn des Kalendervierteljahres und sind zum 10. März, 10. Juni, 10. September und 10. Dezember fällig.

Die Erhebung der Einkommensteuer im Wege des Steuerabzugs stellt eine besondere Erhebungsform der Einkommensteuer dar. Diese findet im Bereich der Lohnsteuer (§§ 38 ff. EStG) und der Kapitalertragsteuer (§§ 43 ff. EStG) sowie beim Steuerabzug bei beschränkt Steuerpflichtigen (§ 50a EStG) Anwendung.

3. Die Steuerpflicht

Jedes Steuergesetz definiert seinen eigenen Anwendungsbereich. Die Definition erfolgt zumeist am Anfang des jeweiligen Steuergesetzes. Der Anwendungsbereich setzt sich beim Einkommensteuergesetz aus zwei Bereichen zusammen, nämlich der persönlichen Steuerpflicht und der sachlichen Steuerpflicht. I. R. der persönlichen Steuerpflicht ist zu prüfen, welche Person („**wer**“) von dem Einkommensteuergesetz betroffen ist (= Steuersubjekt). Die sachliche Steuerpflicht prüft, „**was**“ besteuert werden soll (= Steuergegenstand).

5 Vgl. https://www.bundesfinanzministerium.de/Content/DE/Standardartikel/Themen/Steuern/Steuerschaetzungen_und_Steuereinnahmen/2018-08-28-steuereinnahmen-nach-steuerarten-2010-2017.pdf?__blob=publicationFile&v=2, zuletzt geprüft am 3. 3. 2019.

ABB. 1: Übersicht: persönliche und sachliche Steuerpflicht

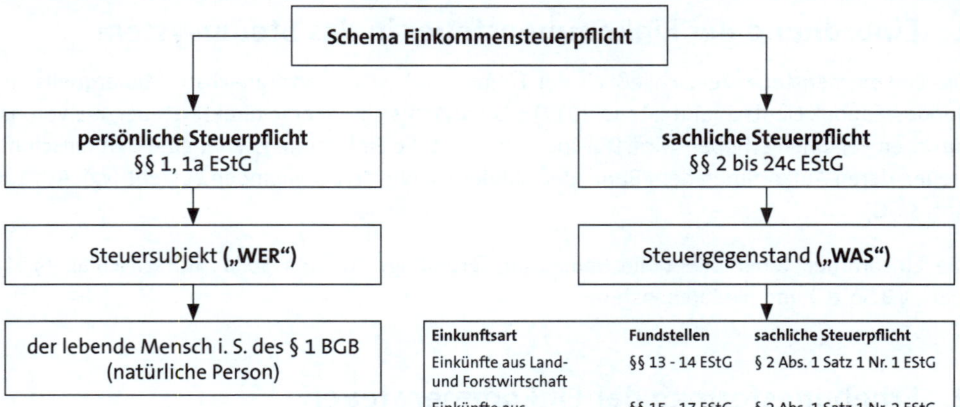

Einkunftsart	Fundstellen	sachliche Steuerpflicht
Einkünfte aus Land- und Forstwirtschaft	§§ 13 - 14 EStG	§ 2 Abs. 1 Satz 1 Nr. 1 EStG
Einkünfte aus Gewerbebetrieb	§§ 15 - 17 EStG	§ 2 Abs. 1 Satz 1 Nr. 2 EStG
Einkünfte aus selbständiger Tätigkeit	§ 18 EStG	§ 2 Abs. 1 Satz 1 Nr. 3 EStG
Einkünfte aus nicht-selbständiger Tätigkeit	§ 19 EStG	§ 2 Abs. 1 Satz 1 Nr. 4 EStG
Einkünfte aus Kapitalvermögen	§ 20 EStG	§ 2 Abs. 1 Satz 1 Nr. 5 EStG
Einkünfte aus Vermietung und Verpachtung	§ 21 EStG	§ 2 Abs. 1 Satz 1 Nr. 6 EStG
Sonstige Einkünfte	§§ 22 - 23 EStG	§ 2 Abs. 1 Satz 1 Nr. 7 EStG

3.1 Die persönliche Steuerpflicht

Als Einstieg in die Lösung der Prüfung empfiehlt es sich, ein Augenmerk auf die persönliche Steuerpflicht zu legen, sofern durch die Bearbeitungshinweise diese nicht von der Bearbeitung ausgenommen ist. I. d. R. ist davon auszugehen, dass in der Steuerberaterprüfung die betroffene Person der Einkommensteuerpflicht unterliegt.

Die persönliche Steuerpflicht lässt sich in zwei verschiedene Grundformen einteilen, namentlich die unbeschränkte Steuerpflicht und die beschränkte Steuerpflicht.

3.1.1 Die unbeschränkte Steuerpflicht nach § 1 Abs. 1 EStG

Der Grundfall der unbeschränkten Steuerpflicht ist die nach § 1 Abs. 1 Satz 1 EStG. Die Voraussetzungen dafür sind, dass es sich um eine natürliche Person i. S. des § 1 BGB handelt, die einen Wohnsitz (§ 8 AO) oder einen gewöhnlichen Aufenthalt (§ 9 AO) im Inland (§ 1 Abs. 1 Satz 2 EStG) hat. Eine unbeschränkte Steuerpflicht aufgrund dieser Norm ergibt sich nur, wenn die genannten Voraussetzungen kumulativ erfüllt sind. Die unbeschränkte Einkommensteuerpflicht umfasst sämtliche in- und ausländischen Einkünfte (vgl. H 1a „Allgemeines“ EStH). Dieses Prinzip wird auch als **„Welteinkommensprinzip“** oder **„Universalitätsprinzip“** bezeichnet. In der Steuerberaterprüfung ergibt sich eine unbeschränkte Einkommensteuerpflicht fast immer gem. § 1 Abs. 1 Satz 1 EStG.

Die unbeschränkte Steuerpflicht setzt eine **natürliche Person** voraus. Natürliche Person ist der lebende Mensch i. S. des § 1 BGB. In der Folge deckt sich die ertragsteuerliche Definition der natürlichen Person mit der zivilrechtlichen Rechtsfähigkeit des Menschen. Auf die zivilrechtliche Geschäftsfähigkeit (vgl. §§ 104 ff. BGB) sowie die Staatsangehörigkeit kommt es nicht an.

Der Begriff des **Inlandes** ist durch das EStG nicht näher definiert. Damit ist unter dem ertragsteuerlichen Begriff des Inlandes das staatsrechtliche Hoheitsgebiet sowie die Erweiterung nach § 1 Abs. 1 Satz 2 EStG zu verstehen. Im Gegensatz zum Inlandsbegriff des UStG werden auch die sogenannten Zollausschlussgebiete vom ertragsteuerlichen Inlandsbegriff erfasst.

Hinsichtlich des Begriffes des **Wohnsitzes** greift das EStG auf die Abgabenordnung als Mantelgesetz zurück (vgl. § 8 AO). Der Begriff der Wohnung ist weit auszulegen. Ausreichend ist, wenn ein geeigneter Raum vorhanden ist, der mit Möbeln ausgestattet und beheizbar ist sowie eine Kochmöglichkeit bietet. Der Wohnberechtigte muss diese Wohnung innehaben, d. h. er muss die tatsächliche Verfügungsmacht über diese Wohnung haben. Es genügt, wenn die natürliche Person die Wohnung regelmäßig zweimal im Jahr über einige Wochen nutzt.[6] Sofern die entsprechenden Voraussetzungen vorliegen, kann eine natürliche Person auch mehrere Wohnsitze begründen.

BEISPIEL

Herr Martin Meier (MM) hat einen Wohnsitz in London, Moskau, Rom und Leipzig. Prüfen Sie, ob MM eine persönliche Steuerpflicht in Deutschland begründet.

LÖSUNG

MM ist unbeschränkt einkommensteuerpflichtig, da er im Inland (Leipzig) einen Wohnsitz unterhält (vgl. § 8 AO i.V. mit § 1 Abs. 1 Satz 1 EStG). Für die unbeschränkte Steuerpflicht in Deutschland ist ein Wohnsitz im Inland ausreichend. Unter Umständen sind bei der Prüfung der sachlichen Steuerpflicht Einschränkungen aufgrund eines Doppelbesteuerungsabkommens zu berücksichtigen.

Auch für den Begriff des gewöhnlichen Aufenthalts greift das EStG auf die Abgabenordnung zurück (vgl. § 9 AO). Ein gewöhnlicher Aufenthalt liegt vor, wenn sich eine natürliche Person im Inland aufhält und die Umstände erkennen lassen, dass dieser Aufenthalt nicht nur vorübergehender Natur ist. Als Vereinfachungsregel normiert § 9 Satz 2 AO, dass ein zeitlich zusammenhängender Aufenthalt von mehr als sechs Monaten eine nicht widerlegbare Vermutung für das Vorliegen eines gewöhnlichen Aufenthalts darstellt. Kurzfristige Unterbrechungen, wie z. B. Jahresurlaub oder Familienheimfahrten, werden nicht berücksichtigt. Im Ergebnis ist festzuhalten, dass eine natürliche Person auch ohne Wohnsitz im Inland unbeschränkt steuerpflichtig sein kann.

Zusammenfassung

Tatbestandsmerkmale:

- natürliche Person i. S. des § 1 BGB
- Wohnsitz (§ 8 AO) oder einen gewöhnlichen Aufenthalt (§ 9 AO)
- im Inland (§ 1 Abs. 1 Satz 2 EStG)

Rechtsfolge:

- unbeschränkte Steuerpflicht nach § 1 Abs. 1 Satz 1 EStG
- Besteuerung des Welteinkommens (vgl. H 1a „Allgemeines" EStH)

3.1.2 Die erweiterte unbeschränkte Einkommensteuerpflicht nach § 1 Abs. 2 EStG

Sofern die Voraussetzungen des § 1 Abs. 1 Satz 1 EStG nicht vorliegen, ist zu prüfen, ob sich eine unbeschränkte Steuerpflicht aufgrund der sog. erweiterten unbeschränkten Steuerpflicht (§ 1 Abs. 2 EStG) ergibt. Sofern ein deutscher Staatsangehöriger ohne Wohnsitz oder gewöhnlichen Aufenthalt im Inland in einem Dienstverhältnis zu einer inländischen juristischen Person des öffentlichen Rechts steht und dafür Arbeitslohn aus einer inländischen öffentlichen Kasse bezieht, wird diese Person im Wohnsitzstaat lediglich beschränkt steuerpflichtig. In der Folge begründet diese natürliche Person in Deutschland eine erweiterte unbeschränkte Steuerpflicht (vgl. § 1 Abs. 2 Sätze 1 und 2 EStG).

Die Tatbestandsmerkmale betreffen in erster Linie deutsche Staatsbedienstete, welche sich im Auftrag der Bundesrepublik im Ausland aufhalten. Die erweiterte unbeschränkte Steuerpflicht gilt auch für Angehörige (vgl. § 15 AO), welche die deutsche Staatsbürgerschaft besitzen oder keine Einkünfte oder nur Einkünfte beziehen, welche ausschließlich im Inland (§ 1 Abs. 1 Satz 2 EStG) einkommensteuerpflichtig sind.

3.1.3 Die fiktive unbeschränkte Steuerpflicht nach § 1 Abs. 3 EStG

Natürliche Personen, die beschränkt steuerpflichtig sind, werden auf **Antrag** mit ihren inländischen Einkünften i. S. des § 49 EStG als **unbeschränkt steuerpflichtig** für diese Einkünfte behandelt (vgl. § 1 Abs. 3 EStG). Die Voraussetzungen dafür sind, dass – neben dem Antrag – die er-

6 Vgl. BFH, Urteil vom 23. 11. 1988 - II R 139/87, BStBl 1989 II S. 182.

zielten Einkünfte zu mindestens 90 % der deutschen Einkommensteuer unterliegen oder die nicht der Einkommensteuer unterliegenden Einkünfte geringer als der Grundfreibetrag i. S. des § 32a Abs. 1 Satz 2 Nr. 1 EStG sind (vgl. § 1 Abs. 3 Sätze 1 und 2 EStG). Der Grundfreibetrag ist zu kürzen, soweit es nach den Verhältnissen im Wohnsitzstaat der natürlichen Person notwendig angemessen ist (vgl. § 1 Abs. 3 Satz 2 Halbsatz 2 EStG).[7] Darüber hinaus muss die Höhe der nicht der deutschen Einkommensteuer unterliegenden Einkünfte durch eine Bescheinigung der zuständigen ausländischen Steuerbehörde nachgewiesen werden (vgl. § 1 Abs. 3 Satz 5 EStG). Ggf. sind bei der Anwendung des § 1 Abs. 3 EStG die Voraussetzungen des § 1a EStG zu prüfen.

3.1.4 Die beschränkte Steuerpflicht nach § 1 Abs. 4 EStG, § 2 AStG

Eine natürliche Person ist mit ihren inländischen Einkünften **beschränkt steuerpflichtig nach § 1 Abs. 4 EStG**, wenn sie im Inland weder einen Wohnsitz noch einen gewöhnlichen Aufenthalt hat und inländische Einkünfte erzielt. Darüber hinaus darf kein Fall des § 1 Abs. 2 oder 3 EStG sowie § 1a EStG vorliegen.

Beim Tatbestand der beschränkten Steuerpflicht ist zu beachten, dass die persönliche und die sachliche Steuerpflicht aneinander geknüpft sind. Ohne das Vorliegen von inländischen Einkünften besteht weder eine persönliche noch eine sachliche Steuerpflicht. Die inländischen Einkünfte ergeben sich aus § 49 EStG. Unter diese Norm fallen nur solche Einkommensquellen, die einen territorialen Bezug zum Inland aufweisen (= **„Territorialitätsprinzip“**). Für natürliche Personen, die der beschränkten Steuerpflicht unterliegen, besteht unter Umständen die Möglichkeit, mithilfe eines Antrages i. S. des § 1 Abs. 3 EStG (vgl. oben) die fiktive unbeschränkte Steuerpflicht zu erlangen.

Bei einem **Wohnsitzwechsel in niedrig besteuernde Gebiete** kann sich aufgrund von § 2 AStG eine beschränkte Steuerpflicht ergeben. § 2 AStG sollte geprüft werden, wenn sich aus dem Sachverhalt ein Wohnsitzwechsel ins Ausland ergibt und das Einkommen dort nur einer niedrigen Besteuerung unterliegt.

3.2 Die sachliche Steuerpflicht

3.2.1 Allgemeines

Die sachliche Steuerpflicht beschäftigt sich mit der Frage, **„was“** einkommensteuerpflichtig ist. Das Ziel ist die Ermittlung des zu versteuernden Einkommens, sofern die Aufgabenstellung nicht eine andere Zielsetzung vorsieht (z. B. Ermittlung der festzusetzenden Einkommensteuer; vgl. auch Kapitel II.2.3). Empfehlenswert ist, sich bei der Bearbeitung der Prüfungsaufgabe an dem Schema der R 2. EStR zu orientieren und die Lösung – in Abhängigkeit von etwaigen Bearbeitungshinweisen – nach diesem Schema aufzubauen.

Schema R 2. EStR – Umfang der Besteuerung		
(1) Das zu versteuernde Einkommen ist wie folgt zu ermitteln:		
1		Summe der Einkünfte aus den Einkunftsarten
2	=	Summe der Einkünfte
3	-	Altersentlastungsbetrag (§ 24a EStG)
4	-	Entlastungsbetrag für Alleinerziehende (§ 24b EStG)
5	-	Freibetrag für Land- und Forstwirte (§ 13 Abs. 3 EStG)
6	+	Hinzurechnungsbetrag (§ 52 Abs. 3 Satz 5 EStG sowie § 8 Abs. 5 Satz 2 AIG)
7	=	Gesamtbetrag der Einkünfte (§ 2 Abs. 3 EStG)
8	-	Verlustabzug nach § 10d EStG
9	-	Sonderausgaben (§§ 10, 10a, 10b, 10c EStG)
10	-	außergewöhnliche Belastungen (§§ 33 bis 33b EStG)

7 Vgl. BMF, Schreiben vom 18. 11. 2013 - IV C 4 – S 2285/07/0005, BStBl I S. 1462 (abgedruckt im Anhang 2 III EStHB).

11	-	Steuerbegünstigung der zu Wohnzwecken genutzten Wohnungen, Gebäude und Baudenkmale sowie der schutzwürdigen Kulturgüter (§§ 10e bis 10i EStG, § 52 Abs. 21 Satz 6 EStG i. d. F. vom 16. 4. 1997, BGBl I Satz 821 und § 7 FördG)
12	+	Erstattungsüberhänge (§ 10 Abs. 4b Satz 3 EStG)
13	+	zuzurechnendes Einkommen gem. § 15 Abs. 1 AStG
14	=	Einkommen (§ 2 Abs. 4 EStG)
15	-	Freibeträge für Kinder (§§ 31, 32 Abs. 6 EStG)
16	-	Härteausgleich nach § 46 Abs. 3 EStG, § 70 EStDV
17	=	zu versteuerndes Einkommen (§ 2 Abs. 5 EStG).
(2) Die festzusetzende Einkommensteuer ist wie folgt zu ermitteln:		
1		
	a)	nach § 32a Abs. 1, 5, § 50 Abs. 1 Satz 2 EStG
		Oder
	b)	nach dem bei Anwendung des Progressionsvorbehalts (§ 32b EStG) oder der Steuersatzbegrenzung sich ergebenden Steuersatz
2	+	Steuer auf Grund Berechnung nach den §§ 34, 34b EStG
3	+	Steuer auf Grund der Berechnung nach § 34a Abs. 1, 4 bis 6 EStG
4	=	tarifliche Einkommensteuer (§ 32a Abs. 1, 5 EStG)
5	-	Minderungsbetrag nach Punkt 11 Ziffer 2 des Schlussprotokolls zu Artikel 23 DBA Belgien in der durch Artikel 2 des Zusatzabkommens vom 5.11.2002 geänderten Fassung (BGBl 2003 II 1615)
6	-	ausländische Steuern nach § 34c Abs. 1 und 6 EStG, § 12 AStG
7	-	Steuerermäßigung nach § 35 EStG
8	-	Steuerermäßigung für Stpfl. mit Kindern bei Inanspruchnahme erhöhter Absetzungen für Wohngebäude oder der Steuerbegünstigungen für eigengenutztes Wohneigentum (§ 34f Abs. 1 und 2 EStG)
9	-	Steuerermäßigung bei Zuwendungen an politische Parteien und unabhängige Wählervereinigungen (§ 34g EStG)
10	-	Steuerermäßigung nach § 34f Abs. 3 EStG
11	-	Steuerermäßigung nach § 35a EStG
12	-	Ermäßigung bei Belastung mit Erbschaftsteuer (§ 35b EStG)
13	+	Steuer auf Grund Berechnung nach § 32d Abs. 3 und 4 EStG
14	+	Steuern nach § 34c Abs. 5 EStG
15	+	Nachsteuer nach § 10 Abs. 5 EStG i.V. mit § 30 EStDV
16	+	Zuschlag nach § 3 Abs. 4 Satz 2 Forstschäden-Ausgleichsgesetz
17	+	Anspruch auf Zulage für Altersvorsorge , wenn Beiträge als Sonderausgaben abgezogen worden sind (§ 10a Abs. 2 EStG)
18	+	Anspruch auf Kindergeld oder vergleichbare Leistungen, soweit in den Fällen des § 31 EStG das Einkommen um Freibeträge für Kinder gemindert wurde
19	=	festzusetzende Einkommensteuer (§ 2 Abs. 6 EStG).

Aus R 2. EStR ergibt sich, dass das zu versteuernde Einkommen die Bemessungsgrundlage zur Berechnung und Festsetzung der tariflichen Einkommensteuer darstellt (vgl. § 32a EStG, § 2 Abs. 5 Satz 1 Halbsatz 2 EStG). Grds. ist das Schema für jede steuerpflichtige Personen getrennt anzuwenden, da das Einkommensteuerrecht gem. § 25 EStG dem **Individualprinzip** folgt. Eine Ausnahme von dieser Regel stellt dabei die **zivilrechtliche Ehe** dar, da insoweit ggf. eine Zusammenveranlagung erfolgen kann, d. h. zwei natürliche Personen gemeinsam der Besteuerung unterworfen werden. Sofern eine Zusammenveranlagung i. S. des § 26b EStG erfolgt, sind die Einkünfte der Ehegatten gesondert zu ermitteln und ab dem Gesamtbetrag der Einkünfte zusammenzurechnen (vgl. H 26b „Gesonderte Ermittlung der Einkünfte" EStH).

3.2.2 Verlustberücksichtigung

Der schematischen Darstellung der R 2. EStR kann entnommen werden, dass im ersten Schritt die Summe der Einkünfte zu ermitteln ist. Folglich werden die einzelnen Einkünfte bzw. Einkunftsarten jeweils für sich ermittelt und anschließend verrechnet. Es werden also grds. auch

Verluste der einzelnen Einkunftsarten miteinander verrechnet. Die Verrechnung von Verlusten erfolgt i. R. des sogenannten Verlustausgleichs. Für den **Verlustausgleich** sind zwei verschiedene Formen, namentlich der horizontale Verlustausgleich und der vertikale Verlustausgleich, zu beachten.

Der **horizontale Verlustausgleich** sorgt für die Verrechnung der Einkünfte aus verschiedenen Einkunftsquellen derselben Einkunftsart.

BEISPIEL

Herr Hans Hauser (HH) ist Eigentümer von zwei vermieteten Eigentumswohnungen in Leipzig. Aus einer Wohnung erzielt er einen Überschuss i. H. von 20.000 €, aus der anderen Wohnung erzielt er einen Verlust i. H. von 10.000 €.

LÖSUNG

Zunächst werden die Vorschriften über die Ermittlung der Einkünfte auf jede Einkommensquelle angewendet. Es handelt sich um Einkünfte aus Vermietung und Verpachtung i. S. des § 21 Abs. 1 Satz 1 Nr. 1 EStG, die der Einkommensteuer gemäß § 2 Abs. 1 Satz 1 Nr. 6 EStG unterliegen. Für die eine Wohnung ergibt sich ein Überschuss, für die andere Wohnung ein Verlust. Die Ergebnisse sind miteinander zu verrechnen. Es ergibt sich ein Gesamtergebnis i. H. von + 10.000 €.

Ergibt sich bei einer Einkunftsart insgesamt ein Verlust (ggf. nach Vornahme des horizontalen Verlustausgleichs), so wird dieser Verlust grds. mit positiven Einkünften aus anderen Einkunftsarten ausgeglichen (= **vertikaler Verlustausgleich**). Beschränkungen ergeben sich allerdings unter anderem aus § 20 Abs. 6 EStG, § 15 Abs. 4 EStG sowie § 23 Abs. 3 Sätze 7 und 8 EStG.

BEISPIEL

Herr Bob Bauer (BB) erzielt folgende Einkünfte:

Einkünfte aus Land- und Forstwirtschaft i. S. des § 13 EStG:	+ 20.000 €
Einkünfte aus Gewerbebetrieb i. S. des § 15 EStG:	+ 30.000 €
Einkünfte aus nichtselbständiger Tätigkeit i. S. des § 19 EStG:	+ 25.000 €
Einkünfte aus Vermietung und Verpachtung i. S. des § 21 EStG:	./.50.000 €

LÖSUNG

Aus der Einkunftsart Vermietung und Verpachtung ergibt sich ein Verlust i. H. von 50.000 €. Dieser ist i. R. des vertikalen Verlustausgleichs mit positiven Einkünften aus einer anderen Einkunftsart zu verrechnen. Die Verrechnung lässt sich wie folgt darstellen:

	Einkünfte aus Land- und Forstwirtschaft	+ 20.000 €
	Einkünfte aus Gewerbebetrieb	+ 30.000 €
	Einkünfte aus nichtselbständiger Tätigkeit	+ 25.000 €
	Einkünfte aus Vermietung und Verpachtung	./. 50.000 €
=	Summe der Einkünfte	+ 25.000 €

3.2.3 Die Einkunftsarten im Überblick

Das Einkommensteuergesetz normiert **sieben Einkunftsarten**. Diese Einkunftsarten sind in § 2 Abs. 1 Satz 1 Nummern 1 bis 7 EStG abschließend aufgelistet. Die inhaltlichen Bestimmungen für die einzelnen Einkunftsarten werden in den §§ 13 bis 24 EStG dargestellt.

HINWEIS

Bei der Bearbeitung der Steuerberaterprüfung ist die praktisch ausgeübte Tätigkeit einer der sieben Einkunftsarten zuzuordnen. Sofern die ausgeübte Tätigkeit nicht unter eine dieser Einkunftsarten fällt, wird insofern keine sachliche Steuerpflicht begründet. Klausurtaktisch ist jedoch zu beachten, dass eine im Sachverhalt dargestellte Tätigkeit regelmäßig eine der sieben Einkunftsarten verwirklicht.

Die sieben Einkunftsarten lassen sich grds. in zwei Gruppen einteilen, namentlich die Gewinneinkünfte (§ 2 Abs. 2 Satz 1 Nr. 1 EStG) sowie die Überschusseinkünfte (§ 2 Abs. 2 Satz 1 Nr. 2 EStG). Bei den ersten drei Einkunftsarten (§ 2 Abs. 1 Satz 1 Nummern 1 bis 3 EStG) ist der Gewinn zu ermitteln. Der Begriff des Gewinns umfasst auch einen negativen Gewinn, der als Verlust bezeichnet wird.

HINWEIS

Die Gewinnermittlung kann auf verschiedene Arten erfolgen. In diesem Buch wird auf die Einnahmenüberschussrechnung (§ 4 Abs. 3 EStG) sowie den Betriebsvermögensvergleich (§ 4 Abs. 1 EStG i.V. mit § 5 Abs. 1 EStG) eingegangen.

Die restlichen vier Einkunftsarten (§ 2 Abs. 1 Satz 1 Nummer 4 bis 7 EStG) sind der Überschuss der Einnahmen (§ 8 EStG) über die Werbungskosten (§§ 9, 9a EStG).

3.2.4 Überblick über die Steuerbefreiungen

Sofern die Voraussetzungen für eine der sieben Einkunftsarten vorliegen, ist in einem weiteren Schritt zu prüfen, ob für einen Zufluss eine sachliche Steuerbefreiung vorliegt (vgl. § 3 EStG, § 3b EStG). Steuerfreie Einkünfte wirken sich im Ergebnis nicht auf die Höhe der Einkünfte und damit auch nicht auf die Höhe des zu versteuernden Einkommens aus.

Darstellung von ausgewählten Steuerbefreiungen		
Norm	**Kurzerläuterung**	**vgl. Kapitel**
§ 3 Nr. 1 Buchst. a EStG	Leistungen aus einer Krankenversicherung, einer Pflegeversicherung sowie aus der gesetzlichen Unfallversicherung	V.2.4.1
§ 3 Nr. 2 EStG	Arbeitslosengeld, Teilarbeitslosengeld, Kurzarbeitergeld, Übergangsgeld	-
§ 3 Nr. 13 EStG	Reisekostenvergütungen, Umzugskostenvergütungen sowie Trennungsgelder aus öffentlichen Kassen (Einschränkungen nach § 3 Nr. 13 Satz 2 EStG beachten)	-
§ 3 Nr. 14 EStG	Zuschüsse aus der gesetzlichen Rentenversicherung für die Kranken- und Pflegeversicherung eines Rentners	-
§ 3 Nr. 16 EStG	Erstattung von Reisekosten, Umzugskosten sowie Mehraufwendungen bei doppelter Haushaltsführung für Arbeitnehmer, die außerhalb des öffentlichen Dienstes tätig sind (soweit die Erstattungen die nach § 9 EStG als Werbungskosten abziehbaren Aufwendungen nicht übersteigen)	-
§ 3 Nr. 26 EStG	Einnahmen aus nebenberuflicher Tätigkeit als Übungsleiter, Ausbilder, Erzieher, Betreuer sowie vergleichbaren nebenberuflichen Tätigkeiten (maximal bis zu 2.400 € im Jahr)	IV.3.2.2
§ 3 Nr. 26a EStG	Einnahmen aus nebenberuflichen Tätigkeiten für eine juristische Person des öffentlichen Rechts innerhalb der EU sowie des EWR (maximal bis zu 720 € im Jahr)	IV.3.2.2
§ 3 Nr. 31 EStG	verbilligte oder unentgeltliche Überlassung von typischer Berufsbekleidung eines Arbeitgebers an seinen Arbeitnehmer (Definition der typischen Berufsbekleidung R 3.31 LStR)	-
§ 3 Nr. 40 EStG	40 %-ige Steuerbefreiung von Vermögenszuflüssen nach § 3 Nr. 40 Buchst. a – Buchst. i EStG (beachte § 3c Abs. 2 EStG)	IV.1.7.3, IV.4.3, V.1.2, V.2.1.1, V.2.1.2
§ 3 Nr. 51 EStG	Trinkgelder, welche einem Arbeitnehmer für eine erbrachte Arbeitsleistung von einem Dritten freiwillig und ohne Rechtsanspruch gewährt werden	-
§ 3 Nr. 62 EStG	Aufwendungen des Arbeitgebers für die Zukunftssicherung des Arbeitnehmers (z. B. Arbeitgeberanteil zur Gesamtversicherung)	IV.3.2.2, V.2.2.2, V.2.3
§ 3 Nr. 63 EStG	Beiträge des Arbeitgebers aus dem ersten Dienstverhältnis an eine Pensionskasse, einen Pensionsfonds oder für eine Direktversicherung, sofern die Beiträge im Kalenderjahr 8 % der Beitragsbemessungsgrenze in der allgemeinen Rentenversicherung nicht übersteigen	IV.3.2.2, IV.3.4, IV.6.5
§ 3 Nr. 66 EStG	Leistungen eines Arbeitgebers oder einer Unterstützungskasse an einen Pensionsfonds zur Übernahme bestehender Versorgungsverpflichtungen oder Versorgungsanwartschaften durch den Pensionsfonds, sofern ein Antrag nach § 4d Abs. 3 EStG oder § 4e Abs. 3 EStG gestellt worden ist	IV.3.2.2, V.2.4.2, IV.6.5

Bei sachlichen Steuerbefreiungen ist die Problematik des **Progressionsvorbehaltes** zu beachten. Die Einkommensteuer bemisst sich nach dem zu versteuernden Einkommen, wobei sich der Steuertarif aus § 32a EStG ergibt. Wie oben bereits erwähnt, haben steuerfreie Einkünfte keine Auswirkung auf das zu versteuernde Einkommen. Damit wirken sie sich grds. auch nicht auf den persönlichen Steuersatz aus. Diese Folge soll bei einigen Steuerbefreiungen vermieden werden. Um die Besteuerung nach der Leistungsfähigkeit zu gewährleisten, wird in § 32b EStG unter anderem festgelegt, welche steuerfreien Einkünfte sich auf den persönlichen Steuertarif i. R. des Progressionsvorbehaltes auswirken.

4. Die Einkommensteuerveranlagung

Der Veranlagungszeitraum ist gem. § 25 Abs. 1 EStG das Kalenderjahr. Nach § 2 Abs. 7 Satz 1 EStG ist die Einkommensteuer eine Jahressteuer, deren Besteuerungsgrundlagen jeweils für ein Kalenderjahr zu ermitteln sind (vgl. § 2 Abs. 7 Satz 2 EStG).

4.1 Grundsatz Einzelveranlagung

Aus § 25 Abs. 3 Satz 1 EStG ergibt sich, dass die steuerpflichtige Person für den Veranlagungszeitraum eine eigenhändig unterschriebene Einkommensteuererklärung abzugeben hat. Damit bildet die Einzelveranlagung, dem Grundsatz des **Individualprinzips** folgend, den Regelfall.

HINWEIS

Abweichend von § 25 Abs. 3 EStG ist die Einkommensteuererklärung unter bestimmten Voraussetzungen nach amtlich vorgeschriebenem Datensatz zu übermitteln (vgl. § 25 Abs. 4 EStG).

4.2 Das Ehegattenwahlrecht

Eine Ausnahme von der Einzelveranlagung besteht für Ehegatten, für welche sich unter den Voraussetzungen des § 26 Abs. 1 EStG das sog. **Ehegattenwahlrecht** ergibt. Die Voraussetzungen sind, dass es sich um Ehegatten handelt (zivilrechtlich wirksame Ehe, H 26 „Allgemeines" EStH), die unbeschränkt steuerpflichtig nach § 1 Absätze 1 oder 2 EStG bzw. § 1a EStG sind und nicht dauernd getrennt leben. Diese Voraussetzungen müssen zu Beginn des Veranlagungszeitraums vorliegen oder während des Veranlagungszeitraums eintreten. Liegen die benannten Voraussetzungen kumulativ vor, können die Ehegatten zwischen der Einzelveranlagung (§ 26a EStG) und der Zusammenveranlagung (§ 26b EStG) wählen.

Besonderheiten ergeben sich, wenn **mehrere Ehen** in einem Veranlagungszeitraum vorliegen. Auf Grundlage des § 26 Abs. 1 Satz 2 EStG bleibt eine im Laufe des Veranlagungszeitraums aufgelöste Ehe unberücksichtigt, sofern einer der Ehegatten in demselben Veranlagungszeitraum geheiratet hat und für die neue Ehe die Voraussetzungen des § 26 Abs. 1 Satz 1 EStG erfüllt werden.

4.3 Verhältnis zum Einkommensteuertarif

Die Veranlagungsform hat Auswirkungen auf den anzuwendenden Steuertarif. Es gelten die folgenden Grundsätze:

Auswirkungen der Veranlagungsart auf den Steuertarif		
Veranlagungsart	**Steuertarif (Regelfall)**	**Bemerkungen**
Einzelveranlagung § 25 EStG	Grundtarif § 32a Abs. 1 EStG	Splittingtarif in Sonderfällen möglich (z. B. „Witwensplitting")
Einzelveranlagung von Ehegatten § 26a EStG	Grundtarif § 32a Abs. 1 EStG	einzige Tarifmöglichkeit
Zusammenveranlagung von Ehegatten § 26b EStG	Splittingtarif § 32a Abs. 5 EStG	einzige Tarifmöglichkeit

Unter dem Begriff des **„Witwensplittings"** versteht man die Konstellation, dass der überlebende Ehegatte auch für das Jahr nach dem Tod des anderen Ehegatten den Splittingtarif erhält (vgl. § 32a Abs. 6 Satz 1 Nr. 1 EStG). Voraussetzung dafür ist, dass im Zeitpunkt des Todes des anderen Ehegatten kein dauerhaftes Getrenntleben vorlag (vgl. H 32a „Dauerndes Getrenntleben im Todeszeitpunkt" EStH).

5. Die Berücksichtigung von Kindern im EStG

5.1 Grundlagen

Die steuerliche Berücksichtigung von Kindern ergibt sich in mehreren Bereichen des EStG. Grundlegend findet die Förderung von Kindern im Zusammenhang mit dem EStG durch zwei verschiedene Arten, zum einen durch das **Kindergeld** (§§ 62, 63, 66 EStG) und zum anderen durch die steuerliche Berücksichtigung von **Freibeträgen** (§ 32 EStG), namentlich Kinderfreibetrag und Betreuungsfreibetrag, statt. Die Freibeträge wirken sich durch § 2 Abs. 5 Satz 1 EStG steuermindernd auf das zu versteuernde Einkommen aus und senken damit die Höhe der Einkommensteuer.

Die Berücksichtigung von Kindern im EStG soll insgesamt nur einmal erfolgen, weshalb durch § 31 EStG das wechselseitige Verhältnis von Kindergeld und den steuerlichen Freibeträgen geregelt wird. Im Ergebnis erfolgt die steuerliche Berücksichtigung eines Kindes entweder durch Kindergeld oder durch Freibeträge (vgl. § 31 Satz 1 EStG). Sofern bei der Ermittlung des zu versteuernden Einkommens Freibeträge für Kinder berücksichtigt werden, ist die festzusetzende Einkommensteuer und das erhaltene Kindergeld zu erhöhen (§ 32 Abs. 6 EStG i. V. mit § 2 Abs. 6 Satz 3 EStG, § 31 Satz 4 EStG).

HINWEIS

Sofern die Berücksichtigung von Kindern i. R. des Kindergeldes oder der Freibeträge i. R. der Steuerberaterprüfung thematisiert wird, ist anzunehmen, dass eine Aussage getroffen wird, welche der beiden alternativen Förderungen insgesamt günstiger ist. Die Durchführung der sog. „Bestberechnung" sollte nicht Gegenstand der Prüfungsaufgabe sein. Stattdessen wird in der Aufgabenstellung eine Angabe darüber enthalten sein, welche Förderung günstiger ist.

1. **Alternative**

   Es ist davon auszugehen, dass die gebotene steuerliche Freistellung eines Einkommensbetrages i. H. des Existenzminimums eines Kindes einschließlich der Bedarfe für Betreuung und Erziehung oder Ausbildung i. S. des § 31 EStG durch die Gewährung der Freibeträge für Kinder gem. § 32 Abs. 6 EStG bewirkt wird. Im Veranlagungszeitraum [...] hat der Stpfl. Kindergeld i. H. von [...] erhalten.

   – In dieser Konstellation müssen Sie bei der Ermittlung des zu versteuernden Einkommens die Freibeträge für Kinder gem. § 32 Abs. 6 EStG steuermindernd berücksichtigen (vgl. § 2 Abs. 5 Satz 1 EStG). In der Konsequenz ist die Aussage zu treffen, dass die festzusetzende Einkommensteuer um den Kindergeldanspruch zu erhöhen ist (vgl. § 31 Satz 1 EStG, § 2 Abs. 6 Satz 3 EStG, § 31 Satz 4 EStG).

2. **Alternative**

   Es ist davon auszugehen, dass die gebotene steuerliche Freistellung eines Einkommensbetrages i. H. des Existenzminimums eines Kindes einschließlich der Bedarfe für Betreuung und Erziehung oder Ausbildung i. S. des § 31 EStG nicht durch die Freibeträge für Kinder gem. § 32 Abs. 6 EStG bewirkt wird. Der Stpfl. hat im Veranlagungszeitraum [...] Kindergeld i. H. von [...] erhalten.

   – In dieser Konstellation ist i. R. der Ermittlung des zu versteuernden Einkommens kein Abzug der Freibeträge für Kinder i. S. des § 32 Abs. 6 EStG vorzunehmen (vgl. § 2 Abs. 5 Satz 1 EStG). Darüber hinaus empfiehlt sich die Angabe, dass das Kindergeld keiner Einkommensbesteuerung unterliegt (vgl. § 31 Satz 3 EStG).

5.2 Der steuerliche Kinderbegriff

Der Begriff des „Kindes" wird in § 32 Abs. 1 EStG definiert.

Übersicht Kinderbegriff i. S. des § 32 Abs. 1 EStG	
Kurzerläuterung	**Fundstelle**
im 1. Grad mit dem Stpfl. verwandte Kinder ► leibliche Kinder des Stpfl. und ► angenommene Kinder (vgl. H 32.1 „Annahme als Kind" EStH)	§ 32 Abs. 1 Nr. 1 EStG
Pflegekinder ► Pflegekinder sind Kinder, die mit dem Stpfl. durch eine familienähnliche, auf längere Dauer angelegte Beziehung verbunden sind, sofern dieser sie nicht zu Erwerbszwecken in seinem Haushalt aufgenommen hat und das Obhuts- und Pflegeverhältnis zu den leiblichen Eltern nicht mehr besteht (vgl. R 32.2 Abs. 1 Sätze 1 bis 3 EStR, R 32.2 Abs. 2 EStR, H 32.2 „Fehlendes Obhuts- und Pflegeverhältnis zu den Eltern" EStH). ► Keine Pflegekinder i. S. des EStG sind sog. Kostkinder (vgl. R 32.2 Abs. 1 Sätze 4 und 5 EStR).	§ 32 Abs. 1 Nr. 2 EStG

5.3 Übersicht über die Freibeträge für Kinder

Grundlegend wird ein Kind i. S. des § 32 Abs. 1 EStG für jeden vollen Kalendermonat ab der Geburt bis zu dem Monat, in dem das 18. Lebensjahr noch nicht vollendet war, berücksichtigt (vgl. § 32 Abs. 3 EStG). Bei der Ermittlung der Freibeträge ist zu beachten, dass das „Monatsprinzip“ Anwendung findet, d. h., dass die Freibeträge für Kinder für jeden Kalendermonat, in dem die Voraussetzungen für einen Freibetrag nicht vorliegen, um je ein Zwölftel zu kürzen sind (vgl. § 32 Abs. 3 EStG und § 32 Abs. 6 Satz 5 EStG).

HINWEIS

Die Berücksichtigung eines Kindes, welches das 18. Lebensjahr noch nicht vollendet hat, wird nicht schon allein dadurch ausgeschlossen, dass das Kind eigene Einkünfte bzw. Bezüge hat oder verheiratet ist.

Ab der Vollendung des 18. Lebensjahres ist die weitere Berücksichtigung des Kindes nur bei Erfüllung der Voraussetzungen von einem Tatbestand des § 32 Abs. 4 EStG möglich (vgl. § 32 Abs. 4 Satz 1 Nummern 1 bis 3 EStG).

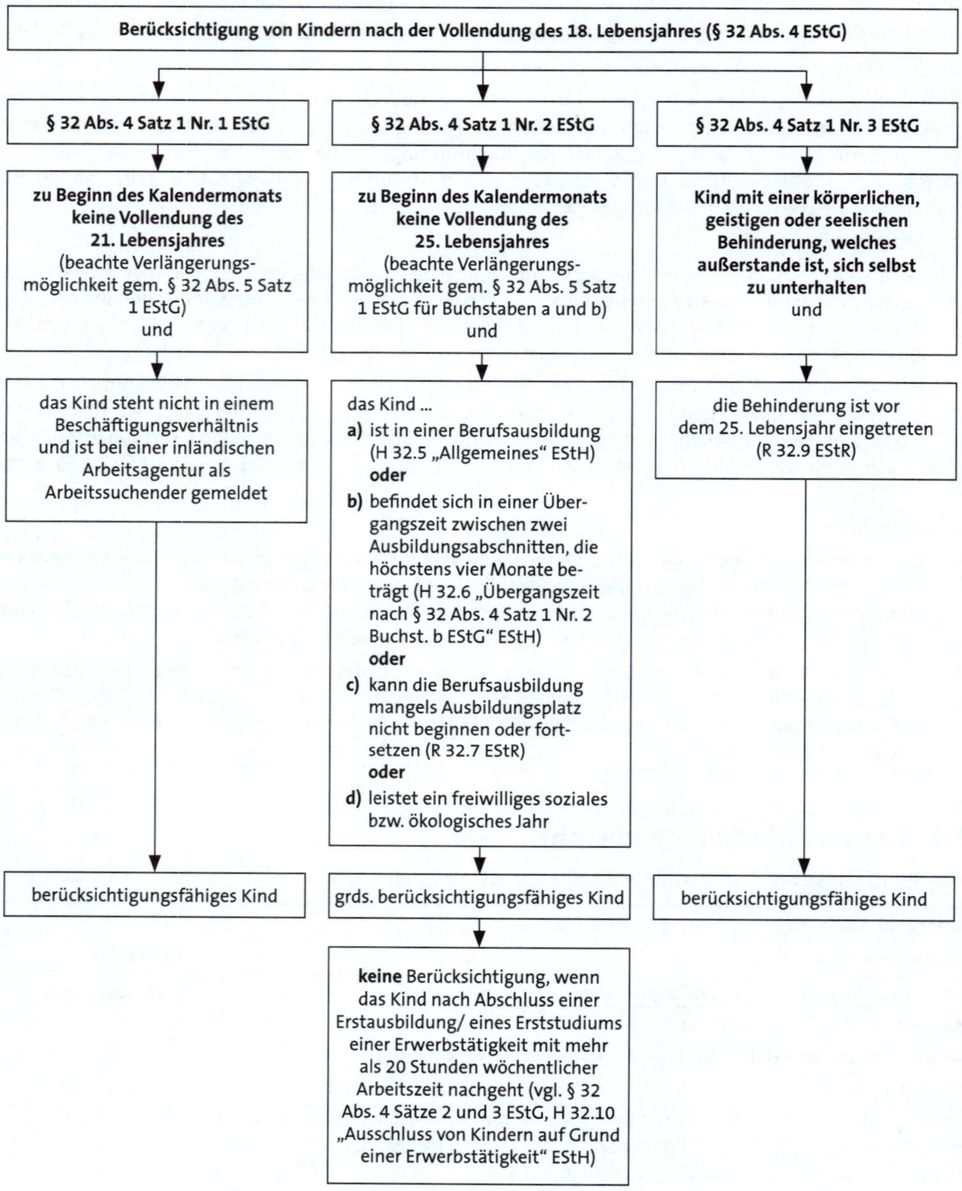

Die Höhe der Freibeträge ergibt sich aus § 32 Abs. 6 EStG. Der Kinderfreibetrag beträgt für den Veranlagungszeitraum 2018 **2.394 €** (vgl. § 32 Abs. 6 Satz 1 EStG). Der Freibetrag für die Betreuung und den Erziehungs- oder Ausbildungsbedarf eines Kindes beträgt im Veranlagungszeitraum 2018 **1.320 €** (vgl. § 32 Abs. 6 Satz 1 EStG). Für Ehegatten, für die die Zusammenveranlagung i. S. des § 26b EStG Anwendung findet, verdoppeln sich die vorgenannten Beträge (vgl. § 32 Abs. 6 Satz 2 EStG).

5.4 Exkurs – Weitere Vorschriften im Zusammenhang mit Kindern

Übersicht über weitere ausgewählte Vorschriften im Zusammenhang mit Kindern			
Steuerbefreiungen	**Entlastungsbetrag**	**Sonderausgaben**	**außergewöhnliche Belastungen**
► Betreuungsbeihilfen (§ 3 Nr. 33 EStG) ► Kinderzuschüsse (§ 3 Nr. 1 Buchst. b EStG) ► Mutterschaftsgeld (§ 3 Nr. 1 Buchst. d EStG) ► Erziehungsgeld (§ 3 Nr. 67 EStG)	► Entlastungsbetrag für Alleinerziehende (§ 24b EStG)	► Kinderbetreuungskosten (§ 10 Abs. 1 Nr. 5 EStG) ► Schulgeldzahlungen (§ 10 Abs. 1 Nr. 9 EStG)	► Zumutbare Belastung (§ 33 Abs. 3 EStG) ► Unterhaltsfreibetrag (§ 33a Abs. 1 EStG) ► Ausbildungsfreibetrag (§ 33a Abs. 2 EStG) ► Pauschbetrag für behinderte Kinder (§ 33b Abs. 5 EStG)

6. Sonderausgaben

Sonderausgaben sind Aufwendungen, die weder Betriebsausgaben noch Werbungskosten sind und nicht unter den Anwendungsbereich des § 12 EStG fallen (vgl. § 10 Abs. 1 EStG). Die Sonderausgaben werden steuermindernd vom Gesamtbetrag der Einkünfte i. S. des § 2 Abs. 3 EStG abgezogen.

6.1 Allgemeines

Der Abzug von Sonderausgaben kommt in dem Veranlagungszeitraum in Betracht, in dem der Abfluss i. S. des § 11 Abs. 2 EStG erfolgt ist (vgl. H 10.1 „Abzugshöhe/Abzugszeitpunkt" 1. Spiegelstrich EStH). Ein Abzug ist nur möglich, sofern die Aufwendungen den Stpfl. tatsächlich und endgültig wirtschaftlich belastet haben. Sofern Sonderausgaben in einem späteren Veranlagungszeitraum dem Stpfl. erstattet werden, so ist der Erstattungsbetrag aus Vereinfachungsgründen im Erstattungsjahr mit gleichartigen Sonderausgaben zu verrechnen. Ist im Jahr der Erstattung der Sonderausgaben ein Ausgleich mit gleichartigen Aufwendungen nicht oder nicht in voller Höhe möglich, so ist der Sonderausgabenabzug des Jahres der Verausgabung (§ 11 Abs. 2 EStG) insofern um die nachträgliche Erstattung zu mindern. Eine Änderung kann im Jahr der Verausgabung auf Grundlage eines rückwirkenden Ereignisses i. S. des § 175 Abs. 1 Satz 1 Nr. 2 AO erfolgen.

Ein Überblick über die Sonderausgaben und die jeweiligen Abzugsmöglichkeiten ergibt sich aus dem nachfolgenden Schema.

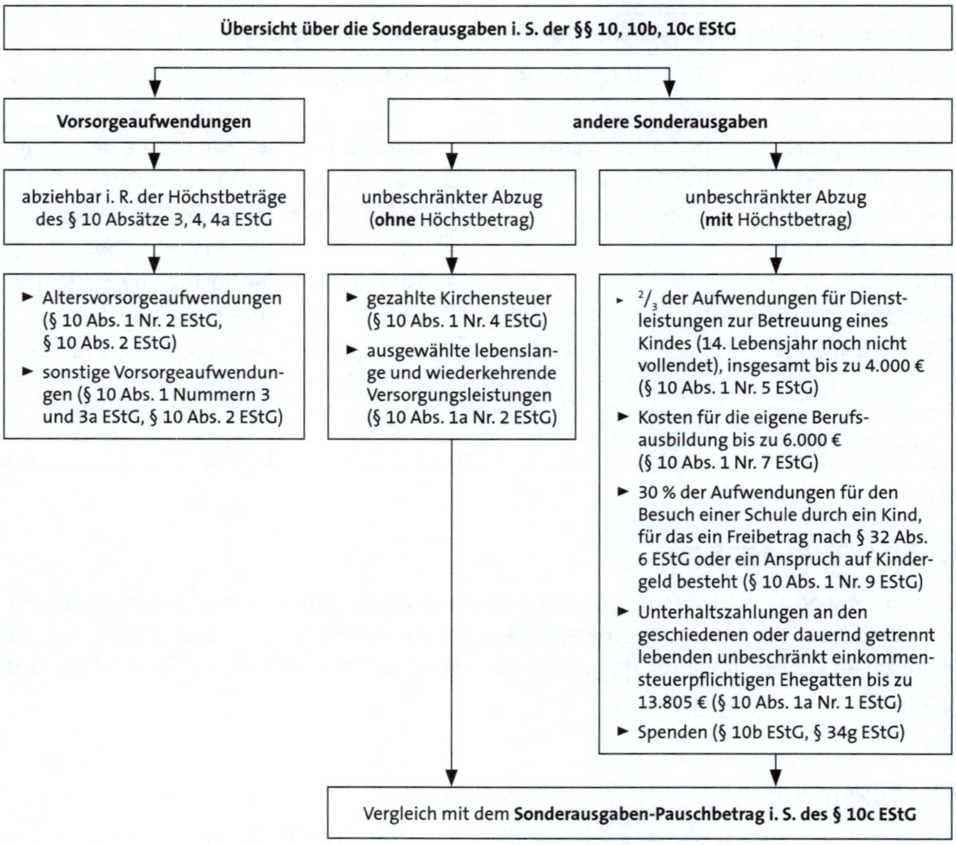

6.2 Vorsorgeaufwendungen

Der Bereich der Vorsorgeaufwendungen umfasst sowohl Altersvorsorgeaufwendungen als auch sonstige Vorsorgeaufwendungen. Der Abzug dieser Aufwendungen richtet sich nach § 10 Absätze 2 bis 4 EStG.

Altersvorsorgeaufwendungen i. S. des § 10 Abs. 1 Nr. 2 Buchstaben a und b EStG sind unter anderem

- gesetzliche Rentenversicherungsbeiträge
- Beiträge zur landwirtschaftlichen Alterskasse
- Beiträge zu berufsständischen Versorgungseinrichtungen
- Leibrentenversicherungsbeiträge, Beiträge zu Versicherungen gegen Berufsunfähigkeit oder verminderter Erwerbsfähigkeit (nur insoweit § 10 Abs. 1 Nr. 2 Satz 1 Buchst. b EStG erfüllt ist)
- steuerfreier Arbeitgeberanteil zur Rentenversicherung i. S. des § 3 Nr. 62 EStG (vgl. § 10 Abs. 1 Nr. 2 Satz 6 EStG).

Sonstige Vorsorgeaufwendungen i. S. des § 10 Abs. 1 Nummern 3 und 3a EStG sind unter anderem

- Beiträge zur Kranken- und Pflegeversicherung
- Beiträge zur Unfall- und Haftpflichtversicherung
- Beiträge zur Versicherungen zur Arbeitslosigkeit
- Beiträge zur eigenständigen Erwerbs- und Berufsunfähigkeitsversicherung.

BEISPIEL

Frau Monika Muster (MM) hat i. R. der Steuererklärung folgende Werte erklärt, die sie gerne als Sonderausgaben abziehen möchte:

- Altersvorsorgeaufwendungen

- 4.500 € gesetzliche Rentenversicherung (Höchstbetrag zur knappschaftlichen Rentenversicherung im Jahr 2018 23.712 €)

► sonstige Vorsorgeaufwendungen

- 4.000 € gesetzliche Krankenversicherung (ohne Anspruch auf Krankengeld bzw. eine vergleichbare Leistung)
- 850 € gesetzliche Pflegeversicherung
- 700 € Arbeitslosenversicherung
- 150 € Haftpflichtversicherung Pkw

Es ist zu unterstellen, dass die betragsmäßigen Angaben zutreffend sind. MM hat im Jahr 2018 ausschließlich Einkünfte aus nichtselbständiger Tätigkeit i. S. des § 19 EStG erzielt. Zu prüfen ist, ob und inwieweit die vorgenannten Aufwendungen als Sonderausgaben bei MM im Veranlagungszeitraum 2018 berücksichtigt werden können.

LÖSUNG

► Der Abzug der Rentenversicherungsbeiträge i. S. des § 10 Abs. 1 Nr. 2 Buchst. a EStG richtet sich nach § 10 Abs. 3 EStG. Die Altersvorsorgeaufwendungen betragen insgesamt 9.000 €, da neben dem Arbeitnehmerbeitrag auch der steuerfreie Arbeitgeberbeitrag i. S. des § 3 Nr. 62 EStG mit zu erfassen ist (vgl. § 10 Abs. 1 Nr. 2 Satz 6 EStG; 4.500 € + 4.500 €). Der Höchstbetrag zur knappschaftlichen Rentenversicherung i. S. des § 10 Abs. 3 Satz 1 EStG beträgt laut Sachverhalt unstreitig 23.712 €. Im Jahr 2018 sind 86 % der Altersvorsorgeaufwendungen anzusetzen (vgl. § 10 Abs. 3 Sätze 4 und 6 EStG; 9.000 € x 86 % = 7.740 €). Dieser Betrag ist um den steuerfreien Arbeitgeberanteil zu vermindern (vgl. § 10 Abs. 3 Satz 5 EStG). Der nach § 10 Abs. 3 EStG zu berücksichtigende Betrag beläuft sich im Ergebnis auf (7.740 € ./. 4.500 € =) 3.240 €.

► Hinsichtlich des Beitrages zur gesetzlichen Krankenversicherung ist keine Kürzung vorzunehmen, da sich aus diesen Beiträgen laut Sachverhalt kein Anspruch auf Krankengeld bzw. eine vergleichbare Leistung ergibt (vgl. § 10 Abs. 1 Nr. 3 Buchst. a Satz 4 EStG). Der Höchstbetrag für die Vorsorgeaufwendungen i. S. des § 10 Abs. 1 Nummern 3 und 3a EStG beträgt 1.900 € (vgl. § 10 Abs. 4 Satz 2 EStG). Von den Aufwendungen laut Sachverhalt sind 4.850 € Aufwendungen i. S. des § 10 Abs. 1 Nr. 3 EStG. Damit sind diese als Vorsorgeaufwendungen zu berücksichtigen (vgl. § 10 Abs. 4 Satz 4 EStG). Der übersteigende Betrag der sonstigen Vorsorgeaufwendungen i. H. von (Gesamtbetrag 5.700 € ./. 4.850 € =) 850 € wirkt sich nicht steuermindernd aus, da der Höchstbetrag bereits durch die Aufwendungen für die Kranken- und Pflegepflichtversicherung erreicht wird (vgl. § 10 Abs. 4 Satz 4 EStG).

6.3 Unterhaltszahlungen

Steuerberaterprüfung 2009

Unterhaltszahlungen an geschiedene oder dauernd getrennt lebende Ehegatten fallen grds. unter den Tatbestand des § 12 Nr. 2 EStG. Eine Ausnahme, die den Abzug als Sonderausgaben ermöglicht, bildet die Vorschrift des § 10 Abs. 1a Nr. 1 EStG. Diese Normierung im Bereich des Sonderausgabenabzugs steht im Konkurrenzverhältnis zu § 33a Abs. 1 EStG (vgl. Kapitel III.7.2.1). Der Sonderausgabenabzug und der Abzug als außergewöhnliche Belastung schließt sich gegenseitig aus.

Der Abzug von Unterhaltsleistungen an einen geschiedenen oder dauernd getrennt lebenden Ehegatten ist i. R. des § 10 Abs. 1a Nr. 1 EStG nur möglich, sofern dieser unbeschränkt einkommensteuerpflichtig ist und der Zahlungsempfänger die Zustimmung erteilt (Anlage U). Ebenfalls möglich ist eine betragsmäßige Zustimmung des Leistungsempfängers (vgl. R 10.2 Abs. 1 EStR). Darüber hinaus muss der Stpfl. einen Antrag auf Berücksichtigung der Unterhaltsaufwendungen als Sonderausgabe stellen. Sofern und insoweit ein Abzug als Sonderausgaben beim Leistenden möglich ist, stellen die Zahlungen i. R. des Korrespondenzprinzips sonstige Einkünfte beim Leistungsempfänger dar (vgl. § 22 Nr. 1a EStG; siehe auch Kapitel IV.6.2).

Zusammenfassung

Tatbestandsmerkmale:

► Die unbeschränkt einkommensteuerpflichtige Person (beachte § 50 Abs. 1 Satz 3 EStG) leistet Unterhaltszahlungen

► an einen geschiedenen oder dauernd getrennt lebenden Ehegatten (= Zahlungsempfänger).

► Der Zahlungsempfänger ist unbeschränkt einkommensteuerpflichtig und

► erteilt die Zustimmung durch Unterschrift auf der Anlage U.

- Darüber hinaus stellt der Stpfl. einen Antrag auf Berücksichtigung der Aufwendungen als Sonderausgabe.

Rechtsfolge:

- Der Stpfl. kann die Unterhaltszahlungen soweit die Zustimmung reicht, maximal jedoch bis zur Höhe von 13.058 € als Sonderausgaben geltend machen.
- Der Höchstbetrag erhöht sich um ggf. vom Stpfl. getragene Aufwendungen i. S. des § 10 Abs. 1 Nr. 3 EStG (vgl. § 10 Abs. 1a Nr. 1 Satz 2 EStG).

HINWEIS

Unter Umständen kann ein Sonderausgabenabzug auch dann in Betracht kommen, wenn der Leistungsempfänger nicht der unbeschränkten Einkommensteuerpflicht unterliegt. Dies ist insbesondere dann der Fall, wenn die Voraussetzungen des § 1a Abs. 1 Nr. 1 EStG vorliegen oder eine entsprechende DBA-Regelung besteht (vgl. H 10.2 „Nicht unbeschränkt steuerpflichtiger Empfänger" EStH).

7. Außergewöhnliche Belastungen

Die außergewöhnlichen Belastungen werden durch die §§ 33 bis 33b EStG geregelt. Von diesen Vorschriften werden Aufwendungen erfasst, die grds. Kosten i. S. des § 12 EStG darstellen, allerdings – vor allem aus sozialpolitischen Gründen – als steuerlich berücksichtigungsfähig eingestuft werden. Die Verbindung zu den Kosten der privaten Lebensführung ergibt sich bereits aus dem einleitenden Satz des § 12 EStG. Eine Abgrenzung gegenüber Betriebsausgaben, Werbungskosten sowie Sonderausgaben ergibt sich in § 33 Abs. 2 Satz 2 EStG.

7.1 Allgemeine außergewöhnliche Belastungen

Für die Berücksichtigung von außergewöhnlichen Belastungen kann der Stpfl. einen Antrag nach § 33 Abs. 1 EStG stellen. In der Folge können die darunter fallenden Aufwendungen steuerlich berücksichtigt werden, sofern sie die zumutbare Eigenleistung übersteigen. Dem Stpfl. müssen dabei nach der grammatikalischen Auslegung des § 33 Abs. 1 EStG zwangsläufig größere Aufwendungen als der überwiegenden Mehrzahl der Stpfl. gleicher Eigentumsverhältnisse, gleicher Vermögensverhältnisse und gleichen Familienstandes erwachsen.

Der Begriff der Zwangsläufigkeit wird durch § 33 Abs. 2 Satz 1 EStG legaldefiniert. Die Zwangsläufigkeit muss demnach sowohl dem Grunde nach als auch der Höhe nach zwangsläufig sein. Die zumutbare Eigenbelastung ermittelt sich nach Maßgabe des § 33 Abs. 3 EStG.

Zwangsläufigkeit i. S. des § 33 Absätze 2 und 3 EStG	
dem Grunde nach	**der Höhe nach**
Belastung ► In die persönliche Sphäre des Stpfl. muss ein Ereignis eintreten, welches ihn zu Ausgaben zwingt, die er selbst endgültig zu tragen hat. ► R 33.1 Satz 2 EStR Außergewöhnlichkeit ► Dem Stpfl. müssen Aufwendungen erwachsen, die nicht nur der Höhe sondern auch ihrer Art und dem Grunde nach außerhalb des üblichen liegen und insofern nur einer Minderheit entstehen. ► H 33.1 - 33.4 „Außergewöhnlich" EStH Zwangsläufigkeit (§ 33 Abs. 2 Satz 1 Alt. 1 EStG) Der Stpfl. kann sich den Aufwendungen nicht entziehen, da ► rechtliche Gründe vorliegen (z. B. Unterhaltspflicht; H 33.1 - 33.4 „Rechtliche Pflicht" EStH) oder ► tatsächliche Gründe bestehen (z. B. Krankheit, Tod, Unfall) oder ► sittliche Gründe gegeben sind (= eine Unabdingbarkeit der Aufwendungen in einem Umfang, dass sie ähnlich einer Rechtspflicht auf den Stpfl. wirken; H 33.1 - 33.4 „Sittliche Pflicht" EStH).	Die Aufwendungen stellen nur insoweit außergewöhnliche Belastungen dar, als dass sie den Umständen nach zwangsläufig und der Höhe nach angemessen sind. Diese Aufwendungen müssen die zumutbare Belastung übersteigen. Die Berechnung ergibt sich aus § 33 Abs. 3 EStG.

Wird die Grenze der zumutbaren Eigenbelastung i. S. des § 33 Abs. 3 EStG überschritten, können die darüber hinausgehenden Aufwendungen vom Gesamtbetrag der Einkünfte i. S. des § 2 Abs. 3 EStG abgezogen werden.

Der **Abzug** der außergewöhnlichen Belastungen erfolgt i. R. des Abflussprinzips des § 11 Abs. 2 EStG (vgl. auch H 33.1 - 33.4 „Verausgabung" EStH). Werden **Ersatzleistungen** erwartet, sind die außergewöhnlichen Belastungen zu kürzen. Die Kürzung erfolgt unabhängig davon, in welchem Jahr die Ersatzleistungen tatsächlich erstattet werden (vgl. H 33.1 - 33.4 „Ersatz von dritter Seite" EStH).

7.2 Außergewöhnliche Belastungen in Sonderfällen

7.2.1 Unterhaltsleistungen

Steuerberaterprüfung 2009

7.2.1.1 Grundlagen

Unterhaltsleistungen können unter den Voraussetzungen des § 33a Abs. 1 EStG außergewöhnliche Belastungen darstellen, sofern sie dem Grunde nach zwangsläufig sind (vgl. § 33 Abs. 2 EStG; Kapitel III.7.1). Die geleisteten Aufwendungen werden in dem Veranlagungszeitraum beim Stpfl. berücksichtigt, in dem der Abfluss erfolgt ist, wenn die getätigten Aufwendungen für diesen Veranlagungszeitraum bestimmt sind (vgl. § 11 Abs. 2 EStG).

Übersicht § 33a Abs. 1 EStG

Tatbestandsmerkmale:

- Der Stpfl. hat Aufwendungen für den Unterhalt und/ oder die Berufsausbildung einer anderen Person getragen.
- Der Empfänger/Begünstigte ist eine dem Stpfl. oder seinem Ehegatten gegenüber gesetzlich unterhaltsberechtigte Person (R 33a.1 Abs. 1 Sätze 1 bis 4 EStR) oder eine der gesetzlich unterhaltsberechtigten Person gleichgestellte Person (§ 33a Abs. 1 Satz 3 EStG).
- Weder der Stpfl. noch eine andere Person haben für den Empfänger/ Begünstigten einen Anspruch auf einen Freibetrag i. S. des § 32 Abs. 6 EStG bzw. Kindergeld.
- Die unterhaltene Person besitzt kein oder nur ein geringes Vermögen (§§ 33a Abs. 1 Satz 4 EStG, R 33a. 1 Abs. 2 EStR, H 33a.1 „Geringes Vermögen" EStH).
- Die unterhaltene Person hat keine eigenen Einkünfte oder Bezüge schädlicher Höhe (§ 33a Abs. 1 Satz 5 EStG).

Rechtsfolgen:

- Der Stpfl. kann die Unterhaltsaufwendungen als außergewöhnliche Belastung geltend machen.
- Die Abzugshöhe ist auf den Grundfreibetrag des jeweiligen Veranlagungszeitraums beschränkt (= Veranlagungszeitraum 2018 9.000 €, § 32a Abs. 1 EStG i.V. mit § 33a Abs. 1 Satz 1 EStG). Der Höchstbetrag ist um eventuelle Aufwendungen zu einer Kranken- bzw. Pflegeversicherung i. S. des § 10 Abs. 1 Nr. 3 EStG zu erhöhen (vgl. § 33a Abs. 1 Satz 2 EStG).

7.2.1.2 Zeitanteilige Berechnung

Nach § 33a Abs. 3 Satz 1 EStG sind die in § 33a Absätze 1 und 2 EStG genannten Beträge um jeweils ein Zwölftel zu kürzen, wenn die Voraussetzungen nicht im gesamten Veranlagungszeitraum vorgelegen haben. Als Ursachen für eine zeitanteilige Kürzung kommen z. B. folgende Gründe in Betracht:

- Unterstützungszeitraum beträgt weniger als 12 Monate oder
- keine Zwangsläufigkeit der Aufwendungen in Teilen des Veranlagungszeitraums oder
- der Empfänger hat in Teilen des Veranlagungszeitraums ein erhebliches Vermögen i. S. des EStG

7.2.1.3 Abzugshöhe

Bei der Berechnung der Abzugshöhe ist zu beachten, dass neben dem in § 33a Abs. 1 Satz 1 EStG genannten Höchstbetrages auch die sog. **„Opfergrenze"** zu berücksichtigen ist. Diese Grenze bezieht sich auf die Leistungsfähigkeit des Unterhaltsgebers und ermöglicht einen steuerlichen Abzug nur in Abhängigkeit von dessen Nettoeinkommen (vgl. R 33a.1 Abs. 4 EStR, H 33a.1 „Opfergrenze" EStH).

Auf die Abzugshöhe haben unter Umständen auch die eigenen Einkünfte der begünstigten Person eine Auswirkung (vgl. § 33a Abs. 1 Satz 5 EStG). Sofern die eigenen Einkünfte oder Bezüge der unterhaltenen Person 624 € im Kalenderjahr übersteigen, so ist die nach § 33a Abs. 1 Sätze 1 und 2 EStG ermittelte Abzugshöhe zu kürzen.

7.2.1.4 Exkurs – Unterhaltsleistungen bei Ehegatten

Die Vorschrift des § 33a Abs. 1 EStG kann keine Anwendung bei Ehegatten finden, die die Voraussetzungen des § 26 Abs. 1 EStG erfüllen. Im Umkehrschluss ist eine Anwendung bei geschiedenen oder dauerhaft getrennt lebenden Ehegatten möglich. In diesem Zusammenhang ist zwingend eine Abgrenzung zu den Sonderausgaben vorzunehmen, da durch einen Antrag und die Zustimmung nach § 10 Abs. 1a Nr. 1 EStG Unterhaltsaufwendungen zu Sonderausgaben umqualifiziert werden können (vgl. Kapitel III.6.3). Ist der geschiedene oder dauernd getrennt lebende Ehegatte nicht unbeschränkt einkommensteuerpflichtig, so können die Aufwendungen gemäß § 33a Abs. 1 Satz 6 EStG nur entsprechend der Verhältnisse des Wohnsitzstaates abgezogen werden (vgl. H 33a.1 „Personen im Ausland" EStH).

7.2.2 Ausbildungsfreibeträge

Für ein sich in der Berufsausbildung befindendes Kind, welches auswärtig untergebracht ist, kann dem Stpfl. ggf. ein sog. Ausbildungsfreibetrag gewährt werden (vgl. § 33a Abs. 2 EStG).

Übersicht § 33a Abs. 2 EStG

Tatbestandsmerkmale:

- Dem Stpfl. entstehen Aufwendungen für
- ein volljähriges Kind,
- welches sich in Berufsausbildung befindet und auswärtig untergebracht ist (R 33a.2 Abs. 2 EStR) und
- für das der Stpfl. einen Freibetrag nach § 32 Abs. 6 EStG oder Kindergeld erhält (R 33a.2 Abs. 1 EStR).

Rechtsfolgen:

- Dem Stpfl. wird je Kalenderjahr ein Freibetrag i. H. von 924 € gewährt (vgl. § 33a Abs. 2 Satz 1 EStG).
- Ist das einkommensteuerliche Kind nicht unbeschränkt steuerpflichtig, ist der Freibetrag ggf. zu mindern (vgl. § 33a Abs. 2 Satz 2 EStG i. V. mit § 33a Abs. 1 Satz 6 EStG).
- Der Freibetrag ist zeitanteilig zu kürzen, sofern die Voraussetzungen nicht im gesamten Veranlagungszeitraum vorliegen (vgl. § 33a Abs. 3 EStG; monatliche Kürzung um je ein Zwölftel).

7.3 Pauschbeträge für behinderte Menschen

7.3.1 Behindertenpauschbetrag

Für Aufwendungen für die Hilfe bei den gewöhnlichen und regelmäßig wiederkehrende Verrichtungen des täglichen Lebens, insbesondere für die Pflege sowie für einen erhöhten Wäschebedarf, kann der Stpfl. einen Pauschbetrag nach § 33b Abs. 1 EStG erhalten (= **Behindertenpauschbetrag**). Die Normierung des § 33b EStG steht im **Konkurrenzverhältnis** mit § 33 EStG, d. h., dass die vorgenannten Aufwendungen entweder als Pauschbetrag i. R. des § 33b EStG berücksichtigt werden können oder ein Abzug nach den allgemeinen Grundsätzen des § 33 EStG erfolgen kann (vgl. § 33b Abs. 1 Satz 1 EStG). Das **Wahlrecht** zwischen diesen beiden

Normen kann für jeden Veranlagungszeitraum nur einheitlich ausgeübt werden (vgl. § 33b Abs. 1 Satz 2 EStG).

Die Voraussetzungen, unter denen der Stpfl. einen Behindertenpauschbetrag erhalten kann, ergeben sich aus § 33b Abs. 2 EStG. Die Höhe des Pauschbetrages richtet sich in der Folge nach § 33b Abs. 3 EStG.

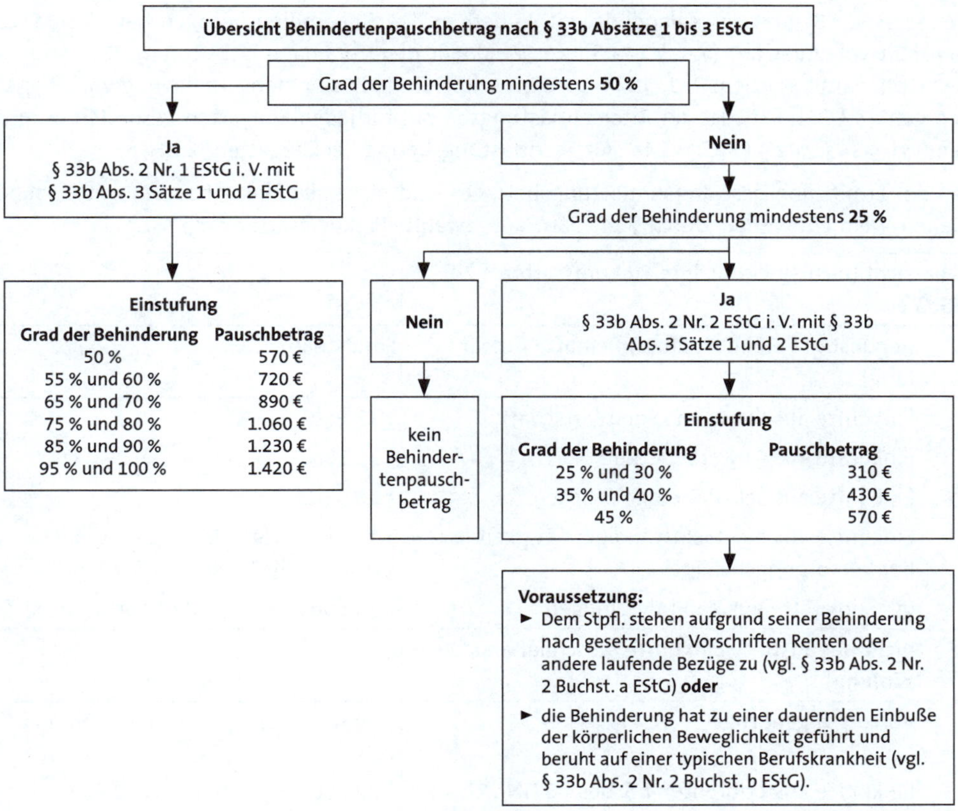

Der Behindertenpauschbetrag erhöht sich für behinderte Menschen, die hilflos i. S. des § 33b Abs. 6 EStG sind (= **Merkzeichen „H“**) sowie für Blinde (= **Merkzeichen „Bl“**) nach Maßgabe des § 33b Abs. 3 Satz 3 EStG auf 3.700 €.

7.3.2 Pflegepauschbetrag

Aus § 33b Abs. 6 EStG ergibt sich, dass der Stpfl. für Aufwendungen für die Pflege einer Person, die nicht nur vorübergehend **hilflos** ist, entweder die Steuerermäßigung nach § 33 EStG oder einen **Pflegepauschbetrag** i. H. von 924 € je Veranlagungszeitraum geltend machen kann, sofern er für die Pflege keine Einnahmen erhält (vgl. § 33b Abs. 6 Satz 1 EStG). Eine Voraussetzung für die Gewährung des Pflegepauschbetrages ist, dass der Stpfl. die Pflege im Inland (oder EU/ EWR), in seiner Wohnung oder der Wohnung der pflegebedürftigen Person persönlich durchführt (vgl. § 33b Abs. 6 Satz 5 EStG). Sofern die Pflege durch mehrere Stpfl. vorgenommen wird, ist der Pauschbetrag nach der Anzahl der Personen aufzuteilen (vgl. § 33b Abs. 6 Satz 6 EStG).

7.3.3 Hinterbliebenenpauschbetrag

Stpfl., denen laufende Hinterbliebenenbezüge bewilligt worden sind, erhalten auf Antrag einen Pauschbetrag i. H. von 370 €, wenn Hinterbliebenenbezüge i. S. des § 33b Abs. 4 Satz 1 Nummern 1 bis 4 EStG geleistet werden (= **Hinterbliebenenpauschbetrag**). Dieser Pauschbetrag kann auch dann gewährt werden, wenn das Recht auf die Bezüge ruht oder der Anspruch auf diese Bezüge durch Zahlung eines Kapitals abgegolten ist (vgl. § 33b Abs. 4 Satz 2 EStG).

8. Altersentlastungsbetrag

Steuerberaterprüfung 2014

In Anknüpfung an das Alter des Stpfl. und die erzielten Einkünfte kann unter den Voraussetzungen des § 24a EStG ein sog. **Altersentlastungsbetrag** gewährt werden.

Voraussetzung für die Gewährung eines Altersentlastungsbetrages dem Grunde nach ist, dass der Stpfl. vor Beginn des Kalenderjahres, in dem er das Einkommen bezogen hat, das **64. Lebensjahr vollendet** hat (vgl. § 24a Satz 3 EStG). Für den Veranlagungszeitraum 2018 müsste der Stpfl. damit vor dem 2. 1. 1954 geboren sein. Bei der Zusammenveranlagung von Ehegatten gemäß § 26b EStG ist der Altersentlastungsbetrag für **jeden Ehegatten gesondert** zu prüfen (vgl. § 24a Satz 4 EStG, H 24a „Altersentlastungsbetrag bei Ehegatten" EStH).

Bei der Ermittlung des Altersentlastungsbetrages sind nicht alle Einkunftsarten mit einzubeziehen. Vielmehr werden durch § 24a EStG **ausgewählte Einkunftsarten** begünstigt.

Übersicht (nicht-)begünstigte Einkunftsarten § 24a EStG	
begünstigte Einkünfte (beispielhafte Aufzählung)	**Fundstelle**
Einkünfte aus Land- und Forstwirtschaft	§ 13 EStG
Einkünfte aus Gewerbebetrieb	§ 15 EStG
Einkünfte aus selbständiger Tätigkeit	§ 18 EStG
Einkünfte aus nichtselbständiger Tätigkeit (außer Versorgungsbezüge)	§ 19 Abs. 1 EStG, § 24a Satz 1 EStG („Arbeitslohn" – Einnahmen)
ggf. Einkünfte aus Kapitalvermögen	§ 20 EStG[8], R 24a Satz 2 EStR
nicht begünstigte Einkünfte (abschließende Aufzählung)	
Versorgungsbezüge	§ 19 Abs. 2 EStG, § 24a Satz 2 Nr. 1 EStG
Einkünfte aus Leibrenten i. S. des § 22 Nr. 1 Satz 3 Buchst. a EstG	§ 22 EStG, § 24a Satz 2 Nr. 2 EStG
Einkünfte i. S. des § 22 Nr. 4 Satz 4 Buchst. b EStG	§ 22 EStG, § 24a Satz 2 Nr. 3 EStG
Einkünfte i. S. des § 22 Nr. 5 Satz 1 EStG, sofern § 22 Nr. 5 Satz 11 EStG anzuwenden ist	§ 22 EStG, § 24a Satz 2 Nr. 4 EStG
Einkünfte i. S. des § 22 Nr. 5 Satz 2 Buchst. a EStG	§ 22 EStG, § 24a Satz 2 Nr. 5 EStG

Die Berechnung des Altersentlastungsbetrages richtet sich nach einem Prozentsatz des ermittelten Arbeitslohns und der Einkünfte, die nicht solche aus nichtselbständiger Arbeit sind und nicht unter die nichtbegünstigten Einkünfte fallen (vgl. § 24a Satz 1 EStG). Zu beachten ist dabei der für den Stpfl. maßgebende **Höchstbetrag**. Dieser ergibt sich neben dem maßgebenden **Prozentsatz** aus der dem § 24a Satz 5 EStG nachfolgenden Tabelle. Der Prozentsatz sowie der Höchstbetrag ergeben sich in Abhängigkeit von dem auf das Jahr der Vollendung des 64. Lebensjahres folgenden Kalenderjahr.

8 Die Einkünfte aus Kapitalvermögen sind nur begünstigt, sofern deren Versteuerung nicht i. R. der Abgeltungsbesteuerung i. S. des § 32d Abs. 1 EStG erfolgt, da sie andernfalls nicht in den Gesamtbetrag der Einkünfte mit einbezogen werden (vgl. § 2 Abs. 5b EStG).

IV. Inhaltliche Schwerpunkte der Steuerberaterprüfungen 2006 bis 2014

Die in der Tabelle des Kapitels I.3 dargestellten Schwerpunktthemen werden im Folgenden auszugsweise dargestellt.

1. Einkünfte aus Gewerbebetrieb

1.1 Grundlagen

Die Einkünfte aus Gewerbebetrieb i. S. des § 15 EStG sind in verschiedenen Formen Gegenstand in nahezu jeder Steuerberaterprüfung.

Die Legaldefinition der Einkünfte aus Gewerbebetrieb erfolgt in **§ 15 Abs. 2 EStG**. Wird eine Tätigkeit **selbständig, nachhaltig, mit Gewinnerzielungsabsicht** und unter **Teilnahme am wirtschaftlichen Verkehr** ausgeübt und stellt diese Tätigkeit weder Einkünfte aus Land- und Forstwirtschaft noch die Ausübung eines freien Berufs oder einer anderen selbständigen Tätigkeit dar, so ist diese Tätigkeit ein Gewerbebetrieb i. S. des § 15 EStG. Darüber hinaus muss das ungeschriebene Tatbestandsmerkmal, dass **nicht nur eine Vermögensverwaltung** vorliegt, erfüllt sein (vgl. R 15.7 Abs. 1 EStR).

Übersicht über die einzelnen Abgrenzungsmerkmale nach § 15 Abs. 2 EStG	
Kurzerläuterung	**Fundstelle**
Selbständigkeit	
Eine Tätigkeit wird selbständig ausgeübt, wenn diese auf eigene Rechnung (= Unternehmerrisiko) und auf eigene Verantwortung (= Unternehmerinitiative) ausgeübt wird.	H 15.1 „Allgemeines" EStH
Für die Beurteilung, ob eine Tätigkeit selbständig ausgeübt wird, ist das Gesamtbild der Verhältnisse maßgebend.	H 15.1 „Gesamtbeurteilung" EStH
Die Selbständigkeit ist ein bedeutsames Abgrenzungsmerkmal zu den Einkünften aus nichtselbständiger Tätigkeit i. S. des § 19 EStG.	§ 1 LStDV, H 19.0 „Allgemeines" LStH, H 15.1 „Natürliche Person" EStH, H 15.1 „Nebentätigkeiten und Aushilfstätigkeiten" EStH
Nachhaltigkeit	
Ist eine Tätigkeit auf Wiederholung angelegt, d. h. sie wird aufgrund einer Wiederholungsabsicht tatsächlich wiederholt ausgeübt, so handelt es sich um eine nachhaltige Tätigkeit.	H 15.2 „Wiederholungsabsicht" EStH
Unter Umständen kann bei einer erkennbaren Wiederholungsabsicht auch bei einmaliger Handlung eine Tätigkeit nachhaltig sein. Grds. stellt eine einmalige Handlung jedoch keine nachhaltige Betätigung dar. Im Umkehrschluss kann eine Tätigkeit mit tatsächlicher Wiederholung als nicht nachhaltige Tätigkeit qualifiziert werden, sofern es an einer Wiederholungsabsicht fehlt.	H 15.2 „Einmalige Handlung" EStH, H 15.2 „Wiederholungsabsicht" EStH
Gewinnerzielungsabsicht	
Eine Gewinnerzielungsabsicht liegt vor, sofern der Stpfl. einen Totalgewinn anstrebt. Es kommt auf die Absicht zur Gewinnerzielung an, nicht darauf, ob tatsächlich ein Gewinn erzielt wird.	H 15.3 „Totalgewinn" EStH
Als Merkmale für eine fehlende Gewinnerzielungsabsicht kommen ggf. Anlaufverluste sowie Verlustperioden von längerer Dauer in Betracht.	H 15.3 „Anlaufverluste" EStH, H 15.3 „Verlustperioden" EStH

Bei diesem Merkmal ist insbesondere die Abgrenzung zur steuerlich nicht relevanten sog. „Liebhaberei" von Bedeutung.	H 15.3 „Abgrenzung der Gewinnerzielungsabsicht zur Liebhaberei" EStH
Beteiligung am allgemeinen wirtschaftlichen Verkehr	
Nimmt ein Stpfl. mit Gewinnerzielungsabsicht nachhaltig am Leistungs- oder Güteraustausch teil, so handelt es sich um eine Beteiligung am allgemeinen wirtschaftlichen Verkehr. Eine Teilnahme erfordert, dass der Stpfl. i. R. der Tätigkeit erkennbar nach außen hin in Erscheinung tritt und damit seinen Willen, ein Gewerbe zu betreiben, zu erkennen gibt.	H 15.4 „Allgemeines" EStH
Unter Umständen kann eine Beteiligung am allgemeinen wirtschaftlichen Verkehr auch vorliegen, sofern die Betätigung auf einen bestimmten Vertragspartner beschränkt ist.	H 15.4 „Kundenkreis" EStH
Abgrenzung zur Land- und Forstwirtschaft § 13 EStG	R 15.5 EStR
Abgrenzung zur selbständigen Arbeit § 18 EStG	R 15.6 EStR, H 15.6 „Allgemeines" EStH
Abgrenzung zur Vermögensverwaltung	R 15.7 EStR

Es handelt sich bei den Einkünften aus Gewerbebetrieb i. S. des § 15 EStG um **Gewinneinkünfte** (vgl. § 2 Abs. 2 Satz 1 Nr. 1 EStG). Der Begriff der **Betriebseinnahmen** ist nicht gesetzlich i. R. des EStG definiert. In analoger Anwendung des § 8 EStG kann durch systematische Auslegung davon ausgegangen werden, dass unter den Begriff der Betriebseinnahmen alle Vermögenszuflüsse in Geld oder Geldeswert, die ihre Ursache in der betrieblichen Tätigkeit haben, zu subsumieren sind (vgl. H 4.7 „Betriebseinnahmen" EStH). Der Begriff der **Betriebsausgaben** ist hingegen durch § 4 Abs. 4 EStG gesetzlich definiert. Dieser Normierung folgend gilt das Verursachungsprinzip, d. h., dass alle Ausgaben, die durch den Betrieb veranlasst sind, Betriebsausgaben darstellen. Es ist zu beachten, dass bestimmte Aufwendungen, welche im ersten Schritt als Betriebsausgaben zu qualifizieren sind, im zweiten Schritt unter den Tatbestand der **nichtabziehbaren Betriebsausgaben** (§ 4 Abs. 5 EStG) zu subsumieren sind.

Die **Gewinnermittlung** kann sowohl i. R. des Betriebsvermögensvergleichs, als auch i. R. der Einnahmenüberschussrechnung erfolgen. Es empfiehlt sich eine Begründung, auf welcher Grundlage die jeweilige Gewinnermittlungsart zutreffend ist. Der **Gewinnermittlungszeitraum** bei Gewerbetreibenden ist das Wirtschaftsjahr (vgl. § 4a Abs. 1 Satz 1 EStG). Das Wirtschaftsjahr ist:

- bei Gewerbetreibenden, deren Firma im Handelsregister eingetragen ist, der Zeitraum, für den sie regelmäßig Abschlüsse macht (vgl. § 4a Abs. 1 Satz 2 Nr. 2 EStG);
- bei allen anderen der Gewerbetreibenden das Kalenderjahr (vgl. § 4a Abs. 1 Satz 2 Nr. 3 EStG).

Das Wirtschaftsjahr ist grds. immer ein Zeitraum von genau 12 Monaten (vgl. § 8b Satz 1 EStDV). Ausnahmsweise kann der Zeitraum weniger als 12 Monate umfassen, sofern:

- ein Betrieb eröffnet, erworben, aufgegeben oder veräußert wird (vgl. § 8b Satz 2 Nr. 1 EStDV) oder
- ein Stpfl. den Zeitraum, für den regelmäßig Abschlüsse gemacht werden, ändert (vgl. § 8b Satz 2 Nr. 2 EStDV).

In diesen Fällen spricht man von einem sog. **Rumpfwirtschaftsjahr**. Der Gewinn gilt bei Gewerbetreibenden in dem Veranlagungszeitraum als bezogen, in dem das Wirtschaftsjahr endet (vgl. § 4a Abs. 2 Nr. 2 EStG).

I. R. der Steuerberaterprüfung empfiehlt es sich (grds.), folgende Aussagen als Einstieg zu treffen:

Grundaussagen „Checkliste“	
Kurzerläuterung	**Fundstelle**
Es liegen Einkünfte aus Gewerbebetrieb vor.	§ 15 Abs. 1 [...] EStG
Diese Einkünfte unterliegen der Besteuerung.	§ 2 Abs. 1 Satz 1 Nr. 2 EStG
Es handelt sich um Gewinneinkünfte.	§ 2 Abs. 2 Satz 1 Nr. 1 EStG
Der Ermittlungszeitraum ist das Wirtschaftsjahr.	§ 4a EStG
Die Gewinnermittlung erfolgt zulässig i. R. der Einnahmenüberschussrechnung, weil [...].	§ 4 Abs. 3 EStG
oder	
Die Gewinnermittlung erfolgt zulässig i. R. des Betriebsvermögensvergleichs, weil [...].	§ 4 Abs. 1 EStG, § 5 Abs. 1 Satz 1 EStG

1.2 Das Betriebsvermögen

Der grundlegende Begriff des Betriebsvermögens ist für alle Gewinneinkünfte gleich. Im Einkommensteuerrecht wird unterschieden zwischen **notwendigem Betriebsvermögen** (= Wirtschaftsgüter, die zwingend Betriebsvermögen sind) und **gewillkürtem Betriebsvermögen** (= Wirtschaftsgüter, die freiwillig dem Betriebsvermögen zugeordnet werden). Ist in einer Steuerberaterprüfung ein Wirtschaftsgut zu behandeln, so empfiehlt es sich regelmäßig, in einem ersten Schritt eine Zuordnung zum jeweiligen Betriebsvermögen oder gegebenenfalls zum steuerlichen Privatvermögen vorzunehmen.

Übersicht steuerliches Privat- und Betriebsvermögen	
Kurzerläuterung	**Fundstelle**
notwendiges Betriebsvermögen	
Das notwendige Betriebsvermögen umfasst alle Wirtschaftsgüter, die ausschließlich unmittelbar für eigenbetriebliche Zwecke des Stpfl. genutzt werden oder dazu bestimmt sind. Bei Wirtschaftsgütern, die nicht Grundstücke oder Grundstücksteile sind und die zu mehr als 50 % eigenbetrieblich genutzt werden, handelt es sich ebenfalls um notwendiges Betriebsvermögen.	R 4.2 Abs. 1 Sätze 1 und 4 EStR
Grundstücke und Grundstücksteile, welche ausschließlich und unmittelbar für eigenbetriebliche Zwecke des Stpfl. genutzt werden, sind dem notwendigen Betriebsvermögen zuzuordnen.	R 4.2 Abs. 7 EStR
gewillkürtes Betriebsvermögen	
Weist ein Wirtschaftsgut einen gewissen objektiven Zusammenhang zum Betrieb auf und ergibt sich eine Eignung zur Förderung des Betriebes, so kann dieses Wirtschaftsgut als gewillkürtes Betriebsvermögen behandelt werden, sofern die Voraussetzungen für das notwendige Betriebsvermögen nicht erfüllt werden. Bei einer betrieblichen Nutzung von mindestens 10 % bis zu 50 % ist eine Zuordnung dieses Wirtschaftsgutes zum gewillkürten Betriebsvermögen in vollem Umfang möglich.	R 4.2 Abs. 1 Sätze 3 und 6 EStR, H 4.2 Abs. 1 „gewillkürtes Betriebsvermögen“ EStH
Ein Wirtschaftsgut darf nicht als gewillkürtes Betriebsvermögen erfasst werden, sofern sich abzeichnet, dass dieses Verluste bringen wird.	H 4.2 Abs. 1 „Wirtschaftsgut - Verlustbringende Wirtschaftsgüter“ EStH
notwendiges Privatvermögen	
Werden Wirtschaftsgüter zu mehr als 90 % zu privaten Zwecken genutzt, so sind diese zwingend dem notwendigen Privatvermögen zuzuordnen.	R 4.2 Abs. 1 Satz 5 EStR

1.3 Die Einnahmenüberschussrechnung

Steuerberaterprüfung 2010, 2013

1.3.1 Grundlagen

Die Einnahmenüberschussrechnung i. S. des § 4 Abs. 3 EStG ist eine Gewinnermittlungsart, die im gesamten Bereich der Gewinneinkünfte Anwendung finden kann. In den gesichteten Steuerberaterprüfungen war diese Art der Gewinnermittlung gelegentlich Prüfungsgegenstand, sodass im Folgenden eine Erläuterung der wesentlichen Eckpunkte erfolgen soll.

Für die ausführliche Darstellung der Grundlagen sowie der Besonderheiten des Betriebsvermögensvergleichs sei an dieser Stelle auf den *Klausur-Leitfaden Bilanzsteuerrecht* verwiesen.[9]

Ergibt sich aus einer Aufgabenstellung, dass ein Stpfl. i. R. der Gewinneinkünfte eine Gewinnermittlung i. R. der Einnahmenüberschussrechnung vornehmen möchte, so empfiehlt sich als Einstieg die folgende Begründung der zulässigen Anwendung:

Die Einkünfte ermittelt der Stpfl. zulässigerweise i. R. der Anwendung der Einnahmenüberschussrechnung (§ 4 Abs. 3 EStG), da:

- *er mit dieser Tätigkeit weder der originären (§ 141 AO) noch der derivativen Buchführungspflicht (§ 140 AO i. V. mit § 238 HGB) unterliegt und*
- *er auch nicht freiwillig Bücher führt (R 4.5 Abs. 1 Satz 1 EStR, H 4.5 Abs. 1 „Wahl der Gewinnermittlungsart“ EStH).*

Die Gewinnermittlung nach § 4 Abs. 3 EStG erfolgt im Gegensatz zu § 4 Abs. 1 EStG vereinfacht und soll zu einer Erleichterung und weniger Arbeitsaufwand beim Stpfl. führen. Grundsätzlich muss der Stpfl. i. R. dieser Gewinnermittlungsart, von Ausnahmen abgesehen, lediglich die Betriebseinnahmen und die Betriebsausgaben aufzeichnen. Es findet gem. § 4 Abs. 3 Satz 1 EStG das sog. **„Istprinzip“** Anwendung.

Grundformel Einnahmenüberschussrechnung § 4 Abs. 3 EStG	
	Betriebseinnahmen (= im Veranlagungszeitraum vereinnahmte Betriebseinnahmen)
./.	Betriebsausgaben (= im Veranlagungszeitraum verausgabte Betriebsausgaben)
=	Gewinn (vgl. R 4.5 Abs. 1 Satz 1 EStR, R 4.5 Abs. 2 Sätze 1 und 2 EStR, § 11 Absätze 1 und 2 EStG)

Die **Bewertungsgrundsätze des § 6 EStG** gelten grds. nur für den Betriebsvermögensvergleich i. S. des § 4 Abs. 1 Satz 1 EStG i. V. mit § 5 EStG. In der Folge sind Teilwertabschläge bei der Einnahmenüberschussrechnung nicht zulässig. Die Anwendung einzelner Teile des § 6 EStG ist über entsprechende Verweise möglich. Ein Beispiel dafür ist die analoge Anwendung von § 6 Abs. 2 EStG und § 6 Abs. 2a EStG (vgl. § 4 Abs. 3 Satz 3 EStG).

Im Bereich der Einnahmenüberschussrechnung gilt das Zu- und Abflussprinzip des § 11 EStG uneingeschränkt (vgl. R 4.5 Abs. 2 Satz 1 EStR). Im Gegensatz zum Betriebsvermögensvergleich hat der Zeitpunkt der Entstehung einer Forderung oder Verbindlichkeit keine Gewinnauswirkung. Eine Betriebseinnahme gilt daher erst im Zeitpunkt der Erlangung der wirtschaftlichen Verfügungsmacht als zugeflossen. Dies besteht entsprechend für Anzahlungen und Vorauszahlungen (vgl. R 4.5 Abs. 2 Satz 2 EStR). Diese Grundsätze gelten für den Abfluss von Ausgaben grds. analog (vgl. H 11 „Allgemeines“ 3. Spiegelstrich EStH).

HINWEIS

Aus diesem Grundsatz heraus ist ersichtlich, dass in den einzelnen Veranlagungszeiträumen unterschiedliche Gewinne in Abhängigkeit von der Gewinnermittlung (Betriebsvermögensvergleich oder Einnahmenüberschussrechnung) entstehen können. Diese möglichen Gewinnverschiebungen bleiben in Summe jedoch in aller Regel ohne Auswirkung auf den Totalgewinn.

Im Bereich der Einnahmenüberschussrechnung kommt das sog. **„Bruttoprinzip“** zur Anwendung. In der Folge stellen vereinnahmte Umsatzsteuerbeträge im Zeitpunkt der Vereinnahmung Betriebseinnahmen dar (vgl. H 9b „Gewinnermittlung nach § 4 Abs. 3 EStG und Ermittlung des Überschusses der Einnahmen über die Werbungskosten“ EStH). In der Konsequenz

9 Vgl. Wagner, Klausur-Leitfaden Bilanzsteuerrecht, NWB Verlag GmbH & Co. KG, Herne, 2. Auflage 2019.

gehören verausgabte Umsatzsteuerbeträge (= an das Finanzamt abgeführte Umsatzsteuerbeträge) im Zeitpunkt der Verausgabung zu den Betriebsausgaben, es sei denn, die entsprechenden Vorsteuerbeträge sind den Anschaffungs- oder Herstellungskosten eines Wirtschaftsgutes zuzurechnen, weil ein Abzug nach § 15 UStG nicht oder noch nicht möglich ist (vgl. § 9b EStG).

Eine Ausnahme bilden **durchlaufende Posten** i. S. des § 4 Abs. 3 Satz 2 EStG. Diese Betriebseinnahmen und Betriebsausgaben bleiben ohne Auswirkung auf den Gewinn. Ein Beispiel dafür stellen von einem Rechtsanwalt verauslagte Gerichtskosten für seinen Mandanten dar, da diese im fremden Namen und für fremde Rechnung verausgabt werden.

HINWEIS

Die Umsatzsteuer ist in keinem Fall ein durchlaufender Posten, da der Stpfl. diese in eigenem Namen und auf eigene Rechnung vereinnahmt und verausgabt.

1.3.2 Besonderheit Anlagevermögen

Beim Zugang von Anlagevermögen zum Betriebsvermögen stellen die Anschaffungs- oder Herstellungskosten grds. keine sofort abziehbaren Betriebsausgaben dar.

Für **abnutzbares Anlagevermögen** finden die Vorschriften des § 7 EStG und des § 6 Absätze 2 und 2a EStG Anwendung (vgl. § 4 Abs. 3 Satz 3 EStG, R 6.1 Abs. 1 Sätze 1 und 5 EStR, § 6 Abs. 7 EStG). Insofern erfolgt die Behandlung von abnutzbarem Anlagevermögen abweichend vom Grundprinzip des § 11 Abs. 2 EStG. Sofern das entsprechende Wirtschaftsgut bei einer anschließenden Veräußerung noch nicht komplett abgeschrieben ist, ist eine Abschreibung bis zum Zeitpunkt der Veräußerung vorzunehmen und der Restwert im Jahr der Veräußerung als Betriebsausgabe zu erfassen (vgl. H 4.5 Abs. 3 „Veräußerung abnutzbarer Wirtschaftsgüter/Unterlassene AfA" EStH). Die Betriebseinnahme aus der Veräußerung ist stets im Jahr des wirtschaftlichen Zuflusses des Veräußerungserlöses anzusetzen (vgl. § 11 Abs. 1 EStG, H 4.5 Abs. 2 „Zufluss von Betriebseinnahmen" 3. Spiegelstrich EStH).

Durch § 4 Abs. 3 Satz 4 EStG wird die Behandlung von **nicht abnutzbarem Anlagevermögen** geregelt (vgl. R 6.1 Abs. 1 Sätze 1 und 6 EStR). Das Abflussprinzip des § 11 Abs. 2 EStG findet für diese Wirtschaftsgüter keine Anwendung. Vielmehr wirken sich die Anschaffungs- oder Herstellungskosten erst im Zeitpunkt der Veräußerung oder Entnahme als Betriebsausgabe aus.

Für Wirtschaftsgüter des Anlagevermögens sowie des Umlaufvermögens i. S. des § 4 Abs. 3 Satz 4 EStG wird in § 4 Abs. 3 Satz 5 EStG eine **besondere Aufzeichnungspflicht** normiert.

1.3.3 Behandlung von Entnahmen

1.3.3.1 Allgemeines

Werden Wirtschaftsgüter des notwendigen oder gewillkürten Betriebsvermögens für den Haushalt des Stpfl. oder für andere betriebsfremde Zwecke im Laufe eines Wirtschaftsjahres entnommen, so ist der Tatbestand des § 4 Abs. 1 Satz 2 EStG erfüllt (vgl. auch R 4.3 Abs. 4 EStR). Eine Entnahmehandlung erfordert in aller Regel ein schlüssiges Verhalten, welches von einem **Entnahmewillen** getragen wird (vgl. R 4.3 Abs. 3 EStR, H 4.3 Absätze 2 bis 4 „Entnahmehandlung" 1. Spiegelstrich EStH). Diese Grundsätze gelten für Nutzungsentnahme analog.

Die **Bewertung** von Entnahmen erfolgt i. R. des § 6 Abs. 1 Nr. 4 EStG i.V. mit § 6 Abs. 7 Nr. 2 EStG. Eine etwaige Gewinnrealisierung tritt im Zeitpunkt der Entnahme ein (vgl. H 4.3 Absätze 2 bis 4 „Gewinnrealisierung" EStH).

Exkurs – Umsatzsteuerliche Folgen einer Entnahme

Umsatzsteuerlich stellt die Nutzungsentnahme bzw. die Entnahme eines Wirtschaftsgutes eine gegen Entgelt gleichgestellte Lieferung oder sonstige Leistung dar, welche grds. steuerbar und steuerpflichtig ist (vgl. § 3 Abs. 1b UStG bzw. § 3 Abs. 9a UStG, § 1 Abs. 1 Nr. 1 UStG). Die Bemessungsgrundlage für die Umsatzsteuer ergibt sich dabei nach Maßgabe des § 10 Abs. 4 UStG.

1.3.3.2 Nutzungsentnahme von betrieblichen Kfz

Eine Besonderheit stellt die **Nutzungsentnahme von betrieblichen Kfz** dar. Die Privatnutzung eines Kfz, welches notwendiges Betriebsvermögen darstellt, ist monatlich mit **1 %** des inländischen Bruttolistenpreises im Zeitpunkt der Erstzulassung zzgl. der Kosten für die Sonderausstattung anzusetzen (vgl. § 6 Abs. 1 Nr. 4 Satz 2 EStG). Abweichend davon kann die Privatnutzung auch mit den auf die Privatfahrten entfallenden Aufwendungen angesetzt werden, sofern das Verhältnis der privaten zu den übrigen Fahrten durch den Stpfl. mithilfe eines ordnungsgemäßen **Fahrtenbuches** nachgewiesen wird (vgl. § 6 Abs. 1 Nr. 4 Satz 3 EStG).

HINWEIS

Wird die fiktive Betriebseinnahme i. R. des § 6 Abs. 1 Nr. 4 Satz 2 EStG mithilfe der sog. 1-%-Methode ermittelt, so ist die Kostendeckelung auf die tatsächlichen Aufwendungen zu beachten (vgl. Anhang 16 III.1 EStHB, Tz. 18).[10]

Die Privatnutzung von Elektro- und Hybridelektrokraftfahrzeugen wird im Bereich des EStG begünstigt. Einen Überblick über diese Förderung gibt das Schreiben des Bundesministeriums der Finanzen vom 5. 6. 2014 (vgl. Anhang 16 III.2 EStHB).[11]

Im Falle der Anwendung der **1-%-Methode** (§ 6 Abs. 1 Nr. 4 Satz 2 EStG) ist in Abhängigkeit vom Anschaffungsjahr bzw. dem Jahr der Erstzulassung und der Batteriekapazität der Bruttolistenpreis als Bemessungsgrundlage für die Nutzungsentnahme zu mindern.[12]

Anschaffungsjahr/Jahr der Erstzulassung	**Minderungsbetrag in € je kWh der Batteriekapazität**	**Höchstbetrag in €**
2013 und früher	500	10.000
2014	450	9.500
2015	400	9.000
2016	350	8.500
2017	300	8.000
2018	250	7.500
2019	200	7.000
2020	150	6.500
2021	100	6.000
2022	50	5.500

Eine pauschale Minderung ist nur vorzunehmen, wenn der Bruttolistenpreis tatsächlich Kosten für ein Batteriesystem beinhaltet. Sofern einzelne Hersteller, darunter z. B. Renault, Batteriesysteme i. R. eines gesondert vereinbarten Miet- oder Leasingvertrages überlassen, kommt eine Kürzung des Bruttolistenpreises dem Grunde nach nicht in Betracht.[13] Die im Zusammenhang mit dem betrieblichen Kfz zusätzlich entstehenden Aufwendungen stellen grds. Betriebsausgaben i. S. des § 4 Abs. 4 EStG dar. Die Verwaltungsauffassung gestattet es allerdings aus Vereinfachungsgründen, dass die Nutzungsentnahme für das Kfz ausgehend vom Bruttolistenpreis inklusive Batteriesystem ermittelt wird, sofern ein baugleiches Modell vorliegt.[14]

HINWEIS

Bei einer Anschaffung nach dem 31. 12. 2018 und vor dem 1. 1. 2022 ist für die Ermittlung der Nutzungsentnahme i. R. der 1-%-Methode der Bruttolistenpreis nur zu 50 % zu berücksichtigen. Dies gilt nur für Elektrokraftfahrzeuge oder Hybridelektrokraftfahrzeuge, die die Voraussetzungen des § 3 Abs. 2 Nummern 1 oder 2 EmoG erfüllen (vgl. § 6 Abs. 1 Nr. 4 Satz 2 EStG).[15]

Werden die Nutzungsentnahmen eines betrieblichen Kfz (gewillkürtes Betriebsvermögen bei 10 bis 50 %-iger betrieblicher Nutzung; notwendiges Betriebsvermögen bei betrieblicher Nutzung größer als 50 % und Wahl der **Fahrtenbuchmethode** als sog. **„Escape-Klausel"**) nach § 6 Abs. 1 Nr. 4 Sätze 1 und 3 EStG mit den Aufwendungen bewertet, die auf die einzelne Nutzung entfallen, ist die Bemessungsgrundlage für die AfA um den in § 6 Abs. 1 Nr. 4 Satz 2 Halbsatz 2

10 Vgl. BMF, Schreiben vom 18. 11. 2009 - IV C 6 - S 2177/07/10004, BStBl I S. 1326; unter Berücksichtigung der Änderungen durch das BMF, Schreiben vom 15. 11. 2012 - IV C 6 - S 2177/10/10002, BStBl I S. 1099 (abgedruckt im Anhang 16 III EStHB).

11 Vgl. BMF, Schreiben vom 5. 6. 2014 - IV C 6 - S 2177/13/10002, BStBl I S. 835.

12 Vgl. BMF, Schreiben vom 5. 6. 2014 - IV C 6 - S 2177/13/10002, a. a. O., Tz. 3.

13 Vgl. BMF, Schreiben vom 5. 6. 2014 - IV C 6 - S 2177/13/10002, a. a. O., Tz. 5.

14 Vgl. BMF, Schreiben vom 5. 6. 2014 - IV C 6 - S 2177/13/10002, a. a. O., Tz. 6.

15 Vgl. Gesetz zur Vermeidung von Umsatzsteuerausfällen beim Handel mit Waren im Internet und zur Änderung weiterer steuerlicher Vorschriften vom 11. 12. 2018 (kurz UStAVermG; BGBl 2018 I S. 2238).

EStG normierten pauschalen Abschlag zu mindern. Dies gilt nur, sofern die Anschaffungskosten Aufwendungen für ein Batteriesystem enthalten.[16] In diesem Fall sind die aufzuteilenden Gesamtkosten inklusive der Nebenkosten für das Batteriesystem zu betrachten.[17]

HINWEIS

Bei einer Anschaffung nach dem 31. 12. 2018 und vor dem 1. 1. 2022 sind bei der Ermittlung der insgesamt entstandenen Aufwendungen i. R. der Fahrtenbuchmethode die Anschaffungskosten für das begünstigte Kraftfahrzeug nur zu 50 % zu berücksichtigen. Begünstigte Fahrzeuge sind reine Elektrokraftfahrzeuge sowie Hybridelektrokraftfahrzeuge, die die Voraussetzungen des § 3 Abs. 2 Nummern 1 oder 2 EmoG erfüllen (vgl. § 6 Abs. 1 Nr. 4 Satz 3 EStG).[18]

Die Folge einer Entnahme von Wirtschaftsgütern bzw. einer Nutzungsentnahme sind bei der Einnahmenüberschussrechnung eine **„fiktive Betriebseinnahme"**.

BEISPIEL

Herr Bruno Bauer (BB) betreibt in Jena einen Großhandel (Einzelunternehmen) und ermittelt seinen Gewinn zulässigerweise als Überschuss der Betriebseinnahmen über die Betriebsausgaben. Er versteuert die Umsätze zutreffend nach vereinnahmten Entgelten und ist zum vollen Vorsteuerabzug berechtigt. BB hat einen Pkw vom Typ „VW Passat" (Bruttolistenpreis im Zeitpunkt der Erstzulassung 50.040 €), den er aufgrund des betrieblichen Nutzungsanteils von über 50 % dem notwendigen Betriebsvermögen zugeordnet hat, im Jahr 2018 auch für Privatfahrten genutzt. Zu prüfen ist, ob und ggf. welche Auswirkungen die Privatnutzung des betrieblichen Pkw's in 2018 im Bereich der Einkommensteuer und der Umsatzsteuer hat.

LÖSUNG

BB erzielt i. R. seines Einzelunternehmens Einkünfte aus Gewerbebetrieb i. S. des § 15 Abs. 1 Satz 1 Nr. 1 EStG, die der Einkommensteuer unterliegen (vgl. § 2 Abs. 1 S. 1 Nr. 2 EStG). Es handelt sich um Gewinneinkünfte (§ 2 Abs. 2 Satz 1 Nr. 1 EStG). Der Gewinn wird von BB laut Sachverhalt zulässigerweise i. R. der Einnahmenüberschussrechnung (§ 4 Abs. 3 EStG) ermittelt.

Der Pkw ist aufgrund der überwiegend betrieblichen Nutzung dem notwendigen Betriebsvermögen zuzuordnen (vgl. R 4.2 Abs. 1 Sätze 1 und 4 EStR). Die Nutzungsentnahme (§ 4 Abs. 1 Satz 2 EStG) ist mangels wirksamen Fahrtenbuches mit der 1-%-Methode zu bewerten (vgl. § 6 Abs. 1 Nr. 4 Satz 2 EStG). Maßgebend für die Ermittlung ist 1 % des Bruttolistenpreises einschließlich der Umsatzsteuer im Zeitpunkt der Erstzulassung. Der ertragsteuerliche Wert der privaten Nutzungsentnahme beträgt somit monatlich **500 €**:

	50.040 €	Bruttolistenpreis
=	50.000 €	abgerundet auf volle Hundert €[19]
x	1 %	maßgebender Prozentsatz
=	**500 €**	**Wert der monatlichen Nutzungsentnahme**

Umsatzsteuerlich stellt die Privatnutzung des Pkw eine gleichgestellte sonstige Leistung i. S. von § 3 Abs. 9a Nr. 1 UStG dar. Den Ausgangspunkt für die darauf entfallende Umsatzsteuer bildet grds. der Wert der ertragsteuerlichen Nutzungsentnahme (vgl. A 15.23 Abs. 5 Satz 4 Nr. 1 Buchst. a UStAE). Die monatlich auf die Nutzungsentnahme entfallende Umsatzsteuer beträgt somit, unter Berücksichtigung des pauschalen Abschlags von 20 % für nicht mit Vorsteuer belastete Kosten gem. A 15.23 Abs. 5 Satz 4 Nr. 1 Buchst. a Satz 3 UStAE, **76 €**:

	500 €	Wert der monatlichen Nutzungsentnahme
./.	100 €	pauschaler Abschlag 20 %
=	400 €	maßgebender Nettowert
=	**76 €**	**monatliche Umsatzsteuer**

1.3.4 Behandlung von Einlagen

Einlagen sind alle Wirtschaftsgüter des notwendigen Privatvermögens, welche der Stpfl. dem Betrieb im Laufe eines Wirtschaftsjahres zuführt (vgl. § 4 Abs. 1 Satz 8 EStG, R 4.3 Abs. 1 EStR). Dies gilt analog für die Einlage von Nutzungen. Die Bewertung der Einlagen erfolgt grds. mit dem Teilwert im Zeitpunkt der Zuführung (vgl. § 6 Abs. 1 Nr. 5 Satz 1 EStG). Bei der Bewertung sind die Ausnahmen des § 6 Abs. 1 Nr. 5 Satz 1 Halbsatz 2 Buchstaben a, b und c EStG zu berücksichtigen. Bei diesen Ausnahmen dürfen als Einlagewert höchstens die Anschaffungskosten angesetzt werden.

16 Vgl. BMF, Schreiben vom 05.06.2014, IV C 6 – S 2177/13/10002, a. a. O., Tz. 9.

17 Vgl. BMF, Schreiben vom 05.06.2014, IV C 6 – S 2177/13/10002, a. a. O., Textziffern 10 und 8.

18 Vgl. Gesetz zur Vermeidung von Umsatzsteuerausfällen beim Handel mit Waren im Internet und zur Änderung weiterer steuerlicher Vorschriften vom 11. 12. 2018 (kurz UStAVermG; BGBl 2018 I S. 2238).

19 Vgl. BMF, Schreiben vom 18. 11. 2009 - IV C 6 - S 2177/07/10004, a. a. O., Tz. 10.

Die Folge einer Einlage von Wirtschaftsgütern bzw. einer Nutzungseinlage sind bei der Einnahmenüberschussrechnung eine **„fiktive Betriebsausgabe" bzw. „fiktive Nutzungsaufwandseinlage"**. Als mögliche Nutzungseinlage kommt insbesondere die betriebliche Verwendung eines zum Privatvermögen gehörenden Kfz in Betracht. Eine anteilige Nutzung von nicht zum Betriebsvermögen gehörenden Wirtschaftsgütern für betriebliche Zwecke führt i. H. der anteiligen Kosten zu abzugsfähigen Betriebsausgaben (vgl. H 4.7 „Gemischtgenutzte Wirtschaftsgüter" 1. Spiegelstrich EStH).

1.4 Die Betriebsaufspaltung

Steuerberaterprüfung 2007, 2014

1.4.1 Grundlagen

Das Rechtsinstitut der Betriebsaufspaltung war bereits mehrfach Gegenstand der Steuerberaterprüfung. Für dieses Rechtsgebilde gibt es **keine gesetzliche Normierung**. Die Behandlung folgt der höchstrichterlichen Rechtsprechung sowie den daraus resultierenden Verwaltungsanweisungen.

Eine Betriebsaufspaltung liegt gem. H 15.7 Abs. 4 „Allgemeines" EStH vor, wenn ein taugliches Besitzunternehmen eine wesentliche Betriebsgrundlage an eine gewerblich tätige Personen- oder Kapitalgesellschaft (= Betriebsunternehmen) zur Nutzung überlässt (= **sachliche Verflechtung**) und eine Person oder mehrere Personen zusammen (= Personengruppe) sowohl das Besitzunternehmen als auch das Betriebsunternehmen beherrschen, d. h., dass sie in der Lage sind, in beiden Unternehmen einen einheitlichen geschäftlichen Betätigungswillen durchzusetzen (= **personelle Verflechtung**).

Je nach der Entstehung der Betriebsaufspaltung ist zwischen einer „echten" und einer „unechten" Betriebsaufspaltung zu unterscheiden. Während bei einer **„echten Betriebsaufspaltung"** aus einem ursprünglich einheitlichen Unternehmen ein Betriebsunternehmen nachträglich ausgegliedert wird, so stellt eine **„unechte Betriebsaufspaltung"** eine gewollte oder ungewollte Gründung zweier Unternehmen mit Folge einer Betriebsaufspaltung dar.

Die Betriebsaufspaltung lässt sich je nach der Konstellation der Rechtsformen in **verschiedene Erscheinungsformen** einteilen.

Übersicht Erscheinungsformen der Betriebsaufspaltung		
Kurzbezeichnung	**Besitzunternehmen**	**Betriebsunternehmen**
eigentliche Betriebsaufspaltung	Einzelunternehmen bzw. Personengesellschaft	Kapitalgesellschaft
umgekehrte Betriebsaufspaltung	Kapitalgesellschaft	Personengesellschaft
mitunternehmerische Betriebsaufspaltung	Personengesellschaft	Personengesellschaft
kapitalistische Betriebsaufspaltung	Kapitalgesellschaft	Kapitalgesellschaft

HINWEIS

Eine Betriebsaufspaltung kann nicht vorliegen, wenn das Betriebsunternehmen ein Einzelunternehmen ist. In diesem Fall erübrigt sich die Prüfung einer etwaigen personellen und sachlichen Verflechtung.

1.4.2 Die sachliche Verflechtung

Die sachliche Verflechtung ist erfüllt, sofern das Besitzunternehmen dem Betriebsunternehmen eine wesentliche Betriebsgrundlage überlässt (vgl. H 15.7 Abs. 5 „Beginn der sachlichen Verflechtung" 1. Spiegelstrich EStH). Eine wesentliche Betriebsgrundlage hat einen **funktional wesentlichen Charakter** für das Betriebsunternehmen. Keine wesentliche Betriebsgrundlage i. S. des Instituts der Betriebsaufspaltung liegt vor, wenn das überlassene Wirtschaftsgut lediglich einen quantitativ wesentlichen Charakter aufgrund von erheblichen stillen Reserven aufweist (vgl. H 15.7 Abs. 5 „Wesentliche Betriebsgrundlage" 10. Spiegelstrich EStH).

Für die sachliche Verflechtung ist es grds. unbeachtlich, ob die Überlassung unentgeltlich erfolgt oder ob sie auf einer schuldrechtlichen oder dinglichen Grundlage beruht (vgl. H 15.7 Abs. 5 „Beginn der sachlichen Verflechtung" 1. Spiegelstrich EStH). Auch eine **Leihe** von wesentlichen Betriebsgrundlagen kann zu einer Betriebsaufspaltung führen (vgl. H 15.7 Abs. 5 „Leihe" EStH). Bei einer **mitunternehmerischen Betriebsaufspaltung** ist zu beachten, dass diese nur vorliegen kann, sofern es sich um eine entgeltliche Überlassung handelt (vgl. Anhang 24 I EStHB, Tz. 1).[20]

1.4.3 Die personelle Verflechtung

Eine personelle Verflechtung liegt vor, wenn beim Besitzunternehmen und beim Betriebsunternehmen die dahinterstehenden Personen einen einheitlichen geschäftlichen Betätigungswillen aufweisen (vgl. H 15.7 Abs. 6 „Allgemeines" EStH). Für die Durchsetzung eines einheitlichen geschäftlichen Betätigungswillens in einem Unternehmen ist grds. der Besitz der Mehrheit der Stimmrechte notwendig (vgl. H 15.7 Abs. 6 „Mehrheit der Stimmrechte" EStH). Ein maßgeblicher Einfluss auf das Betriebsunternehmen kann auch durch eine mittelbare Beteiligung gewährleistet werden (vgl. H 15.7 Abs. 6 „Mittelbare Beteiligung" 1. Spiegelstrich EStH).

Bei einer **Beteiligungsidentität** am Besitzunternehmen und Betriebsunternehmen ist grds. vom Vorliegen einer personellen Verflechtung auszugehen (vgl. H 15.7 Abs. 6 „Beherrschungsidentität" 1. Spiegelstrich EStH). Der einheitliche geschäftliche Betätigungswille entfällt allerdings, sofern zwischen dem Beteiligten tatsächliche Interessengegensätze auftreten (vgl. H 15.7 Abs. 6 „Interessengegensätze" EStH). Eine personelle Verflechtung liegt ebenfalls grds. vor, wenn die Beherrschung von Besitz- und Betriebsunternehmen dadurch ermöglicht wird, dass mehrere Personen an beiden Unternehmen beteiligt sind und zusammen beide Unternehmen beherrschen (vgl. H 15.7 Abs. 6 „Personengruppentheorie" EStH).

Bei **Ehegatten** ist die Besonderheit zu beachten, dass die Stimmanteile grds. nicht zusammengerechnet werden können, außer es liegen ausnahmsweise Anzeichen vor, die auf gleichgerichtete wirtschaftliche Interessen der Ehegatten hindeuten (vgl. H 15.7 Abs. 7 „Allgemeines" EStH). Weiterhin ist bei Ehegatten zu beachten, dass das Wiesbadener Modell **keine** Betriebsaufspaltung begründen kann (vgl. H 15.7 Abs. 7 „Wiesbadener Modell" EStH).[21]

1.4.4 Folgen der Betriebsaufspaltung

Liegen die Voraussetzungen für eine Betriebsaufspaltung vor, löst dies mehrere steuerrechtliche Konsequenzen aus.

Übersicht über ausgewählte ertragsteuerliche Folgen der Betriebsaufspaltung	
Kurzerläuterung	**Fundstelle**
Das Besitzunternehmen erzielt zwingend Einkünfte aus Gewerbebetrieb i. S. des § 15 Abs. 1 Satz 1 Nr. 1 EStG.	H 15.7 Abs. 4 „Allgemeines" EStH
Das Besitzunternehmen ist gewerbesteuerpflichtig.	§ 2 Abs. 1 GewStG, H 2.4 Abs. 3 „Betriebsaufspaltung" GewStH
Das Verpächterwahlrecht i. S. des § 16 Abs. 3b EStG kann während des Bestehens der Betriebsaufspaltung nicht zugunsten einer Betriebsaufgabe ausgeübt werden.	Anhang 8 I EStHB, Tz. 1 Buchst. c[22]
Ist das Betriebsunternehmen eine Kapitalgesellschaft, stellt die Beteiligung an dieser notwendiges Betriebsvermögen des Besitzunternehmens dar.	R 4.2 Abs. 1 Satz 1 EStR, H 4.2 Abs. 2 „Anteile an Kapitalgesellschaften" 3. Spiegelstrich EStH

20 Vgl. BMF, Schreiben vom 28. 4. 1998 - IV B 2 - S 2241 - 42/98, BStBl I S. 583.
21 Das Wiesbadener Modell liegt vor, wenn an dem Besitzunternehmen der eine Ehegatte und an dem Betriebsunternehmen der andere Ehegatte beteiligt ist.
22 Vgl. BMF, Schreiben vom 17. 10. 1994 - IV B 2 - S 2242 - 47/94, BStBl I S. 771.

Die überlassenen Wirtschaftsgüter sind beim Besitzunternehmen notwendiges Betriebsvermögen und Anlagevermögen.	H 15.7 Abs. 4 „Notwendiges Betriebsvermögen" EStH
Erfolgt die Überlassung der Wirtschaftsgüter an eine Betriebskapitalgesellschaft teilentgeltlich oder unentgeltlich, so sind die Aufwendungen für die Überlassung bei der Besitzgesellschaft nur i. R. des § 3c Abs. 2 EStG abziehbar.	§ 3c Abs. 2 Satz 6 EStG

1.5 Die Mitunternehmerschaft

Steuerberaterprüfung 2006, 2007, 2009, 2010, 2011, 2013

Die Mitunternehmerschaft i. S. des § 15 Abs. 1 Satz 1 Nr. 2 EStG i.V. mit § 15 Abs. 2 EStG ist in verschiedenen Formen häufig Gegenstand der Steuerberaterprüfung.

Eine Mitunternehmerschaft i. S. des Einkommensteuergesetzes kann bei allen Gewinneinkunftsarten vorliegen. Neben den am häufigsten auftretenden Einkünften aus einer gewerblichen Mitunternehmerschaft (§ 15 Abs. 1 Satz 1 Nr. 2 EStG) können Einkünfte aus einer Mitunternehmerschaft ebenso in den Bereichen der Einkünfte aus Land- und Forstwirtschaft (§ 13 Abs. 7 EStG) sowie der Einkünfte aus selbständiger Tätigkeit (§ 18 Abs. 4 Satz 2 EStG) erzielt werden.

BEISPIEL

Die Gewinnermittlung und Gewinnverteilung bei einer Mitunternehmerschaft i. R. einer Prüfungsaufgabe wird in Kapitel V.2.2.1 dargestellt. Die theoretische Behandlung erfolgt in den Kapiteln IV.1.5.5 und IV.1.5.6.

1.5.1 Begriff der Mitunternehmerschaft

Mitunternehmer ist derjenige, der **zivilrechtlicher Gesellschafter** einer Personengesellschaft ist, eine **unternehmerische Initiative** entfalten kann und ein **unternehmerisches Risiko** trägt (vgl. H 15.8 Abs. 1 „Allgemeines" EStH). Als Mitunternehmer kommen neben natürlichen und juristischen Personen auch Personengesellschaften in Betracht.

Eine Mitunternehmerinitiative bedeutet dabei die Teilnahme an unternehmerischen Entscheidungen. Ausreichend ist bereits die Möglichkeit zur Ausübung von Gesellschaftsrechten, mithin die Stimm-, Kontroll- und Widerspruchsrechte eines Kommanditisten (vgl. H 15.8 Abs. 1 „Mitunternehmerinitiative" EStH, § 164 HGB).

Unter dem Mitunternehmerrisiko ist die Teilnahme am Gewinn und Verlust sowie an den stillen Reserven eines Betriebes zu verstehen (vgl. H 15.8 Abs. 1 „Mitunternehmerrisiko" EStH). Für den Komplementär einer Kommanditgesellschaft gelten die in H 15.8 Abs. 1 „Komplementär" EStH dargestellten Besonderheiten.

1.5.2 Fiktion des Gewerbebetriebes

Ist eine Personengesellschaft nicht (ausschließlich) gewerblich tätig i. S. des § 15 Absätze 1 und 2 EStG, so kann über eine der Alternativen des § 15 Abs. 3 EStG eine gewerbliche Tätigkeit fingiert werden.

In **§ 15 Abs. 3 Nr. 1 EStG** wird die sog. **„Abfärbetheorie"** normiert. Ist eine Personengesellschaft nicht nur geringfügig originär gewerblich tätig oder ist sie als Mitunternehmerin an einer anderen Mitunternehmerschaft beteiligt, so färbt die gewerbliche Tätigkeit auf alle anderen, darüber hinaus erzielten, Einkünfte ab (vgl. H 15.8 Abs. 5 „Beteiligung an einer gewerblich tätigen Mitunternehmerschaft" EStH). In der Folge erzielt diese Personengesellschaft in vollem Umfang gewerbliche Einkünfte. Diese Fiktion findet keine Anwendung, sofern die betroffene Personengesellschaft lediglich eine geringfügige gewerbliche Tätigkeit ausübt (vgl. H 15.8 Abs. 5 „Bagatellgrenze" EStH).

Unter den Voraussetzungen des **§ 15 Abs. 3 Nr. 2 EStG** handelt es sich bei einer Personengesellschaft um eine **gewerblich geprägte Mitunternehmerschaft**. Diese liegt vor, wenn die Personengesellschaft keine gewerbliche Tätigkeit ausübt, nur Kapitalgesellschaften persönlich haftende Gesellschafter sind und ausschließlich diese oder Personen, welche keine Gesellschafter sind, zur Geschäftsführung befugt sind.

1.5.3 Ausgewählte Gesellschaftsformen

Übersicht von Gesellschaftsformen der Mitunternehmerschaft		
Gesellschaftsform	**Kurzerläuterung**	**Fundstellen**
Gesellschaft bürgerlichen Rechts (GbR)	Eine Gesellschaft bürgerlichen Rechts ist ein Zusammenschluss von Personen zur Erzielung eines gemeinsamen Zwecks. Ist dieser gemeinsame Zweck von gewerblicher Natur, so liegt eine gewerbliche Betätigung und damit regelmäßig eine Mitunternehmerschaft vor.	§§ 705 ff. BGB
offene Handelsgesellschaft (OHG)	Die Gesellschafter einer offenen Handelsgesellschaft haften mit ihrem gesamten Privatvermögen und tragen damit ein unternehmerisches Risiko. Sie sind Mitunternehmer.	§§ 105 ff. HGB
Kommanditgesellschaft (KG)	Wie bei einer offenen Handelsgesellschaft ist der Komplementär regelmäßig Mitunternehmer. Für die Kommanditisten ist der Tatbestand der Mitunternehmerschaft nur dann erfüllt, soweit die handelsrechtlichen Mindestrechte vertraglich nicht abbedungen werden.	§§ 161 ff. HGB
stille Gesellschaft	Bei einer **typisch stillen Gesellschaft** erhält der Darlehensgeber im Gegenzug für die Darlehensüberlassung einen Gewinnanteil (ggf. auch einen Verlustanteil). Nach außen tritt der typisch stille Gesellschafter nicht in Erscheinung und er ist nicht an den stillen Reserven beteiligt. Damit ist ein typischer stiller Gesellschafter kein Mitunternehmer i. S. des EStG (vgl. H 15.9 Abs. 4 „Allgemeines“ EStH). Ein stiller Gesellschafter wird nach höchstrichterlicher Rechtsprechung allerdings zum Mitunternehmer, sofern er am laufenden Gewinn und Verlust sowie an den stillen Reserven beteiligt ist bzw. ohne Beteiligung an den stillen Reserven eine hohe Beteiligung am Bilanzgewinn erhält und ihm unternehmerische Entscheidungen übertragen werden. In diesem Fall liegt eine atypisch stille Gesellschaft vor und es handelt sich um eine Mitunternehmerschaft (vgl. H 15.8 Abs. 1 „Stiller Gesellschafter“ EStH). Eine stille Beteiligung kann auch bei einer GmbH erfolgen. Die Rechtsfolgen für die typisch oder **atypisch stille Gesellschaft** sind die bereits dargestellten. Bei dieser Rechtsform handelt es sich um eine sog. **„GmbH und Still“**.	§§ 230 ff. BGB

1.5.4 Betriebsvermögen bei Mitunternehmerschaften

Bei einer Mitunternehmerschaft setzt sich das Betriebsvermögen aus

- dem **Gesamthandsvermögen** der Gesellschaft (inklusive der Wertkorrekturen aus etwaigen Ergänzungsbilanzen),
- dem **Sonderbetriebsvermögen I** der Gesellschafter sowie
- dem **Sonderbetriebsvermögen II** der Gesellschafter zusammen (vgl. R 4.2 Abs. 2 Satz 1 EStR).

BEISPIEL

Die Qualifizierung von Wirtschaftsgütern als Gesamthandsvermögen bzw. Sonderbetriebsvermögen wird im Kapitel V.2.2.1 i. R. der Lösung einer Prüfungsaufgabe dargestellt.

1.5.4.1 Gesamthandsvermögen

Personengesellschaften sind (teil-) rechtsfähig (vgl. z. B. § 124 Abs. 1 HGB). In der Folge können Personengesellschaften in eigenem Namen Eigentum an Wirtschaftsgütern erwerben. Handelt es sich um gemeinschaftliches Eigentum aller Gesellschafter, liegt sog. Gesamthandsvermögen vor (vgl. R 4.2 Abs. 2 Satz 1 EStR). Dieser Grundsatz gilt entsprechend für die Zurechnung von Schulden. Hinsichtlich der Behandlung von Gesamthandsvermögen ergeben sich keine Unterschiede zu den allgemeinen Bilanzierungs- und Bewertungskriterien.

HINWEIS

Das Gesamthandsvermögen besteht nur aus **notwendigem Betriebsvermögen**. Es kann kein gewillkürtes Gesamthandsvermögen bestehen.

1.5.4.2 Sonderbetriebsvermögen I

Die Personengesellschaft und deren Gesellschafter werden wirtschaftlich als eine Einheit betrachtet. Daraus folgt, dass eigenbetrieblich genutzte Wirtschaftsgüter, welche im Eigentum eines Gesellschafters stehen, zwingend Betriebsvermögen der Gesellschaft darstellen. In diesem Fall liegt sog. Sonderbetriebsvermögen I vor (vgl. R 4.2 Abs. 2 Satz 2 EStR).

Umfang Sonderbetriebsvermögen I	
Kurzerläuterung	**Beispiel**
Wirtschaftsgüter, die einem **Mitunternehmer allein gehören** und dem Geschäftsbetrieb der Gesellschaft dienen oder zu dienen bestimmt sind	An der Personengesellschaft ist Gesellschafter A beteiligt. Er vermietet an diese Personengesellschaft das in seinem alleinigen Eigentum stehende Geschäftsgrundstück.
anteilig Wirtschaftsgüter, die im **Eigentum einer Bruchteilsgemeinschaft** stehen, an der ein Gesellschafter (oder mehrere) beteiligt sind und welche dem Geschäftsbetrieb der Personengesellschaft dienen oder zu dienen bestimmt sind	An der Personengesellschaft ist Gesellschafter A beteiligt. Er vermietet an diese Personengesellschaft das Geschäftsgrundstück. Dieses Grundstück befindet sich im Eigentum von A und B. Während B in der Folge Einkünfte i. S. des § 21 EStG erzielt, liegt für den Bruchteil von A Sonderbetriebsvermögen I vor und er erzielt Einkünfte i. S. des § 15 Abs. 1 Satz 1 Nr. 2 EStG.
anteilig Wirtschaftsgüter, die einer weiteren Gesamthandsgemeinschaft gehören, an welcher ein oder mehrere Gesellschafter beteiligt sind (sog. **Schwestergesellschaft**) und welche dem Geschäftsbetrieb der Personengesellschaft dienen oder zu dienen bestimmt sind	An der Personengesellschaft I sind die Gesellschafter A und B beteiligt. Diese Personengesellschaft überlässt an die Personengesellschaft II das Betriebsgrundstück. Dieses Grundstück steht im alleinigen Eigentum der Personengesellschaft I. Ist die überlassende Personengesellschaft I gewerblich tätig, kommt es zu einer **Bilanzierungskonkurrenz**. In höchstrichterlicher Rechtsprechung wurde entschieden, dass das Grundstück in diesem Fall dem Gesamthandsvermögen der überlassenden Gesellschaft zuzurechnen wäre (vgl. dazu die Darstellung im BMF, Schreiben vom 28. 4. 1998 - IV B 2 - S 2241 - 42/98, BStBl I S. 583; abgedruckt im Anhang 24 I EStHB).[23]

Sofern das betroffene Wirtschaftsgut bereits vor der Überlassung an eine Personengesellschaft Betriebsvermögen darstellte, ist zu klären, welches Betriebsvermögen den Vorrang hat. Regelmäßig ist in diesem **Konkurrenzfall der beiden Betriebsvermögen** das Sonderbetriebsvermö-

23 Vgl. BFH, Urteil vom 22. 11. 1994 - VIII R 63/93, BStBl 1996 II S. 93.

gen zu wählen. In diesem Zusammenhang ist auch die Vorschrift des **§ 6 Abs. 5 Satz 2 EStG** zu beachten.

1.5.4.3 Sonderbetriebsvermögen II

Wirtschaftsgüter, die nicht unmittelbar für betriebliche Zwecke einer Personengesellschaft genutzt werden, sind als Sonderbetriebsvermögen II zu qualifizieren, sofern sie in einem unmittelbaren wirtschaftlichen Zusammenhang mit der Beteiligung eines Mitunternehmers an der Personengesellschaft stehen (vgl. R 4.2 Abs. 2 Satz 2 EStR). Ein Beispiel für Sonderbetriebsvermögen II bildet ein zur **Finanzierung der Beteiligung** aufgenommenes Darlehen des Mitunternehmers.

Für die Bilanzierung von **Anteilen an Kapitalgesellschaften** im Sonderbetriebsvermögen II wird auf die Darstellung im H 4.2 Abs. 2 „Anteile an Kapitalgesellschaften" EStH verwiesen.

1.5.5 Gewinnermittlung bei Mitunternehmerschaften

Für Mitunternehmerschaften findet die sog. **additive Gewinnermittlung** (= zweistufige Gewinnermittlung) Anwendung.

In der **1. Stufe** erfolgt die Ermittlung des Steuerbilanzgewinns der Gesellschaft unter Berücksichtigung etwaiger Ergänzungsbilanzen (vgl. § 15 Abs. 1 Satz 1 Nr. 2 Satz 1 Alt. 1 EStG). In der **2. Stufe** erfolgt die Gewinnermittlung für gesellschafterspezifische Vorschriften unter Berücksichtigung der etwaigen Sonderbilanzen und der damit zusammenhängenden Sondervergütungen (vgl. § 15 Abs. 1 Satz 1 Nr. 2 Satz 1 Alt. 2 EStG).

Sondervergütungen (2. Stufe) umfassen Vergütungen an den Gesellschafter für seine Tätigkeit im Dienst der Gesellschaft, Entgelte an den Gesellschafter für die Überlassung von Wirtschaftsgütern sowie Entgelte für die Hingabe von Darlehen (vgl. unter anderem H 15.8 Abs. 3 „Tätigkeitsvergütungen" EStH). Die Vergütungen beruhen auf vertraglich besonders geregelten Schuldverhältnissen, die sowohl in gesonderten Verträgen, als auch im Gesellschaftsvertrag getroffen werden können. Merkmale von Vergütungen sind, dass sie regelmäßig auch im Verlustfall gezahlt werden und bilanziell von der Personalgesellschaft als Aufwand erfasst werden. Dieser Aufwand wird steuerlich durch die Erfassung von Sonderbetriebseinnahmen beim Gesellschafter neutralisiert (vgl. H 4.7 „Sonderbetriebseinnahmen und -ausgaben" EStH).

Ein **Gewinnvorab** (auch als sog. „Vorweggewinn" bezeichnet) stellt dagegen einen Teil des Gesellschaftsgewinns dar, welcher einem Mitunternehmer vorab zugerechnet wird.[24] Bilanziell wird ein Gewinnvorab von der Personengesellschaft erfolgsneutral erfasst. Es handelt sich um eine Gewinnverteilung aufgrund des Gesellschaftsvertrages, zu der z. B. die Verzinsung des Kapitalkontos sowie die Zuweisung eines Gewinnanteils für eine bestimmte Tätigkeit gehört.

HINWEIS

Die **Haftungsvergütung** eines Komplementärs bzw. einer Komplementär-GmbH stellt regelmäßig ein Gewinnvorab dar.

1.5.6 Gewinnverteilung bei Mitunternehmerschaften

1.5.6.1 Steuerlicher Gewinn

Der **steuerliche Gewinn einer Personengesellschaft** umfasst den **Gewinn der Steuerbilanz**, welcher unter Berücksichtigung von etwaigen Ergänzungsbilanzen aus dem Handelsbilanzgewinn abgeleitet wird, **zzgl. der Gewinne aus Sonderbilanzen** der Gesellschafter. Die Verteilung dieses Gewinns erfolgt entweder nach den gesetzlichen Regelungen des HGB und des BGB oder abweichend von diesen Regelungen, sofern steuerlich wirksame, vertragliche Regelungen existieren.

1.5.6.2 Die gesetzliche Gewinnverteilung

Steuerberaterprüfung 2006, 2007, 2009, 2010

24 Es kann vereinbart werden, dass das Gewinnvorab auch im Verlustfall zu zahlen ist.

Bei einer **GbR** werden die Gewinne gleichmäßig nach Köpfen verteilt (vgl. § 722 BGB). Diese Form stellt die einfachste Art der gesetzlichen Gewinnverteilung dar.

Die Gewinnverteilung bei einer **OHG** erfolgt auf Grundlage des § 121 HGB in zwei Schritten. Im 1. Schritt findet eine Verzinsung des Kapitalanteils des Gesellschafters mit 4 % statt (vgl. § 121 Abs. 1 Satz 1 HGB). Etwaige Entnahmen oder Einlagen mindern bzw. erhöhen den zu verzinsenden Kapitalanteil zeitanteilig (vgl. § 121 Abs. 2 HGB). Gesellschafter, die keinen Kapitalanteil haben, erhalten in diesem Schritt keinen Anteil am Gewinn. Erzielt die Gesellschaft einen Verlust, findet ebenfalls keine Verzinsung statt. Reicht der Gewinn für eine vollständige Verzinsung mit 4 % nicht aus, so ist eine anteilige Verzinsung vorzunehmen (vgl. § 121 Abs. 1 Satz 2 HGB). Verbleibt nach einer vollständig erfolgten Verzinsung ein restlicher Gewinn, so wird dieser im 2. Schritt nach Köpfen verteilt.

Bei einer **KG** erfolgt die gesetzliche Gewinnverteilung nach § 168 HGB grds. wie bei einer offenen Handelsgesellschaft, mit dem Unterschied, dass in einem 2. Schritt der die Verzinsung übersteigende Betrag in einem angemessenen Verhältnis zu verteilen ist. Zumeist wird den Komplementären ein größerer Anteil als den Kommanditisten zugebilligt, z. B. aufgrund der unbegrenzten Haftung oder der Geschäftsführung.

1.5.7 Verlustabzug bei beschränkter Haftung

Steuerberaterprüfung 2008, 2011, 2013

1.5.7.1 Grundsätze und Überblick über die Vorschrift des § 15a EStG

Verluste, welche einem Mitunternehmer aus seiner Beteiligung an einer Personengesellschaft erwachsen, sind grds. i. R. des horizontalen und vertikalen Verlustausgleichs zu berücksichtigen. Für Kommanditisten mit beschränkter Haftung sieht das Einkommensteuergesetz in § 15a EStG eine Beschränkung des Verlustabzuges vor.

Übersicht über den Aufbau des § 15a EStG	
Fundstelle	**Kurzerläuterung**
§ 15a Abs. 1 Satz 1 EStG	Die Verlustanteile, die ein negatives Kapitalkonto begründen oder erhöhen, können nicht mit anderen Einkünften ausgeglichen werden oder nach § 10d EStG abgezogen werden, sondern es erfolgt eine Verrechnung mit künftigen Gewinnen.
§ 15a Abs. 1 Sätze 2 und 3 EStG	Die Ausgleichs- und Abzugsmöglichkeit eines Verlusts über die geleistete Einlage hinaus wird bei einer handelsrechtlichen Außenhaftung erweitert.
§ 15a Abs. 1a EStG	Eine nachträgliche Einlage führt nicht zwingend zu einer nachträglichen Möglichkeit zum Ausgleich oder Abzug eines vorhandenen verrechenbaren Verlusts oder eines laufenden Verlusts.
§ 15a Abs. 2 EStG	Nicht ausgeglichene oder bezogene Verluste werden in spätere Wirtschaftsjahre vorgetragen.
§ 15a Abs. 3 Sätze 1 und 2 EStG	Eine Minderung der Einlage, die zu einem negativen Kapitalkonto führt oder ein bestehendes negatives Kapitalkonto erhöht, ist ggf. als Gewinn in dieser Höhe zuzurechnen.
§ 15a Abs. 3 Satz 3 EStG	Eine Minderung der im Handelsregister eingetragenen Haftsumme kann ggf. zu einer Gewinnzurechnung in dieser Höhe führen.
§ 15a Abs. 4 EStG	Die Vorschrift des § 15a EStG bildet einen eigenen Verlustverrechnungskreis. Der Verlust ist jährlich gesondert festzustellen.

BEISPIEL

Valentin Verlust (VV) ist an der Computer-KG (Wirtschaftsjahr = Kalenderjahr) ab dem 1. 1. 2016 als Kommanditist mit einer Hafteinlage i. H. von 100.000 € beteiligt, welche er, den Vereinbarungen des Gesellschaftsvertrages folgend, auch zu diesem Zeitpunkt voll eingezahlt hat. Seine Hafteinlage wird im Jahr 2017 um 40.000 € erhöht, wobei der Erhöhungsbetrag umgehend von VV beglichen wird.

Die Gewinn- und Verlustanteile von VV betragen im Veranlagungszeitraum:

2016:	./. 120.000 €
2017:	./. 50.000 €
2018:	+ 70.000 €

Zu ermitteln sind die für die Jahre 2016 bis 2018 erzielten und anzusetzenden Einkünfte des VV aus der Beteiligung an der KG. Darüber hinaus ist eine Darstellung über die der Kapitalkonten zum jeweiligen 31.12. vorzunehmen. Es ist davon auszugehen, dass die Gewinn- und Verlustanteile auf demselben Kapitalkonto verbucht werden.

LÖSUNG

VV erzielt aus der Beteiligung an der KG Einkünfte aus Gewerbebetrieb i. S. des § 15 Abs. 1 Satz 1 Nr. 2 EStG. Es empfiehlt sich zunächst die Darstellung der Entwicklung des Kapitalkontos.

Kapitalkonto zum 01.01.2016	0 €
geleistete Einlage in 2016	+ 100.000 €
Verlustanteil 2016	./. 120.000 €
Kapitalkonto zum 31.12.2016	./. 20.000 €
geleistete Einlage in 2017	+ 40.000 €
Verlustanteil 2017	./. 50.000 €
Kapitalkonto zum 31.12.2017	./. 30.000 €
Gewinnanteil 2018	+ 70.000 €
Kapitalkonto zum 31 Dezember 2018	+ 40.000 €

2016: Durch den Verlustanteil in 2016 entsteht ein negatives Kapitalkonto i. H. von 20.000 €. Der Verlustanteil ist i. H. von 100.000 € ausgleichsfähig. Der darüber hinausgehende Betrag von 20.000 € ist nur verrechenbar und i. R. des § 15a Abs. 4 Satz 1 EStG gesondert festzustellen.

2017: Die geleistete Einlage im Jahr 2016 hat auf den verrechenbaren Verlust des Jahres 2016 keine Auswirkung (vgl. § 15a Abs. 1a EStG). Die Einlage ist vielmehr gem. § 15a Abs. 1 Satz 1 EStG im Wirtschaftsjahr 2017 zu berücksichtigen, da sich bis zur Höhe der Einlage das negative Kapitalkonto durch Verluste im Vergleich zum Vorjahr nicht erhöht. Der Verlustanteil für das Jahr 2017 ist daher i. H. von 40.000 € ausgleichsfähig. Soweit sich das negative Kapitalkonto im Vergleich zum 31.12.2016 erhöht hat, nämlich i. H. von 10.000 €, ist der Verlust nach § 15a Abs. 2 Satz 1 EStG nur verrechenbar. Der gesondert festzustellende Betrag liegt daher bei 30.000 €.

2018: Der im Veranlagungszeitraum 2018 erzielte Gewinnanteil i. H. von 70.000 € ist nur insoweit in die Ermittlung der Einkünfte einzubeziehen, wie er nicht um verrechenbare Verluste der Vorjahre gekürzt werden kann. Der Gewinnanteil ist daher um 30.000 € zu kürzen und VV erzielt 2018 Einkünfte aus Gewerbebetrieb i. H. von 40.000 €. Die gesonderte Feststellung i. S. des § 15a Abs. 4 EStG ist mit 0 € vorzunehmen.

1.5.7.2 Negatives Kapitalkonto i. S. des § 15a EStG

Der Begriff des „negativen Kapitalkontos“ wird i. R. des § 15a EStG mehrfach verwendet. Maßgeblich für dieses Kapitalkonto ist das steuerliche Kapitalkonto des Kommanditisten in der Gesamthandelsbilanz und der ggf. für ihn vorliegenden Ergänzungsbilanzen. Das Sonderbetriebsvermögen des Kommanditisten ist nach höchstrichterlicher Rechtsprechung nicht zu berücksichtigen.[25] Diese Behandlung deckt sich mit der Verwaltungsauffassung und dem im Zusammenhang mit dem Umfang des Kapitalkontos ergangenen BMF-Schreiben vom 30. 5. 1997 (abgedruckt im Anhang 29 II EStHB).[26]

1.5.7.3 Erweiterung des Anwendungskreises

Die dargestellten Regelungen in § 15a Absätze 1 bis 4 EStG finden aufgrund von § 15a Abs. 5 EStG nicht nur bei Kommanditisten Anwendung. Vielmehr ist diese Vorschrift auch auf andere Unternehmer anwendbar, deren Haftung mit der eines Kommanditisten vergleichbar ist. Eine beispielhafte, nicht abschließende Aufzählung erfolgt auch i. R. dieser Normierung. Durch die weiteren Verweise in § 15a Abs. 5 EStG findet die Beschränkung des Verlustabzuges auch im Bereich der Einkünfte aus Land- und Forstwirtschaft, der Einkünfte aus selbständiger Tätigkeit sowie auf vermögensverwaltende Personengesellschaften Anwendung.

25 Vgl. BFH, Urteil vom 14. 5. 1991 - VIII R 31/88, BStBl 1992 II S. 167.
26 Vgl. BMF, Schreiben vom 30. 5. 1997 - IV B 2 - S 2241a - 51/93 II, BStBl I S. 627.

1.6 Veräußerung des Betriebes

1.6.1 Grundlagen

Die Veräußerung eines Betriebes wird durch § 16 EStG geregelt und umfasst die Betriebsveräußerung (§ 16 Abs. 1 EStG) und die Betriebsaufgabe (§ 16 Abs. 3 EStG).

Die **Betriebsveräußerung** i. S. des § 16 Abs. 1 EStG ist dabei

- die Veräußerung eines ganzen Gewerbebetriebes (§ 16 Abs. 1 Satz 1 Nr. 1 Satz 1 EStG),
- die Veräußerung eines Teilbetriebes (§ 16 Abs. 1 Satz 1 Nr. 1 Satz 1 EStG),
- die Veräußerung eines gesamten Mitunternehmeranteils (§ 16 Abs. 1 Satz 1 Nr. 2 EStG) sowie
- die Veräußerung eines ganzen Komplementäranteils an einer Kommanditgesellschaft auf Aktien (KGaA; § 16 Abs. 1 Satz 1 Nr. 3 EStG).

Der Tatbestand der **Betriebsaufgabe** i. S. des § 16 Abs. 3 EStG umfasst hingegen

- die Aufgabe eines ganzen Gewerbebetriebes (§ 16 Abs. 3 Satz 1 EStG),
- die Aufgabe eines Teilbetriebes (§ 16 Abs. 3 Satz 1 EStG),
- die Aufgabe eines ganzen Mitunternehmeranteils (§ 16 Abs. 3 Satz 1 EStG),
- die Aufgabe eines ganzen Komplementäranteils an einer Kommanditgesellschaft auf Aktien (§ 16 Abs. 3 Satz 1 EStG) sowie
- den Sonderfall der Realteilung einer Mitunternehmerschaft (§ 16 Abs. 3 Satz 2 EStG).

1.6.2 Betriebsveräußerung

1.6.2.1 Grundlagen

Bei den **Voraussetzungen** für eine Betriebsveräußerung im Ganzen ist auf die durch die **höchstrichterliche Rechtsprechung** festgelegten Tatbestandsmerkmale abzustellen, da der Gesetzeswortlaut insoweit keine Ausführungen enthält. Demnach muss eine Veräußerung gegen Entgelt an einen Dritten, unter Übertragung des geschäftlichen Organismus (inklusive aller wesentlicher Betriebsgrundlagen) und der Aufgabe der bisherigen Tätigkeit erfolgen (vgl. R 16 Abs. 1 Satz 1 EStR i.V. mit H 16 Abs. 1 „Aufgabe der bisherigen Tätigkeit" 1. Spiegelstrich EStH). Es ist nicht erforderlich, dass der Erwerber des Betriebes den geschäftlichen Organismus fortführt, vielmehr ist die Möglichkeit der Fortführung maßgebend für die Erfüllung der Voraussetzungen des § 16 EStG (vgl. R 16 Abs. 1 Satz 2 EStR).

Der Begriff der **wesentlichen Betriebsgrundlage** i. S. des § 16 Abs. 1 EStG umfasst sowohl die qualitative Auslegung, als auch die quantitative Auslegung des Einkommensteuerrechts. Damit kann eine wesentliche Betriebsgrundlage sowohl durch erhebliche stille Reserven (= quantitative Auslegung; H 16 Abs. 8 „Begriff der wesentlichen Betriebsgrundlage" EStH) als auch durch die funktionale Bedeutung (= qualitative Auslegung; H 15.7 Abs. 5 „Wesentliche Betriebsgrundlage" EStH) begründet werden.

HINWEIS

HINWEIS:

Zusammenhang mit § 6b EStG

Ist aus der Aufgabenstellung ersichtlich, dass bei dem veräußerten Betrieb bereits eine Rücklage i. S. des § 6b EStG bestand oder aus dem Veräußerungsgewinn eine Rücklage nach § 6b EStG gebildet werden soll, empfiehlt sich eine Orientierung und Einordnung der Fallkonstellation anhand der R 6b.2 Abs. 10 EStR. Unter Umständen ist eine Begünstigung nach § 16 Abs. 4 EStG bzw. § 34 EStG teilweise oder komplett zu versagen.

1.6.2.2 Gewinnermittlung

Die Grundformel zur Ermittlung des Veräußerungsgewinns ergibt sich aus § 16 Abs. 2 Satz 1 EStG.

Grundformel besondere Gewinnermittlung § 16 Abs. 2 EStG	
	Veräußerungspreis
./.	Buchwert (= Wert des Betriebsvermögens)
./.	Veräußerungskosten
=	Veräußerungsgewinn (vor § 16 Abs. 4 EStG, § 34 EStG)

Durch § 16 Abs. 2 Satz 2 EStG wird normiert, dass der Wert des Betriebsvermögens nach den **Grundsätzen des Betriebsvermögensvergleichs** zu ermitteln ist. Der Wert des Betriebsvermögens ergibt sich auf Grundlage einer Schlussbilanz auf den Tag der Veräußerung, welche nach Maßgabe des § 60 Abs. 2 EStDV zu erstellen ist. Fällt der Tag der Betriebsveräußerung nicht mit dem regulären Abschlussstichtag zusammen, so ist nach § 8b Satz 2 Nr. 1 EStDV ein Rumpfwirtschaftsjahr zu bilden.

Werden bei einer Betriebsveräußerung nicht wesentliche Betriebsgrundlagen entnommen, so ist keine Korrektur des Wertes des Betriebsvermögens erforderlich. Stattdessen wird als Ausgleich der Veräußerungspreis um den gemeinen Wert der **Entnahme** erhöht (vgl. § 16 Abs. 3 Satz 7 EStG analog, H 16 Abs. 1 „Zurückbehaltene Wirtschaftsgüter" 1. Spiegelstrich EStH). Sofern die zurückbehaltenen Wirtschaftsgüter nicht in das Privatvermögen, sondern in ein anderes Betriebsvermögen überführt werden, ist unter den Voraussetzungen des § 6 Abs. 5 EStG ggf. eine erfolgsneutrale Übertragung möglich.

1.6.2.3 Veräußerung des gesamten Mitunternehmeranteils

Steuerberaterprüfung 2006, 2007, 2013

Die Veräußerung des gesamten Mitunternehmeranteils war Bestandteil von mehreren Steuerberaterprüfungen der letzten Jahre. Sie fällt neben der Veräußerung eines Betriebes oder Teilbetriebes unter den Anwendungsbereich des § 16 EStG (vgl. § 16 Abs. 1 Satz 1 Nr. 2 EStG). Für Steuerberaterprüfungen kommt regelmäßig die Veräußerung eines Mitunternehmeranteils an Personengesellschaften mit Gesamthandsvermögen (OHG, KG, GbR) in Betracht. Für die Ermittlung des Veräußerungsgewinns muss die Differenz aus dem Veräußerungserlös und dem Buchwert des Mitunternehmeranteils gebildet werden (vgl. § 16 Abs. 2 Satz 1 EStG, H 16 Abs. 4 „Ermittlung des Veräußerungsgewinns" 1. Spiegelstrich EStH).

BEISPIEL

Die ABC-KG (Autohandel) besteht aus drei Gesellschaftern, die jeweils zu einem Drittel an der Personengesellschaft beteiligt sind. Gesellschafter Anton Alt (A) möchte zum 31. 12. 2018 aus der Gesellschaft ausscheiden, da er nunmehr 60 Jahre alt ist. A veräußert daher seinen Anteil an Bob Beier (B), der ebenfalls an der Personengesellschaft beteiligt ist. Das Kapitalkonto von A weißt zum 31. 12. 2018 einen Wert von 300.000 € aus. Der Kaufpreis beträgt 650.000 €. Zu prüfen ist, welche Auswirkungen der Verkauf des gesamten Mitunternehmeranteils des A zum 31. 12. 2018 hat.

LÖSUNG

Die Veräußerung des gesamten Mitunternehmeranteils von A stellt einen Fall des § 16 Abs. 1 Satz 1 Nr. 2 EStG dar. A ist als Mitunternehmer an der gewerblich tätigen ABC-KG beteiligt gewesen. Zum 31. 12. 2018 hat er seinen gesamten Mitunternehmeranteil an einen Erwerber gegen Entgelt und unter Aufgabe seiner bisherigen mit diesem Vermögen verbundenen Tätigkeit veräußert. Die Einkünfte unterliegen gem. § 2 Abs. 1 Satz 1 Nr. 2 EStG der Einkommensteuer und sind der Gewinn (vgl. § 2 Abs. 2 Satz 1 Nr. 1 EStG). Der Veräußerungsgewinn des A ermittelt sich gem. § 16 Abs. 2 Satz 1 EStG durch Gegenüberstellung des Veräußerungspreises und seines Kapitalkontos (vgl. H 16 Abs. 4 „Ermittlung des Veräußerungsgewinns" 1. Spiegelstrich EStH).

	650.000 €	Veräußerungspreis
./.	300.000 €	Kapitalkonto von A
=	**350.000 €**	**Veräußerungsgewinn**

Der durch die Veräußerung aufgedeckte Gewinn ist gem. § 16 Abs. 4 Satz 1 EStG begünstigt, da A laut Sachverhalt bereits 60 Jahre alt ist und damit die Altersvoraussetzung (Vollendung des 55. Lebensjahres) erfüllt. Aufgrund der Höhe des Veräußerungsgewinns kommt wegen der Kappungsgrenze des § 16 Abs. 4 Satz 3 EStG i. H. von 136.000 € ein Freibetrag jedoch nicht in Betracht. Für den Veräußerungsgewinn ist eine tarifliche Begünstigung möglich, da dieser nach § 34 Abs. 2 Nr. 1 EStG den außerordentlichen Einkünften zuzurechnen ist. Von Amts wegen erhält A die Tarifbegünstigung nach § 34 Abs. 1 EStG. Auf Antrag kann er, aufgrund der Erfüllung der Altersgrenze (auch hier Vollendung des 55. Lebensjahres), eine Tarifermäßigung i. S. des § 34 Abs. 3 EStG erlangen.

Von der Fallgestaltung der Veräußerung des Mitunternehmeranteils ist die Konstellation zu unterscheiden, in der die Personengesellschaft als solche selbst ihren Gewerbebetrieb veräußert. In diesem Fall findet vorrangig § 16 Abs. 1 Satz 1 Nr. 1 bzw. § 16 Abs. 3 EStG auf Ebene der Personengesellschaft Anwendung (vgl. dazu auch H 16 Abs. 1 „Personengesellschaft" 2. Spiegelstrich EStH). Der daraus resultierende Veräußerungsgewinn ist nach dem Gewinnverteilungsschlüssel auf die Gesellschafter zu verteilen und die Begünstigungen des § 16 Abs. 4 EStG sowie des § 34 EStG sind auf Ebene der Gesellschafter zu prüfen.

1.6.3 Betriebsaufgabe

Die Betriebsaufgabe i. S. des § 16 Abs. 3 EStG bildet einen **„Auffangtatbestand"** für Fälle, die nicht bereits die Voraussetzungen des § 16 Abs. 1 EStG erfüllen. Die steuerlich begünstigte Betriebsaufgabe kann nur vorliegen, wenn diese aufgrund eines einheitlichen Entschlusses gefasst wird und die Umsetzung in einer entsprechend kurzen Zeit von höchstens 36 Monaten erfolgt (vgl. H 16 Abs. 2 „Allgemeines" EStH, H 16 Abs. 2 „Zeitraum für die Betriebsaufgabe" EStH).

HINWEIS

I. R. der Steuerberaterprüfung empfiehlt es sich, zunächst die Voraussetzungen des § 16 Abs. 1 EStG zu prüfen. Sofern diese nicht vorliegen, sollte im Anschluss § 16 Abs. 3 EStG abgeprüft werden.

Die Grundlagen der **Gewinnermittlung des § 16 Abs. 2 EStG** sind entsprechend auf die Fälle der Betriebsaufgabe i. S. des § 16 Abs. 3 EStG anzuwenden.

1.6.4 Besteuerung des Veräußerungsgewinns

1.6.4.1 Freibetrag

Erfüllt eine Betriebsveräußerung oder Betriebsaufgabe die Voraussetzungen des § 16 EStG und hat der Stpfl. das 55. Lebensjahr vollendet oder liegt in diesem Zeitpunkt eine dauernde Berufsunfähigkeit im sozialversicherungsrechtlichen Sinne vor, so kann auf Antrag eine Begünstigung des Veräußerungsgewinns nach Maßgabe des **§ 16 Abs. 4 EStG** erfolgen.

Überblick

Tatbestandsmerkmale:

- Betriebsveräußerung oder Betriebsaufgabe i. S. des § 16 EStG
- im Zeitpunkt der Betriebsveräußerung oder Betriebsaufgabe
  - ist das 55. Lebensjahr vollendet (§ 16 Abs. 4 Satz 1 Alt. 1 EStG; § 187 Abs. 2 Satz 2 BGB i. V. mit § 188 Abs. 2 BGB; Erweiterung durch H 16 Abs. 13 „Freibetrag" 1. Spiegelstrich EStH (Verwaltungsauffassung))
  - oder es liegt eine Berufsunfähigkeit im sozialversicherungsrechtlichen Sinne vor (§ 16 Abs. 4 Satz 1 Alt. 2 EStG, H 16 Abs. 14 „Berufsunfähigkeit im sozialversicherungsrechtlichen Sinne" EStH)
- Antrag auf Begünstigung des Veräußerungsgewinns nach § 16 Abs. 4 EStG

Rechtsfolge:

- Gewährung eines Freibetrages i. H. von 45.000 € (§ 16 Abs. 4 Satz 1 EStG)
- Ermäßigung des Freibetrages, sofern der Veräußerungsgewinn 136.000 € übersteigt (= Kappungsgrenze; § 16 Abs. 4 Satz 3 EStG)

Zu beachten ist, dass der Freibetrag i. S. des § 16 Abs. 4 EStG nur **einmal im Leben** gewährt werden kann (vgl. § 16 Abs. 4 Satz 2 EStG).

1.6.4.2 Tarifbegünstigung

Neben der Steuerbefreiung nach § 16 Abs. 4 EStG können begünstigte Veräußerungsgewinne zusätzlich eine Tarifbegünstigung nach § 34 EStG verwirklichen. Veräußerungsgewinne nach § 16 EStG zählen nach § 34 Abs. 2 Nr. 1 EStG grds. zu den außerordentlichen Einkünften.

Die Tarifbegünstigung erfolgt grds. nach der sog. **„Fünftel-Regelung“** des § 34 Abs. 1 EStG von Amts wegen. Auf Antrag kann eine Begünstigung auch nach § 34 Abs. 3 EStG erfolgen. Die Begünstigung nach § 34 Abs. 3 EStG kann für außerordentliche Einkünfte nur auf Antrag gewährt werden, wenn das 55. Lebensjahr vollendet ist oder eine dauernde Berufsunfähigkeit im sozialversicherungsrechtlichen Sinne vorliegt und ist auf maximal 5 Mio. € beschränkt (vgl. § 34 Abs. 3 Satz 1 EStG). Liegen die Voraussetzungen vor, kommt der **ermäßigte Steuersatz** nach Maßgabe des § 34 Abs. 3 Satz 2 EStG zur Anwendung. Eine Begünstigung nach § 34 Abs. 3 EStG kann nur einmal im Leben erfolgen (vgl. § 34 Abs. 3 Satz 4 EStG).

1.6.5 Exkurs – Betriebsverpachtung im Ganzen

Steuerberaterprüfung 2011

Eine Betriebsverpachtung im Ganzen liegt vor, sofern der Stpfl. einen Gewerbebetrieb, einen Mitunternehmeranteil oder einen Komplementäranteil an einer KGaA nach vorheriger Eigenbewirtschaftung mit allen funktional wesentlichen Betriebsgrundlagen (= **qualitative Auslegung**) an einen Pächter verpachtet (vgl. § 16 Abs. 3b EStG).

In der Folge hat der Stpfl. das Wahlrecht zwischen der Betriebsfortführung und der Betriebsaufgabe. Erklärt der Stpfl. keine Aufgabe i. S. des § 16 Abs. 3 Satz 1 EStG gegenüber dem Finanzamt und werden dem Finanzamt auch keine Tatsachen bekannt, die eine Aufgabe i. S. des § 16 Abs. 3 Satz 1 EStG darstellen, so liegt eine Betriebsfortführung vor (vgl. § 16 Abs. 3b Satz 1 Nummern 1 und 2 EStG). In diesem Fall erzielt der Stpfl. durch die Verpachtung des Betriebsvermögens über § 21 Abs. 2 EStG Einkünfte aus Gewerbebetrieb i. S. des § 15 EStG.

Liegt eine Betriebsaufgabe i. S. des § 16 Abs. 3 Satz 1 EStG vor, so handelt es sich um eine endgültige Einstellung der gewerblichen Tätigkeit und die Verpachtung der Wirtschaftsgüter erfolgt aus dem Privatvermögen unter Erzielung von Einkünften nach § 21 Abs. 1 Satz 1 Nummern 1 und 2 EStG. Werden die betroffenen Wirtschaftsgüter anschließend im Privatvermögen veräußert, so ist § 23 EStG zu beachten.

BEISPIEL

Karla Kuchen (K) betreibt in Leipzig eine erfolgreiche Konditorei. An ihrem 50. Geburtstag (im Jahr 2018) beschließt sie, sich eine Auszeit zu nehmen und eine Kreuzfahrt in Form einer Weltreise zu unternehmen. Ihr Einzelunternehmen will sie nicht endgültig beenden, sondern vielmehr für die nächsten zwei Jahre an Marcel Mieter (M) entgeltlich verpachten. Zu prüfen ist, ob die Verpachtung eine Betriebsaufgabe i. S. des § 16 Abs. 3 Satz 1 EStG darstellt.

LÖSUNG

K beendet zwar zunächst (für die nächsten zwei Jahre) ihre eigene gewerbliche Tätigkeit. Sie will diese jedoch nicht für immer einstellen, sondern nach einem abgegrenzten Zeitraum von zwei Jahren wieder aufnehmen. K hat dem Finanzamt auch nicht die Aufgabe i. S. des § 16 Abs. 3 Satz 1 EStG erklärt (vgl. § 16 Abs. 3b Satz 1 Nr. 1 EStG). In der Folge kommt es daher nicht zu einer zwangsweisen Aufdeckung der stillen Reserven. Die von M zu zahlenden Pachtzinsen stellen bei K weiterhin gewerbliche Einkünfte i. S. des § 15 Abs. 1 Satz 1 Nr. 1 EStG dar.

Exkurs Gewerbesteuer:

Die Konditorei ist ein Gewerbebetrieb i. S. des Einkommensteuerrechts und damit auch ein Unternehmen i. S. des GewStG (vgl. § 2 Abs. 1 Satz 2 GewStG). Ertragsteuerlich erfüllt die Verpachtung auch weiterhin die Voraussetzungen des § 15 Abs. 1 Satz 1 Nr. 1 EStG i.V. mit § 15 Abs. 2 EStG. Allerdings liegt aus Sicht des GewStG kein stehender gewerblicher Betrieb mehr vor (vgl. R 2.2 Satz 1 GewStR; H 2.2 „Allgemeines“ 1. Spiegelstrich GewStH). Die erwirtschafteten Pachteinnahmen unterliegen daher nicht mehr der Gewerbesteuer (vgl. R 2.2 Satz 2 GewStR).

HINWEIS

Das Verpächterwahlrecht i. S. des § 16 Abs. 3b EStG kann während des Bestehens der Betriebsaufspaltung nicht zugunsten einer Betriebsaufgabe ausgeübt werden (vgl. Anhang 8 I EStHB, Tz. 1 Buchst. c).

1.6.6 Exkurs – Unentgeltliche Aufnahme in ein Einzelunternehmen

Steuerberaterprüfung 2006

Vom Tatbestand des § 16 EStG zwingend abzugrenzen sind steuerlich relevante Vorgänge, die die Voraussetzungen des § 6 Abs. 3 EStG verwirklichen. Für den Begriff der wesentlichen Betriebsgrundlage ist in diesem Zusammenhang allein auf die **qualitative Auslegung** (= funktionale Bedeutung) abzustellen. Der Tatbestand des § 6 Abs. 3 EStG umfasst unter anderem die unentgeltliche Aufnahme in ein Einzelunternehmen, welche bereits Gegenstand der Steuerberaterprüfung war.

Übersicht Anwendungsbereich des § 6 Abs. 3 Satz 1 EStG	
Fundstelle	**Kurzerläuterung**
§ 6 Abs. 3 Satz 1 Alt. 1 EStG	unentgeltliche Übertragung eines Betriebes, eines Teilbetriebes oder eines Mitunternehmeranteils ► Anwendung nur möglich, sofern die Besteuerung der stillen Reserven sichergestellt ist
§ 6 Abs. 3 Satz 1 Alt. 2 EStG	unentgeltliche Aufnahme einer natürlichen Person in ein bereits bestehendes Einzelunternehmen bzw. die unentgeltliche Übertragung eines Anteils an einem Mitunternehmeranteil ► Anwendung nur möglich, sofern die Besteuerung der stillen Reserven sichergestellt ist

Ist der Tatbestand des § 6 Abs. 3 EStG erfüllt, so ist die Übertragung des Betriebsvermögens oder die Aufnahme in das Einzelunternehmen ein erfolgsneutraler Vorgang. Es findet der Grundsatz der sog. **„Fußstapfentheorie"** mit dem Eintritt in die Rechtsposition des Rechtsvorgängers Anwendung (vgl. § 6 Abs. 3 Satz 3 EStG). Aus der grammatikalischen Auslegung des § 6 Abs. 3 EStG ergibt sich, dass für den Rechtsträgerwechsel ein Aufgabegewinn auf Grundlage der sinngemäßen Anwendung des § 16 Abs. 2 EStG zu ermitteln ist und dieser regelmäßig 0 € beträgt.

HINWEIS

Bei der unentgeltlichen Aufnahme in ein Einzelunternehmen besteht zwischen § 6 Abs. 3 EStG und § 24 UmwStG ein Konkurrenzverhältnis. Die aktuelle höchstrichterliche Rechtsprechung sieht eine Anwendung dieser beiden Vorschriften nebeneinander vor (zitiert im BMF, Schreiben vom 11. 11. 2011 - IV C 2 - S 1978-b/08/10001, BStBl I S. 1314, Tz. 01.47; abgedruckt im Anhang 28 II EStHB).[27]

1.7 Veräußerung von Anteilen an Kapitalgesellschaften

Steuerberaterprüfung 2008, 2009, 2013

Vom Tatbestand des § 17 EStG wird, unter weiteren Voraussetzungen, die Veräußerung von Beteiligungen an Kapitalgesellschaften, die im Privatvermögen gehalten werden und die erforderliche Beteiligungshöhe erfüllen, erfasst. Soweit dem Stpfl. aus einer derartigen Beteiligung laufende Einkünfte zufließen, sind diese unter den Tatbestand der Kapitalerträge i. S. des § 20 Abs. 1 Nr. 1 EStG zu subsumieren (vgl. zu den Kapitaleinkünften Kapitel IV.4). Im Zeitpunkt der Veräußerung dieser Beteiligung erzielt der Stpfl. hingegen gewerbliche Einkünfte gem. § 17 EStG i.V. mit § 15 EStG. Diese Umqualifizierung erfolgt im Einklang mit der in § 20 Abs. 8 EStG normierten Subsidiarität der Kapitaleinkünfte.

Grundaussagen „Checkliste"	
Kurzerläuterung	**Fundstelle**
Die Veräußerung der Anteile an der Kapitalgesellschaft erfüllt die Voraussetzungen des § 17 [...] EStG.	insbesondere § 17 Abs. 1 Sätze 1 bis 4 EStG
Es liegen Einkünfte aus Gewerbebetrieb vor.	§ 17 EStG i.V. mit § 15 EStG

27 Vgl. BFH, Urteil vom 18. 9. 2013 - X R 42/10, BStBl 2016 II S. 639.

Es liegen keine Einkünfte aus Kapitalvermögen vor, da diese subsidiär sind.	§ 20 Abs. 8 EStG
Diese Einkünfte unterliegen der Besteuerung.	§ 2 Abs. 1 Satz 1 Nr. 2 EStG
Es handelt sich um Gewinneinkünfte.	§ 2 Abs. 2 Satz 1 Nr. 1 EStG
Die besondere Gewinnermittlung des § 17 EStG findet Anwendung.	§ 17 Abs. 2 EStG
Der Veräußerungsgewinn entsteht im Zeitpunkt der Veräußerung.	H 17 Abs. 4 „Entstehung des Veräußerungsgewinns" EStH

Negativ abzugrenzen ist, dass § 17 EStG **nicht einschlägig** ist, sofern die Beteiligung einer Kapitalgesellschaft dem **Betriebsvermögen** zuzuordnen ist. Im Fall der Veräußerung von Beteiligungen im Betriebsvermögen ist unter Umständen § 16 EStG zu prüfen. Unter den Voraussetzungen des § 16 Abs. 1 Satz 1 Nr. 1 Satz 2 EStG kann eine Veräußerung einer Beteiligung im Betriebsvermögen eine begünstigte Betriebsveräußerung oder Betriebsaufgabe darstellen.

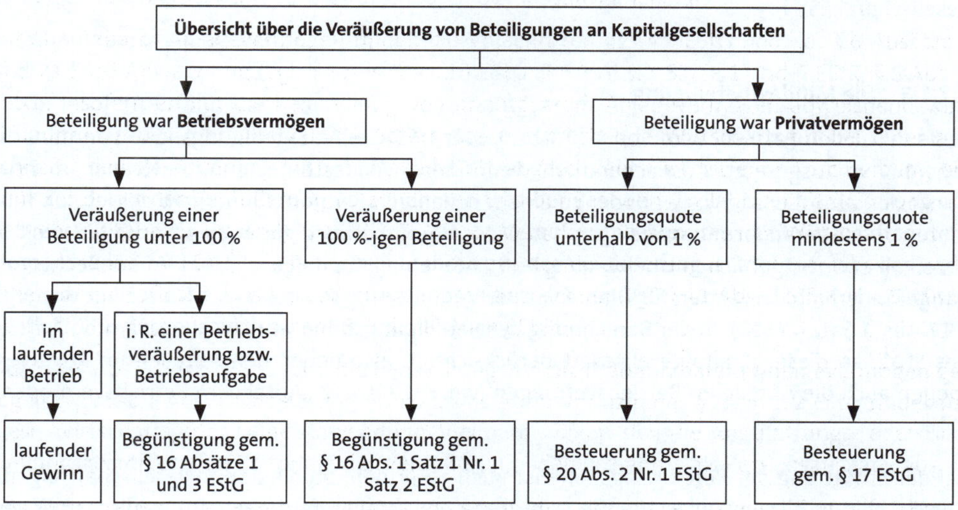

1.7.1 Tatbestandsmerkmale

In § 17 Abs. 1 Satz 1 EStG werden die für die Anwendung der Norm erforderlichen Tatbestandsmerkmale benannt. Es muss eine Veräußerung einer Beteiligung an einer Kapitalgesellschaft erfolgen, an der der Veräußerer aktuell oder in den der Veräußerung vorangegangenen fünf Jahren zu mindestens 1 % beteiligt war. Diese Voraussetzungen müssen kumulativ vorliegen.

Zusammenfassung

Tatbestandsmerkmale:

- Veräußerung
- einer Beteiligung an einer Kapitalgesellschaft im Privatvermögen
- Beteiligung zu mindestens 1 %
  - aktuell oder
  - in den fünf der Veräußerung vorangegangenen Jahren

Rechtsfolge:

- Einkünfte aus Gewerbebetrieb (§ 17 EStG, § 15 EStG)
- Teileinkünfteverfahren gem. § 3 Nr. 40 Buchst. c EStG, § 3c Abs. 2 EStG
- Prüfung einer Begünstigung nach § 17 Abs. 3 EStG

1.7.1.1 Der Begriff der Veräußerung

Der Begriff der Veräußer ung i. S. des § 17 EStG verlangt zumindest die Übertragung des wirtschaftlichen Eigentums eines Anteils an einer Kapitalgesellschaft auf eine andere Person (vgl. H 17 Abs. 4 „Allgemeines" EStH, H 17 Abs. 4 „Wirtschaftliches Eigentum" 2. Spiegelstrich EStH). Gegenstand der Veräußerung ist der einzelne Anteil und nicht eine gesamte Beteiligung. Der klassischen Veräußerung (insbesondere Kaufvertrag § 433 BGB, Tauschvertrag § 480 BGB) gleichgestellt sind die verdeckte Einlage (§ 17 Abs. 1 Satz 2 EStG) sowie die Kapitalherabsetzung und Auflösung einer Kapitalgesellschaft (§ 17 Abs. 4 EStG).

1.7.1.2 Die Beteiligung

Der Begriff der Beteiligung ergibt sich aus § 17 Abs. 1 Satz 3 EStG und umfasst unter anderem Aktien und Anteile an GmbH's. Diese Normierung verweist auch auf ähnliche Beteiligungen. Unter diese Erweiterung fallen z. B. ausländische Kapitalgesellschaften, wenn ihre Rechtsform der einer deutschen Kapitalgesellschaft vergleichbar ist (vgl. H 17 Abs. 2 „Ausländische Kapitalgesellschaft" EStH).

1.7.1.3 Die Mindestbeteiligung

In der aktuellen Fassung wird von § 17 Abs. 1 Satz 1 EStG eine Beteiligungshöhe von mindestens 1 % vorausgesetzt. Ausreichend ist, wenn diese Mindestbeteiligung entweder im Zeitpunkt der Veräußerung vorliegt oder zu einem beliebigen Zeitpunkt innerhalb der letzten fünf Jahre vor der Veräußerung vorgelegen hat. Diese Voraussetzung gilt auch als erfüllt, soweit in Fällen einer unentgeltlichen Übertragung von Anteilen an Kapitalgesellschaften der **Rechtsvorgänger** innerhalb der letzten fünf Jahre vor der Veräußerung mindestens 1 % beteiligt war (vgl. § 17 Abs. 1 Satz 4 EStG). In der **Berechnung** der Beteiligungshöhe werden die gesamten Anteile des Stpfl. an dieser Kapitalgesellschaft berücksichtigt, also neben den Anteilen im Privatvermögen auch die Anteile im Betriebsvermögen (vgl. H 17 Abs. 2 „Anteile im Betriebsvermögen" EStH).

Bei der Ermittlung der Beteiligungshöhe ist auch zu prüfen, ob die Kapitalgesellschaft **eigene Anteile** hält. In diesem Fall ist für die Ermittlung der Beteiligungshöhe der Gesellschafter von dem um die eigenen Anteile der Kapitalgesellschaft geminderten Nennkapital auszugehen (vgl. H 17 Abs. 2 „Eigene Anteile" EStH).

In die Berechnung der Beteiligungshöhe werden sowohl **unmittelbare** als auch **mittelbare Beteiligungen** berücksichtigt. Die mittelbare Beteiligung wird lediglich für die Ermittlung der Beteiligungshöhe in die Prüfung des § 17 EStG mit einbezogen. Ergibt sich die mittelbare Beteiligung über eine weitere Beteiligung an einer anderen Kapitalgesellschaft, muss der Stpfl. diese Kapitalgesellschaft nicht beherrschen (vgl. H 17 Abs. 2 „Mittelbare Beteiligung" 1. Spiegelstrich EStH). Ist der Stpfl. auch an einer Personengesellschaft beteiligt, welche wiederum an der betroffenen Kapitalgesellschaft beteiligt ist, erhöht diese mittelbare Beteiligung auch die Anteilsquote i. S. des § 17 Abs. 1 Satz 1 EStG (vgl. H 17 Abs. 2 „Mittelbare Beteiligung" 2. Spiegelstrich EStH).

BEISPIEL

Zu prüfen ist, in welcher Höhe sich für A eine Beteiligungsquote an der B-GmbH ergibt und welchen Einkommenstatbestand eine Veräußerung der Anteile an der B-GmbH erfüllen würde. Die unmittelbaren Anteile an der B-GmbH hält A unstreitig im Privatvermögen.

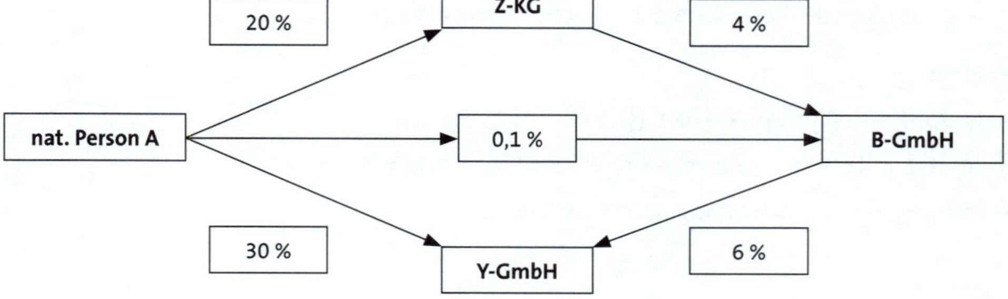

LÖSUNG

Laut Aufgabenstellung hält A die Beteiligung an der B-GmbH unstreitig im Privatvermögen. Es ist zu prüfen, ob die Mindestbeteiligung i. S. des § 17 Abs. 1 Satz 1 EStG erfüllt wird. Die Beteiligungsquote beträgt insgesamt 2,7 % und liegt damit oberhalb von 1 %.

Beteiligung	Auswirkung auf die Beteiligungsquote	Fundstelle
unmittelbare Beteiligung	0,1 %	§ 17 Abs. 1 Satz 1 EStG
mittelbare Beteiligung über Z-KG (4 % x 20 %)	0,8 %	H 17 Abs. 2 „Mittelbare Beteiligung" 2. Spiegelstrich EStH
mittelbare Beteiligung über Y-GmbH (6 % x 30 %)	1,8 %	H 17 Abs. 2 „Mittelbare Beteiligung" 1. Spiegelstrich EStH
Summe	2,7 %	

Im Falle einer Veräußerung der Anteile an der B-GmbH würde A somit Einkünfte i. S. des § 17 EStG erzielen.

1.7.1.4 Der Fünfjahreszeitraum

Gem. § 17 Abs. 1 Satz 1 EStG unterliegt die Veräußerung eines Anteils an einer Kapitalgesellschaft der Besteuerung, wenn der Stpfl. innerhalb der letzten fünf Jahre vor der Veräußerung unmittelbar oder mittelbar i. S. des § 17 EStG an dieser Kapitalgesellschaft beteiligt war. Die Fristenberechnung ist nicht an Veranlagungszeiträume gebunden und wird i. R. der allgemeinen Grundsätze des § 108 AO i.V. mit §§ 187 bis 193 BGB vorgenommen. Für die Berechnung des Fünfjahreszeitraums ist der Übergang des wirtschaftlichen und nicht des zivilrechtlichen Eigentums maßgeblich (vgl. H 17 Abs. 2 „Fünfjahreszeitraum" 3. Spiegelstrich EStH).

HINWEIS

Ausfluss dieser Regelungen ist, dass man bei Prüfungsfällen nicht nur die Beteiligungshöhe am Veräußerungstag prüfen sollte, sondern darüber hinaus auch prüfen muss, ob der Stpfl. innerhalb der fünf vorangegangenen Jahre in einem höheren Umfang an der Kapitalgesellschaft beteiligt gewesen ist.

Aus § 17 EStG ergibt sich keine Mindestdauer für eine Beteiligung von mindestens 1 %. Vielmehr liegt auch dann eine Beteiligung i. S. des § 17 Abs. 1 Satz 1 EStG vor, wenn der Veräußerer oder, bei unentgeltlichem Erwerb, sein Rechtsvorgänger innerhalb des maßgebenden Fünfjahreszeitraums nur **kurzfristig** zu mindestens 1 % unmittelbar oder mittelbar an der Gesellschaft beteiligt war (vgl. H 17 Abs. 2 „Kurzfristige Beteiligung" EStH).

1.7.1.5 Erbfolge und vorweggenommene Erbfolge

Steuerberaterprüfung 2008

Hat der Veräußerer den Anteil an der Kapitalgesellschaft **unentgeltlich erworben** und war der Rechtsvorgänger innerhalb der letzten fünf Jahre vor der Veräußerung zu mindestens 1 % beteiligt, so kann dennoch eine Besteuerung der Veräußerung i. R. des § 17 EStG erfolgen, wenn der Veräußerer selbst nicht innerhalb der letzten fünf Jahre vor der Veräußerung zu mindestens 1 % einer Kapitalgesellschaft beteiligt war (vgl. § 17 Abs. 1 Satz 4 EStG). Bei mehreren unentgeltlichen Übertragungen gilt dies analog, sofern einer der Rechtsvorgänger die Voraussetzungen erfüllt hat.

Bei **teilentgeltlichen Übertragungen** gilt die Trennungstheorie gem. H 17 Abs. 4 „Teilentgeltliche Übertragung" EStH. Der Übertragungsvorgang wird im Verhältnis des Verkehrswertes der Anteile zur Gegenleistung in einen voll entgeltlichen und einen voll unentgeltlichen Teil aufgeteilt. Diese sog. Trennungstheorie findet insbesondere in Fällen der vorweggenommenen Erbfolge bei Abstandszahlungen oder Schuldübernahmen Anwendung (vgl. Anhang 13 II EStHB, Tz. 7 bis 9).[28]

BEISPIEL

Eine Prüfungsaufgabe im Zusammenhang mit der Anwendung von § 17 EStG i. R. einer Erbauseinandersetzung mit Abfindungszahlungen wird im Kapitel V.1.2 dargestellt.

28 Vgl. BMF, Schreiben vom 13. 1. 1993, IV B 3 – S 2190 – 37/92, BStBl I S. 80; unter Berücksichtigung der Änderungen durch das BMF, Schreiben vom 26. 2. 2007 - IV C 2 - S 2230 - 46/06, BStBl I S. 269.

1.7.2 Ermittlung des Veräußerungsgewinns

Liegen Einkünfte i. S. des § 17 EStG vor, findet die **besondere Gewinnermittlung** des § 17 Abs. 2 EStG Anwendung. Der positive Veräußerungsgewinn oder Veräußerungsverlust ist stichtagsbezogen i. R. des Betriebsvermögensvergleichs zu ermitteln (vgl. H 17 Abs. 7 „Stichtagsbewertung" EStH). Für die Entstehung von zusätzlichen Anschaffungskosten und Veräußerungskosten ist nicht der Abfluss maßgebend, sondern vielmehr die Entstehung der Schuld. Die Gewinnermittlung erfolgt im Zeitpunkt der Übertragung des wirtschaftlichen Eigentums. Der Veräußerungsgewinn i. S. des § 17 EStG ist grds. der Veräußerungspreis abzüglich der Veräußerungskosten sowie der Anschaffungskosten (vgl. § 17 Abs. 2 Satz 1 EStG).

Grundformel besondere Gewinnermittlung § 17 Abs. 2 EStG	
	Veräußerungspreis
./.	Veräußerungskosten
./.	Anschaffungskosten
=	Veräußerungsgewinn

Entsteht i. R. der Gewinnermittlung des § 17 Abs. 2 EStG ein **Veräußerungsverlust**, so ist zu prüfen, ob ein Fall des § 17 Abs. 2 Satz 6 EStG vorliegt und der Verlust ggf. nicht zu berücksichtigen ist.

1.7.3 Die Besteuerung des Veräußerungsgewinns

Auf den ermittelten Veräußerungsgewinn i. S. des § 17 Abs. 2 EStG findet das **Teileinkünfteverfahren** gem. § 3 Nr. 40 Buchst. c EStG Anwendung. In der Folge sind 40 % des Veräußerungsgewinns steuerfrei. Aufgrund von § 3c Abs. 2 EStG wirken sich die Veräußerungskosten sowie die Anschaffungskosten gleichermaßen ebenfalls nur zu 60 % auf die steuerpflichtigen Einkünfte aus.

In § 17 Abs. 3 EStG wird ein **Freibetrag** für Veräußerungsgewinne, die i. R. des § 17 Abs. 2 EStG ermittelt wurden, normiert. Dieser Freibetrag ist nicht personenbezogen, sondern ist in Abhängigkeit vom veräußerten Anteil an der Kapitalgesellschaft zum gesamten Nennkapital der Gesellschaft, zu ermitteln. Der maximale Freibetrag beträgt 9.060 € und wird gewährt, sofern 100 % der Anteile an der Kapitalgesellschaft veräußert werden (vgl. § 17 Abs. 3 Satz 1 EStG). Wird ein geringerer Anteil am Nennkapital veräußert, so ist der Freibetrag anteilig zu kürzen. Im Gegensatz zu § 16 Abs. 4 EStG (vgl. dazu Kapitel IV.1.6.4.1) ist der Freibetrag des § 17 EStG nicht an persönliche Voraussetzungen geknüpft. Der ermittelte Freibetrag ist zu kürzen, sofern der Veräußerungsgewinn den Anteil von 36.100 € übersteigt, welcher dem veräußerten Anteil am Nennkapital der Gesellschaft entspricht (vgl. § 17 Abs. 3 Satz 2 EStG).

Der steuerpflichtige Veräußerungsgewinn i. S. des § 17 EStG wird nicht vom einkommensteuerlichen Begriff der **außerordentlichen Einkünfte** eingeschlossen, da derartige Veräußerungsgewinne nicht in der abschließenden Aufzählung des § 34 Abs. 2 EStG enthalten sind. Ein ermäßigter Steuertarif nach § 34 EStG kommt folglich nicht in Betracht.

BEISPIEL

Herr Arnold Adler (AA) erwarb im Jahr 2015 50 % der Anteile am Nennkapital der Geier-GmbH (GmbH), die er ab dem Erwerb zutreffend dem Privatvermögen zuordnete. Das gesamte Nennkapital dieser Kapitalgesellschaft umfasst 100.000 €. Die Anschaffungskosten des AA betragen unstreitig 70.000 €. Im Jahr 2018 beschließt AA, seine gesamten Anteile an der GmbH zu einem fremdüblichen Veräußerungspreis i. H. von 90.000 € zu veräußern (Übertragung des wirtschaftlichen Eigentums in 2018). Im Zusammenhang mit der Veräußerung trägt AA Veräußerungskosten i. H. von 5.000 €.

Zu ermitteln ist, ob und gegebenenfalls in welcher Höhe AA im Jahr 2018 Einkünfte i. S. des § 17 EStG erzielt.

LÖSUNG

Bei der Beteiligung an der GmbH handelt es sich um Anteile an einer Kapitalgesellschaft i. S. des § 17 Abs. 1 Satz 3 EStG, die von AA im Privatvermögen gehalten werden. Die nominelle Beteiligung von AA am Nennkapital beträgt 50 % (vgl. H 17 Abs. 2 „Nominelle Beteiligung" EStH). Da die Beteiligung 1 % übersteigt, handelt es sich um eine Beteiligung i. S. des § 17 EStG (vgl. § 17 Abs. 1 Satz 1 EStG). Die Veräußerung von 50 % der Geschäftsanteile im Jahr 2018 führt bei AA im Ergebnis zu Einkünften aus Gewerbebetrieb (vgl. § 17 Abs. 1 Satz 1 EStG i.V. mit § 15 EStG). Diese Einkünfte unterliegen der Einkommensteuer gem. § 2 Abs. 1 Satz 1 Nr. 2 EStG. Es handelt sich um Gewinneinkünfte gem. § 2 Abs. 2 Satz 1 Nr. 1 EStG.

Die Gewinnermittlung erfolgt nach den Grundlagen des § 17 Abs. 2 EStG. Die Berechnung der steuerpflichtigen Einkünfte i. S. des § 17 EStG lässt sich wie folgt darstellen:

	90.000 €		Veräußerungspreis
./.	36.000 €		steuerfreier Anteil (40 %; § 3 Nr. 40 Buchst. c EStG)
	=	54.000 €	Zwischensumme steuerpflichtiger Veräußerungspreis
	70.000 €		Anschaffungskosten
+	5.000 €		Veräußerungskosten
=	75.000 €		Zwischensumme gesamte Betriebsausgaben
./.	30.000 €		steuerfreier Anteil (40 %; § 3c Abs. 2 EStG)
	=	45.000 €	Zwischensumme Betriebsausgaben
	=	9.000 €	steuerpflichtiger Veräußerungsgewinn
./.	4.530 €		anteiliger Freibetrag i. S. des § 17 Abs. 3 Satz 1 EStG (9.060 € x 50 %)
+	0 €		Kürzung des Freibetrags nach § 17 Abs. 3 Satz 2 EStG (36.100 € x 50 % = 18.050 €; Veräußerungsgewinn ist geringer, daher erfolgt keine Kürzung)
	./.	4.530 €	anzuwendender Freibetrag
	=	**4.470 €**	**steuerpflichtige Einkünfte i. S. des § 17 EStG**

1.7.4 Sonderfälle

1.7.4.1 Kapitalherabsetzung, Auflösung und Abwicklung

Steuerberaterprüfung 2008

Der Veräußerung i. S. des § 17 Abs. 1 EStG ist gem. § 17 Abs. 4 Satz 1 EStG die Auflösung der Gesellschaft, die Kapitalherabsetzung mit Rückzahlung des Kapitals sowie die Rückzahlung von Einlagen (§ 27 KStG) gleichgestellt. Es ergeben sich aufgrund dieser Normierung drei **fiktive Veräußerungstatbestände**. Veräußerungspreis in diesen Fällen ist gem. § 17 Abs. 4 Satz 2 EStG der gemeine Wert des dem Stpfl. zugeteilten oder zurückgezahlten Vermögens durch die Kapitalgesellschaft.

Eine fiktive Veräußerung i. S. des § 17 Abs. 4 EStG ist allerdings **nicht** anzunehmen, sofern die erhaltenen Zuwendungen aus dem Vermögen der Kapitalgesellschaft den Kapitaleinkünften i. S. des § 20 Abs. 1 Nummern 1 oder 2 EStG zuzuordnen sind (vgl. § 17 Abs. 4 Satz 3 EStG).

Im Zusammenhang mit der Auflösung und der Kapitalherabsetzung werden die durch oberste Rechtsprechung aufgestellten Grundsätze in den Einkommensteuerhinweisen zusammenfassend dargestellt (vgl. H 17 Abs. 7 „Auflösung und Kapitalherabsetzung" EStH).

Kernaussagen H 17 Abs. 7 „Auflösung und Kapitalherabsetzung" EStH	
Fundstelle	**Kurzerläuterung**
H 17 Abs. 7 „Auflösung und Kapitalherabsetzung" 1. Spiegelstrich EStH	Der Grundsatz des Realisationsprinzips ist zu beachten. Im Falle der Auflösung mit anschließender Liquidation erfolgt die Gewinnverwirklichung erst im Zeitpunkt des Abschlusses der Liquidation. Ausnahmsweise kann der Zeitpunkt der steuerlichen Berücksichtigung schon vor dem Abschluss der Liquidation liegen, sofern mit einer wesentlichen Änderung des bereits feststehenden Auflösungsergebnisses nicht mehr zu rechnen ist. Dieser Grundsatz gilt auch, sofern eine Nachtragsliquidation angeordnet wird.
H 17 Abs. 7 „Auflösung und Kapitalherabsetzung" 2. Spiegelstrich EStH	Liegen keine unstreitig greifbaren Anhaltspunkte für eine Vermögenslosigkeit der Gesellschaft oder ein Auflösungsbeschluss der Gesellschafter vor, so entsteht ein Auflösungsverlust erst im Zeitpunkt der Löschung der Gesellschaft im Handelsregister.
H 17 Abs. 7 „Auflösung und Kapitalherabsetzung" 3. Spiegelstrich EStH	Ein Bestandteil des Veräußerungspreises i. S. des § 17 Abs. 4 Satz 2 EStG ist auch die (anteilige) Rückzahlung des Stammkapitals.
H 17 Abs. 7 „Auflösung und Kapitalherabsetzung" 4. Spiegelstrich EStH, H 17 Abs. 5 „Rückzahlung aus Kapitalherabsetzung" EStH	Wird durch eine Kapitalgesellschaft das Nennkapital mit dem Zweck der Kapitalrückzahlung herabgesetzt, mindern die Rückzahlungsbeträge, soweit sie nicht den Einnahmen i. S. des § 20 Abs. 1 Nr. 2 EStG zuzuordnen sind, nachträglich die Anschaffungskosten der Anteile an der Kapitalgesellschaft (vgl. § 222 AktG bzw. § 58 GmbHG).

Auch unabhängig von einer Liquidation oder Kapitalherabsetzung kann im Fall der Rückzahlung von Beträgen aus dem **steuerlichen Einlagekonto** i. S. des § 27 KStG der Tatbestand des § 17 Abs. 4 Satz 1 EStG verwirklicht werden. Eine Rückzahlung aus dem steuerlichen Einlagekonto ist zunächst so lange erfolgsneutral, wie die Zahlung die Anschaffungskosten des Stpfl. nicht übersteigt. Erst durch die Rückzahlung eines die Anschaffungskosten übersteigenden Betrages entsteht ein sog. **„Rückzahlungsgewinn“** nach § 17 Abs. 4 EStG.[29] In diesem Fall kann der Freibetrag des § 17 Abs. 3 EStG nicht angewandt werden, da keine Anteile an der Kapitalgesellschaft veräußert werden.

1.7.4.2 Wegzugsbesteuerung

Unter bestimmten Umständen kann auch eine Wohnsitzverlegung unter den Voraussetzungen des § 6 AStG zur Anwendung von § 17 EStG führen. In diesem Fall ist insbesondere die Normierung des § 17 Abs. 2 Satz 3 EStG zu beachten (vgl. dazu auch Kapitel IV.8.3.3).

BEISPIEL

Die Anwendung von § 6 AStG war bereits mehrfach Gegenstand der Steuerberaterprüfung. Eine Prüfungsaufgabe in der Fallbearbeitung wird in Kapitel V.2.1.2 dargestellt.

1.8 Übertragung von stillen Reserven

Zwei Möglichkeiten zur Vermeidung der Aufdeckung der stillen Reserven stellen § 6b EStG und R 6.6 EStR dar. Hinsichtlich der inhaltlichen Regelungen wird an dieser Stelle auf den *Klausur-Leitfaden Bilanzsteuerrecht* verwiesen.[30]

BEISPIEL

Die Bildung einer Rücklage i. S. des § 6b EStG i.V. mit § 6c EStG war bereits Gegenstand der Steuerberaterprüfung. Diese Prüfungsaufgabe wird im Kapitel V.2.2.3 dargestellt.

2. Einkünfte aus selbständiger Tätigkeit

Aus der Tabelle in Kapitel I.3 ergibt sich, dass die Einkünfte aus selbständiger Tätigkeit in den Jahren 2006 bis 2014 sowohl im Bereich des nationalen Steuerrechts, als auch im Bereich des Internationalen Steuerrechts mehrfach Gegenstand der Steuerberaterprüfung waren.

2.1 Allgemeines

Die wesentlichen Einkünfte aus selbständiger Tätigkeit ergeben sich aus § 18 Abs. 1 Nummern 1 bis 3 EStG.

Einkünfte aus selbständiger Tätigkeit i. S. des § 18 Abs. 1 EStG		
§ 18 Abs. 1 Nr. 1 EStG	**§ 18 Abs. 1 Nr. 2 EStG**	**§ 18 Abs. 1 Nr. 3 EStG**
Einkünfte aus freiberuflicher Tätigkeit	Einkünfte der staatlichen Lotterie, sofern diese nicht Einkünfte aus Gewerbebetrieb sind	Einkünfte aus sonstiger selbständiger Tätigkeit
► wissenschaftliche, künstlerische, schriftstellerische, unterrichtende und erzieherische Tätigkeiten ► Katalogberufe (z. B. Ärzte, Zahnärzte, Tierärzte, Ingenieure, Steuerbevollmächtigte, Heilpraktiker, Journalisten) ► sowie ähnliche Berufe		Vergütungen für die Vollstreckung von Testamenten Vergütungen für Vermögensverwaltung Vergütungen für die Tätigkeit als Aufsichtsratsmitglied

Die Tatbestandsmerkmale des **§ 15 Abs. 2 EStG** gelten auch im Bereich der selbständigen Tätigkeit i. S. des § 18 Abs. 1 Nummern 1 und 2 EStG. Für sonstige selbständige Tätigkeiten i. S. des

29 Vgl. BFH, Urteil vom 19. 2. 2013 - IX R 24/12, BStBl II S. 484.

30 Vgl. Wagner, Klausur-Leitfaden Bilanzsteuerrecht, NWB Verlag GmbH & Co. KG, Herne, 2. Auflage 2019, Seiten 62 ff.

§ 18 Abs. 1 Nr. 3 EStG greift diese Regelung nicht. Vielmehr werden diese Tätigkeiten regelmäßig nur gelegentlich und zumeist nicht nachhaltig ausgeübt (vgl. H 15.6 „Allgemeines“ EStH).

Es handelt sich bei den Einkünften aus selbständiger Tätigkeit i. S. des § 18 EStG um Gewinneinkünfte (vgl. § 2 Abs. 2 Satz 1 Nr. 1 EStG). Die Gewinnermittlung kann sowohl i. R. des Betriebsvermögensvergleichs, als auch i. R. der Einnahmenüberschussrechnung erfolgen. Ebenso wie bei den Einkünften aus Gewerbebetrieb empfiehlt sich eine Begründung, auf welcher Grundlage die jeweilige Gewinnermittlungsart zutreffend ist. Für die Steuerberaterprüfung empfiehlt es sich grds. folgende Aussagen als Einstieg zu treffen:

Grundaussagen „Checkliste“	
Kurzerläuterung	**Fundstelle**
Es liegen Einkünfte aus selbständiger Tätigkeit vor.	§ 18 Abs. [...] EStG
Diese Einkünfte unterliegen der Besteuerung.	§ 2 Abs. 1 Satz 1 Nr. 3 EStG
Es handelt sich um Gewinneinkünfte.	§ 2 Abs. 2 Satz 1 Nr. 1 EStG
Der Ermittlungszeitraum ist das Kalenderjahr.	§ 2 Abs. 7 Sätze 1 und 2 EStG
Die Gewinnermittlung erfolgt zulässig i. R. der Einnahmenüberschussrechnung, weil [...]. oder	§ 4 Abs. 3 EStG
Die Gewinnermittlung erfolgt zulässig i. R. des Betriebsvermögensvergleichs, weil [...].	§ 4 Abs. 1 EStG, § 5 Abs. 1 Satz 1 EStG

HINWEIS

Bei den Einkünften aus selbständiger Tätigkeit i. S. des § 18 EStG findet die Vorschrift des § 4a EStG keine Anwendung. In der Folge ist der Gewinnermittlungszeitraum immer das Kalenderjahr.

2.2 Abgrenzung zu Einkünften aus Gewerbebetrieb

Die Einkünfte aus selbständiger Tätigkeit sind im Prüfungsfall von anderen Gewinneinkunftsarten abzugrenzen, soweit sich eine Zuordnung nicht eindeutig ergibt. Eine beispielhafte Abgrenzung zwischen den Einkünften aus Gewerbebetrieb (§ 15 EStG) und Einkünften aus selbständiger Tätigkeit (§ 18 EStG) erfolgt durch Verwaltungsanweisung in H 15.6 „Abgrenzung selbständige Arbeit/ Gewerbebetrieb“ EStH.

Abgrenzungsbeispiel aus H 15.6 „Abgrenzung selbständige Arbeit/ Gewerbebetrieb“ EStH	
§ 18 EStG	§ 15 EStG
► Altenpfleger (keine hauswirtschaftliche Versorgung des Patienten) ► EDV-Berater (ingenieurähnliche Tätigkeit im Bereich der Systemsoftware) ► Hebamme ► Insolvenzverwalter ► Logopäde ► Modeschöpfer ► Psychotherapeut ► Rettungsassistent ► Synchronsprecher ► Zahnpraktiker ► Zwangsverwalter	► Altenpfleger (hauswirtschaftliche Versorgung des Patienten) ► Anlageberater ► Artist ► Bauberater (sofern sich dieser lediglich mit der wirtschaftlichen Betreuung von Bauvorhaben befasst) ► Berufssportler ► Detektiv ► EDV-Berater (ohne ingenieurmäßige Vorgehensweise und ohne eine dem vergleichbare Ausbildung) ► Fotomodel ► Makler ► Personalberater ► Politikberater ► Rundfunksprecher ► Spielerberater von Berufsfußballspielern ► Versicherungsberater/ Versicherungsvertreter (sofern für ein einziges Unternehmen tätig)

2.3 Besonderheit selbständige Nebentätigkeit

Eine nebenberufliche Lehrtätigkeit bei Stpfl., die im **Hauptberuf eine nichtselbständige Tätigkeit** ausüben, stellt regelmäßig eine selbständige Tätigkeit i. S. des § 18 EStG dar (vgl. H 19.2 „Nebenberufliche Lehrtätigkeit" 1. Spiegelstrich EStH). Eine nebenberufliche Prüfungstätigkeit ist ebenfalls zumeist als Ausübung eines freien Berufs einzustufen (vgl. H 19.2 „Nebenberufliche Prüfungstätigkeit" EStH, H 18.1 „Prüfungstätigkeit" EStH). Eine nebenberufliche Lehrtätigkeit von **Handwerksmeistern** an Berufs- und Meisterschulen stellt grds. eine selbständige Tätigkeit dar, sofern eine Trennung zwischen der Lehrtätigkeit und der Haupttätigkeit ohne besondere Schwierigkeiten erfolgen kann (vgl. H 18.1 „Lehrtätigkeit" EStH).

Beispiele für eine selbständige Nebentätigkeit nach H 18.1 „Beispiele für selbständige Nebentätigkeit" EStH

- Beamter als Vortragender an einer Hochschule, Volkshochschule, Verwaltungsakademie oder bei Vortragsreihen ohne festen Lehrplan
- Rechtsanwalt als Honorarprofessor ohne Lehrauftrag

  - Die erzielten Einkünfte sind regelmäßig als Einkünfte i. S. des § 18 Abs. 1 Nr. 1 EStG zu qualifizieren.

Keine freiberufliche Tätigkeit i. S. des § 18 EStG liegt vor, sofern Anhaltspunkte im Vertrag bestehen, die auf das Vorliegen einer **Arbeitnehmertätigkeit** hindeuten. Dies ist bei nebenberuflichen Lehrtätigkeiten insbesondere dann der Fall, wenn die Ausübung nur in einem geringen Umfang stattfindet und die Tätigkeit aufgrund eines als Arbeitsvertrag ausgestalteten Vertrages erfolgt oder eine vollbeschäftigte Lehrkraft zusätzliche Unterrichtsstunden an derselben oder einer Schule gleicher Art erteilt (vgl. H 19.2 „Nebenberufliche Lehrtätigkeit" 1. Spiegelstrich EStH).

2.4 Betriebsausgabenpauschale

Erzielt ein Stpfl. aus hauptberuflicher und selbständiger schriftstellerischer oder journalistischer Tätigkeit, aus wissenschaftlicher, künstlerischer und schriftstellerischer Nebentätigkeit sowie aus nebenamtlicher Lehr- und Prüfungstätigkeit Einkünfte, so kann eine **Pauschalierung der Betriebsausgaben** erfolgen (vgl. H 18.2 „Betriebsausgabenpauschale" EStH). Die Pauschale wird angesetzt, sofern der Stpfl. keine höheren Betriebsausgaben nachweist.

Betriebsausgabenpauschale gem. H 18.2 „Betriebsausgabenpauschale" EStH		
Tätigkeit	**hauptberufliche selbständige schriftstellerische oder journalistische Tätigkeit**	**wissenschaftliche, künstlerische oder schriftstellerische Nebentätigkeit**
Negativabgrenzung	-	keine Tätigkeit i. S. des § 3 Nr. 26 EStG
Bemessung	30 % der Betriebseinnahmen	25 % der Betriebseinnahmen
absoluter Höchstbetrag	2.455 € jährlich	614 € jährlich (Gewährung nur einmal für alle Nebentätigkeiten möglich)

3. Einkünfte aus nichtselbständiger Tätigkeit

Aus der Tabelle in Kapitel I.3 ergibt sich, dass die Einkünfte aus nichtselbständiger Tätigkeit in den Jahren 2006 bis 2014 viermal Gegenstand der Steuerberaterprüfung im Bereich des nationalen Steuerrechts waren.

3.1 Allgemeines

Der Formulierung „nichtselbständig" folgend erzielt Einkünfte aus nichtselbständiger Tätigkeit derjenige, der weisungsgebunden ist und seine Arbeitskraft schuldet (vgl. § 19 Abs. 1 Satz 1 Nr. 1 EStG; H 19.0 „Arbeitnehmer" LStH). Der Arbeitgeber hat auf Rechnung des Arbeitnehmers monatlich die Lohnsteuer einzubehalten und an das jeweilige Betriebsstättenfinanzamt abzuführen (vgl. § 38 Absätze 1 und 3 EStG, § 41a Abs. 1 Satz 1 Nr. 2 EStG). Der Arbeitgeber haftet für die Lohnsteuer gem. § 42d Abs. 1 EStG. Sofern eine Einkommensteuerveranlagung stattfindet, kann die einbehaltene Lohnsteuer nach § 36 Abs. 2 Nr. 2 EStG auf die tarifliche Einkommensteuer angerechnet werden. Dies gilt ebenfalls für den Solidaritätszuschlag gem. § 3 Abs. 1 Nr. 3 SolzG.

I. R. der Steuerberaterprüfung empfiehlt es grds. folgende Aussagen als Einstieg zu treffen:

Grundaussagen „Checkliste“	
Kurzerläuterung	**Fundstelle**
Es liegen Einkünfte aus nichtselbständiger Tätigkeit vor.	§ 19 Abs. 1 Satz [...] EStG
Diese Einkünfte unterliegen der Besteuerung.	§ 2 Abs. 1 Satz 1 Nr. 4 EStG
Es handelt sich um Überschusseinkünfte.	§ 2 Abs. 2 Satz 1 Nr. 2 EStG (§§ 8, 9 ,9a EStG)
Der Ermittlungszeitraum ist das Kalenderjahr.	§ 2 Abs. 7 Sätze 1 und 2 EStG
Es gilt das Zu- und Abflussprinzip.	§ 11 EStG
► Der laufende Arbeitslohn gilt in dem Kalenderjahr als bezogen in dem der Lohnzahlungszeitraum endet.	§ 38a Abs. 1 Satz 2 EStG, § 11 Abs. 1 Satz 4 EStG
► Sonstige Bezüge gelten in dem Kalenderjahr als bezogen, indem sie dem Arbeitnehmer zufließen.	§ 38a Abs. 1 Satz 3 EStG, § 11 Abs. 1 Satz 4 EStG

3.2 Arbeitslohn

3.2.1 Definition Einnahmen

Einnahmen sind alles, was dem Stpfl. in **Geld oder Geldeswert** zufließt (vgl. § 8 Abs. 1 EStG). Der Zufluss muss im Zusammenhang mit dem Dienstverhältnis stehen (vgl. R 19.3 Abs. 1 LStR). Eine Auflistung von Leistungen, die Arbeitslohn darstellen, befindet sich im H 19.3 „Zum Arbeitslohn gehören“ LStH. Einnahmen aus einem **gegenwärtigen Dienstverhältnis** sind somit unter anderem Gehälter, Löhne, Gratifikationen und Tantiemen (§ 19 Abs. 1 Satz 1 Nr. 1 EStG). Unter den Tatbestand des § 19 Abs. 1 Satz 1 Nr. 2 EStG fallen Wartegelder, Ruhegehälter, Witwen- und Waisengelder sowie andere Bezüge und Vorteile aus **früheren Dienstverhältnissen**.

3.2.2 Steuerfreie Einnahmen

Nicht alle Einnahmen, die dem Arbeitnehmer zuzurechnen sind, sind auch steuerpflichtig (vgl. auch Kapitel III.3.2.4). Steuerfreie Einnahmen liegen beispielsweise vor, wenn ein Stpfl. eine nebenberufliche Tätigkeit als Übungsleiter, Ausbilder, Erzieher, Betreuer oder eine vergleichbare Tätigkeit ausübt und er die Voraussetzungen des **§ 3 Nr. 26 EStG** erfüllt (sog. „Übungsleiterfreibetrag“). Dies gilt insoweit, als dass der Freibetrag von insgesamt 2.400 € pro Jahr nicht überschritten wird. Für die umgangssprachlich auch als „Ehrenamtspauschale“ bezeichnete Steuerbefreiung des **§ 3 Nr. 26a EStG** gilt ein Freibetrag i. H. von jährlich 720 €.

HINWEIS

Grundvoraussetzung für einen Abzug von Ausgaben im Zusammenhang mit einer Tätigkeit i. S. des § 3 Nr. 26 EStG ist, dass diese Tätigkeit mit Einkünfteerzielungsabsicht ausgeübt wird. Darüber hinaus war bisher eine Berücksichtigung als Werbungskosten bzw. Betriebsausgaben nach Verwaltungsauffassung nur möglich, als dass die Einnahmen den Freibetrag überschritten haben und gleichzeitig die damit zusammenhängenden Aufwendungen diese Einnahmen überstiegen (vgl. R 3.26 Abs. 9 LStR). Der BFH hat mit Urteil vom 20. 12. 2017 entschieden, dass Aufwendungen, die die Einnahmen übersteigen, auch dann abgezogen werden dürfen, wenn die Einnahmen unterhalb des Freibetrages liegen (entgegen R 3.26 Abs. 9 LStR).[31]

Vom Arbeitgeber getragene Zukunftsleistungen stellen grds. Arbeitslohn i. S. des § 19 Abs. 1 Satz 1 Nr. 1 EStG dar. Zu diesen Leistungen gehören insbesondere die Anteile des Arbeitgebers

31 BFH, Urteil vom 20.12.2017 - III R 23/15, BFH/NV 2018 S. 672.

am Gesamtsozialversicherungsbeitrag. Diese sog. Zukunftssicherungsleistungen sind gem. **§ 3 Nr. 62 EStG** steuerfrei.

Laufende Zuwendungen des Arbeitgebers aus einem bestehenden Dienstverhältnis an einen Pensionsfonds, eine Pensionskasse oder eine Direktversicherung stellen gem. § 19 Abs. 1 Satz 1 Nr. 3 EStG Arbeitslohn dar. Unter bestimmten Umständen werden diese Einnahmen gem. **§ 3 Nr. 63 EStG** zumindest teilweise steuerfrei gestellt.[32] Zu beachten ist, dass die Höhe der Befreiung sich nach einem Prozentanteil der Beitragsbemessungsgrenze der allgemeinen Rentenversicherung richtet. Der maßgebende Prozentsatz beträgt ab dem Veranlagungszeitraum 2018 8 % (bis einschließlich Veranlagungszeitraum 2017 4 %).[33]

BEISPIEL

Herr Karl Klug (KK) ist bei der X-GmbH angestellt. Es handelt sich bei der Anstellung um das erste Dienstverhältnis des KK. Im Jahr 2018 entscheidet sich sein Arbeitgeber, eine Direktversicherung abzuschließen. Noch im Jahr 2018 entstehen dem Arbeitgeber laufende Zuwendungen an diese Direktversicherung i. H. von 2.000 €. Zu prüfen ist, ob diese Aufwendungen steuerpflichtige Einnahmen bei KK darstellen.

LÖSUNG

Die X-GmbH hat im Jahr 2018 zugunsten des KK eine Direktversicherung abgeschlossen (vgl. § 19 Abs. 1 Satz 1 Nr. 3 EStG). Die laufenden Zuwendungen an diese Direktversicherung sind i. R. des § 3 Nr. 63 Satz 3 EStG steuerfrei und eine individuelle Besteuerung unterbleibt, da die Beiträge aufgrund einer nach dem 31. 12. 2004 erteilten Versorgungszusage geleistet werden und KK zum begünstigten Personenkreis zählt. Darüber hinaus handelt es sich laut Sachverhalt um das erste Dienstverhältnis von KK. Die Steuerfreiheit erstreckt sich auf die gesamten Beiträge, da diese 8 % der Beitragsbemessungsgrenze (West; 2018 78.000 €)[34] in der allgemeinen Rentenversicherung nicht übersteigen.

Steuerfrei sind auch Leistungen des Arbeitgebers an einen Pensionsfonds zur Übernahme bestehender Versorgungsverpflichtungen oder Versorgungsanwartschaften (vgl. **§ 3 Nr. 66 EStG**). Dies gilt nur, sofern der Arbeitgeber einen wirksamen Antrag nach § 4d Abs. 3 EStG oder § 4e Abs. 3 EStG gestellt hat.

Die steuerliche Förderung der betrieblichen Altersversorgung wird umfassend durch das BMF-Schreiben vom 6. 12. 2017 dargestellt.[35]

BEISPIEL

Herr Ralf Reich (RR) ist bei der Computer-AG (AG) seit dem Jahr 2010 angestellt. Die Pensionsrückstellung i. S. des § 6a EStG beträgt zum 31. 12. 2018 zutreffend 100.000 €. Zum 31.12.2018 beschließt die AG als Arbeitgeber, die bestehende Versorgungszusage auf einen Pensionsfonds zu übertragen, wobei der Zahlbetrag an den Pensionsfonds 200.000 € beträgt. Die AG beantragt im Zuge dessen, die erforderlichen Leistungen, die den Betrag der Pensionsrückstellung zum 31. 12. 2018 übersteigen, an den Pensionsfonds zur Übernahme dieser Verpflichtungen erst in den dem Wirtschaftsjahr der Übertragung folgenden zehn Wirtschaftsjahren gleichmäßig verteilt als Betriebsausgaben abzuziehen.

LÖSUNG

Die Übertragung der bestehenden Versorgungsverpflichtungen zum 31. 12. 2018 von der AG auf den Pensionsfonds führt zu keinem steuerpflichtigen Arbeitslohn bei RR (vgl. § 3 Nr. 66 EStG). Die AG hat als Arbeitgeber beantragt, die die Pensionsrückstellung übersteigenden erforderlichen Leistungen an den Pensionsfonds erst in den dem Wirtschaftsjahr der Übertragung folgenden zehn Wirtschaftsjahren gleichmäßig verteilt als Betriebsausgaben abzuziehen. Folglich hat sie einen wirksamen Antrag nach § 4e Abs. 3 Satz 3 EStG gestellt. Auf Ebene der Gesellschaft findet eine Auflösung der bisherigen Pensionsrückstellung statt. Der sich ergebende Ertrag wird in gleicher Höhe durch den anteiligen Zahlbetrag an den Pensionsfonds neutralisiert. Der übersteigende Betrag i. H. von 100.000 € ist in den folgenden zehn Wirtschaftsjahren gleichmäßig aufwandswirksam aufzulösen.

Auf Ebene des RR führen die Leistungen im Ergebnis zu keinem steuerpflichtigen Arbeitslohn, vielmehr sind diese gem. § 3 Nr. 66 EStG steuerfrei. Gleichzeitig ist zu beachten, dass die späteren Zahlungen aus dem Pensionsfonds an RR als sonstige Einkünfte (§ 22 Nr. 5 EStG) der Einkommensteuer unterliegen.

3.2.3 Einnahmen in Geldeswert

Erhält der Arbeitnehmer Arbeitslohn in Form von **Sachbezügen** i. S. des § 8 Abs. 2 EStG, sind diese wie Barlohnzahlungen entweder dem laufenden Arbeitslohn oder den sonstigen Bezügen zuzuordnen (vgl. R 8.1 Abs. 1 LStH).

32 Vgl. BMF, Schreiben vom 6. 12. 2017 - IV C 5 - S 2333/17/10002, BStBl 2018 I S. 147, Tz. 23 ff.
33 Vgl. Betriebsrentenstärkungsgesetz vom 17. 8. 2017, BStBl 2017 I S. 3214.
34 Vgl. BMF, Schreiben vom 6. 12. 2017 - IV C 5 - S 2333/17/10002, a. a. O., Tz 28.
35 Vgl. BMF, Schreiben vom 6. 12. 2017 - IV C 5 - S 2333/17/10002, a. a. O.

3.2.3.1 Bewertungsgrundsätze

Grds. erfolgt die Bewertung i. R. einer **Einzelbewertung** gem. § 8 Abs. 2 Satz 1 EStG mit den um übliche Preisnachlässe geminderten üblichen Endpreisen am Abgabeort inklusive Umsatzsteuer. Aus Vereinfachungsgründen kann der Wert einer Ware oder Dienstleistung mit 96 % des Endpreises bewertet werden, zu dem sie der Abgebende oder dessen Abnehmer fremden Letztverbrauchern im allgemeinen Geschäftsverkehr anbieten würde (vgl. R 8.1 Abs. 2 Satz 3 LStR). Dies gilt nicht, sofern als Endpreis der günstigste Preis am Markt angesetzt wird (vgl. R 8.1 Abs. 2 Satz 4 LStR). Bei der Bewertung eines Sachbezuges i. R. des § 8 Abs. 2 Satz 1 EStG ist zu beachten, dass diese außer Ansatz bleiben, wenn die sich ergebenden Vorteile monatlich **44 €** nicht übersteigen. Da es sich um eine Freigrenze handelt, erlischt die Steuerfreiheit bei einem Überschreiten dieser Grenze komplett. Der BFH hat entschieden, dass bei der Lieferung von Waren durch den Arbeitgeber in die Wohnung des Arbeitnehmers zwei getrennte Sachbezüge zu prüfen sind. Zum einen ist der Wert der Waren zu ermitteln, zum anderen der Wert der Lieferung. Für die Berechnung der Freigrenze von 44 € sind die Werte der beiden Sachbezüge zu addieren.[36]

Erhält ein Arbeitnehmer i. R. seines Dienstverhältnisses Waren oder Dienstleistungen, die der Arbeitgeber nicht überwiegend für den Bedarf seiner Arbeitnehmer herstellt, vertreibt oder erbringt, so gilt abweichend von § 8 Abs. 2 EStG als Wert der um 4 % geminderte Endpreis, zu denen der Arbeitgeber oder der dem Abgabeort nächstansässige Abnehmer die Waren oder Dienstleistungen fremden Letztverbrauchern im allgemeinen Geschäftsverkehr anbietet (vgl. § 8 Abs. 3 Satz 1 EStG). Dies gilt nur, sofern der Arbeitgeber den Bezug nicht nach § 40 EStG pauschal versteuert. Bei jedem einzelnen Sachbezug, bei dem die Voraussetzungen des **§ 8 Abs. 3 EStG** und des § 40 Abs. 1 oder 2 EStG erfüllt werden, kann zwischen der Pauschalbesteuerung und der Anwendung des § 8 Abs. 3 EStG gewählt werden (vgl. R 8.2 Abs. 1 Satz 1 Nr. 4 LStR). Daneben kann in diesem Fall wahlweise auch eine Bewertung des Sachbezuges nach § 8 Abs. 2 EStG ohne Bewertungsabschlag und ohne Rabattfreibetrag erfolgen (vgl. H 8.2 „Wahlrecht“ LStH). Wird eine Bewertung des Sachbezuges i. R. des § 8 Abs. 3 EStG vorgenommen, findet der sog. **Rabattfreibetrag** i. H. von 1.080 € jährlich gem. § 8 Abs. 3 Satz 3 EStG Anwendung.

3.2.3.2 Überlassung von Kraftfahrzeugen an den Arbeitnehmer

Die Bewertung von Sachbezügen im Zusammenhang mit einem **betrieblichen Kfz** erfolgt abweichend von den allgemeinen Grundsätzen nach § 8 Abs. 2 Sätze 2 bis 5 EStG. Diese Normierung setzt sich mit der Privatnutzung von Kraftfahrzeugen, den Fahrten zwischen Wohnung und erster Tätigkeitsstätte sowie Familienheimfahrten i. R. einer doppelten Haushaltsführung auseinander.

Für die **private Nutzung** des Kfz ist grds. **§ 6 Abs. 1 Nr. 4 Satz 2 EStG** analog anzuwenden (vgl. § 8 Abs. 2 Satz 2 EStG; Ausführungen dazu in Kapitel IV.1.3.3.2). Wird dem Arbeitnehmer die private Nutzung eines für berufliche Zwecke überlassenen betrieblichen Kfz untersagt, ist davon auszugehen, dass keine tatsächliche Privatnutzung stattfindet. Dies gilt auch dann, wenn der Arbeitgeber das Nutzungsverbot nicht überwacht (vgl. H 8.1 Absätze 9 und 10 „Nutzungsverbot, unbefugte Privatnutzung“ LStH). Nach § 6 Abs. 1 Nr. 4 Satz 2 EStG ist die private Nutzung eines Kfz für jeden Kalendermonat mit 1 % des inländischen Listenpreises im Zeitpunkt der Erstzulassung zzgl. der Kosten für Sonderausstattungen einschließlich der Umsatzsteuer anzusetzen. Zahlt ein Arbeitnehmer für die außerdienstliche Nutzung eines Kfz dem Arbeitgeber ein Entgelt, mindert dieses den Sachbezugswert (vgl. R 8.1 Abs. 9 Nr. 4 Satz 1 LStR). Sofern dem Arbeitnehmer mehrere Kfz für die private Nutzung zur Verfügung stehen, so ist für jedes Fahrzeug die Privatnutzung mit monatlich 1 % des Listenpreises anzusetzen.[37] Stehen einer Mehrzahl von Arbeitnehmern mehrere Kfz zur privaten Nutzung zur Verfügung, ist der sich ergebende geldwerte Vorteil i. R. der 1-%-Methode zu ermitteln und nach Köpfen aufzuteilen (vgl. H 8.1 Absätze 9 bis 10 „Fahrzeugpool“ LStH).

36 Vgl. BFH, Urteil vom 6. 6. 2018 - VI R 32/16, BStBl II S. 764.

37 Vgl. BMF, Schreiben vom 4. 4. 2018 - IV C 5-S 2334718710001, BStBl I S. 592, Tz. 22.

Kann der Arbeitnehmer das betriebliche Kfz auch für Fahrten zwischen Wohnung und erster Tätigkeitsstätte nutzen, so ist der sich nach § 8 Abs. 2 Satz 2 EStG ergebende private Nutzungswert monatlich für jeden Entfernungskilometer zwischen Wohnung und erster Tätigkeitsstätte um 0,03 % des Listenpreises i. S. des § 6 Abs. 1 Nr. 4 Satz 2 EStG zu erhöhen (vgl. § 8 Abs. 2 Satz 3 EStG). Als Bemessungsgrundlage für den Nutzungswert für Fahrten zwischen Wohnung und erster Tätigkeitsstätte ist immer der Listenpreis des Fahrzeuges zugrundezulegen, welches überwiegend für diese Strecke genutzt wird.[38] Für die Prüfung, ob eine Fahrt zwischen Wohnung und erster Tätigkeitsstätte vorliegt, sind die Voraussetzungen für den Werbungskostenabzug nach § 9 Abs. 1 Satz 3 Nr. 4 EStG maßgebend. Die erste Tätigkeitsstätte ist, der Legaldefinition des § 9 Abs. 4 Satz 1 EStG folgend, die ortsfeste betriebliche Einrichtung des Arbeitgebers, eines verbundenen Unternehmens oder eines vom Arbeitgeber bestimmten Dritten, der der Arbeitnehmer dauerhaft zugeordnet ist. Der sich nach § 8 Abs. 2 Satz 3 EStG ergebende geldwerte Vorteil kann vom Arbeitgeber wahlweise insgesamt dem regulären Lohnsteuerabzug unterworfen oder nach § 40 Abs. 2 Satz 2 EStG pauschaliert werden. Im Falle der Pauschalierung beträgt der Pauschsteuersatz 15 %. Zu beachten ist, dass der Arbeitnehmer i. R. des Veranlagungsverfahrens einen Werbungskostenabzug i. S. des § 9 Abs. 1 Satz 3 Nr. 4 EStG geltend machen kann, sofern der geldwerte Vorteil nach § 8 Abs. 2 Satz 3 EStG ermittelt wurde. In der Folge ist nur die Differenz zwischen dem geldwerten Nutzungsvorteil und den abziehbaren Werbungskosten der Einkommensteuer zu unterwerfen. Ein Abzug der Werbungskosten ist nicht möglich, sofern eine Pauschalbesteuerung nach § 40 Abs. 2 Satz 2 EStG stattfindet (vgl. § 40 Abs. 2 Satz 3 EStG). Abweichend von der Regelung des § 8 Abs. 2 Satz 3 EStG ist unter bestimmten Voraussetzungen stattdessen eine auf das Kalenderjahr bezogene Einzelbewertung der tatsächlichen Fahrten zwischen Wohnung und erster Tätigkeitsstätte mit 0,002 % des Listenpreises je Entfernungskilometer für höchstens 180 Tage zulässig (vgl. H 8.1 Absätze 9 bis 10 „Fahrten zwischen Wohnung und erster Tätigkeitsstätte bei pauschaler Nutzungswertermittlung“ 2. Spiegelstrich LStH).

Anstelle der Pauschalierung nach § 8 Abs. 2 Sätze 2 und 3 EStG kann die Bewertung des geldwerten Vorteils mit den tatsächlich auf diese Fahrten entfallenden Teil der gesamten Aufwendungen erfolgen (vgl. § 8 Abs. 2 Satz 4 EStG). Der Sachbezugswert ist dabei der Anteil an den Gesamtkosten des Kfz, der dem Verhältnis der Privatfahrten (vgl. **§ 6 Abs. 1 Nr. 4 Satz 3 EStG**) bzw. den Fahrten zwischen Wohnung und erster Tätigkeitsstätte sowie den Fahrten i. S. des § 9 Abs. 1 Satz 3 Nr. 4a Satz 3 EStG zu der Gesamtfahrstrecke entspricht. Voraussetzung für diese Ermittlung ist insbesondere ein ordnungsgemäßes Fahrtenbuch. Darüber hinaus müssen die Kraftfahrzeugaufwendungen im Einzelnen belegt sein. Sofern die Voraussetzungen erfüllt sind, besteht ein Methodenwahlrecht zwischen der Pauschalierung und der Fahrtenbuchmethode. Bei der Ermittlung der Gesamtkosten bleiben vom Arbeitnehmer getragene Aufwendungen ohne Berücksichtigung (vgl. R 8.1 Abs. 9 Nr. 2 Satz 8 LStR). Aus Vereinfachungsgründen wird es jedoch nicht beanstandet, wenn die selbstgetragenen Kosten als Nutzungsentgelt behandelt werden (vgl. Anhang 24 IV.4 LStHB, Tz. 13).[39]

In **§ 8 Abs. 2 Satz 5 EStG** wird die Ermittlung des Sachbezugswertes bei der Nutzung eines betrieblichen Kfz für Familienheimfahrten i. R. einer doppelten Haushaltsführung nominiert. Die Nutzung ist demnach grds. mit 0,002 % des maßgeblichen Bruttolistenpreises für jeden Entfernungskilometer zwischen dem Ort des eigenen Hausstandes und dem Beschäftigungsort anzusetzen (vgl. § 8 Abs. 2 Satz 5 Halbsatz 1 EStG). Kommt für diese Fahrten allerdings ein Werbungskostenabzug nach § 9 Abs. 1 Satz 3 Nr. 5 Sätze 5 und 6 EStG in Betracht, so findet keine Erfassung des geldwerten Vorteils für diese Fahrten statt (vgl. § 8 Abs. 2 Satz 5 Halbsatz 2 EStG). In der Folge kann der Arbeitnehmer allerdings auch keinen Werbungskostenabzug i. R. des Veranlagungsverfahrens geltend machen (vgl. § 9 Abs. 1 Satz 3 Nr. 5 Satz 8 EStG). Abweichend von diesem pauschalen Prozentsatz ergibt sich aus § 8 Abs. 2 Satz 5 letzter Halbsatz EStG auch die Möglichkeit, den Nutzungsvorteil in sinngemäßer Anwendung des § 8 Abs. 2 Satz 4 EStG zu ermitteln (= Einzelnachweis).

38 Vgl. BMF, Schreiben vom 4. 4. 2018 - IV C 5-S 2334718710001, a. a. O., Tz. 22.

39 Vgl. BMF, Schreiben vom 21. 9. 2017 - IV C 5 - S 2334/11/10004-02 - 2017/0613843, BStBl I S. 1336.

BEISPIEL

Die Überlassung eines betrieblichen Kfz an den Arbeitnehmer zur Privatnutzung und für Fahrten zwischen Wohnung und erster Tätigkeitsstätte wird im Kapitel V.2.3 in der Fallbearbeitung dargestellt.

3.2.3.3 Zuwendung von Aufmerksamkeiten

Den Grundsätzen des § 19 Abs. 1 Satz 1 Nr. 1 EStG sowie des § 8 Abs. 2 Satz 1 EStG folgend würden z. B. auch kleinere Geburtstagsgeschenke des Arbeitgebers an den Arbeitnehmer in jedem Fall als Sachzuwendungen zu steuerpflichtigem Arbeitslohn führen.

Abweichend von diesen Grundsätzen stellen Sachleistungen des Arbeitgebers, die im gesellschaftlichen Verkehr üblicherweise ausgetauscht werden und zu keiner ins Gewicht fallenden Bereicherung des Arbeitnehmers führen, keinen steuerpflichtigen Arbeitslohn dar (vgl. R 19.6 Abs. 1 Satz 1 LStR). Unter **Aufmerksamkeiten** sind dabei gem. R 19.6 Abs. 1 Satz 2 LStR Sachzuwendungen bis zu einem Wert von **60 €** (= Freigrenze) zu verstehen, die aus Anlass eines besonderen persönlichen Ereignisses, wie z. B. Geburtstage, zugewendet werden. Erweitert wird der Begriff der Aufmerksamkeit durch R 19.6 Abs. 2 LStR. Demnach werden vom Begriff der Aufmerksamkeit auch Getränke und Genussmittel erfasst, die der Arbeitgeber dem Arbeitnehmer zum Verzehr im Betrieb unentgeltlich oder teilentgeltlich überlässt. Geldaufwendungen stellen hingegen unter keinen Umständen begünstigte Aufwendungen i. S. des Lohnsteuerrechts dar (vgl. R 19.6 Abs. 1 Satz 3 LStR).

HINWEIS

Umsatzsteuerlich führen Sachzuwendungen und sonstige Leistungen an das Personal für dessen privaten Bedarf zu einer unentgeltlichen Wertabgabe (vgl. § 3 Abs. 1b Satz 1 Nr. 2 UStG, § 3 Abs. 9a Nr. 2 UStG). Dies gilt nicht, sofern die Sachzuwendung den Wert von **60 €** nicht überschreitet. In diesem Fall handelt es sich um eine nicht steuerbare Zuwendung i. S. des UStG (vgl. A 1.8 Abs. 2 Satz 7 UStAE i.V. mit A 1.8 Abs. 3 UStAE).

3.2.3.4 Betriebsveranstaltung

Steuerberaterprüfung 2010

Zu den Einkünften aus nichtselbständiger Tätigkeit gehören gem. § 19 Abs. 1 Satz 1 Nr. 1a EStG auch die Zuwendungen des Arbeitgebers an seinen Arbeitnehmer sowie dessen Begleitpersonen anlässlich einer Betriebsveranstaltung. Nach der Legaldefinition des § 19 Absatz 1 Satz 1 Nr. 1a Satz 1 EStG ist eine Betriebsveranstaltung eine Veranstaltung auf betrieblicher Ebene mit gesellschaftlichem Charakter. Darunter fallen z. B. Betriebsausflüge, Weihnachtsfeiern und Jubiläumsfeiern.[40] Zuwendungen sind dabei alle Aufwendungen des Arbeitgebers einschließlich der Umsatzsteuer (vgl. § 19 Abs. 1 Satz 1 Nr. 1a Satz 2 EStG). Vom Begriff der Zuwendung werden daher unter anderem Speisen, Getränke, Tabakwaren und Süßigkeiten, die Übernahme von Übernachtung und Fahrtkosten, Musik sowie Geschenke erfasst.[41] Begünstigt sind folglich auch Geschenke, deren Wert 60 € übersteigt, sofern diese aus Anlass und nicht nur bei Gelegenheit i. R. der Betriebsveranstaltung überreicht werden.[42]

Die Zuwendungen gehören nicht zu den Einkünften aus nichtselbständiger Tätigkeit, soweit sie den Betrag von **110 €** je Betriebsveranstaltung und teilnehmendem Arbeitnehmer nicht übersteigen (vgl. § 19 Abs. 1 Satz 1 Nr. 1a Satz 3 EStG). Es handelt sich dabei um einen **Freibetrag**, d. h., dass lediglich die Zuwendungen, die den Betrag von 110 € übersteigen, den Einkünften aus nichtselbständiger Tätigkeit beim Arbeitnehmer zuzuordnen sind. Voraussetzung für die Gewährung des Freibetrages ist, dass die Betriebsveranstaltung allen Angehörigen des Betriebes oder eines Teils des Betriebes zugänglich ist.[43] Der Freibetrag ist maximal für **zwei Betriebsveranstaltungen** jährlich anzuwenden (vgl. § 19 Abs. 1 Satz 1 Nr. 1a Satz 4 EStG). Die ermittelten Gesamtkosten für die Veranstaltung sind auf die Teilnehmer der Veranstaltung aufzuteilen. Nehmen an der Betriebsveranstaltung auch Begleitpersonen von Arbeitnehmern teil, so ist der auf diesen Personenkreis entfallende Aufwand dem jeweiligen Arbeitnehmer bei

40 Vgl. BMF, Schreiben vom 14. 10. 2015 - IV C 5 - S 2332/15/10001, BStBl 2015 I S. 832, Tz. 1 (abgedruckt im Anhang 11a LStHB).

41 Vgl. BMF, Schreiben vom 14. 10. 2015 - IV C 5 - S 2332/15/10001, a. a. O., Tz. 2.

42 Vgl. BMF, Schreiben vom 14. 10. 2015 - IV C 5 - S 2332/15/10001, a. a. O., Tz. 2.

43 Vgl. BMF, Schreiben vom 14. 10. 2015 - IV C 5 - S 2332/15/10001, a. a. O, Tz. 4 Buchst. b.

der Berechnung des Wertes der Zuwendung hinzuzurechnen (vgl. § 19 Abs. 1 Satz 1 Nr. 1a Satz 5 EStG).[44]

BEISPIEL

Die Aufwendungen für eine Betriebsveranstaltung betragen 6.000 €. Der Teilnehmerkreis setzt sich aus 50 Arbeitnehmern zusammen, von denen 10 von je einer Person begleitet werden.

LÖSUNG

Aus dem Sachverhalt ergibt sich, dass insgesamt 60 Personen an der Betriebsveranstaltung teilnehmen und die Gesamtkosten 6.000 € betragen. Es ergibt sich damit im Durchschnitt ein Aufwand i. H. von 100 € je Teilnehmer. Die Zuwendung an die Arbeitnehmer, die ohne Begleitung an der Veranstaltung teilgenommen haben, stellen keinen steuerpflichtigen Arbeitslohn dar, da sie den Freibetrag von 110 € unterschreiten. Die Zuwendungen, die sich für die Begleitpersonen ergeben, sind den betreffenden Arbeitnehmer zuzurechnen (vgl. § 19 Abs. 1 Satz 1 Nr. 1a Satz 5 EStG). Für diese Arbeitnehmer ergibt sich ein geldwerter Vorteil i. H. von je 200 €. Nach Abzug des Freibetrages i. H. von 110 € ergibt sich für diese Arbeitnehmer ein steuerpflichtiger Arbeitslohn i. H. von jeweils 90 €. Der steuerpflichtige Arbeitslohn ist grds. dem Lohnsteuerabzug zu unterwerfen (vgl. § 38 EStG).

Ergibt sich aus einer Betriebsveranstaltung i. S. des § 19 Abs. 1 Satz 1 Nr. 1a EStG steuerpflichtiger Arbeitslohn, so kann dieser vom Arbeitgeber pauschal mit 25 % besteuert werden (vgl. **§ 40 Abs. 2 Satz 1 Nr. 2 EStG**).[45]

Werden **Aufwendungen ohne Bezug zur Betriebsveranstaltung** aufgrund der „Gelegenheit“ übergeben, ist der geldwerte Vorteil für diese Zuwendungen **nicht** in die Berechnung des Freibetrages mit einzubeziehen. Vielmehr ist bei diesen Zuwendungen von einer Entlohnungsabsicht des Arbeitgebers auszugehen. Die Bewertung desjenigen Sachbezuges erfolgt grds. nach § 8 Abs. 2 Satz 1 EStG. Ggf. ist zu prüfen, ob Aufmerksamkeiten i. S. des EStG vorliegen (vgl. dazu Kapitel IV.3.2.3.1).

HINWEIS

In den vorstehenden Ausführungen wird auf das BMF-Schreiben vom 14. 10. 2015 verwiesen. Dieses Schreiben ist anwendbar auf die lohn- und einkommensteuerlichen Regelungen für alle nach dem 31. 12. 2014 endenden Lohnzahlungszeiträume sowie für nach dem 31. 12. 2014 beginnende Veranlagungszeiträume. Die vorher maßgebende R 19.5 LStR 2015 ist für diese Zeiträume nicht anzuwenden.[46]

In diesem BMF-Schreiben erfolgt auch der Hinweis, dass **umsatzsteuerlich** eine nicht steuerbare Leistung vorliegt, sofern die Zuwendungen i. R. von Betriebsveranstaltungen 110 € nicht übersteigen (vgl. A 1.8 Abs. 4 Satz 3 Nr. 6 UStAE).[47]

3.3 Werbungskosten

3.3.1 Übersicht

Der Begriff der Werbungskosten ergibt sich aus **§ 9 Abs. 1 Satz 1 EStG**. Demnach sind Werbungskosten alle Aufwendungen, die zur Erwerbung, Sicherung und Erhaltung der Einnahmen dienen. Diese grundsätzliche Definition gilt für alle Überschusseinkünfte gleichermaßen. Ein Abzug ist bei der Einkunftsart vorzunehmen, bei der sie angefallen sind (vgl. § 9 Abs. 1 Satz 2 EStG, H 9.1 „Berufliche Veranlassung“/ „Zusammenhang mit dem Beruf“ LStH). I. R. der Steuerberaterprüfung empfiehlt es sich, eine Abgrenzung zu den Sonderausgaben, außergewöhnlichen Belastungen und den Kosten der privaten Lebensführung vorzunehmen, sofern eine Qualifizierung als Werbungskosten nicht eindeutig ist.

Einige typische Werbungskosten werden in § 9 Abs. 1 Satz 3 EStG enumerativ aufgelistet. Ein Teil dieser Aufwendungen kann i. R. der Einkünfte aus nichtselbständiger Tätigkeit anfallen.

44 Vgl. BMF, Schreiben vom 14. 10. 2015 - IV C 5 - S 2332/15/10001, a. a. O., Tz. 4 Buchst. a.
45 Vgl. BMF, Schreiben vom 14. 10. 2015 - IV C 5 - S 2332/15/10001, a. a. O., Tz. 5.
46 Vgl. BMF, Schreiben vom 14. 10. 2015 - IV C 5 - S 2332/15/10001, a. a. O., Tz. 8.
47 Vgl. BMF, Schreiben vom 14. 10. 2015 - IV C 5 - S 2332/15/10001, a. a. O., Tz. 7.

Übersicht Werbungskosten i. S. des § 9 Abs. 1 Satz 3 EStG	
Kurzerläuterung	**Fundstelle**
Schuldzinsen mit wirtschaftlichem Zusammenhang zur Einkunftsart	§ 9 Abs. 1 Satz 3 Nr. 1 EStG
Steuern vom Grundbesitz sowie Versicherungsbeiträge, welche dem Stpfl. zur Einnahmenerzielung dienen (z. B. Berufshaftpflichtversicherung)	§ 9 Abs. 1 Satz 3 Nr. 2 EStG
Beiträge zu Berufsständen	§ 9 Abs. 1 Satz 3 Nr. 3 EStG
Aufwendungen für Fahrten zwischen Wohnung und Arbeitsstätte	§ 9 Abs. 1 Satz 3 Nr. 4 EStG
Reisekosten (Fahrtkosten)	§ 9 Abs. 1 Satz 3 Nr. 4a EStG
doppelte Haushaltsführung	§ 9 Abs. 1 Satz 3 Nr. 5 EStG
Übernachtungskosten	§ 9 Abs. 1 Satz 3 Nr. 5a EStG
Aufwendungen für Arbeitsmittel (z. B. Werkzeuge und typische Berufsbekleidung)	§ 9 Abs. 1 Satz 3 Nr. 6 EStG
Absetzungen für Abnutzung (AfA)	§ 9 Abs. 1 Satz 3 Nr. 7 EStG (beachte § 6 Abs. 2 EStG)

Bei der Veranlagung werden grds. die tatsächlichen Werbungskosten berücksichtigt. Sofern keine oder niedrigere tatsächliche Werbungskosten bestehen, ist bei den Einkünften aus nichtselbständiger Tätigkeit i. S. des § 19 Abs. 1 Satz 1 Nr. 1 EStG ein **Arbeitnehmerpauschbetrag** i. H. von 1.000 € von den Einnahmen abzuziehen (vgl. § 9a Satz 1 Nr. 1 Buchst. a EStG). Der Arbeitnehmerpauschbetrag darf gem. § 9a Satz 2 EStG nicht zu negativen Einkünften führen.

3.3.2 Fahrten zwischen Wohnung und erster Tätigkeitsstätte

Aufwendungen für Fahrten zwischen Wohnung und erster Tätigkeitsstätte sind grds. als Werbungskosten zu berücksichtigen (vgl. § 9 Abs. 1 Satz 3 Nr. 4 EStG). Die maßgebenden Grundregeln für die Berechnung ergeben sich aus § 9 Abs. 1 Satz 3 Nr. 4 Satz 2 EStG. Demnach ist für jeden Arbeitstag, an dem der Arbeitnehmer die erste Tätigkeitsstätte aufsucht, eine Entfernungspauschale für jeden vollen Entfernungskilometer zwischen Wohnung und erster Tätigkeitsstätte i. H. von 0,30 € anzusetzen. Dabei ist zu beachten, dass die Entfernungspauschale auf 4.500 € jährlich begrenzt ist, sofern kein Kfz benutzt wird. Bis zur Grenze von 4.500 € wird die Entfernungspauschale unabhängig von der Wahl des Verkehrsmittels gewährt.

Die **erste Tätigkeitsstätte** i. S. dieser Vorschrift ist in § 9 Abs. 4 EStG definiert. Der Legaldefinition folgend ist sie die ortsfeste betriebliche Einrichtung des Arbeitgebers, eines verbundenen Unternehmens oder eines vom Arbeitgeber bestimmten Dritten, welcher der Arbeitnehmer dauerhaft zugeordnet ist, wobei sich die Zuordnung grds. aus dienst- oder arbeitsrechtlichen Festlegungen ergibt (vgl. § 9 Abs. 4 Sätze 1 und 2 EStG). Eine dauerhafte Zuordnung ist gem. § 9 Abs. 4 Satz 3 EStG insbesondere anzunehmen, wenn der Arbeitnehmer unbefristet für die Dauer des Dienstverhältnisses oder für einen Zeitraum von mehr als 48 Monaten an einer solchen Tätigkeitsstätte tätig werden soll. Sofern es an einer dienst- oder arbeitsrechtlichen Festlegung für die Tätigkeitsstätte fehlt oder die Festlegung nicht eindeutig ist, ist die erste Tätigkeitsstätte die betriebliche Einrichtung, an der der Arbeitnehmer dauerhaft typischerweise arbeitstäglich tätig werden soll oder je Arbeitswoche zwei volle Arbeitstage bzw. mindestens ein Drittel seiner vereinbarten regelmäßigen Arbeitszeit tätig werden soll (vgl. § 9 Abs. 4 Satz 4 EStG). Für jedes Dienstverhältnis kann ein Arbeitnehmer nur eine erste Tätigkeitsstätte haben (vgl. § 9 Abs. 4 Satz 5 EStG).

Durch die **Entfernungspauschale** sind gem. § 9 Abs. 2 Satz 1 EStG grds. sämtliche Aufwendungen für die Fahrten zwischen Wohnung und erster Tätigkeitsstätte abgegolten. Aufwendungen für die Benutzung öffentlicher Verkehrsmittel können steuermindernd berücksichtigt werden, soweit sie den Betrag der Entfernungspauschale übersteigen und unterhalb der Grenze von 4.500 € liegen (vgl. § 9 Abs. 2 Satz 2 EStG).

HINWEIS

Besonderheiten ergeben sich, sofern der Arbeitnehmer ein betriebliches Kfz für die Fahrten zwischen Wohnung und erster Tätigkeitsstätte nutzen darf. In diesem Fall ist die Ermittlung eines Sachbezuges i. S. des § 8 Abs. 2 Satz 3 EStG zu prüfen (vgl. Kapitel IV.3.2.3.2).

3.3.3 Verweis auf andere Vorschriften

Es ist zu beachten, dass für die Werbungskosten auch Regelungen außerhalb des § 9 EStG zu beachten sind. In § 9 Abs. 5 EStG findet ein **Verweis** auf die Vorschriften des § 4 Abs. 5 Satz 1 Nummern 1 bis 5, 6b bis 8a, 10, 12 EStG sowie § 6 Abs. 1 Nr. 1a EStG statt. Über diesen Verweis finden damit auch Vorschriften aus dem Bereich der Gewinneinkünfte Anwendung.

BEISPIEL

Herr Max Meier (MM) muss im Jahr 2018 eine Geldbuße i. H. von 100 € bezahlen. Diese Geldbuße steht in unmittelbarem Zusammenhang mit den Einkünften aus nichtselbständiger Tätigkeit. Prüfen Sie, ob die Geldbuße als Werbungskosten berücksichtigt werden kann.

LÖSUNG

Die von MM in 2018 zu begleichende Geldbuße steht laut Aufgabe im Zusammenhang mit den Einkünften aus nichtselbständiger Tätigkeit. Zunächst ist festzustellen, dass keine nicht abzugsfähige Ausgabe i. S. des § 12 Nr. 4 EStG vorliegt, da die Geldbuße nicht in einem Strafverfahren festgesetzt wurde. Allerdings dürfen Geldbußen die Einkünfte aus nichtselbständiger Tätigkeit nicht mindern (vgl. § 9 Abs. 5 EStG i.V. mit § 4 Abs. 5 Satz 1 Nr. 8 EStG). Im Ergebnis kann die Geldbuße i. H. von 100 € nicht als Werbungskosten bei MM berücksichtigt werden.

3.4 Pauschalierung der Lohnsteuer

Steuerberaterprüfung 2010

Die Einkünfte aus nichtselbständiger Tätigkeit (§ 19 EStG) unterliegen grds. dem individuellen Lohnsteuerabzug (vgl. § 38 Abs. 1 EStG). Der Arbeitgeber hat die Lohnsteuer für Rechnung seines Arbeitnehmers einzubehalten (vgl. § 38 Abs. 1 Sätze 1 und 3 EStG, § 38 Abs. 3 Satz 1 EStG).

Vom individuellen Lohnsteuerabzug zu unterscheiden ist die **Pauschalierung** der Lohnsteuer mit einem **festen Pauschsteuersatz** oder einem **besonders ermittelten Pauschsteuersatz**. Als Vorschriften für die Pauschalierung der Lohnsteuer kommen die §§ 40, 40a und 40b EStG infrage. Darüber hinaus besteht für Sachzuwendungen die Möglichkeit der Pauschalierung der Lohnsteuer nach § 37b EStG.

Übersicht über ausgewählte Möglichkeiten der Pauschalierung der Lohnsteuer		
Norm	**Kurzerläuterung**	**Prozentsatz**
§ 37b EStG	Sachzuwendungen zusätzlich zum ohnehin geschuldeten Arbeitslohn; Geschenke an Personen, welche nicht Arbeitnehmer sind	30 %
§ 40 Abs. 1 EStG	sonstige Bezüge und Lohnsteuer-Nacherhebungen	besonderer Pauschsteuersatz
§ 40 Abs. 2 Satz 1 EStG	Erstattung von steuerpflichtigen Verpflegungsmehraufwendungen; verbilligte/ unentgeltliche Kantinenmahlzeiten oder Essenszuschüsse; Arbeitslohn aus Anlass von Betriebsveranstaltungen; verbilligte/ unentgeltliche Überlassung von Computern	25 %
§ 40 Abs. 2 Satz 2 EStG	unentgeltliche oder verbilligte Beförderung des Arbeitnehmers für Fahrten zwischen Wohnung und erster Tätigkeitsstätte sowie die Bezuschussung dieser Fahrten (maximal bis zur Höhe der sich nach § 9 Abs. 1 Satz 3 Nr. 4a Satz 3 EStG ergebenden Werbungskosten)	15 %
§ 40b Absätze 1 und 2 EStG	laufende Zuwendungen des Arbeitgebers aus einem stehenden Dienstverhältnis an einen Pensionsfonds, eine Pensionskasse oder eine Direktversicherung (vgl. § 19 Abs. 1 Satz 1 Nr. 3 EStG; ggf. § 3 Nr. 63 EStG)	20%
§ 40b Abs. 3 EStG	Gruppenunfallversicherung für mehrere Arbeitnehmer	20 %

BEISPIEL

Die Pauschalierung der Lohnsteuer auf Grundlage der §§ 40, 40b EStG wird in der Prüfungsaufgabe in Kapitel V.2.3 dargestellt.

3.5 Exkurs – Versorgungsbezüge

3.5.1 Definition der Versorgungsbezüge

Den Umfang, welche Einkünfte Versorgungsbezüge i. S. des Einkommensteuerrechts darstellen, regelt § 19 Abs. 2 Satz 2 EStG. Die Aufzählung in dieser Normierung ist abschließend. Die Vorschrift des § 19 Abs. 2 EStG steht im Bezug zu § 19 Abs. 1 Satz 1 Nr. 2 EStG. Während § 19 Abs. 1 Satz 1 Nr. 2 EStG eine Qualifizierung als Einkünfte aus nichtselbständiger Tätigkeit vornimmt, wird durch § 19 Abs. 2 EStG eine ergänzende Regelung zur Besteuerung dieser Einkünfte getroffen.

Übersicht Umfang der Versorgungsbezüge i. S. des § 19 Abs. 2 EStG

Kurzerläuterung	**Fundstelle**
Ruhegeld (entspricht einer Pension), Witwen- oder Waisengeld, Unterhaltsbeitrag oder ein gleichartiger Bezug ► aufgrund beamtenrechtlicher oder anderer gesetzlicher Vorschriften bzw. ► nach beamtenrechtlichen Grundsätzen von Körperschaften, Anstalten oder Stiftungen des öffentlichen Rechts oder öffentlich-rechtlichen Verbänden von Körperschaften	§ 19 Abs. 2 Satz 2 Nr. 1 EStG
in allen anderen Fällen: Bezüge und Vorteile aus früheren Dienstleistungen aufgrund des Erreichens einer Altersgrenze, verminderter Erwerbsfähigkeit oder Hinterbliebenenbezüge (entspricht einer sog. Werksrente/ Firmenrente) ► sofern der Stpfl. das 63. Lebensjahr vollendet hat oder ► beim Vorliegen einer Schwerbehinderung das 60. Lebensjahr vollendet hat	§ 19 Abs. 2 Satz 2 Nr. 2 EStG

Der Begriff des Versorgungsbezuges ist **negativ abzugrenzen** von einer Rente aus der gesetzlichen Rentenversicherung, da das Anrecht auf eine Zahlung von Arbeitgeber- und Arbeitnehmeranteilen an der Gesamtsozialversicherung erworben wurde. Rentenbezüge aus der gesetzlichen Rentenversicherung fallen unter den Tatbestand der sonstigen Einkünfte (vgl. § 22 Nr. 1 Satz 3 Buchst. a Doppelbuchst. aa EStG; siehe auch Kapitel IV.6.1.1).

HINWEIS

Die einkommensteuerrechtliche Behandlung von Versorgungsaufwendungen und Altersbezügen wird umfassend durch das BMF-Schreiben vom 19. 8. 2013 dargestellt (abgedruckt im Anhang 3 II LStHB).[48]

3.5.2 Der Versorgungsfreibetrag

Im Ergebnis zielt die inhaltliche Regelung des § 19 Abs. 2 EStG auf die Gewährung eines sog. Versorgungsfreibetrages ab. Durch diesen Freibetrag werden die Versorgungsbezüge nicht in vollem Umfang der Besteuerung unterworfen, sondern zumindest im Hinblick auf die Einkommensteuer **partiell steuerfrei** gestellt. Die Ermittlung des Versorgungsfreibetrages ist abhängig von zwei Parametern, zum einen von einem bestimmten Prozentsatz der Versorgungsbezüge unter Beachtung des Höchstbetrages und zum anderen durch den Zuschlag zum Versorgungsfreibetrag. Die Ermittlung des maßgebenden Prozentsatzes, des Höchstbetrages des Versorgungsfreibetrages sowie des Zuschlags zum Versorgungsfreibetrag ergibt sich aus § 19 Abs. 2 Satz 3 EStG und der darauffolgenden Tabelle.

HINWEIS

Sofern Versorgungsbezüge Gegenstand der Steuerberaterprüfung sind, ist insbesondere darauf zu achten, dass der Versorgungsfreibetrag sowie der Zuschlag aus der Perspektive des Jahres des Beginns der Versorgungsbezüge zu prüfen ist und nicht aus der Sicht des innerhalb der Prüfung zu besprechenden Veranlagungszeitraums.

48 Vgl. BMF, Schreiben vom 19. 8. 2013 - IV C 5-S 2345/08/0001 - 2013/0760735, BStBl I S. 1087; zuletzt geändert durch das BMF, Schreiben vom 24. 5. 2017, BStBl I S. 820.

Die **Bemessungsgrundlage für den Versorgungsfreibetrag** ergibt sich aus § 19 Abs. 2 Satz 4 EStG. Liegt der Versorgungsbeginn vor dem Jahr 2005, so ist die Bemessungsgrundlage das Zwölffache des Versorgungsbezuges für den Januar 2005. Bei einem Versorgungsbeginn ab dem Jahr 2005 bildet die Bemessungsgrundlage das Zwölffache des Versorgungsbezuges für den ersten vollen Monat.

HINWEIS

Regelmäßige Anpassungen der Versorgungsbezüge, die mit einer Anpassung des laufenden Gehalts verglichen werden können, bilden nicht die Grundlage für eine Neuberechnung des Versorgungsfreibetrages (vgl. § 19 Abs. 2 Satz 9 EStG). Bei dem Versorgungsfreibetrag handelt es sich gem. § 19 Abs. 2 Satz 8 EStG vielmehr um einen festgeschriebenen Freibetrag (= sog. „**Kohortenprinzip**"). In der Folge unterliegt die Erhöhung der Einnahmen in vollem Umfang der Besteuerung. Eine Neuberechnung des Versorgungsfreibetrages findet ausnahmsweise in den Fällen des § 19 Abs. 2 Sätze 10 und 11 EStG statt.

Der **Zuschlag zum Versorgungsfreibetrag** ist der Höhe nach aufgrund von § 19 Abs. 2 Satz 5 EStG begrenzt. Eine Berücksichtigung des Zuschlages kann nur bis zur Höhe der um den Versorgungsfreibetrag geminderten Bemessungsgrundlage stattfinden. In der Folge können aufgrund der Gewährung des Zuschlages zum Versorgungsfreibetrag keine negativen Einkünfte erzielt werden. Der Zuschlag zum Versorgungsfreibetrag ist zeitanteilig (monatlich) zu berechnen (vgl. § 19 Abs. 2 Satz 12 EStG).

Eine beispielhafte Ermittlung des Versorgungsfreibetrages ergibt sich aus **H 19.8 „Versorgungsfreibetrag" LStH**.

3.5.3 Werbungskosten

Für Versorgungsbezüge i. S. des § 19 Abs. 2 EStG wird grds. ein **Pauschbetrag** i. H. von **102 €** gewährt, sofern keine tatsächlichen höheren Werbungskosten nachgewiesen werden, wobei eine zeitanteilige Aufteilung unterbleibt (vgl. § 9a Satz 1 Nr. 1 Buchst. b EStG).

Dieser Pauschbetrag kann neben dem Arbeitnehmerpauschbetrag i. S. des § 9a Satz 1 Nr. 1 Buchst. a EStG gewährt werden, sofern der Stpfl. in einem Veranlagungszeitraum sowohl laufende Einkünfte aus nichtselbständiger Arbeit, als auch Versorgungsbezüge erzielt.

4. Einkünfte aus Kapitalvermögen

Aus der Tabelle in Kapitel I.3 ergibt sich, dass die Einkünfte aus Kapitalvermögen in den Jahren 2006 bis 2014 siebenmal Gegenstand der Steuerberaterprüfung waren.

4.1 Allgemeines

In § 20 EStG werden Kapitaleinkünfte erfasst, die aus einer Quelle des steuerlichen Privatvermögens resultieren. In dieser Normierung wird strikt zwischen der Erzielung von laufenden Einkünften (§ 20 Abs. 1 EStG) und der Veräußerung der Einkunftsquelle (§ 20 Abs. 2 EStG) getrennt. In einem ersten Schritt bei der Bearbeitung der Steuerberaterprüfung empfiehlt es sich daher zu prüfen, ob Kapitaleinkünfte im Bereich des Privatvermögens oder des Betriebsvermögens vorliegen und ob es sich um laufende Einkünfte oder eine Veräußerung handelt. Handelt es sich um eine Veräußerung, so ist für die Gewinnermittlung § 20 Abs. 4 EStG zu beachten. Demnach ist der Gewinn grds. der Unterschied zwischen den Einnahmen aufgrund der Veräußerung abzgl. der Aufwendungen, welche im Zusammenhang mit der Veräußerung entstanden sind (= Veräußerungskosten) sowie den Anschaffungskosten.

Übersicht über wichtige Tatbestände des § 20 EStG	
Fundstelle	**laufende Einkünfte**
§ 20 Abs. 1 Nr. 1 EStG	offene und verdeckte Gewinnausschüttungen, soweit es sich nicht um Beträge aus einem steuerlichen Einlagekonto i. S. des § 27 KStG handelt
§ 20 Abs. 1 Nr. 2 EStG	Bezüge, die nach der Auflösung einer Körperschaft i. S. des § 20 Abs. 1 Nr. 1 EStG anfallen und keine Rückzahlung des Nennkapitals darstellen
§ 20 Abs. 1 Nr. 4 EStG	Einnahmen aus einer stillen Beteiligung
§ 20 Abs. 1 Nr. 7 EStG	Erträge aus sonstigen Kapitalforderungen (z. B. Zinsen)

Fundstelle	Veräußerung
§ 20 Abs. 2 Nr. 1 EStG	Veräußerung von Anteilen an einer Körperschaft i. S. des § 20 Abs. 1 Nr. 1 EStG
§ 20 Abs. 2 Nr. 4 EStG	Veräußerung einer stillen Beteiligung i. S. des § 20 Abs. 1 Nr. 4 EStG
§ 20 Abs. 2 Nr. 7 EStG	Veräußerung einer sonstigen Kapitalforderung i. S. des § 20 Abs. 1 Nr. 7 EStG

BEISPIEL

Zinseinkünfte i. S. des § 20 Abs. 1 Nr. 7 EStG sind Bestandteil der in der Fallbearbeitung dargestellten Prüfungsaufgabe im Kapitel V.2.2.3.

Ab dem Veranlagungszeitraum 2009 findet grds. die **Abgeltungsbesteuerung (besonderer Steuersatz 25 %)** Anwendung.[49] Der gesonderte Steuertarif für Einkünfte aus Kapitalvermögen wird durch § 32d Abs. 1 EStG geregelt. Besonderheit bei der Anwendung des gesonderten Steuertarifs ist, dass keine tatsächlichen Werbungskosten berücksichtigt werden können, sondern der **Sparerpauschbetrag** i. S. des § 20 Abs. 9 EStG Anwendung findet, sofern die Einkünfte i. R. des Veranlagungsverfahrens zu berücksichtigen sind (vgl. § 2 Abs. 2 Satz 2 EStG). Der Sparerpauschbetrag beträgt grds. **801 €** und verdoppelt sich für Ehegatten auf **1.602 €** (vgl. § 20 Abs. 9 Sätze 1 und 2 EStG). Grundsätzlich ist der Sparerpauschbetrag bei der Ermittlung der Einkünfte bei jedem Ehegatten je hälftig abzuziehen (vgl. § 20 Abs. 9 Satz 3 Halbsatz 1 EStG). Dies gilt nicht, sofern die Kapitalerträge eines Ehegatten unterhalb von 801 € liegen. Übersteigen die Kapitalerträge des anderen Ehegatten gleichzeitig 801 €, so kann der nicht genutzte Pauschbetrag des einen Ehegatten bei dem anderen Ehegatten berücksichtigt werden (vgl. § 20 Abs. 9 Satz 3 Halbsatz 2 EStG).

HINWEIS

Einzelfragen zur Abgeltungssteuer werden im BMF-Schreiben vom 18. 1. 2016 (abgedruckt im Anhang 19 II EStHB) ausführlich dargestellt.[50]

Für eine Vielzahl an Kapitalerträgen ist bei der Auszahlung unter Beachtung der §§ 43 ff. EStG Kapitalertragsteuer einzubehalten. Die Kapitalertragsteuer beträgt gem. § 43a Abs. 1 Satz 1 Nr. 1 EStG 25 %. Eine weitere Verpflichtung zur Einbehaltung des Solidaritätszuschlages i. H. von 5,5 % ergibt sich aus den §§ 3, 4 SolZG. Die Kapitalertragsteuer ist auf die Einkommensteuer **anrechenbar**, soweit die Abgeltungsbesteuerung keine Anwendung findet (vgl. § 36 Abs. 2 Nr. 2 EStG). Dies gilt analog für den Solidaritätszuschlag gem. § 51a Abs. 1 EStG. Für Einkünfte aus Kapitalvermögen i. S. des § 20 EStG ist die Einkommensteuer **abgegolten**, soweit der Steuerabzug zutreffend erfolgt ist (vgl. § 43 Abs. 5 EStG). Sofern § 32d Abs. 1 EStG oder § 43 Abs. 5 EStG Anwendung findet, werden diese Einkünfte **nicht** i. R. des Gesamtbetrags der Einkünfte (§ 2 Abs. 3 EStG) erfasst (vgl. § 2 Abs. 5b EStG).

Grundaussagen „Checkliste"	
Kurzerläuterung	**Fundstelle**
Es liegen Einkünfte aus Kapitalvermögen vor.	§ 20 Abs. [...] EStG
Diese Einkünfte unterliegen der Besteuerung.	§ 2 Abs. 1 Satz 1 Nr. 5 EStG
Es handelt sich um Überschusseinkünfte.	§ 2 Abs. 2 Satz 1 Nr. 2 EStG (§§ 8, 9 EStG)
Die Werbungskosten sind der Sparerpauschbetrag.	§ 2 Abs. 2 Satz 2 EStG, § 20 Abs. 9 EStG
Der Ermittlungszeitraum ist das Kalenderjahr.	§ 2 Abs. 7 Sätze 1 und 2 EStG
Es gilt das Zu- und Abflussprinzip.	§ 11 EStG

Wurde kein Kapitalertragsteuerabzug vorgenommen, sind die Einkünfte i. R. der Einkommensteuererklärung gem. **§ 32d Abs. 3 EStG** anzugeben. Darüber hinaus können auch Kapitaleinkünfte, die der Kapitalertragsteuer unterlegen haben und für die § 43 Abs. 5 EStG Anwendung

49 Vgl. Unternehmensteuerreformgesetz 2008 vom 14. 8. 2007, BGBl I 2007 S. 1912.

50 Vgl. BMF, Schreiben vom 18. 1. 2016 - IV C 1 - S 2252/08/10004 : 017 - 2015/0468306, BStBl I S. 85; zuletzt geändert durch das BMF, Schreiben vom 19. 12. 2017 - IV C 1 - S 2405/0 : 008 - 2017/1052655, BStBl 2018 I S. 52.

findet, auf Antrag in die Veranlagung mit einbezogen werden (vgl. **§ 32d Abs. 4 EStG**). Dies kann für einen Stpfl. unter anderem dann sinnvoll sein, sofern der Sparerpauschbetrag i. S. des § 20 Abs. 9 EStG bisher nicht voll ausgeschöpft war oder Verluste berücksichtigt werden können.

Sofern die Einnahmen aus Kapitalvermögen einer anderen Einkunftsart zuzurechnen sind, wird der gesonderte Steuertarif nicht angewandt. Die Einkünfte aus Kapitalvermögen i. S. des § 20 EStG sind damit subsidiär gegenüber anderen Einkunftsarten (vgl. § 20 Abs. 8 EStG). Diese **Subsidiaritätsklausel** ist unter anderem dann von Bedeutung, wenn Kapitaleinkünfte der Sphäre des Betriebsvermögens zuzuordnen sind.

Weiterhin wird der gesonderte Steuertarif nicht angewandt, sofern der Stpfl. einen Antrag auf **Günstigerprüfung** gestellt hat und dieser Antrag zu einer niedrigeren Einkommensteuer einschließlich Zuschlagsteuern führt (vgl. § 32d Abs. 6 EStG). Sofern dieser Antrag zulässig gestellt wurde und die Voraussetzungen vorliegen, werden die Kapitaleinkünfte nach den allgemeinen Tarifregelungen besteuert.

4.2 Verlustberücksichtigung

Nach dem System der Abgeltungsbesteuerung unterliegen die Kapitalerträge i. S. des § 20 EStG grds. einer anderen Besteuerung als die übrigen Einkünfte. Dieser Trennung systematisch folgend verbietet § 20 Abs. 6 Satz 2 EStG den **vertikalen Verlustausgleich** mit anderen Einkünften.

Weiterhin wird in § 20 Abs. 6 Satz 4 EStG eine weitere Verlustbeschränkung für Verluste aus Kapitalvermögen aus der **Veräußerung von Aktien** festgelegt. Verluste aus dieser Einkunftsart dürfen nur mit anderen Verlusten aus der Veräußerung von Aktien verrechnet werden.

Verluste aus Kapitalvermögen, die der Kapitalertragsteuer unterliegen, dürfen nur mit Gewinnen aus Einkünften aus Kapitalvermögen verrechnet werden, sofern eine **Bescheinigung** der auszahlenden Stelle über den nicht ausgeglichenen Verlust vorliegt (vgl. § 20 Abs. 6 Satz 5 EStG). Die Bescheinigung muss dabei nach amtlich vorgeschriebenem Muster gem. § 43a Abs. 3 Sätze 4 und 5 EStG durch die auszahlende Stelle ausgestellt werden.

4.3 Ausnahmen vom gesonderten Steuertarif

Der gesonderte Steuertarif findet keine Anwendung, sofern die Subsidiaritätsklausel des § 20 Abs. 8 EStG Anwendung findet oder die Günstigerprüfung i. S. des § 32 Abs. 6 EStG zu einer niedrigeren Einkommensteuer einschließlich Zuschlagsteuern führt (vgl. Kapitel IV.4.1). Darüber hinaus wird in § 32d Abs. 2 EStG eine abschließende Aufzählung von weiteren Tatbeständen vorgenommen, in welchen § 32d Abs. 1 EStG keine Anwendung findet.

4.3.1 § 32d Abs. 2 Nr. 1 EStG

Eingangsvoraussetzung für die Anwendung des § 32d Abs. 2 Nr. 1 EStG ist, dass Kapitalerträge i. S. des § 20 Abs. 1 Nummern 4 oder 7 EStG bzw. § 20 Abs. 2 Satz 1 Nummern 4 oder 7 EStG vorliegen. Demnach werden von dieser Normierung sonstige Kapitalforderungen sowie stille Beteiligungen erfasst. Unter weiteren verschiedenen Voraussetzungen, die in den einzelnen Buchstaben der Nummer 1 aufgeführt werden, ist der gesonderte Steuertarif des § 32d Abs. 1 EStG nicht anzuwenden. Darüber hinaus findet in diesen Fällen auch § 20 Abs. 6 und 9 EStG keine Anwendung (vgl. § 32d Abs. 2 Satz 2 EStG).

Für § 32d Abs. 2 Nr. 1 Buchstaben a und b EStG ist der Begriff der **„nahestehenden Person"** relevant. Das Verhältnis von nahestehenden Personen i. S. dieser Normen liegt vor, wenn die Person auf den Stpfl. einen beherrschenden Einfluss ausüben kann und umgekehrt oder eine dritte Person einen beherrschenden Einfluss auf beide Personen ausüben kann (= **Beherrschungsverhältnis**). Ein Beherrschungsverhältnis in diesem Sinne liegt vor, wenn der beherrschten Person i. R. eines absoluten Abhängigkeitsverhältnisses kein eigener Entscheidungsspielraum verbleibt. Das Abhängigkeitsverhältnis kann sowohl wirtschaftlicher als auch persönlicher Natur sein.[51]

HINWEIS

Eine mögliche Fehlerquelle i. R. der Bearbeitung einer Prüfungsaufgabe stellt die Hürde der Unterscheidung einer nahestehenden Person i. S. des § 32d Abs. 2 Nr. 1 Buchstaben a und b EStG und des § 15 AO dar. Handelt es sich beispielsweise um ein Darlehensverhältnis zwischen Ehegatten, welche nahestehende Personen i. S. des § 15 AO sind, und liegen keine Anhaltspunkte für ein Beherrschungsverhältnis vor, empfiehlt sich eine Negativabgrenzung des § 32d Abs. 2 Nr. 1 Buchst. a EStG.

4.3.1.1 § 32d Abs. 2 Nr. 1 Buchst. a EStG

Steuerberaterprüfung 2010

Voraussetzungen für die Anwendung von § 32d Abs. 2 Nr. 1 Buchst. a EStG sind, dass Gläubiger und Schuldner nahestehende Personen i. S. dieser Vorschrift sind und die den Kapitalerträgen entsprechenden Aufwendungen beim Schuldner Betriebsausgaben oder Werbungskosten darstellen. Die Betriebsausgaben oder Werbungskosten müssen dabei im Zusammenhang mit inländischen Einkünften stehen und es darf nicht die Beschränkung des § 20 Abs. 9 Satz 1 Halbsatz 2 EStG auf diese anzuwenden sein.

BEISPIEL

Grundfall

Manfred Müller (MM) und Lisa Müller (LM) sind seit dem Jahr 2015 verheiratet. LM betreibt ein gewerbliches Unternehmen und möchte im Jahr 2018 für den Fuhrpark ihres Unternehmens ein neues Kfz anschaffen. Aus diesem Grund gewährt MM seiner Frau LM aus seinem Privatvermögen zum 1. 1. 2018 ein Darlehen i. H. von 50.000 € zu einem fremdüblichen Zinssatz von 5 %. LM zahlt die für das Jahr 2018 entstandenen Zinsen i. H. von 2.500 € pünktlich am 31. 12. 2018. Zu prüfen ist, ob die von MM erzielten Zinserträge dem gesonderten Steuertarif i. S. des § 32d Abs. 1 EStG unterliegen.

LÖSUNG

Der Darlehensvertrag zwischen MM und LM ist steuerlich anzuerkennen, da der Darlehensvertrag zivilrechtlich wirksam geschlossen worden ist und tatsächlich wie vereinbart durchgeführt wird. Darüber hinaus ergibt sich aus dem Sachverhalt kein Zweifel daran, dass der Vertragsinhalt sowie die Durchführung dem Fremdvergleich standhalten (H 4.8 „Darlehensverhältnis zwischen Angehörigen" EStH).[52] Aus der Perspektive von LM stellt das gewährte Darlehen eine Betriebsschuld dar (vgl. H 4.2 Abs. 15 „Betriebsschuld" EStH). Die Zinsen sind bei LM in voller Höhe Betriebsausgaben i. S. des § 4 Abs. 4 EStG.

Aus Sicht von MM liegt eine sonstige Kapitalforderung i. S. des § 20 Abs. 1 Nr. 7 EStG vor. Auf die Erträge aus dieser Forderung findet grds. die Abgeltungsbesteuerung gem. § 32d Abs. 1 EStG Anwendung. Die Ausnahme von der Abgeltungsbesteuerung nach § 32d Abs. 2 Nr. 1 Buchst. a EStG findet im vorliegenden Fall keine Anwendung, da laut Sachverhalt kein Abhängigkeitsverhältnis wirtschaftlicher oder persönlicher Natur zwischen den beiden Ehegatten vorliegt. Damit sind die Voraussetzungen für nahestehende Personen i. S. des § 32d Abs. 2 Nr. 1 Buchst. a EStG nicht erfüllt. In der Folge findet die Abgeltungsbesteuerung auf die Kapitalerträge des Ehemannes Anwendung und als Werbungskosten gilt der Sparerpauschbetrag gem. § 20 Abs. 9 EStG.

BEISPIEL

Abwandlung

Der Sachverhalt deckt sich mit dem des Grundfalls. Ergänzend ist hinzuzufügen, dass das Darlehen vom Ehemann an seine Frau LM gewährt wurde, da diese bei einer Bank aufgrund der aktuellen wirtschaftlichen Lage des Unternehmens kein Darlehen erhalten hätte. LM hatte damit bei der Darlehensaufnahme keinen Handlungsspielraum.

LÖSUNG

Abweichend vom Grundfall kommt in dieser Abwandlung die Abgeltungsbesteuerung nicht zur Anwendung, da die Voraussetzungen für die Ausnahme i. S. des § 32d Abs. 2 Nr. 1 Buchst. a EStG erfüllt sind. Grund dafür ist das Abhängigkeitsverhältnis wirtschaftlicher Natur zwischen den beiden Vertragspartnern. Die Zinseinkünfte von MM unterliegen damit der tariflichen Besteuerung. Der Sparerpauschbetrag findet keine Anwendung und MM kann die tatsächlichen Aufwendungen als Werbungskosten geltend machen. Für LM ergibt sich aus dieser Abwandlung keine Änderung.

4.3.1.2 § 32d Abs. 2 Nr. 1 Buchst. b EStG

Gem. § 32d Abs. 2 Nr. 1 Buchst. b EStG kommt die Abgeltungsbesteuerung nicht zur Anwendung, sofern eine Kapitalgesellschaft an ihren Gesellschafter Zinsen für ein Darlehen bezahlt

51 Vgl. BMF, Schreiben vom 18. 1. 2016 - IV C 1 - S 2252/08/10004 :017 - 2015/0468306, a. a. O., Tz. 136.

52 Vgl. BMF, Schreiben vom 23. 12. 2010 - IV C 6 - S 2144/07/10004 - 2010/0862046, BStBl 2011 I S. 37; zuletzt geändert durch das BMF, Schreiben vom 29. 4. 2014, BStBl I S, 809, Tz. 2.

und der Anteilseigner zu mindestens 10 % an der Kapitalgesellschaft beteiligt ist. Dies gilt analog für Erträge aus stillen Beteiligungen.

HINWEIS

Im Zusammenhang mit der Prüfung dieser Vorschrift ist zu beachten, dass für die Berechnung der 10 %-igen Beteiligungsgrenze **ausschließlich unmittelbare Beteiligungen** zu berücksichtigen sind.[53] Dies hat der BFH mit Urteil vom 20. 10. 2016 entschieden.[54] Bis dahin ist das zitierte BMF-Schreiben (Anhang 19 II EStHB, Tz. 137) davon ausgegangen, dass sowohl unmittelbare als auch mittelbare Beteiligungen in die Berechnung einzubeziehen sind.

4.3.1.3 § 32d Abs. 2 Nr. 1 Buchst. c EStG

Bei der Normierung des § 32d Abs. 2 Nr. 1 Buchst. c EStG handelt es sich um die sog. **„back-to-back Finanzierung"**. Aufgrund der komplexen und komplizierten Struktur der Norm sollte diese Konstellation nicht Gegenstand der Steuerberaterprüfung sein. Einen guten Einstieg in die Thematik der „back to back" Finanzierung bietet der Bericht des Finanzausschusses (7. Ausschuss) vom 8. 11. 2007.[55]

4.3.2 § 32d Abs. 2 Nr. 2 EStG

Für Bezüge gem. § 20 Abs. 1 Nr. 6 Satz 2 EStG findet die Abgeltungsbesteuerung aufgrund der Ausnahmeregelung des § 32d Abs. 2 Nr. 2 EStG keine Anwendung.

Vom Tatbestand des § 20 Abs. 1 Nr. 6 EStG werden Erträge aus dem Unterschiedsbetrag zwischen einer Versicherungsleistung und der auf sie entrichteten Beiträge erfasst, sofern nicht eine lebenslange Rentenzahlung bei Rentenversicherungen mit Kapitalwahlrecht gewählt wird. Darüber hinaus werden von dieser Normierung auch Erträge aus Kapitalversicherungen mit Sparanteil erfasst, deren Vertrag nach dem 31. 12. 2004 abgeschlossen worden ist. Für den Sonderfall, dass die Versicherungsleistung nach Vollendung des 60. Lebensjahres des Stpfl. und nach Ablauf von 12 Jahren seit dem Vertragsabschluss ausgezahlt wird, ist die Hälfte des Unterschiedsbetrages anzusetzen (vgl. § 20 Abs. 1 Nr. 6 Satz 2 EStG). Für diesen Sonderfall findet die Abgeltungsbesteuerung aufgrund von § 32d Abs. 2 Nr. 2 EStG keine Anwendung.

4.3.3 § 32d Abs. 2 Nr. 3 EStG

Steuerberaterprüfung 2007

Die Regelung des § 32d Abs. 2 Nr. 3 EStG eignet sich als Prüfungsfall und war bereits Gegenstand einer Steuerberaterprüfung. Sie findet unter den weiteren Voraussetzungen für Kapitalerträge i. S. des § 20 Abs. 1 Nummern 1 und 2 EStG aus einer Beteiligung an einer Kapitalgesellschaft Anwendung. Zwingende Voraussetzung für die Anwendung ist, dass die im folgenden dargestellten Voraussetzungen erfüllt sind und der Stpfl. einen **Antrag** auf Anwendung des § 32d Abs. 2 Nr. 3 EStG gestellt hat. Es handelt sich im Ergebnis bei dieser Normierung um eine **Optionsmöglichkeit** des Stpfl., da ohne Antrag – auch bei Vorliegen der Voraussetzungen – grds. die Abgeltungsbesteuerung Anwendung findet.

Neben dem Vorliegen von Kapitalerträgen i. S. des § 20 Abs. 1 Nummern 1 und 2 EStG muss eine der beiden weiteren Voraussetzungen vorliegen. Die weiterführenden Voraussetzungen sind durch § 32d Abs. 2 Nr. 3 Buchstaben a und b EStG normiert. Zum einen kann der Stpfl. zu mindestens 25 % unmittelbar oder mittelbar an der Kapitalgesellschaft beteiligt sein (vgl. § 32d Abs. 2 Nr. 3 Buchst. a EStG). Zum anderen kann der Stpfl. lediglich zu mindestens 1 % an der Kapitalgesellschaft beteiligt sein, wenn er für diese Kapitalgesellschaft eine berufliche Tätigkeit mit maßgeblichem unternehmerischen Einfluss auf deren wirtschaftliche Tätigkeit ausübt (vgl. § 32d Abs. 2 Nr. 3 Buchst. b EStG). Unerheblich ist, ob die berufliche Tätigkeit eine gewerbliche, freiberufliche oder nichtselbständige Tätigkeit i. S. des EStG ist.[56] Ausreichend für einen erfolgreichen Antrag ist die Erfüllung einer der beiden Alternativen.

53 Vgl. BMF, Schreiben vom 18. 1. 2016 - IV C 1 - S 2252/08/10004 :017 - 2015/0468306, a. a. O., Tz. 137.
54 Vgl. BFH, Urteil vom 20. 10. 2016 - VIII R 27/15, BStBl 2017 II S. 441.
55 Vgl. Bt-Drs. 16/7036 vom 8. 11. 2007, S. 13 bis 14.
56 Vgl. BMF, Schreiben vom 18. 1. 2016 - IV C 1 - S 2252/08/10004 :017 - 2015/0468306, a. a. O., Tz. 138.

HINWEIS

Die notwendige Beteiligungsquote des § 32d Abs. 2 Nr. 3 Buchst. a oder b EStG muss zu irgendeinem Zeitpunkt im Veranlagungszeitraum, für welchen der Antrag gestellt wird, vorliegen. Der Antrag ist spätestens mit der Abgabe der erstmaligen Einkommensteuererklärung für den jeweiligen Veranlagungszeitraum zu stellen. Es handelt sich bei dieser Antragsfrist um eine **Ausschlussfrist**, bei der es auf die erstmalige Abgabe der Steuererklärung für das jeweilige Jahr ankommt.[57]

Liegen die Voraussetzungen des § 32d Abs. 2 Nr. 3 EStG vor und stellt der Stpfl. einen entsprechenden Antrag, ist § 3 Nr. 40 EStG (= **Teileinkünfteverfahren**) einschlägig. Gleichzeitig finden der Sparerpauschbetrag (§ 20 Abs. 9 EStG) sowie § 20 Abs. 6 EStG keine Anwendung (vgl. § 32d Abs. 2 Nr. 3 Satz 2 EStG).

BEISPIEL

Herr Armin Albrecht (AA) ist zu 50 % an der Albrecht & Partner GmbH (GmbH) beteiligt. Im Veranlagungszeitraum 2018 erhält er auf Grundlage eines Gesellschafterbeschlusses eine offene Gewinnausschüttung für das Jahr 2017 i. H. von 40.000 €. Die Beteiligung an dieser Kapitalgesellschaft hält AA zutreffend im Privatvermögen. Für die fremdfinanzierte Beteiligung sind ihm im Veranlagungszeitraum 2018 unstreitig Aufwendungen i. H. von 5.000 € entstanden. Sofern möglich, möchte AA die Abgeltungsbesteuerung vermeiden. Ein entsprechender Antrag liegt dem zuständigen Finanzamt vor.

LÖSUNG

AA erzielt im Jahr 2018 Einkünfte i. S. des § 20 Abs. 1 Nr. 1 EStG i. H. von 40.000 € aus einer offenen Gewinnausschüttung der GmbH. Für diese Einkünfte findet grds. die Abgeltungsbesteuerung des § 32d Abs. 1 EStG Anwendung. Laut Sachverhalt hat AA einen Antrag i. S. des § 32d Abs. 2 Nr. 3 EStG gestellt. Da er zu mindestens 25 % an der Kapitalgesellschaft beteiligt ist, konnte er diesen Antrag wirksam stellen und die Optionsmöglichkeit zur Vermeidung der Abgeltungsbesteuerung ausüben (vgl. § 32d Abs. 2 Nr. 3 Buchst. a EStG). Unbeachtlich ist aufgrund der Beteiligungshöhe, ob AA für die Kapitalgesellschaft beruflich tätig ist. Im Ergebnis wird die offene Gewinnausschüttung dem Teileinkünfteverfahren unterworfen (vgl. § 3 Nr. 40 Buchst. d EStG). Steuerpflichtig sind 60 % der Einnahmen, mithin 24.000 €. Die Aufwendungen im Zusammenhang mit diesem Ertrag i. H. von 5.000 € können zu 60 %, also mit 3.000 €, steuermindernd geltend gemacht werden (vgl. § 3c Abs. 2 EStG). Insgesamt ergeben sich steuerpflichtige Einkünfte i. H. von 21.000 €. Bei einem unterstellten persönlichen Steuersatz i. S. des § 32a EStG i. H. von 45 % ergäbe sich eine Einkommensteuer i. H. von 9.450 €.

Vergleich Abgeltungsbesteuerung:

Hätte AA keinen Antrag i. S. des § 32d Abs. 2 Nummer 3 EStG gestellt, hätte die Abgeltungsbesteuerung Anwendung gefunden. Insofern hätten sich nach Abzug des Sparerpauschbetrages i. S. des § 20 Abs. 9 EStG steuerpflichtige Einkünfte i. H. von 39.199 € ergeben. Durch die Anwendung des gesonderten Steuersatzes ergäbe sich eine Einkommensteuer i. H. von rund 9.800 €. Im Ergebnis würde für AA die Abgeltungsbesteuerung zu einer höheren Steuerbelastung führen.

4.3.4 § 32d Abs. 2 Nr. 4 EStG

Die Abgeltungsbesteuerung findet **keine** Anwendung auf Kapitalerträge i. S. des § 20 Abs. 1 Nr. 1 EStG sowie § 20 Abs. 1 Nr. 9 EStG, soweit diese das Einkommen der leistenden Kapitalgesellschaft gemindert haben (vgl. § 32d Abs. 2 Nr. 4 Halbsatz 1 EStG). Dies gilt nicht, sofern eine verdeckte Gewinnausschüttung (§ 20 Abs. 1 Nr. 1 Satz 2 EStG) das Einkommen einer dem Stpfl. nahestehenden Person erhöht hat und gleichzeitig § 32a KStG auf die Veranlagung dieser nahestehenden Person nicht anzuwenden ist (vgl. § 32d Abs. 2 Nr. 4 Halbsatz 2 EStG).

Diese Normierung sollte immer dann geprüft werden, sofern der Sachverhalt ergibt, dass der Stpfl. eine offene oder verdeckte Gewinnausschüttung aufgrund einer Beteiligung an einer Kapitalgesellschaft erhalten hat und sich die **Gewinnausschüttung auf das Einkommen der Kapitalgesellschaft ausgewirkt** hat.

5. Einkünfte aus Vermietung und Verpachtung

Die Einkünfte aus Vermietung und Verpachtung waren Bestandteil in sieben der gesichteten Steuerberaterprüfungen (Jahre 2006 bis 2014). I. R. der Vorbereitung auf die Steuerberaterprüfung sollte auf den Tatbestand des § 21 Abs. 1 Satz 1 Nr. 1 EStG ein besonderes Augenmerk gelegt werden.

57 Vgl. BMF, Schreiben vom 18. 1. 2016 - IV C 1 - S 2252/08/10004 :017 - 2015/0468306, a. a. O., Tz. 139 bis 141.

5.1 Allgemeines

Die Tatbestände der Einkünfte aus Vermietung und Verpachtung sind in § 21 Abs. 1 Nummern 1 bis 4 EStG enumerativ abschließend aufgezählt. Es handelt sich dabei um eine **abschließende Aufzählung**, wobei § 21 Abs. 1 Satz 1 Nr. 1 EStG den wichtigsten Tatbestand in den bisherigen Prüfungen im Bereich der Einkünfte aus Vermietung und Verpachtung bildete.

Eine **Eigennutzung** von relevanten Wirtschaftsgütern i. S. des § 21 EStG ist nicht Gegenstand des Bereichs der Einkünfteerzielung und fällt unter die Kosten der privaten Lebensführung (vgl. § 12 Nr. 1 EStG).

Übersicht über die Tatbestände des § 21 Abs. 1 EStG	
Fundstelle	**Kurzerläuterung Einkünfte**
§ 21 Abs. 1 Satz 1 Nr. 1 EStG	Vermietung und Verpachtung von unbeweglichem Vermögen (insbesondere Grundstücke, Gebäude und Gebäudeteile) und Rechten, welche den Vorschriften des bürgerlichen Rechts über Grundstücke unterliegen (z. B. Erbbaurechte)
§ 21 Abs. 1 Satz 1 Nr. 2 EStG	Vermietung und Verpachtung von Sachinbegriffen (z. B. möbliertes Zimmer)[58], insbesondere von beweglichen Betriebsvermögen (z B. Verpachtung eines aufgegebenen Gewerbebetriebes)
§ 21 Abs. 1 Satz 1 Nr. 3 EStG	zeitlich begrenzte Überlassung von Rechten, insbesondere von schriftstellerischen, künstlerischen und gewerblichen Urheberrechten (z. B. Know-how)
§ 21 Abs. 1 Satz 1 Nr. 4 EStG	die Veräußerung von Miet- und Pachtzinsforderungen, auch im Falle, dass die Einkünfte im Veräußerungspreis von Grundstücken enthalten sind und die Miet- und Pachtzinsen sich auf einen Zeitraum beziehen, in welchem der Veräußerer noch Besitzer war

Der Begriff der **Vermietung** deckt sich mit der zivilrechtlichen Begriffsdefinition des § 535 BGB. Eine Vermietung besteht demnach in der Überlassung der Mietsache durch den Vermieter an den Mieter. Der aufgrund von diesem Vertragsverhältnis vom Mieter zu entrichtende Mietzins unterliegt beim Vermieter der Besteuerung i. R. des § 21 Abs. 1 Satz 1 EStG. Der Begriff der **Verpachtung** deckt sich ebenfalls mit dem zivilrechtlichen Begriff. Eine Verpachtung umfasst daher die Überlassung der Pachtsache zum Gebrauch durch den Pächter und schließt die Fruchtziehung aus der Pachtsache mit ein (vgl. § 581 BGB).

Eine **Vermögensübertragung** von Mietgegenständen fällt nicht unter den Einkunftstatbestand des § 21 EStG, sondern erfüllt ggf. die Voraussetzungen für ein privates Veräußerungsgeschäft i. S. der §§ 22 Nr. 2 EStG, 23 Abs. 1 Satz 1 Nr. 1 EStG.

Einkünfte aus Vermietung und Verpachtung erzielt derjenige, der das betroffene Wirtschaftsgut dem Mieter überlässt. Der **Vermieter** muss im Umkehrschluss nicht zwingend der Eigentümer der Mietsache sein. Der Überlassende muss sich vielmehr lediglich rechtlich in einer Lage befinden, die ihm eine Nutzungsüberlassung möglich macht.

HINWEIS

Die einkommensteuerliche Behandlung des Nießbrauchs sowie anderer Nutzungsrechte im Zusammenhang mit der Erzielung von Einkünften aus Vermietung und Verpachtung wird umfassend durch das BMF-Schreiben von 30. 9. 2013 dargestellt (abgedruckt im Anhang 30 VI EStHB).[59]

Sind **zusammenveranlagte Ehegatten** (§§ 26, 26b EStG) Miteigentümer der vermieteten Sache, so ist grds. gem. § 179 Abs. 2 AO i.V. mit § 180 Abs. 1 Nr. 2 Buchst. a AO eine gesonderte und einheitliche Feststellung für diese Einkünfte vorzunehmen. Dies gilt nicht, sofern ein Fall von geringer Bedeutung i. S. des § 180 Abs. 3 AO vorliegt (vgl. R 26 Abs. 2 EStR). Ein Fall von § 180 Abs. 3 AO ist anzunehmen, wenn z. B. die Mieteinkünfte bei zusammenveranlagten Ehegatten verhältnismäßig einfach zu ermitteln sind und die Aufteilung feststeht. In diesem Fall werden

58 Ein Sachinbegriff ist eine Mehrheit von beweglichen Sachen, welche durch einen gemeinsamen Zweck zu einer Einheit verbunden sind. Die einzelnen Wirtschaftsgüter müssen dabei funktionell und technisch so aufeinander abgestimmt sein, dass sie eine wirtschaftliche Einheit darstellen.

59 Vgl. BMF, Schreiben vom 30. 9. 2013 - IV C 1 - S 2253/07/10004 - 2013/0822518, BStBl I S. 1184.

die Einkünfte einheitlich ermittelt und anschließend auf die Ehegatten im Verhältnis ihrer Miteigentumsanteile aufgeteilt.

I. R. der Steuerberaterprüfung empfiehlt es sich in den meisten Fällen, folgende Aussagen als Einstieg zu treffen:

Grundaussagen „Checkliste“	
Kurzerläuterung	**Fundstelle**
Es liegen Einkünfte aus Vermietung und Verpachtung vor.	§ 21 Abs. 1 Satz 1 Nr. [...] EStG
Diese Einkünfte unterliegen der Besteuerung.	§ 2 Abs. 1 Satz 1 Nr. 6 EStG
Es handelt sich um Überschusseinkünfte.	§ 2 Abs. 2 Satz 1 Nr. 2 EStG (§§ 8, 9 EStG)
Der Ermittlungszeitraum ist das Kalenderjahr.	§ 2 Abs. 7 Sätze 1 und 2 EStG
Es gilt das Zu- und Abflussprinzip.	§ 11 EStG

5.2 Abgrenzung zu anderen Einkunftsarten

Eine Besonderheit bei den Einkünften aus Vermietung und Verpachtung stellt die **Subsidiarität** i. S. des § 21 Abs. 3 EStG dar. Ergeben sich die Tatbestände des § 21 Abs. 1 EStG demnach im Zusammenhang mit einer anderen Einkunftsart (regelmäßig Gewinneinkünfte), so sind diese Einkünfte i. R. der anderen Einkunftsart zu erfassen.

Eine Abgrenzung ist insbesondere zu den **Einkünften aus Gewerbebetrieb** vorzunehmen, wenn zu der Vermietungsleistung noch andere Umstände hinzutreten. Übersteigen die anderen Umstände eine bloße Vermittlungstätigkeit, so können Einkünfte aus Gewerbebetrieb vorliegen (vgl. H 15.7 Abs. 2 „Gewerblicher Charakter der Vermittlungstätigkeit“ EStH). Laut höchstrichterlicher Rechtsprechung liegt das entscheidende Merkmal darin, dass die bloße Vermögensnutzung hinter die Bereitstellung einer einheitlichen gewerblichen Organisation zurücktritt.[60]

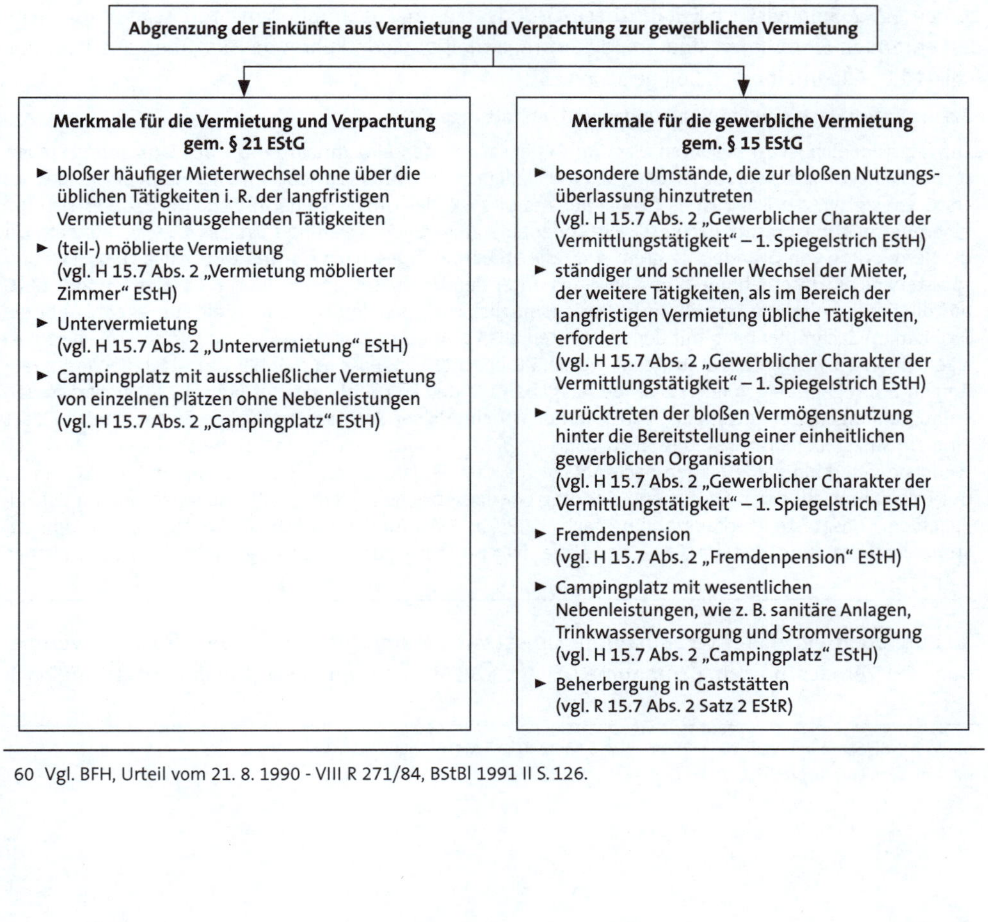

60 Vgl. BFH, Urteil vom 21. 8. 1990 - VIII R 271/84, BStBl 1991 II S. 126.

Eine weitere Abgrenzung der Einkünfte aus Vermietung und Verpachtung ergibt sich zum Rechtsgebilde des **gewerblichen Grundstückshandels**. Grds. ist die Veräußerung eines zum Privatvermögen gehörigen Grundstücks unter den Tatbestand des privaten Veräußerungsgeschäftes zu subsumieren (vgl. § 23 Abs. 1 Satz 1 Nr. 1 EStG). Werden allerdings zu viele Grundstücke innerhalb kurzer Zeit durch einen Stpfl. veräußert, so kann die Tätigkeit im Zusammenhang mit den Grundstücken auch eine gewerbliche Tätigkeit darstellen (vgl. dazu H 15.7 Abs. 1 „Gewerblicher Grundstückshandel" EStH; Anhang 17 EStHB).[61]

5.3 Ermittlung der Einkünfte

Die Einkünfte aus Vermietung und Verpachtung unterliegen der Einkommensteuer und sind den Überschusseinkünften zuzurechnen (vgl. § 2 Abs. 1 Satz 1 Nr. 6 EStG, § 2 Abs. 2 Satz 1 Nr. 2 EStG). Die Einkünfte sind damit der Überschuss der Einnahmen (§ 8 EStG) über die Werbungskosten (§ 9 EStG).

5.3.1 Einnahmen

Einnahme i. S. des § 8 EStG ist grds. alles, was der Vermieter i. R. der Vermietung und Verpachtung in Geld oder Geldeswert erhält. Demnach ist Gegenstand der Einnahmen die **Nettomiete** (= Kaltmiete). Darüber hinaus stellen auch die **Umlagen** zur Abdeckung von Nebenkosten (z. B. Heizung, Warmwasserversorgung, Kanalgebühren, Müllgebühren) Einnahmen dar (vgl. H 21.2 „Einnahmen" 5. Spiegelstrich EStH).

Für die steuerliche Behandlung der Einnahmen gilt das **Zuflussprinzip** des § 11 Abs. 1 EStG. Für den Zufluss der Miete und der regelmäßig vom Mieter zu zahlenden Umlagen ist § 11 Abs. 1 Satz 2 EStG anzuwenden, da es sich um wiederkehrende Leistungen i. S. des EStG handelt. Diese Feststellung ist insbesondere von großer Bedeutung, wenn im Prüfungssachverhalt Zahlungen am Jahresanfang für das vorangegangene Jahr erfolgen, da in diesem Fall gegebenenfalls abweichend vom Zahlungsprinzip eine Zuordnung nach wirtschaftlicher Zugehörigkeit erfolgt (vgl. H 11 „Allgemeines" EStH). Eine Zuordnung nach der wirtschaftlichen Zugehörigkeit kann nur innerhalb des kurzen Zeitraums erfolgen. Dieser Zeitraum umfasst bis zu 10 Tage. Innerhalb dieses Zeitraums müssen die Zahlungen fällig und geleistet worden sein (vgl. H 11 „Allgemeines" 2. Spiegelstrich EStH). Diese Grundsätze im Zusammenhang mit regelmäßig wiederkehrenden Einnahmen sind analog auf regelmäßig wiederkehrende Ausgaben anzuwenden (vgl. H 11 „Allgemeines" 3. Spiegelstrich EStH).

Exkurs – Umsatzsteuervorauszahlungen und -erstattungen

Umsatzsteuerlich ist zu beachten, dass im Gegensatz zu den Einkunftsarten i. S. des Einkommensteuerrechts keine Unterscheidung erfolgt, sondern lediglich zu prüfen ist, ob ein Unternehmer i. S. des § 2 UStG vorliegt. In der Folge ist es für die Behandlung i. R. der Umsatzsteuer unbeachtlich, ob es sich um einen Vermietungsumsatz nach § 21 EStG oder eine gewerbliche Leistung i. S. des § 15 EStG handelt. Für die Vermietung von Grundbesitz greift grds. die **Steuerbefreiung** nach § 4 Nr. 12 Buchst. a UStG. Der umsatzsteuerliche Unternehmer kann allerdings unter den Voraussetzungen des § 9 Absätze 1 und 2 UStG auf die Steuerbefreiung verzichten (**= Optionsmöglichkeit**). Die Umsatzsteuer stellt im Ergebnis nur ein Problem im Zusammenhang mit den Einkünften aus Vermietung und Verpachtung dar, sofern eine zulässige Option i. S. des § 9 UStG ausgeübt wurde. Zu beachten ist, dass es sich bei Umsatzsteuervorauszahlungen um regelmäßig wiederkehrende Ausgaben i. S. des § 11 EStG handelt (vgl. H 11 „Umsatzsteuervorauszahlungen/ -erstattungen" EStH). In höchstrichterlicher Rechtsprechung wurde entschieden, dass eine Umsatzsteuervorauszahlung auch dann im Jahr der wirtschaftlichen Zugehörigkeit abziehbar ist, wenn sie innerhalb von 10 Tagen nach Ablauf des Kalenderjahres gezahlt worden ist und der 10. Januar des Folgejahres auf einen Sonnabend, Sonntag oder gesetzlichen Feiertag fällt. Die Verschiebung der Fälligkeit der Umsatzsteuervorauszahlung nach § 108 Abs. 3 AO führt demnach nicht dazu, dass die Umsatzsteuervorauszahlung erst im Folgejahr abziehbar ist (entgegen H 11 „Allgemeines" 2. Spiegelstrich EStH).[62]

Die durch den Vermieter vereinnahmte Umsatzsteuer stellt im Bereich der Einkünfte Vermietung und Verpachtung eine Einnahme i. S. des § 8 EStG dar (vgl. H 9b „Gewinnermittlung nach

61 Vgl. BMF, Schreiben vom 26. 3. 2004 - IV A 6 - S 2240 - 46/04, BStBl I S. 434.

62 Vgl. BFH, Urteil vom 27. 6. 2018 - X R 44/16, BStBl II S. 781.

§ 4 Abs. 3 EStG und Ermittlung des Überschusses der Einnahmen über die Werbungskosten“ EStH).

Eine Besonderheit i. R. der Einnahmen aus Vermietung und Verpachtung bilden Guthabenzinsen aus einem **Bausparvertrag**. Zinsen sind grds. unter den Tatbestand des § 20 Abs. 1 Nr. 7 EStG als sonstige Kapitalforderung zu subsumieren. Durch die Regelung der Subsidiarität in § 20 Abs. 8 EStG erfolgt eine Zuordnung von diesen zu den Einkünften aus Vermietung und Verpachtung (vgl. H 21.2 „Einnahmen“ 2. Spiegelstrich EStH).

Eine weitere Problematik bilden Zuschüsse zur Finanzierung von Baumaßnahmen aus öffentlichen oder privaten Mitteln sowie Mieterzuschüsse. Diese Thematik wird umfassend in der R 21.5 EStR behandelt.

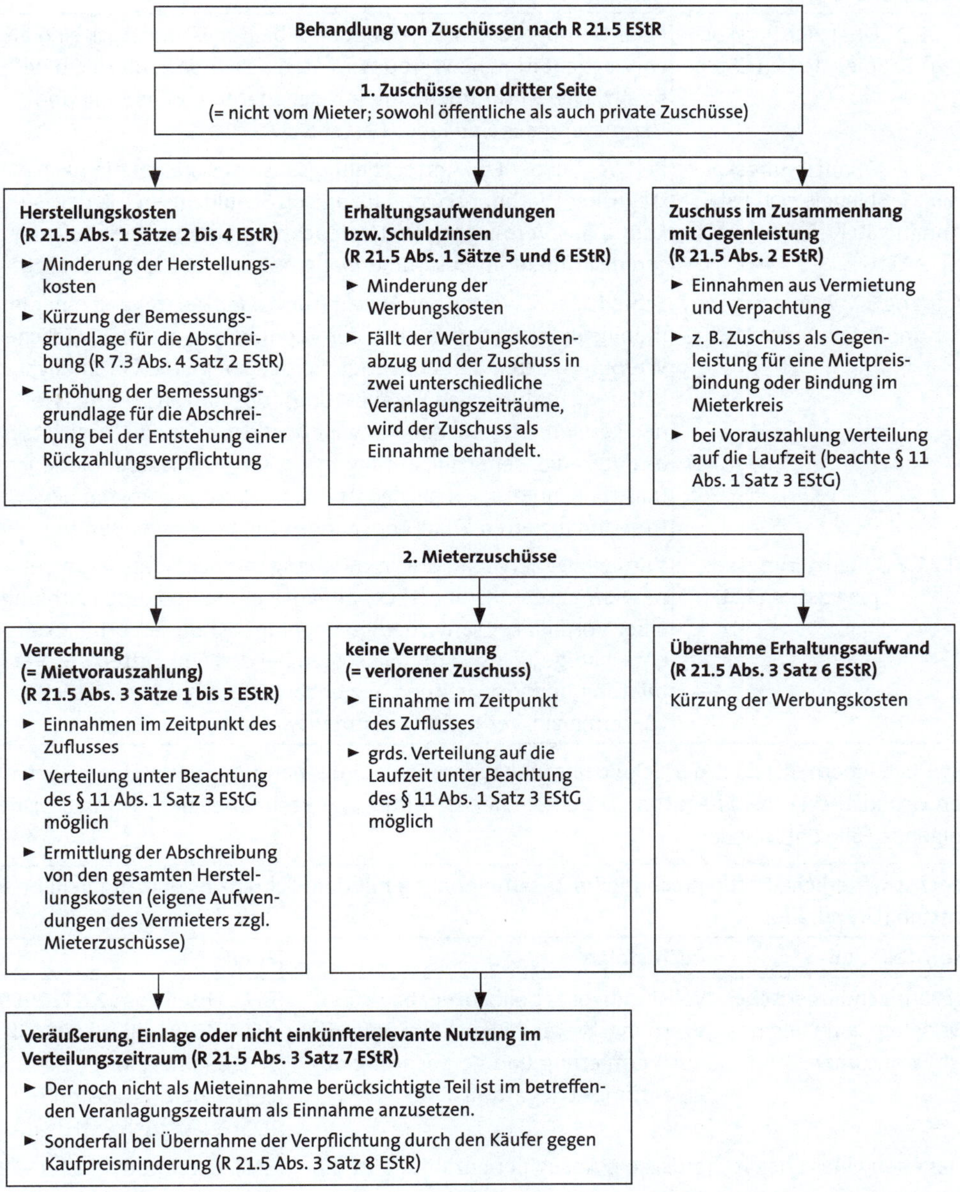

5.3.2 Werbungskosten

Die Grundsätze für die Behandlung von Werbungskosten sind für alle Überschusseinkünfte gleich (vgl. zu den Grundsätzen Kapitel IV.3.3). Im Bereich der Einkünfte aus Vermietung und Verpachtung findet das Abflussprinzip des § 11 Abs. 2 EStG Anwendung. Für regelmäßig wiederkehrende Werbungskosten ist § 11 Abs. 2 Satz 2 EStG zu beachten.

5.3.2.1 Finanzierungskosten

Schuldzinsen zur Finanzierung eines vermieteten Objekts sind als Werbungskosten abzugsfähig, sofern ein wirtschaftlicher Zusammenhang mit der Erzielung von Einkünften aus Vermietung und Verpachtung besteht (vgl. § 9 Abs. 1 Satz 3 Nr. 1 EStG). Einige Besonderheiten im Zusammenhang mit Finanzierungskosten eines Grundstücks sind im H 21.2 „Finanzierungskosten" EStH dargestellt. Die Behandlung von Schuldzinsen als **nachträgliche Werbungskosten** bei den Einkünften aus Vermietung und Verpachtung nach der Veräußerung des Mietobjekts oder nach dem Wegfall der Einkünfteerzielungsabsicht wird durch das BMF-Schreiben vom 27. 7. 2015 (abgedruckt im Anhang 30 IV EStHB) geregelt.[63]

Grundaussagen H 21.2 „Finanzierungskosten" EStH und Anhang 30 IV EStHB	
Fundstelle	**Kurzerläuterung**
H 21.2 „Finanzierungskosten" 3. Spiegelstrich EStH	Finanzierungskosten bei einem unbebauten Grundstück sind als vorweggenommene Werbungskosten abziehbar, sofern ein wirtschaftlicher Zusammenhang mit der späteren Bebauung und Vermietung des Gebäudes besteht.
H 21.2 „Finanzierungskosten" 5. Spiegelstrich EStH; Anhang 30 IV, Tz. 3; § 24 Nr. 2 EStG	Bei Wegfall der Einkünfteerzielungsabsicht scheidet ein nachträglicher Werbungskostenabzug von Schuldzinsen i. R. der Einkünfte aus Vermietung und Verpachtung aus, da die Schuldzinsen nicht mehr im Zusammenhang mit den Einkünften stehen.
Anhang 30 IV, Textziffern 1.1 und 4.1; § 24 Nr. 2 EStG	Schuldzinsen, welche der Anschaffung oder Herstellung einer Immobilie dienen, können nach der Veräußerung als nachträgliche Werbungskosten berücksichtigt werden, wenn die Verbindlichkeiten nicht durch den Veräußerungserlös hätten getätigt werden können. Diese Behandlung ist Ausfluss des sog. Grundsatzes des Vorrangs der Schuldentilgung. Dieser Grundsatz findet ebenfalls für Schuldzinsen als nachträgliche Werbungskosten bei fremdfinanzierten Erhaltungsaufwendungen Anwendung.
H 21.2 „Finanzierungskosten" 6. Spiegelstrich EStH	Wird ein Darlehen im Zusammenhang mit der Finanzierung eines vermieteten Grundstücks aufgenommen und durch Zahlung einer Vorfälligkeitsentschädigung getilgt, ist diese Vorfälligkeitsentschädigung als Werbungskosten bei den Einkünften aus Vermietung und Verpachtung abziehbar, sofern das Grundstück weiterhin zur Vermietung genutzt wird.

Eine Besonderheit bildet der Schuldzinsenabzug im Zusammenhang mit vermieteten, bebauten Grundstücken bei **Ehegatten**. Durch die höchstrichterliche Rechtsprechung wurden bisher folgende Fälle entschieden:

höchstrichterliche Rechtsprechung im Zusammenhang mit dem Schuldzinsenabzug bei Ehegatten (Grundfälle)		
Konstellation	**Rechtsfolge**	**Fundstelle**
gesamtschuldnerisches Darlehen; ein Ehegatte ist Eigentümer	vollständiger Schuldzinsenabzug als Werbungskosten bei den Einkünften aus Vermietung und Verpachtung des Eigentümer-Ehegattens	BFH, Urteil vom 2. 12. 1999 - IX R 45/95, BStBl 2000 II S. 310 (zitiert in H 21.2 „Finanzierungskosten" 9. Spiegelstrich EStH)
Darlehen eines Ehegatten; Einkünfteerzielung durch den anderen Ehegatten (Eigentümer)	grds. kein Abzug der gezahlten Schuldzinsen beim anderen Ehegatten; dies gilt nicht, sofern der Eigentümer-Ehegatte sie aus eigenen Mitteln bezahlt	BFH, Urteil vom 2. 12. 1999 - IX R 45/95, BStBl 2000 II S. 310/ (zitiert in H 21.2 „Finanzierungskosten" 10. Spiegelstrich EStH)

63 Vgl. BMF, Schreiben vom 27. 7. 2015 - IV C 1 - S 2211/11/10001 - 2015/0644430, BStBl I S. 581.

Darlehen eines Ehegatten (Eigentümer); Einkünfteerzielung durch den anderen Ehegatten	kein Abzug der gezahlten Schuldzinsen bei den Einkünften aus Vermietung und Verpachtung	BFH, Urteil vom 21. 2. 2017 - VIII R 10/14, BStBl I S. 819 (zitiert in H 21.2 „Finanzierungskosten" 11. Spiegelstrich EStH)
Vermietung durch einen Ehegatten (Eigentümer), Aufnahme von Darlehen teils gemeinschaftlich, teils allein durch den Nichteigentümer-Ehegatten; Zahlungsabwicklung der Vermietung auf dem Konto des Nichteigentümer-Ehegatten	vorrangig Abdeckung der laufenden Aufwendungen sowie der Schuldzinsen für die gemeinschaftlich aufgenommenen Darlehen; weitergehender Abzug der Schuldzinsen des Nichteigentümer-Ehegatten nur insofern, als die geleisteten eigenen Mittel des Eigentümer-Ehegatten die Schuldzinsen des Nichteigentümer-Ehegatten abdecken	BFH, Urteil vom 4. 9. 2000 - IX R 22/97, BStBl 2001 II S. 785 (zitiert in H 21.2 „Finanzierungskosten" 12. Spiegelstrich EStH)

5.3.2.2 Absetzung für Abnutzung (AfA)

Ein wichtiger Teil der Werbungskosten bei den Einkünften aus Vermietung und Verpachtung stellt die AfA i. S. des § 9 Abs. 1 Satz 3 Nr. 7 Satz 1 EStG dar. Die AfA findet nur auf das abnutzbare **Gebäude**, nicht aber auf den Grund und Boden, Anwendung. Die Anschaffungskosten für ein bebautes Grundstück sind daher ggf. im Verhältnis der Verkehrswerte in einen Teil Grund und Boden und einen Teil Gebäude aufzuteilen (vgl. H 7.3 „Kaufpreisaufteilung" 2. Spiegelstrich EStH). Der Begriff der Anschaffungskosten deckt sich bei den Überschusseinkünften mit dem der Gewinneinkünfte. Die Anschaffungskosten ermitteln sich daher in Anlehnung an § 255 Abs. 1 HGB. Klassische **Nebenkosten** im Zusammenhang mit einem Grundstückserwerb sind Notarkosten, Grundbuchkosten sowie die Grunderwerbsteuer. Darüber hinaus können beispielsweise auch Maklerkosten oder Gutachterkosten anfallen. Die gesamten Anschaffungskosten für das Gebäude bilden die Bemessungsgrundlage für die AfA (vgl. R 7.3 Abs. 1 EStR).

Exkurs Umsatzsteuer

Umsatzsteuerlich ist zu beachten, dass die Ermittlung der Anschaffungskosten in Abhängigkeit vom möglichen Vorsteuerabzug des Stpfl. zu erfolgen hat. Sofern keine wirksame Option i. S. des § 9 UStG vorliegt (= Regelfall), so ermitteln sich die Anschaffungskosten auf Grundlage des § 9b Abs. 1 EStG brutto.

Im Einkommensteuerrecht stellen Gebäude keine einheitlichen Wirtschaftsgüter dar. Vielmehr sind sie anhand der sog. **„Nutzungs- und Funktionszusammenhänge"** weiter zu unterteilen. Aufgrund dieser Unterteilung entstehen selbständige Wirtschaftsgüter (vgl. R 4.2 Abs. 3 Satz 3 Nr. 5 EStR; Kapitel IV.7.2). Diese Unterteilung hat wiederum Auswirkungen auf die Aufteilung des dazugehörigen Grund und Bodens (vgl. R 4.2 Abs. 7 Satz 2 EStR).

Im einkommensteuerlichen Privatvermögen sind für die AfA bei Gebäuden zwei **Abschreibungssätze** relevant. Für Gebäude, die nach dem 31. 12. 1924 fertiggestellt worden sind, beträgt der Prozentsatz jährlich 2 % (vgl. § 7 Abs. 4 Satz 1 Nr. 2 Buchst. a EStG). Für Gebäude, die vor dem 1. 1. 1925 fertiggestellt worden sind, beträgt der Prozentsatz 2,5 % (vgl. § 7 Abs. 4 Satz 1 Nr. 2 Buchst. b EStG).

5.3.2.3 Erhaltungsaufwendungen

Erhaltungsaufwendungen, die im Zusammenhang mit der Erzielung von Einkünften aus Vermietung und Verpachtung stehen, sind grds. i. R. des § 9 Abs. 1 Satz 1 EStG als Werbungskosten abziehbar. Der Abzug als Werbungskosten ist in dem Veranlagungszeitraum möglich, in dem der **Abfluss** erfolgt (vgl. § 11 Abs. 2 EStG).

Abweichend von diesem Grundsatz kann der Stpfl. **größere Aufwendungen für die Erhaltung von Gebäuden** des Privatvermögens, die im Zeitpunkt der Leistung des Erhaltungsaufwands überwiegend zu Wohnzwecken dienen, auf zwei bis fünf Jahre gleichmäßig verteilen (vgl.

§ 82b Abs. 1 Satz 1 EStDV). Die Verteilung hat innerhalb des Verteilungszeitraums linear zu erfolgen, eine Übertragung von dem Anteil eines Jahres auf ein anderes Jahr ist nicht zulässig (vgl. H 21.1 „Verteilung des Erhaltungsaufwandes nach § 82b EStDV" 1. Spiegelstrich EStH). Wird das Gebäude während des gewählten Verteilungszeitraums veräußert, so ist der noch nicht berücksichtigte Teil in dem Jahr der Veräußerung als Werbungskosten abzusetzen (vgl. § 82b Abs. 2 Satz 1 EStDV). Dieser Grundsatz gilt analog, sofern ein Gebäude in ein Betriebsvermögen eingebracht oder nicht mehr zur Einkünfteerzielung genutzt wird (vgl. § 82b Abs. 2 Satz 2 EStDV).

Zusammenfassung

Tatbestandsmerkmale:

- größere Erhaltungsaufwendungen i. S. des Einkommensteuerrechts
- das betroffene Gebäude gehört im Zeitpunkt der Ausführung der Leistung nicht zu einem Betriebsvermögen
- das Gebäude wird zu mehr als 50 % zu Wohnzwecken genutzt (= Verhältnis der Nutzfläche)

Rechtsfolge:

- Wahlrecht auf gleichmäßige Verteilung auf zwei bis fünf Veranlagungszeiträume

Weitere Ausführungen zu Erhaltungsaufwendungen und deren Abgrenzungen zu **§ 6 Abs. 1 Nr. 1a EStG** sowie **nachträglichen Herstellungskosten/ Anschaffungskosten** erfolgen in den Kapiteln IV.7.4 und IV.7.5.

5.3.2.4 Sonderfälle Werbungskosten

Unter Umständen sind auch **vergebliche Planungskosten** als Werbungskosten abziehbar, sofern der Stpfl. eine Erzielung von Einkünften aus Vermietung und Verpachtung plant, das Gebäude aber nicht errichtet (vgl. H 21.2 „Werbungskosten" 9. Spiegelstrich EStH).

Beiträge zur Instandhaltungsrücklage sind nicht schon bei Zahlung an den Verwalter als Werbungskosten zu berücksichtigen. Vielmehr sind diese Beiträge erst bei Verausgabung für Erhaltungsmaßnahmen als Werbungskosten abziehbar (vgl. H 21.2 „Werbungskosten" 4. Spiegelstrich EStH).

5.4 Sonderfall verbilligte Vermietung

In § 21 Abs. 2 EStG wird die verbilligte Überlassung zu **Wohnzwecken** geregelt. Nach dieser Normierung ist die Nutzungsüberlassung in einen voll entgeltlichen und einen voll unentgeltlichen Teil aufzuteilen, wenn das Nutzungsentgelt weniger als **66 % der ortsüblichen Miete** beträgt. Beim Unterschreiten der Grenze sind Werbungskosten nur im Verhältnis der tatsächlichen Miete zur marktüblichen Miete abzugsfähig. Hinsichtlich der vereinnahmten Miete ist zu beachten, dass diese nicht aufzuteilen ist, sondern vollständig dem entgeltlichen Teil zuzurechnen ist. Keine Voraussetzung für die Anwendung dieser Regelung ist die Überlassung an nahe Angehörige. Vielmehr findet sie auch dann Anwendung, wenn die Nutzungsüberlassung an einen fremden Dritten erfolgt und der Stpfl. aus vertraglichen oder gesetzlichen Gründen verhindert ist, das vereinbarte Nutzungsentgelt zu erhöhen (vgl. H 21.3 „Überlassung an fremde Dritte" EStH).

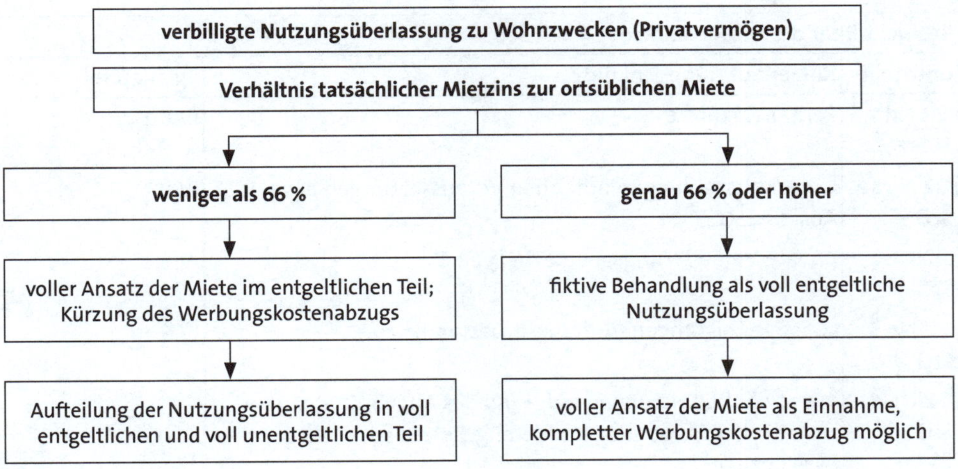

Exkurs Gewinneinkünfte

Die Regelung des § 21 Abs. 2 EStG ist für die Gewinneinkunftsarten nicht anzuwenden (vgl. H 21.3 „Gewinneinkünfte" 1. Spiegelstrich EStH). Vielmehr ist eine teilentgeltliche Überlassung von Grundstücken oder Grundstücksteilen aus nicht betrieblichen Gründen als Nutzungsentnahme zu werten (vgl. H 4.7 „Teilentgeltliche Überlassung" EStH).

HINWEIS

Die verbilligte Überlassung von Wohnräumen im Zusammenhang mit einer Prüfungsaufgabe wird im Kapitel V.1.1 dargestellt.

6. Sonstige Einkünfte

Die Einstiegsnorm für die sonstigen Einkünfte bildet § 22 EStG. In dieser Norm werden verschiedene Tatbestände der Einkommensteuer unterworfen, die von den Einkünften i. S. des § 2 Abs. 1 Satz 1 Nummern 1 bis 6 EStG nicht mit erfasst werden und dennoch steuerbar sein sollen. Sonstige Einkünfte sind in irgendeiner Form Gegenstand in nahezu jeder Steuerberaterprüfung.

Die thematisch sehr unterschiedlichen einzelnen Tatbestände des § 22 EStG haben folgende Grundaussagen, die sich als Einstieg in die Bearbeitung einer Prüfungsaufgabe grds. anbieten:

Grundaussagen „Checkliste"	
Kurzerläuterung	**Fundstelle**
Es liegen sonstige Einkünfte vor.	§ 22 Nr. [...] EStG (ggf. i.V. mit § 23 Abs. 1 [...] EStG)
Diese Einkünfte unterliegen der Besteuerung.	§ 2 Abs. 1 Satz 1 Nr. 7 EStG
Es handelt sich um Überschusseinkünfte.	§ 2 Abs. 2 Satz 1 Nr. 2 EStG (§§ 8, 9 EStG)
Der Ermittlungszeitraum ist das Kalenderjahr.	§ 2 Abs. 7 Sätze 1 und 2 EStG
Es gilt grds. das Zu- und Abflussprinzip. (Eine Ausnahme dazu bildet der Werbungskostenabzug i. R. des privaten Veräußerungsgeschäftes. Die Darstellung dieser Problematik erfolgt im Kapitel IV.6.3)	§ 11 EStG

Die Tatbestände der sonstigen Einkünfte ergeben sich aus § 22 Nummern 1 bis 5 EStG.

Übersicht über die Tatbestände des § 22 EStG		
Fundstelle	**Kurzerläuterung Einkünfte**	**vgl. Kapitel**
§ 22 Nr. 1 EStG	Renteneinkünfte	IV.6.1
§ 22 Nr. 1a EStG	Unterhaltszahlungen unter den Voraussetzungen des § 10 Abs. 1a EStG	IV.6.2
§ 22 Nr. 2 EStG	private Veräußerungsgeschäfte (§ 23 EStG)	IV.6.3
§ 22 Nr. 3 EStG	sonstige Leistungen (Auffangtatbestand)	IV.6.4
§ 22 Nr. 4 EStG	ausgewählte Leistungen aufgrund des Abgeordnetengesetzes oder des Europaabgeordnetengesetzes sowie vergleichbare Bezüge	-
§ 22 Nr. 5 EStG	Leistungen aus Altersvorsorgeverträgen, Pensionsfonds, Pensionskassen sowie Direktversicherungen	IV.6.5

Sofern Bezüge freiwillig oder aufgrund einer freiwillig begründeten Rechtspflicht oder einer gesetzlichen unterhaltsberechtigten Person gewährt werden, werden diese Bezüge nicht dem Empfänger zugerechnet (vgl. **§ 22 Nr. 1 Satz 2 EStG**). In der Folge greift für den Geber in derartigen Fällen § 12 Nr. 2 EStG. Diese Konstellation kann beispielsweise bei Unterhaltszahlungen an einen geschiedenen oder dauernd getrennt lebenden Ehegatten vorliegen (beachte aber § 10 Abs. 1a Nr. 1 EStG, § 22 Nr. 1a EStG). In Korrespondenz der Regelung des § 12 Nr. 2 EStG und des § 22 Nr. 1 Satz 2 EStG sind diese Bezüge weder vom Geber noch vom Empfänger zu versteuern (vgl. R 22.1 Abs. 2 EStR).

6.1 Renteneinkünfte

Steuerberaterprüfung 2009

Altersrenten i. S. des § 22 Nr. 1 EStG sind wiederkehrende Bezüge, die nicht unter § 2 Abs. 1 Satz 1 Nummern 1 bis 6 EStG fallen (vgl. § 22 Nr. 1 Satz 1 EStG). Der Begriff der wiederkehrenden Bezüge umfasst für Zwecke des Einkommensteuerrechts Zuwendungen, welche wiederholt aufgrund eines einheitlichen Entschlusses oder eines einheitlichen Rechtsgrundes mit einer gewissen Regelmäßigkeit erbracht werden und nicht zwingend immer in der gleichen Höhe zufließen müssen (vgl. R 22.1 Abs. 1 Sätze 2 und 3 EStR). Bei den Zuwendungen handelt es sich regelmäßig um Leistungen in Geld, aber auch Leistungen in Geldeswert können die Voraussetzungen der wiederkehrenden Bezüge erfüllen.

HINWEIS

Keine wiederkehrenden Bezüge stellen reine Kapitalrückzahlungen, die ebenfalls wiederkehrend und regelmäßig geleistet werden, dar (vgl. R 22.1 Abs. 1 Satz 1 EStR).

Um die Besteuerung der Renten nach § 22 Nr. 1 EStG zu sichern, sind ausgewählte, in § 22a Abs. 1 EStG genannte, Rechtsträger verpflichtet, eine sog. **Rentenbezugsmitteilung** nach amtlich vorgeschriebenem Datensatz der zentralen Stelle i. S. des § 81 EStG (= Deutsche Rentenversicherung Bund) zu übermitteln. Diese übermittelt nach einer entsprechenden Überprüfung die Datensätze anschließend an das Bundeszentralamt für Steuern (vgl. § 22a Abs. 2 EStG).

HINWEIS

Die einkommensteuerrechtliche Behandlung von Versorgungsaufwendungen und Altersbezügen wird umfassend durch das BMF-Schreiben vom 19. 8. 2013 dargestellt (abgedruckt im Anhang 3 II LStHB).[64]

6.1.1 Altersrenten nach § 22 Nr. 1 Satz 3 Buchst. a Doppelbuchst. aa EStG

Leibrenten und andere Leistungen aus der gesetzlichen Altersversorgung unterliegen gem. § 22 Nr. 1 Satz 3 Buchst. a Doppelbuchst. aa EStG der Einkommensteuer als sonstige Einkünfte.

64 Vgl. BMF, Schreiben vom 19. 8. 2013 - IV C 5-S 2345/08/0001 - 2013/0760735, a. a. O.

Von diesem Tatbestand negativ abzugrenzen sind insbesondere Pensionen und andere Versorgungsbezüge i. S. des § 19 Abs. 2 EStG (vgl. dazu auch Kapitel IV.3.5).

Im Wege der grammatikalischen Auslegung des § 22 Nr. 1 Satz 3 Buchst. a Doppelbuchst. aa EStG ergibt sich, dass die folgenden Leibrenten und anderen Leistungen von diesem **Tatbestand** erfasst werden:

- Renten aus den gesetzlichen Rentenversicherungen,
- Renten aus der landwirtschaftlichen Alterskasse,
- Renten aus den berufsständischen Versorgungseinrichtungen und
- Renten aus Rentenversicherungen i. S. des § 10 Abs. 1 Nr. 2 Buchst. b EStG.

Die **Bemessungsgrundlage** für den der Besteuerung unterliegenden Anteil der Rente ist der Jahresbetrag dieser Rente (vgl. § 22 Nr. 1 Satz 3 Buchst. a Doppelbuchst. aa Satz 2 EStG). Der Prozentsatz für die Ermittlung des der Besteuerung unterliegenden Anteils ergibt sich aus der § 22 Nr. 1 Satz 3 Buchst. a Doppelbuchst. aa Satz 3 EStG folgenden Tabelle. Der Beginn der Rente ist für die Ermittlung des Prozentsatzes maßgebend und stellt auf den Zeitpunkt der tatsächlichen Bewilligung ab.[65] Die Differenz zwischen dem Jahresbetrag der Rente und dem der Besteuerung unterliegenden Anteil der Rente ist im Ergebnis der steuerfreie Teil der Rente und entspricht dem sog. **Rentenfreibetrag**. Dieser wird zu Beginn der Rentengewährung einmalig ermittelt und für die gesamte Laufzeit der Rente festgeschrieben (vgl. § 22 Nr. 1 Satz 3 Buchst. a Doppelbuchst. aa Sätze 3 bis 5 EStG; = sog. **„Kohortenprinzip“**).[66]

Für Altersrenten i. S. des § 22 Nr. 1 Satz 3 Buchst. a Doppelbuchst. aa EStG wird grds. ein **Pauschbetrag** i. H. von 102 € gewährt, sofern keine tatsächlichen höheren Werbungskosten nachgewiesen werden (vgl. § 9a Satz 1 Nr. 3 EStG). Für diesen Pauschbetrag erfolgt keine zeitanteilige Aufteilung.

Die sonstigen Einkünfte i. S. des § 22 Nr. 1 Satz 3 Buchst. a Doppelbuchst. aa EStG sind wie folgt zu ermitteln:

Grundformel Überschussermittlung § 22 Nr. 1 Satz 3 Buchst. a Doppelbuchst. aa EStG	
	Jahresbetrag der Rente
./.	Rentenfreibetrag
=	steuerpflichtige Einnahmen
./.	tatsächliche Werbungskosten oder Werbungskostenpauschbetrag § 9a Satz 1 Nr. 3 EStG
=	sonstige Einkünfte i. S. des § 2 Abs. 1 Satz 1 Nr. 7 EStG

6.1.2 Besteuerung von anderen Renten nach § 22 Nr. 1 Satz 3 Buchst. a Doppelbuchst. bb EStG

Bei dieser Vorschrift handelt es sich um einen **Auffangtatbestand** für Renten, die nicht bereits durch § 22 Nr. 1 Satz 3 Buchst. a Doppelbuchst. aa EStG erfasst werden (z. B. lebenslange Rente von einer Berufsunfähigkeitsversicherung).

Der **Ertragsanteil** dieser Renten unterliegt der Besteuerung und ergibt sich aus der § 22 Nr. 1 Satz 3 Buchst. a Doppelbuchst. bb Satz 4 EStG folgenden Tabelle. Der Prozentsatz ergibt sich dabei in Abhängigkeit vom vollendeten Lebensjahr des Stpfl. bei Beginn der Rente.

BEISPIEL

Die Behandlung einer Rentenleistung von einer Berufsunfähigkeitsversicherung i. R. der Fallbearbeitung wird im Kapitel V.2.4.1 dargestellt.

6.2 Einkünfte aus Unterhaltsleistungen/Realsplitting

Unterhaltsleistungen an einen geschiedenen oder dauerhaft getrennt lebenden Ehegatten fallen grds. unter den Tatbestand des § 12 Nr. 2 EStG. Werden allerdings die Voraussetzungen für einen Sonderausgabenabzug i. S. des § 10 Abs. 1a Nr. 1 EStG erfüllt und wird durch den Leisten-

65 Vgl. BMF, Schreiben vom 19. 8. 2013 - IV C 5-S 2345/08/0001 - 2013/0760735, a. a. O., Tz. 220.

66 Vgl. BMF, Schreiben vom 19. 8. 2013 - IV C 5-S 2345/08/0001 - 2013/0760735, a. a. O., Tz. 230 und 231.

den ein entsprechender Antrag auf Sonderausgabenabzug gestellt, so sind beim Leistungsempfänger i. R. des Korrespondenzprinzips sonstige Einkünfte auf Grundlage des § 22 Nr. 1a EStG in dieser Höhe zu erfassen (vgl. dazu auch Kapitel III.6.3).

6.3 Private Veräußerungsgeschäfte

Steuerberaterprüfung 2006, 2008, 2010, 2011, 2012, 2014

6.3.1 Allgemeiner Besteuerungstatbestand

Anders als Betriebsvermögen, welches systembedingt immer steuerverstrickt ist, kann die Besteuerung der Veräußerung von Privatvermögen nur unter engen Voraussetzungen erfolgen. Die Besteuerung von Veräußerungsgewinnen des Privatvermögens ist zum einen unter den Voraussetzungen des § 22 Nr. 2 EStG i.V. mit § 23 Abs. 1 Satz 1 Nummern 1 bis 3 EStG möglich. Daneben ist eine Besteuerung unter Anwendung des § 17 EStG (vgl. dazu Kapitel IV.1.7) sowie des § 20 Abs. 2 EStG (vgl. dazu Kapitel IV.4.1) möglich.

HINWEIS

Nunmehr unterliegen auch Veräußerungsgeschäfte, bei denen die Veräußerung der Wirtschaftsgüter früher erfolgt als der Erwerb, durch die Einführung des § 23 Abs. 1 Satz 1 Nr. 3 EStG der Besteuerung.[67] Die Anwendung erfolgt für Veräußerungsgeschäfte, bei denen die Veräußerung auf einem nach dem 23. 12. 2016 rechtswirksam abgeschlossenen obligatorischen Vertrag oder gleichstehenden Rechtsakt beruht (vgl. § 52 Abs. 31 Satz 3 EStG). Ab diesem Zeitpunkt unterliegen somit sog. Leerverkäufe von sonstigen Wirtschaftsgütern der Einkommensteuer.[68]

Die **Voraussetzungen** für die ersten beiden Tatbestände des § 23 EStG sind dem Grunde nach deckungsgleich. Es muss eine Anschaffung eines Wirtschaftsgutes des Privatvermögens sowie dessen Veräußerung innerhalb einer bestimmten Veräußerungsfrist stattfinden. Werden diese Voraussetzungen kumulativ erfüllt, handelt es sich um ein privates Veräußerungsgeschäft i. S. des § 23 Abs. 1 EStG. Die Besteuerung findet in diesem Bereich des Privatvermögens Anwendung, da innerhalb der Veräußerungsfrist eine **Spekulationsabsicht** unterstellt wird. Unbeachtlich ist, ob der Stpfl. wissentlich und mit spekulativer Absicht gehandelt hat (vgl. H 23 „Spekulationsabsicht" EStH). Jede Veräußerung eines **Wirtschaftsgutes** des steuerlichen Privatvermögens kann die Verwirklichung des Tatbestands des § 23 EStG zur Folge haben. Es ist zu unterscheiden zwischen der Veräußerung von Grundstücken und grundstücksgleichen Rechten (§ 23 Abs. 1 Satz 1 Nr. 1 EStG) und der Veräußerung von anderen Wirtschaftsgütern (§ 23 Abs. 1 Satz 1 Nr. 2 EStG).

6.3.1.1 Die Anschaffung

Eine Anschaffung i. S. des § 23 EStG ist der **entgeltliche Erwerb** eines Gegenstandes von einem Dritten. Weiterhin wird durch § 23 Abs. 1 Satz 2 EStG bei einer Überführung eines Wirtschaftsgutes in das Privatvermögen des Stpfl. eine fiktive Anschaffung unterstellt. Es kann sich dabei um eine Entnahme aus dem Betriebsvermögen (vgl. § 4 Abs. 1 Satz 2 EStG i.V. mit § 6 Abs. 1 Nr. 4 Satz 1 EStG) oder um eine Entnahme im Zusammenhang mit einer Betriebsaufgabe/Betriebsveräußerung (vgl. § 16 Abs. 3 Satz 1 EStG, § 16 Abs. 1 Nr. 1 EStG) handeln. Darüber hinaus stellt auch die Abgabe eines Meistgebots i. R. einer **Zwangsversteigerung** eine Anschaffung dar (vgl. H 23 „Anschaffung" 1. Spiegelstrich EStH).

Negativ abzugrenzen ist, dass ein **unentgeltlicher Erwerb** keine Anschaffung i. S. des § 23 EStG darstellt (vgl. H 23 „Keine Anschaffung ist" 1. Spiegelstrich EStH). Bei einem unentgeltlichen Erwerb tritt der Beschenkte (= Einzelrechtsnachfolge, **„Fußstapfentheorie"**) in die Rechtsposition des Rechtsvorgängers (= Schenker) ein. Für den Tatbestand des § 23 EStG wird eine Einzelrechtsnachfolge somit genau wie eine Gesamtrechtsnachfolge behandelt.

67 Vgl. Gesetz zur Umsetzung der Änderungen der EU- Amtshilferichtlinie und von weiteren Maßnahmen gegen Gewinnkürzungen und -verlagerungen vom 20. 12. 2016, BGBl I S. 3000, Art. 7.

68 Vgl. Bt-Drs. 18/10506 vom 30. 11. 2016, S. 3.

BEISPIEL

Im Falle des teilentgeltlichen Erwerbs wird eine Trennung in einen voll unentgeltlichen Teil und einen voll entgeltlichen Teil vorgenommen. Die Veräußerungsfrist ist für die einzelnen Teile getrennt zu ermitteln.[69] Der teilentgeltliche Erwerb in der Fallbearbeitung wird im Kapitel V.1.1 dargestellt.

6.3.1.2 Die Veräußerung

Die entgeltliche Übertragung eines Gegenstandes an einen Dritten stellt eine Veräußerung i. S. des § 23 EStG dar. Die Grundlage für die Übertragung bildet dabei regelmäßig ein **Kaufvertrag**, in dem der bisherige Eigentümer die Übertragung gegen einen Kaufpreis vereinbart. Sonderfälle im Zusammenhang mit dem Begriff der Veräußerung werden durch § 23 Abs. 1 Satz 5 EStG und H 23 „Veräußerung" EStH erfasst.

Übersicht über die Sonderfälle der Veräußerung (§ 23 Abs. 1 Satz 5 EStG)		
Kurzerläuterung „fiktive" Veräußerung	**Fundstelle**	**vgl. Kapitel**
Einlage eines Wirtschaftsgutes in das Betriebsvermögen, wenn die Veräußerung aus Betriebsvermögen innerhalb der Veräußerungsfrist (10 Jahre) erfolgt	§ 23 Abs. 1 Satz 5 Nr. 1 EStG	Kapitel IV.6.3.4.2
verdeckte Einlage in eine Kapitalgesellschaft	§ 23 Abs. 1 Satz 5 Nr. 2 EStG	Kapitel IV.6.3.4.3
Abgabe eines bindenden Angebotes	H 23 „Veräußerung" 1. Spiegelstrich EStH	-
Abschluss eines bürgerlich-rechtlich wirksamen, beide Vertragsparteien bindenden Vorvertrages	H 23 „Veräußerung" 2. Spiegelstrich EStH	-

Keine Veräußerung i. S. des § 23 EStG ist die Veräußerung zur Abwendung einer unmittelbar drohenden Enteignung bei gleichzeitigem Erwerb eines anderen Ersatzgrundstückes (vgl. H 23 „Enteignung" EStH).

6.3.1.3 Die Veräußerungsfrist

Durch § 23 Abs. 1 EStG wird die Steuerpflicht eines Veräußerungsvorganges in Abhängigkeit von Veräußerungsfristen normiert. Für Grundstücke und grundstücksgleiche Rechte beträgt die **Veräußerungsfrist 10 Jahre**, für alle anderen Wirtschaftsgüter **12 Monate**.

Für die Berechnung der Veräußerungsfrist ist das **obligatorische Rechtsgeschäft** maßgebend (vgl. H 23 „Veräußerungsfrist" 4. Spiegelstrich EStH).

HINWEIS

Im Steuerrecht häufig relevant ist der Übergang von Nutzen und Lasten oder der Termin des Übergangs des zivilrechtlichen Eigentums. I. R. des § 23 EStG finden diese Grundsätze keine Anwendung. Das obligatorische Rechtsgeschäft ist bei Grundstücken und grundstücksgleichen Rechten regelmäßig der gem. § 311b BGB notariell zu beurkundende Kaufvertrag.

Für die Berechnung der Veräußerungsfrist sind – durch den Verweis in § 108 AO – die §§ 187, 188 BGB anwendbar. Es handelt sich bei dieser Frist um eine **Ereignisfrist** gem. § 187 Abs. 1 BGB. Das Ende der Veräußerungsfrist bestimmt sich nach § 188 Abs. 2 BGB.

BEISPIEL

Der Stpfl. Willy Wunderlich (WW) erwirbt ein unbebautes Grundstück mit notariellem Kaufvertrag vom 10. 9. 2015 für 50.000 €. Er ordnet dieses Grundstück zutreffend dem steuerlichen Privatvermögen zu. Zu prüfen ist, ab welchem Zeitpunkt WW das Grundstück ohne einkommensteuerliche Folgen veräußern kann.

LÖSUNG

Der Tatbestand des § 23 Abs. 1 Satz 1 Nr. 1 EStG wird verwirklicht, wenn die Veräußerung des unbebauten Grundstücks innerhalb der Veräußerungsfrist von 10 Jahren erfolgt. Der Fristbeginn für die Berechnung ist das obligatorische Rechtsgeschäft des notariell beurkundeten Kaufvertrages (= Ereignis i. S. des § 187

69 Vgl. BMF, Schreiben vom 5. 10. 2000 - IV C 3 - S 2256 - 263/00, BStBl I S. 1383; unter Berücksichtigung der Änderungen durch das BMF, Schreiben vom 7. 2. 2007 - IV C 3 - S 2256 - 11/07, BStBl I S. 262; Tz. 30 und 31.

Abs. 1 BGB). Der notarielle Kaufvertrag ist laut Sachverhalt am 10. 9. 2015 geschlossen worden. Der Tag des Ereignisses wird in die Berechnung nicht mit einbezogen und der Fristbeginn ist damit der 11. 9. 2015. Die Veräußerungsfrist endet damit mit Ablauf des 10. 9. 2025 (vgl. § 188 Abs. 2 Alt. 1 BGB). Im Ergebnis darf WW kein obligatorisches Rechtsgeschäft zur Veräußerung des Grundstücks bis einschließlich 10. 9. 2025 abschließen, um einkommensteuerliche Konsequenzen zu vermeiden.

6.3.2 Der Veräußerungsgewinn

In § 23 Abs. 3 Satz 1 EStG wird das grundlegende Schema zur Ermittlung des Veräußerungsgewinns festgelegt.

Grundformel Ermittlung des Veräußerungsgewinns nach § 23 Abs. 3 Satz 1 EStG	
	Veräußerungspreis (§ 8 EStG; Gegenleistung in Geld oder Geldeswert)
./.	Werbungskosten (§ 9 EStG)
./.	ursprüngliche Anschaffungskosten oder Herstellungskosten (einschließlich der Nebenkosten)
=	Einkünfte aus § 23 EStG (Veräußerungsgewinn bzw. -verlust)

Dieses Schema geht davon aus, dass der betroffene Stpfl. ein echtes Anschaffungsgeschäft und ein echtes Veräußerungsgeschäft verwirklicht hat. Etwaige Sonderkonstellationen werden von diesem Schema nicht mit erfasst.

Übersicht über Sonderfälle bei der Ermittlung des Veräußerungsgewinns	
Kurzerläuterung	**Fundstelle**
Bei einer Einlage in ein Betriebsvermögen (§ 23 Abs. 1 Satz 5 Nr. 1 EStG) fehlt es an einem Veräußerungspreis. Als Veräußerungspreis fungiert der Einlagewert in das Betriebsvermögen.	§ 23 Abs. 3 Satz 2 EStG
Bei einer verdeckten Einlage in eine Kapitalgesellschaft (§ 23 Abs. 1 Satz 5 Nr. 2 EStG) gilt der gemeine Wert als Veräußerungspreis.	§ 23 Abs. 3 Satz 2 EStG
In den Fällen, in denen die Anschaffung i. R. einer Entnahme aus einem Betriebsvermögen fingiert wird (§ 23 Abs. 1 Satz 2 EStG), gibt es keine originären Anschaffungskosten. Daher werden bei regulären Entnahmen der Teilwert (§ 6 Abs. 1 Nr. 4 EStG) und bei einer Betriebsaufgabe der gemeine Wert (§ 16 Abs. 3 Satz 7 EStG) als Anschaffungskosten fingiert.	§ 23 Abs. 3 Satz 3 EStG
Bei abnutzbaren Wirtschaftsgütern, die vor der Veräußerung i. R. von § 2 Abs. 1 Satz 1 Nummern 1 bis 6 EStG zur Einkünfteerzielung genutzt wurden, sind nicht die ursprünglichen Anschaffungs- oder Herstellungskosten anzusetzen, sondern die um die AfA verminderten Werte.	§ 23 Abs. 3 Satz 4 EStG

Der Begriff der **Werbungskosten** wird allgemein durch § 9 Abs. 1 Satz 1 EStG definiert und gilt auch für § 23 EStG. Als Werbungskosten i. R. eines privaten Veräußerungsgeschäftes kommen regelmäßig die Grunderwerbsteuer, Vertragskosten (Notar, Gerichtsgebühren) sowie Maklerkosten in Betracht.

Die Vorschrift des § 11 EStG ist für den Zufluss und damit den Zeitpunkt der Versteuerung des Veräußerungsgewinns uneingeschränkt anzuwenden (vgl. § 11 Abs. 1 EStG). Abweichend vom Abflussprinzip des § 11 Abs. 2 EStG sind die Anschaffungs- bzw. Herstellungskosten sowie die Werbungskosten im Jahr des Zuflusses des Veräußerungserlöses abzuziehen, auch wenn die entsprechenden Aufwendungen in einem Veranlagungszeitraum vor oder nach der Veräußerung entrichtet wurden (= **„Verrechnungstheorie“**, vgl. H 23 „Werbungskosten“ EStH).

HINWEIS

Der nach § 23 Abs. 3 EStG ermittelte Spekulationsgewinn unterliegt nicht der Einkommensteuer, sofern die Gewinne aus allen in einem Veranlagungszeitraum verwirklichten Spekulationsgeschäften weniger als 600 € betragen. Es handelt sich hierbei um eine **Freigrenze** (vgl. § 23 Abs. 3 Satz 5 EStG). Wird diese Grenze auch nur geringfügig überschritten, so ist der gesamte Veräußerungsgewinn voll steuerpflichtig. Bei Ehegatten ist i. R. der Zusammenveranlagung (§ 26b EStG) zu beachten, dass die Freigrenze jedem Ehegatten zusteht und eine Übertragung auf den jeweils anderen Ehegatten nicht möglich ist (vgl. H 23 „Freigrenze“ EStH).

6.3.3 Die Verlustberücksichtigung

Der Verlustausgleich ist i. R. der Einkünfte i. S. des § 23 EStG nur eingeschränkt möglich (vgl. § 23 Abs. 3 Sätze 7 und 8 EStG). Auf Grundlage des § 23 Abs. 3 Satz 7 EStG dürfen Verluste aus privaten Veräußerungsgeschäften nur bis zur Höhe des Gewinns, welchen der Stpfl. im gleichen Veranlagungszeitraum aus privaten Veräußerungsgeschäften erzielt hat, verrechnet werden. Ein übersteigender Verlust darf nicht gem. § 10d EStG in andere Veranlagungszeiträume vor- bzw. zurückgetragen werden. Ein vertikaler Verlustausgleich scheidet demnach aus.

Für die Einkünfte i. S. des § 23 EStG wird ein eigener **Verlustverrechnungskreis** geschaffen (vgl. § 23 Abs. 3 Satz 8 Halbsatz 1 EStG). Die Feststellung der Verluste erfolgt dabei i. R. einer gesonderten Verlustfeststellung nach § 10d Abs. 4 EStG (vgl. § 23 Abs. 3 Satz 8 Halbsatz 2 EStG).

6.3.4 Die Veräußerung von Grundstücken und grundstücksgleichen Rechten

6.3.4.1 Grundlagen

Das private Veräußerungsgeschäft von Grundstücken i. S. des § 23 Abs. 1 Satz 1 Nr. 1 EStG ist ein beliebtes Thema i. R. von Steuerberaterprüfungen. Zivilrechtlich erfolgt die Eigentumsübertragung von Grundstücken unter dem Formzwang der notariellen Beurkundung aufgrund von § 311b Abs. 1 BGB. Der Übertragungsvorgang erfolgt durch Einigung/Auflassung und der Eintragung gem. §§ 873, 925 BGB.

HINWEIS

Bei Zweifelsfragen und Sonderfällen ist das BMF-Schreiben vom 5. 10. 2000 hilfreich (abgedruckt im Anhang 26 EStHB).[70]

HINWEIS

Unter den Tatbestand des § 23 Abs. 1 Satz 1 Nr. 1 EStG fällt ebenfalls die Veräußerung von grundstücksgleichen Rechten wie zum Beispiel Erbbaurechten und Mineralgewinnungsrechten (vgl. § 23 Abs. 1 Satz 1 Nr. 1 Satz 1 EStG).

Liegen die Voraussetzungen des § 23 Abs. 1 Satz 1 Nr. 1 EStG vor, werden **Gebäude und Außenanlagen** mit einbezogen, sofern diese innerhalb des Veräußerungszeitraums errichtet, ausgebaut oder erweitert wurden (vgl. § 23 Abs. 1 Satz 1 Nr. 1 Satz 2 EStG).

Einen Sonderfall bildet die Veräußerung im Falle der vorausgehenden Selbstnutzung eines Grundstücks. Im Fall einer **Eigennutzung** kann eine Besteuerung i. R. des § 23 Abs. 1 Satz 1 Nr. 1 EStG in zwei Konstellationen vermieden werden.

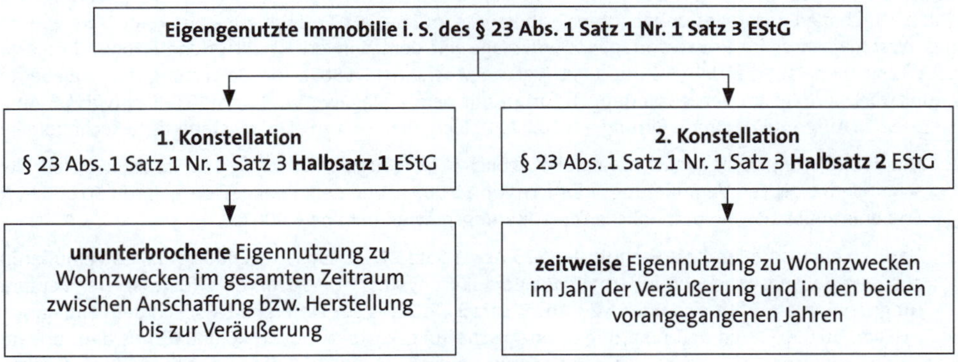

HINWEIS

Der Begünstigungstatbestand des § 23 Abs. 1 Satz 1 Nr. 1 Satz 3 EStG kann bei unbebauten Grundstücken nicht verwirklicht werden. Dies gilt auch dann, wenn das betroffene Grundstück zur Bebauung mit einem zur Eigennutzung bestimmten Gebäude vorgesehen war, in der Folge die Bebauung allerdings nicht realisiert wurde.[71]

70 Vgl. BMF, Schreiben vom 5. 10. 2000 - IV C 3 - S 2256 - 263/00, a. a. O.

71 Vgl. BMF, Schreiben vom 5. 10. 2000 - IV C 3 - S 2256 - 263/00, a. a. O., Tz. 20.

Bei einem **gemischt genutzten Gebäude** (teilweise zu eigenen Wohnzwecken, teilweise Nutzung zu anderen Zwecken) erstreckt sich die Begünstigung des § 23 Abs. 1 Satz 1 Nr. 1 Satz 3 EStG nur auf den zu eigenen Wohnzwecken genutzten Teil. In der Folge unterliegt der Rest des Gebäudes der Besteuerung i. R. des § 23 EStG.[72] Der begünstigte Anteil des Grund und Bodens wird bei gemischt genutzten Gebäuden grds. nach dem Nutzflächenverhältnis ermittelt.[73]

6.3.4.2 Sonderfall – Einlage in ein Betriebsvermögen

Steuerberaterprüfung 2010

Eine Einlage in ein Betriebsvermögen stellt grds. keine Veräußerung i. S. des § 23 EStG dar. Die Bewertung der Einlage erfolgt grds. mit dem Teilwert, sofern die Anschaffung oder Herstellung im Privatvermögen mehr als drei Jahre zurückliegt (vgl. § 6 Abs. 1 Nr. 5 EStG). Wird das Grundstück anschließend im Betriebsvermögen veräußert, so ist der Veräußerungsgewinn die Differenz zwischen dem erzielten Veräußerungspreis und dem Einlagewert (= Teilwert). Der in der Zeit der Nutzung im steuerlichen Privatvermögen verwirklichte Wertzuwachs würde in diesem Fall grds. von der Versteuerung verschont bleiben.

Um einen **Missbrauch** der Einlage eines Wirtschaftsgutes in ein Betriebsvermögen zur Steuervermeidung zu verhindern, wurde der Tatbestand des § 23 Abs. 1 Satz 5 Nr. 1 EStG geschaffen. Erfolgt demnach eine **Einlage innerhalb der Veräußerungsfrist** aus dem Privatvermögen in das Betriebsvermögen, so läuft die Frist des § 23 EStG im Hintergrund weiter, obwohl durch die Einlage grds. die Verbindung zum steuerlichen Privatvermögen und damit zum eigentlichen Anwendungsbereich des § 23 EStG gelöst wurde. Erfolgt anschließend innerhalb der Veräußerungsfrist eine Veräußerung im Betriebsvermögen, so löst dieser Vorgang zwei verschiedene Rechtsfolgen aus, zum einen den betrieblichen Veräußerungsvorgang und zum anderen auch ein zusätzliches privates Spekulationsgeschäft.

BEISPIEL

Herr Gustav Gierig (GG) erwirbt mit notariellem Kaufvertrag vom 20. 11. 2012 ein unbebautes Grundstück. Die Anschaffungskosten betragen 40.000 €. Am 1. 6. 2017 wird das betroffene Grundstück mit dem zutreffenden Teilwert i. H. von 50.000 € in das Betriebsvermögen des GG eingelegt. Bereits am 10. 2. 2018 veräußert GG das unbebaute Grundstück des Betriebsvermögens nunmehr für 55.000 €. Zu ermitteln sind die einkommensteuerlichen Rechtsfolgen aus der Veräußerung des unbebauten Grundstücks.

LÖSUNG

Die Veräußerungsfrist (10 Jahre) für das private Veräußerungsgeschäft i. S. des § 23 EStG beginnt durch den notariellen Kaufvertrag vom 20.11.2012 (vgl. § 187 Abs. 1 BGB). Das Ende der maßgebenden Veräußerungsfrist fällt auf den 20. 11. 2022 (vgl. § 188 Abs. 2 Alt. 1 BGB; siehe auch H 23 „Veräußerungsfrist" EStH). Durch die Einlage des unbebauten Grundstücks im Jahr 2017 erfolgt zunächst keine Versteuerung des Wertzuwachses im Privatvermögen. Die Einlage mit dem Teilwert ist zutreffend erfolgt, da die Anschaffung mehr als drei Jahre zurückliegt (vgl. § 6 Abs. 1 Nr. 5 EStG). Die Bewertung des unbebauten Grundstücks erfolgt im Betriebsvermögen fortan mit dem Einlagewert i. H. von 50.000 € (vgl. § 6 Abs. 1 Nr. 2 EStG). Aufgrund der Veräußerung am 10.02.2018 ergeben sich zwei ertragsteuerliche Rechtsfolgen:

1. Die Veräußerung stellt zunächst einen betrieblichen Vorgang dar. Zu versteuern ist die Differenz zwischen dem erzielten Veräußerungserlös i. H. von 55.000 € und dem Einlagewert i. H. von 50.000 €. Im Ergebnis ergibt sich ein betrieblicher Veräußerungsgewinn i. H. von 5.000 €.
2. Darüber hinaus findet die Vorschrift des § 23 Abs. 1 Satz 5 Nr. 1 EStG Anwendung, da die Veräußerung aus dem Betriebsvermögen innerhalb der Veräußerungsfrist von 10 Jahren erfolgt ist. Der Veräußerungsgewinn ermittelt sich nach § 23 Abs. 3 Satz 2 EStG aus der Differenz zwischen dem Einlagewert i. H. von 50.000 € und den ursprünglichen Anschaffungskosten i. H. von 40.000 €. Aus dem privaten Veräußerungsgeschäft ergibt sich demnach ein Gewinn i. H. von 10.000 €. Das private Veräußerungsgeschäft unterliegt im Jahr 2018 der Besteuerung.[74]

---

72 Vgl. BMF, Schreiben vom 05.10.2000 - IV C 3 - S 2256 - 263/00, a. a. O., Tz. 16.

73 Vgl. BMF, Schreiben vom 05.10.2000 - IV C 3 - S 2256 - 263/00, a. a. O., Tz. 18 und 32.

74 Vgl. BMF, Schreiben vom 5. 10. 2000 - IV C 3 - S 2256 - 263/00, a. a. O., Tz. 35 bis 37.

6.3.4.3 Sonderfall – verdeckte Einlagen in eine Kapitalgesellschaft

I. R. des § 23 EStG wird ähnlich wie bei § 17 Abs. 1 Satz 2 EStG auch die **verdeckte Einlage** eines Wirtschaftsgutes einer Veräußerung gleichgestellt (vgl. § 23 Abs. 1 Satz 5 Nr. 2 EStG). Dieser Sondertatbestand ist allerdings auf **Grundstücke und grundstücksgleiche Rechte** i. S. des § 23 Abs. 1 Satz 1 Nr. 1 EStG beschränkt.

BEISPIEL

Frau Miriam Müller (MM) ist an der Müller & Partner GmbH (GmbH) zu 40 % beteiligt. Sie hat im steuerlichen Privatvermögen am 10. 5. 2014 ein unbebautes Grundstück für 100.000 € erworben. Am 1. 9. 2018 beschließt MM das Grundstück ohne Gegenleistung auf die GmbH zu übertragen. Der Wert des unbebauten Grundstücks beträgt in diesem Zeitpunkt 150.000 €. Zu prüfen ist, welche einkommensteuerlichen Folgen sich aus der unentgeltlichen Übertragung ergeben.

LÖSUNG

Die unentgeltliche Übertragung des unbebauten Grundstücks an die Kapitalgesellschaft stellt eine verdeckte Einlage dar, da MM eine Gesellschafterin ist und die Einlage außerhalb der gesellschaftsrechtlichen Einlagen erfolgt. Darüber hinaus handelt es sich um einen einlagefähigen Vermögensvorteil und die Einlage ist durch das Gesellschaftsverhältnis veranlasst (vgl. H 4.3 Abs. 1 „Verdeckte Einlage" 1. Spiegelstrich EStH; R 8.9 Abs. 1 KStR i.V. mit R 8.9 Abs. 3 KStR). Die Einlage erfolgt unabhängig vom Zeitpunkt des Erwerbs mit dem Teilwert i. H. von 150.000 € (vgl. § 6 Abs. 1 Nr. 5 EStG i.V. mit R 8.9 Abs. 4 Satz 4 KStR). Auf Grundlage des § 23 Abs. 1 Satz 5 Nr. 2 EStG gilt die verdeckte Einlage als Veräußerungstatbestand i. S. des § 23 Abs. 1 Satz 1 Nr. 1 EStG. Da die verdeckte Einlage innerhalb der Veräußerungsfrist von 10 Jahren seit Erwerb des Grundstücks im Privatvermögen erfolgt ist, sind die zeitlichen Voraussetzungen ebenfalls erfüllt. MM muss als Veräußerungspreis den gemeinen Wert des Grundstücks i. H. von 150.000 € ansetzen (vgl. § 23 Abs. 3 Satz 2 EStG). Unter Berücksichtigung der Anschaffungskosten i. H. von 100.000 € ergibt sich ein Veräußerungsgewinn i. H. von 50.000 €, der die Freigrenze des § 23 Abs. 3 Satz 5 EStG übersteigt.

HINWEIS

Erfolgt die Übertragung eines Grundstücks oder eines grundstücksgleichen Rechts an eine Kapitalgesellschaft nicht unentgeltlich, sondern lediglich verbilligt, so ist eine verdeckte Einlage lediglich im Umfang der Verbilligung anzunehmen (vgl. R 8.9 Absätze 1 und 3 KStR).

6.3.5 Die Veräußerung von anderen Wirtschaftsgütern

Auf Grundlage des § 23 Abs. 1 Satz 1 Nr. 2 EStG unterliegt auch die Veräußerung anderer Wirtschaftsgüter der Besteuerung i. R. des § 23 EStG. Der Begriff der anderen Wirtschaftsgüter umfasst grds. alle Wirtschaftsgüter mit Ausnahme der Grundstücke und grundstücksgleichen Rechte.

Exkurs – Wirtschaftsgüter des täglichen Gebrauchs

Ausgenommen von der Besteuerung i. R. des § 23 Abs. 1 Satz 1 Nr. 2 EStG sind Wirtschaftsgüter des täglichen Gebrauchs (vgl. § 23 Abs. 1 Satz 1 Nr. 2 Satz 2 EStG). Eine gesetzliche Definition, welche Wirtschaftsgüter als Wirtschaftsgüter des täglichen Gebrauchs zu deklarieren sind, liegt bislang nicht vor. Ursache für die Nichterfassung dieser Wirtschaftsgüter ist, dass diese grds. durch den Bereich der Kosten der privaten Lebensführung abgedeckt werden (vgl. § 12 Nr. 1 EStG).

6.4 Einkünfte aus sonstigen Leistungen

6.4.1 Allgemeines

§ 22 Nr. 3 EStG ist für sonstige Leistungen, die nicht i. R. des § 2 Abs. 1 Satz 1 Nummern 1 bis 6 EStG sowie der anderen Tatbestände des § 22 EStG erfasst werden, anwendbar. Eine sonstige Leistung i. S. des § 22 Nr. 3 EStG ist jedes **Tun, Dulden oder Unterlassen**, das Gegenstand eines entgeltlichen Vertrages sein kann und das eine Gegenleistung auslöst (vgl. H 22.8 „Allgemeines" EStH). Diese Vorgänge sind insbesondere von Veräußerungsvorgängen des steuerlichen Privatvermögens abzugrenzen, die durch die Vorschrift des § 22 Nr. 2 EStG i.V. mit § 23 EStG erfasst werden. Wichtig für den Tatbestand des § 22 Nr. 3 EStG ist der wirtschaftliche Zusammenhang zwischen der sonstigen Leistung und der Gegenleistung sowie die Annahme der Gegenleistung durch den leistenden Stpfl.

Einkünfte i. S. des § 22 Nr. 3 EStG, die i. R. der höchstrichterlichen Rechtsprechung als solche qualifiziert worden sind, werden exemplarisch in H 22.8 „Einnahmen aus Leistungen i. S. des § 22 Nr. 3 EStG sind:" EStH benannt.

Übersicht über die Tatbestände des § 22 Nr. 3 EStG	
Kurzerläuterung Einkünfte	**Fundstelle**
Entgelt für ein freiwilliges Einsammeln und Verwerten leerer Flaschen	H 22.8 „Einnahmen aus [...] sind:" 3. Spiegelstrich EStH
Entgelt bei einseitigen Fahrgemeinschaften	H 22.8 „Einnahmen aus [...] sind:" 11. Spiegelstrich EStH
Entgelt für die zeitweise Vermietung eines Wohnmobils (Negativabgrenzung zur gewerblichen Vermietung H 15.7 Abs. 3 „Wohnmobil" EStH)	H 22.8 „Einnahmen aus [...] sind:" 15. Spiegelstrich EStH
Bestechungsgelder, die ein Dritter einem Arbeitnehmer zahlt	H 22.8 „Einnahmen aus [...] sind:" 16. Spiegelstrich EStH
Fernsehpreisgelder, bei denen ein gegenseitiges Leistungsverhältnis zwischen dem Auftreten des Kandidaten sowie dem gewonnenen Preisgeld besteht	H 22.8 „Einnahmen aus [...] sind:" 18. Spiegelstrich EStH

Werden in einem späteren Veranlagungszeitraum **Einnahmen aus § 22 Nr. 3 EStG zurückgezahlt**, so liegt in voller Höhe eine Steuerminderung vor. Etwaige Verlustausgleichsverbote oder Verlustabzugsverbote gelten dafür nicht (vgl. H 22.8 „Rückzahlung von Einnahmen" EStH).

Hinsichtlich der **Werbungskosten** gilt abweichend von dem Abflussprinzip des § 11 Abs. 2 EStG, dass sich der Zeitpunkt des Werbungskostenabzuges nach dem Jahr des Zuflusses der Einnahme richtet (vgl. H 22.8 „Zeitpunkt des Werbungskostenabzuges" EStH).

6.4.2 Freigrenze

Einkünfte i. S. des § 22 Nr. 3 EStG sind nicht einkommensteuerpflichtig, sofern sie weniger als **256 €** je Kalenderjahr betragen (vgl. § 22 Nr. 3 Satz 2 EStG). Bei dieser Grenze handelt es sich um eine **Freigrenze**. Auch ein geringfügiges Überschreiten dieser Freigrenze führt zur vollumfänglichen Steuerpflicht. Bei Ehegatten ist die Freigrenze für jeden Ehegatten getrennt zu prüfen (vgl. R 22.8 EStR).

6.4.3 Einschränkungen beim Verlustausgleich

Durch § 22 Nr. 3 Satz 3 EStG wird ein Verlustausgleichsverbot geregelt. Es handelt sich bei dieser Beschränkung um ein sog. Verlustausgleichsverbot i. R. des vertikalen Verlustausgleichs. Im Ergebnis kann sich ein Verlust aus Einkünften i. S. des § 22 Nr. 3 EStG nicht auf die Höhe des zu versteuernden Einkommens auswirken.

Sofern der Stpfl. im vorangegangenen Veranlagungszeitraum Einkünfte nach § 22 Nr. 3 EStG erzielt hat oder er in künftigen Jahren solche Einkünfte erzielt, kann er den im laufenden Veranlagungszeitraum entstandenen Verlust nach Maßgabe des § 10d EStG abziehen. Eine etwaige Verlustfeststellung wird i. R. des § 10d Abs. 4 EStG durchgeführt (vgl. § 22 Nr. 3 Satz 4 EStG).

6.5 Leistungen aus Altersvorsorgeverträgen

Steuerberaterprüfung 2010

Durch **§ 22 Nr. 5 EStG** wird die nachgelagerte Besteuerung der Leistungen aus besonderen Altersvorsorgeverträgen geregelt, namentlich:

- Riester-Rente (§ 82 EStG),
- Pensionsfonds (§ 4e EStG),
- Pensionskassen (§ 4c EStG) und
- Direktversicherungen (§ 4b EStG).

Im Zusammenhang mit diesen Altersvorsorgemöglichkeiten bestehen i. R. des Einkommensteuerrechts mehrere Begünstigungstatbestände, durch die in der sog. **„Ansparphase"** die Kapitalbildung steuerlich gefördert wird (vgl. § 22 Nr. 5 Satz 2 EStG im Umkehrschluss). Begünstigungsnormen sind z. B. § 3 Nr. 63 EStG, § 10a EStG, § 3 Nr. 66 EStG sowie § 3 Nr. 56 EStG.

Wird aus den oben genannten Altersvorsorgeverträgen beim Erreichen einer entsprechenden Altersgrenze eine Leistung ausbezahlt, so unterliegen die zufließenden Beträge der **nachgelagerten Besteuerung** gem. § 22 Nr. 5 Satz 1 EStG. Für Altersvorsorgeverträge, bei denen Geldleistungen ausgezahlt werden und die Ansparphase nicht aufgrund der vorgenannten Normierungen begünstigt war, wird durch § 22 Nr. 5 Satz 2 EStG die Besteuerung geregelt.

HINWEIS

Die steuerliche Förderung der privaten Altersvorsorge wird umfassend durch das BMF-Schreiben vom 21. 12. 2017 dargestellt.[75] In diesem Schreiben wird in den Textziffern 126 bis 194 auch auf die Anwendung des § 22 Nr. 5 EStG und dessen Details eingegangen.

Um die Besteuerung der Leistungen nach § 22 Nr. 5 EStG zu sichern, sind ausgewählte, in § 22a Abs. 1 EStG genannte Rechtsträger verpflichtet, eine sog. Rentenbezugsmitteilung nach amtlich vorgeschriebenem Datensatz der zentralen Stelle i. S. des § 81 EStG (= Deutsche Rentenversicherung Bund) zu übermitteln. Diese übermittelt nach einer entsprechenden Überprüfung die Datensätze anschließend an das Bundeszentralamt für Steuern (vgl. § 22a Abs. 2 EStG).

BEISPIEL

Einkünfte aus einem Pensionsfonds sind Gegenstand der im Kapitel V.2.4.2 dargestellten Prüfungsaufgabe.

7. Grundstücke im Bereich der Einkommensteuer

Grundstücke und deren steuerrechtliche Behandlung sind in irgendeiner Form Gegenstand in nahezu jeder Steuerberaterprüfung.

7.1 Grund und Boden/Gebäude als selbständige Wirtschaftsgüter

Der Grund und Boden sowie das Gebäude stellen im Einkommensteuerrecht zwei verschiedene Wirtschaftsgüter dar. Ursache dafür ist die unterschiedliche steuerliche Behandlung dieser Wirtschaftsgüter. Während das Gebäude zu den abnutzbaren Wirtschaftsgütern zählt, ist der Grund und Boden den nicht abnutzbaren Wirtschaftsgütern zuzuordnen (vgl. § 6 Abs. 1 Nummern 1 und 2 EStG). Wird im Prüfungssachverhalt ein bebautes Grundstück angeschafft, so sind demnach in einem 1. Schritt die Anschaffungskosten auf die beiden Wirtschaftsgüter aufzuteilen. Die Aufteilung kann zum einen durch vertragliche Regelung im Kaufvertrag erfolgen. Findet keine Regelung statt, so ist die Kaufpreisaufteilung regelmäßig im Verhältnis der Verkehrswerte vorzunehmen (vgl. H 7.3 „Kaufpreisaufteilung" 2. Spiegelstrich EStH).

Die Bewertung des **Grund und Bodens** erfolgt i. R. des § 6 Abs. 1 Nr. 2 EStG mit den Anschaffungs- oder Herstellungskosten. Ist der Teilwert aufgrund einer voraussichtlich dauernden Wertminderung niedriger als die Anschaffungs- oder Herstellungskosten, so kann dieser unter Umständen angesetzt werden. Bei Wirtschaftsgütern des nicht abnutzbaren Anlagevermögens ist für die Prüfung des dauerhaft niedrigeren Teilwerts grds darauf abzustellen, ob die Gründe für eine niedrigere Bewertung voraussichtlich anhalten werden.[76]

Bei einem **Gebäude** handelt es sich im Gegensatz zu Grund und Boden um ein abnutzbares Wirtschaftsgut. Die Bewertung erfolgt daher grds. i. R. des § 6 Abs. 1 Nr. 1 EStG mit den Anschaffungs- oder Herstellungskosten, vermindert um die AfA (vgl. § 7 EStG). Liegt ein Teilwert vor, der diesen Wert aufgrund einer voraussichtlich dauernden Wertminderung unterschreitet, so kann dieser angesetzt werden. Da es sich bei einem Gebäude um ein abnutzbares Wirtschaftsgut handelt, kann von einer voraussichtlich dauernden Wertminderung ausgegangen werden, sofern der Wert des Gebäudes zum Bilanzstichtag mindestens für die halbe Restnutzungsdauer unterhalb des planmäßigen Restbuchwertes liegt.[77] Für die AfA bei Gebäuden sind grds. drei verschiedene Prozentsätze maßgeblich, die sich aus der Vorschrift des § 7 Abs. 4 EStG ergeben. Diese kommen nicht zur Anwendung, sofern die tatsächliche Nutzungsdauer

75 Vgl. BMF, Schreiben vom 21. 12. 2017 - IV C 3 S 2015/10001 :005 BStBl 2018 I S. 93.

76 Vgl. BMF, Schreiben vom 2. 9. 2016 - IV C 6 - S 2171-b/09/10002 :002-2016/0666535, BStBl I S. 995, Tz. 11 (abgedruckt im Anhang 9 VI EStHB).

77 Vgl. BMF, Schreiben vom 2. 9. 2016 - IV C 6 - S 2171-b/09/10002 :002-2016/0666535, a. a. O., Tz. 8.

geringer ist. In diesem Fall bemisst sich die AfA anhand der tatsächlichen Nutzungsdauer (vgl. § 7 Abs. 4 Satz 2 EStG). Die Bemessungsgrundlage für die AfA bilden regelmäßig die Anschaffungs- oder Herstellungskosten (vgl. R 7.3 Abs. 1 EStR).

AfA bei Gebäuden		
Kurzerläuterung	**Maßgebender Prozentsatz**	**Fundstelle**
Das Gebäude ist zum Betriebsvermögen zugeordnet und dient nicht zu Wohnzwecken. Der Bauantrag wurde nach dem 31. 3. 1985 gestellt.	3,0 %	§ 7 Abs. 4 Satz 1 Nr. 1 EStG (beachte auch § 52 Abs. 15 Satz 2 EStG)
Das Gebäude erfüllt nicht die Voraussetzungen des § 7 Abs. 4 Satz 1 Nr. 1 EStG und wurde nach dem 31. 12. 1924 fertiggestellt.	2,0 %	§ 7 Abs. 4 Satz 1 Nr. 2 Buchst. a EStG
Das Gebäude erfüllt nicht die Voraussetzungen des § 7 Abs. 4 Satz 1 Nr. 1 EStG und wurde vor dem 1. 1. 1925 fertiggestellt.	2,5 %	§ 7 Abs. 4 Satz 1 Nr. 2 Buchst. b EStG

Exkurs – Absetzung für außergewöhnliche Abnutzung

Unter Umständen kommt auch die Vornahme von Absetzungen für außergewöhnliche technische oder wirtschaftliche Abnutzung (AfaA) i. S. des § 7 Abs. 1 Satz 7 EStG für Gebäude in Betracht (vgl. R 7.4 Abs. 11 EStR). Voraussetzung für die Vornahme einer Absetzung ist, dass die wirtschaftliche Nutzbarkeit eines Wirtschaftsgutes durch außergewöhnliche Umstände gesunken ist (= Einschränkung der Nutzungsmöglichkeiten z. B. bei Änderung des modischen Geschmacks oder aufgrund des technischen Fortschritts) oder das Wirtschaftsgut eine Substanzeinbuße erlitten hat (= technische Gründe).

Die AfaA ist insbesondere i. R. der Gewinnermittlung nach § 4 Abs. 3 EStG sowie bei den Überschusseinkünften von Bedeutung, da in diesen beiden Bereichen eine Teilwertabschreibung mangels Anwendbarkeit der Bewertungsvorschriften des § 6 EStG unzulässig ist. Bei der Gewinnermittlung i. R. des Betriebsvermögensvergleichs (§ 4 Abs. 1 EStG) ist es zumeist schwierig, zwischen einer AfaA sowie einer Teilwertabschreibung zu differenzieren.

7.2 Selbständige Gebäudeteile (Nutzungs- und Funktionszusammenhänge)

Im Einkommensteuerrecht stellt ein Gebäude nicht zwingend ein einheitliches Wirtschaftsgut dar, sondern kann anhand der sog. **„Nutzungs- und Funktionszusammenhänge"** in verschiedene Wirtschaftsgüter zerlegt werden (vgl. R 4.2 Abs. 3 Satz 3 Nr. 5 EStR). Durch die Rechtsprechung wurden dabei vier unterschiedliche Nutzungs- und Funktionszusammenhänge festgelegt (vgl. R 4.2 Abs. 4 EStR).

Übersicht über die Nutzung- und Funktionszusammenhänge		
Nutzung	**Vermögenszuordnung i. S. des EStG**	**Sonderfälle**
eigenbetriebliche Nutzung	notwendiges Betriebsvermögen	vermietete Wohnräume an Arbeitnehmer (vgl. R 4.2 Abs. 4 Satz 2 EStR; H 4.2 Abs. 7 „Vermietung an Arbeitnehmer" EStH)
fremdbetriebliche Nutzung	gewillkürtes Betriebsvermögen oder Privatvermögen	Überlassung an unterschiedliche Personen zur fremdbetrieblichen Nutzung (-> ein einheitliches Wirtschaftsgut gem. R 4.2 Abs. 4 Satz 4 EStR)
eigene Wohnzwecke	Privatvermögen (= Konsumgutlösung)	-
fremde Wohnzwecke	gewillkürtes Betriebsvermögen oder Privatvermögen	-

Diese erforderliche Aufteilung hat wiederum auf die **Aufteilung des Grund und Bodens** in verschiedene Wirtschaftsgüter Auswirkungen (vgl. R 4.2 Abs. 7 Satz 2 EStR).

Zu beachten ist, dass bestimmte Teile eines Gebäudes **nicht** als selbständige Gebäudeteile behandelt werden können, sondern der Nutzung des jeweiligen Gebäudeteils oder Gebäudes dienen (vgl. R 4.2 Abs. 5 Satz 1 EStR).

Beispiele für unselbständige Gebäudeteile (vgl. H 4.2 Abs. 5 „Unselbständige Gebäudeteile" EStH)	
Kurzerläuterung	**weiterführende Fundstelle(n)**
► Bäder und Schwimmbecken in Hotels ► Heizungsanlagen, Be- und Entlüftungsanlagen, Klimaanlagen ► Sprinkleranlagen (außer wenn mit ihnen das Gewerbe unmittelbar betrieben wird) ► Beleuchtungsanlagen (außer Spezialbeleuchtungsanlagen, welche nicht zur Gebäudebeleuchtung erforderlich sind) ► Personenaufzüge, Rolltreppen oder Rollsteige, die zur Bewältigung des Publikumsverkehrs dienen	Gleich lautende Erlasse der obersten Finanzbehörden der Länder vom 5. 6. 2013 - S 3130, BStBl I S. 734
► Umzäunung oder Garage bei einem Wohngebäude	BFH, Urteil vom 28. 6. 1983 – VIII R 179/79, BStBl II 1984 S. 196; H 7.1 „Garagen" EStH

Liegen bei einem Gebäude mehrere Nutzungs- und Funktionszusammenhänge vor, müssen die Anschaffungs- oder Herstellungskosten auf diese selbständigen Wirtschaftsgüter verteilt werden (R 4.2 Abs. 6 Satz 1 EStR). Der Aufteilungsmaßstab in diesem Zusammenhang ist grds. das **Nutzflächenverhältnis**, es sei denn, dieses Verhältnis führt zu einem unangemessenen Ergebnis (vgl. R 4.2 Abs. 6 Satz 2 EStR). In diesem Fall wäre ein möglicher weiterer Aufteilungsmaßstab das sog. Sachwertverfahren (vgl. R 4.2 Abs. 8 Satz 5 EStR analog; = Baukostenverhältnis).

HINWEIS

Von einer Aufteilung des Gebäudes kann aus Vereinfachungsgründen abgesehen werden, wenn diese aus steuerlichen Gründen nicht erforderlich ist. Dies ist z. B. dann der Fall, wenn das gesamte Gebäude dem steuerlichen Betriebsvermögen zuzuordnen ist und einheitlich abgeschrieben wird (vgl. R 4.2 Abs. 6 Satz 3 EStR).

Nachdem das Gebäude in seine selbständigen Gebäudeteile aufgeteilt ist, muss geprüft werden, ob mehrere Gebäudeeigentümer vorhanden sind (= **Miteigentümer**). Ist dies der Fall, so muss wiederum jeder selbständige Gebäudeteil in so viele Wirtschaftsgüter aufgeteilt werden, wie Miteigentümer vorhanden sind (vgl. H 4.2 Abs. 4 „Miteigentum" EStH).

7.3 Weitere selbständige Gebäudeteile

Neben der dargestellten Aufteilung von Gebäuden in sonstige selbständige Gebäudeteile anhand der Nutzungs- und Funktionszusammenhänge können Gebäude auch auf weitere selbständige Gebäudeteile aufgeteilt werden. Diese sind in der R 4.2 Abs. 3 Satz 3 Nummern 1 bis 4 EStR aufgezählt. Es handelt sich dabei namentlich um Betriebsvorrichtungen, Scheinbestandteile, Ladeneinbauten sowie sonstige Mietereinbauten.

Übersicht über weitere selbständige Gebäudeteile (vgl. R 4.2 Abs. 3 Satz 3 Nummern 1 - 4 EStR)		
selbständiger Gebäudeteil	**Kurzbeschreibung und Beispiele**	**Charakterisierung und wichtige Fundstellen**
Betriebsvorrichtungen	► vorrangige Ausübung des Gewerbes durch die Betriebsvorrichtung; von der einheitlichen Gebäudenutzung abweichender Nutzungs- und Funktionszusammenhang ► Abladevorrichtungen, Autoaufzüge in Parkhäusern, Förderbänder, Lastenaufzüge, Schwimmbecken in Hallen- und Freibädern, Tresore	► R 4.2 Abs. 3 Satz 3 Nr. 1 EStR, H 7.1 „Betriebsvorrichtung" EStH ► bewegliches, abnutzbares Wirtschaftsgut (R 7.1 Abs. 3 EStR, R 7.1 Abs. 1 Nr. 1 EStR) ► § 7 Abs. 1 EStG, § 6 Abs. 2 EStG und § 6 Abs. 2a EStG sind anwendbar
Scheinbestandteile	► Klassifizierung nach dem zivilrechtlichen Begriff des § 95 BGB ► Abgrenzung zu einem wesentlichen Grundstücks- oder Gebäudebestandteil notwendig ► Einfügung des Wirtschaftsgutes zu einem vorübergehenden Zweck (Nutzungsdauer des Wirtschaftsgutes ist größer der Nutzungsdauer dieser Nutzung und nach dem Ausbau hat das Wirtschaftsgut einen nicht unbeachtlichen Wert oder der Vermieter ist auf die konkreten Bedürfnisse des Mieters eingegangen und die Nutzungsdauer ist kleiner oder gleich der Laufzeit des Mietvertrages)	► R 4.2 Abs. 3 Satz 3 Nr. 2 EStR, H 7.1 „Scheinbestandteile" EStH ► bewegliches, abnutzbares Wirtschaftsgut (R 7.1 Abs. 4 Satz 1 EStR, R 7.1 Abs. 1 Nr. 1 EStR) ► § 7 Abs. 1 EStG, § 6 Abs. 2 EStG und § 6 Abs. 2a EStG sind anwendbar
Ladeneinbauten, Schaufensteranlagen	► wirtschaftlich klar abgrenzbare Teile eines Gebäudes, welche zum Betriebsvermögen gehören und eine wesentlich geringere wirtschaftliche Nutzungsdauer haben ► unterliegen einem schnellen Wandel des modischen Geschmacks ► Schaufensteranlagen, Ladeneinbauten, Gaststätteneinbauten, Schalterhallen (bei Kreditinstituten)	► R 4.2 Abs. 3 Satz 3 Nr. 3 EStR ► unbewegliches, abnutzbares Wirtschaftsgut (R 7.1 Abs. 6 EStR, R 7.1 Abs. 1 Nr. 4 EStR) ► Abschreibung nach § 7 Abs. 5a EStG, § 7 Abs. 4 Satz 2 EStG ► Anwendung § 6 Abs. 2 EStG und § 6 Abs. 2a EStG nicht möglich
sonstige Mietereinbauten	► auf eigene Rechnung des Mieters errichtete Wirtschaftsgüter auf fremden Grund und Boden	► R 4.2 Abs. 3 Satz 3 Nr. 3 EStR, H 4.2 Abs. 3 „Mietereinbauten" EStH, H 7.4 „Mietereinbauten" EStH ► grds. Regelungen durch das BMF, Schreiben vom 15. 1. 1976 – IV B 2 – S 2133 - 1/76, BStBl 1976 I S. 66

7.4 Abgrenzung Anschaffungskosten, Herstellungskosten, Erhaltungsaufwand

7.4.1 Erhaltungsaufwand

Aufwendungen für die **Instandhaltung** und die laufende Instandsetzung eines Gebäudes stellen grds. sofort abzugsfähige Werbungskosten (§ 9 Abs. 1 Satz 1 EStG) oder Betriebsausgaben (§ 4 Abs. 4 EStG) dar. Erhaltungsaufwand liegt zumeist dann vor, wenn es sich um Maßnahmen aufgrund eines gewöhnlichen Verschleißes durch Nutzung handelt, durch diese Maßnahme die Wesensart des Gebäudes nicht verändert wird und diese Maßnahme zur Erhaltung eines ordnungsgemäßen Zustandes dient. Um Erhaltungsaufwand handelt es sich regelmäßig z. B. bei Schönheitsreparaturen und Ausbesserungsarbeiten. Auch der Austausch von in den Herstellungskosten enthaltenen Teilen fällt unter den Begriff des einkommensteuerlichen Erhaltungsaufwandes (vgl. R 21.1 Abs. 1 EStR).

Von der jeweiligen Einkunftsart ist abhängig, in welchem Zeitpunkt der Erhaltungsaufwand steuerlich zu berücksichtigen ist. Stellt der Erhaltungsaufwand eine Betriebsausgabe beim Betriebsvermögensvergleich (§ 4 Abs. 1 Satz 1 EStG) dar, liegen Aufwendungen bereits mit dem Entstehen der Verbindlichkeit vor (vgl. R 5.6 Abs. 3 Satz 2 EStR). Handelt es sich hingegen um Werbungskosten bei Überschusseinkünften (insbesondere Einkünfte aus Vermietung und Verpachtung) oder Betriebsausgaben bei der Einnahmenüberschussrechnung (§ 4 Abs. 3 EStG), so kommt eine Berücksichtigung i. R. des Abflussprinzips in Betracht (vgl. § 11 Abs. 2 EStG).

7.4.1.1 Vereinfachungsregelung

Trägt der Stpfl. nach der Fertigstellung des Gebäudes Aufwendungen, die eine Erweiterung oder eine über den ursprünglichen Zustand hinausgehende, **wesentliche Verbesserung** eines Gebäudes zur Folge haben, stellen diese Aufwendungen grds. Herstellungsaufwand dar (vgl. § 255 Abs. 2 Satz 1 HGB). Abweichend von diesem Grundsatz können derartige Aufwendungen auf Antrag auch als Erhaltungsaufwendungen behandelt werden, sofern die Aufwendungen für die einzelne Baumaßnahme nicht mehr als **4.000 €** betragen. Maßgebend für die Grenze ist der Rechnungsbetrag ohne Umsatzsteuer, unabhängig davon, ob diese als Vorsteuer abziehbar/abzugsfähig ist (vgl. R 21.1 Abs. 2 Sätze 1 und 2 EStR).

7.4.1.2 Größerer Erhaltungsaufwand bei Wohngebäuden

Die Darstellung der Behandlung von größerem Erhaltungsaufwand bei der Vermietung von Gebäuden des Privatvermögens zu Wohnzwecken erfolgt im Kapitel IV.5.3.2.3.

7.4.2 Anschaffungsnahe Herstellungskosten

Eine wichtige Abgrenzung stellt die Differenzierung zwischen Herstellungskosten und Erhaltungsaufwand dar. Die rechtliche Grundlage für diese Beurteilung ergibt sich dabei aus § 255 Abs. 2 HGB. Liegen keine Anschaffungs- oder Herstellungskosten, sondern Aufwendungen für die Instandsetzung und Modernisierungsmaßnahmen vor, so handelt es sich grds. um laufende Aufwendungen. Übersteigen derartige Aufwendungen allerdings **15 % der Anschaffungskosten** des Gebäudes innerhalb von **drei Jahren** nach der Anschaffung, so liegen anschaffungsnahe Herstellungskosten i. S. des § 6 Abs. 1 Nr. 1a Satz 1 EStG vor. In die Berechnung der Grenze von 15 % sind die Aufwendungen ohne Umsatzsteuer, unabhängig vom Vorsteuerabzug, einzubeziehen. Aufwendungen für Erweiterungen i. S. des § 255 Abs. 2 Satz 1 HGB sowie jährlich üblicherweise anfallende Erhaltungsarbeiten fließen nicht in die Berechnung der benannten Grenze ein (vgl. § 6 Abs. 1 Nr. 1a Satz 2 EStG). Wird diese Grenze erst im zweiten oder dritten Jahr nach der Anschaffung überschritten, so kann für den zurückliegenden Veranlagungszeitraum oder die beiden zurückliegenden Veranlagungszeiträume eine rückwirkende Änderung i. R. des § 175 Abs. 1 Satz 1 Nr. 2 AO durchgeführt werden.

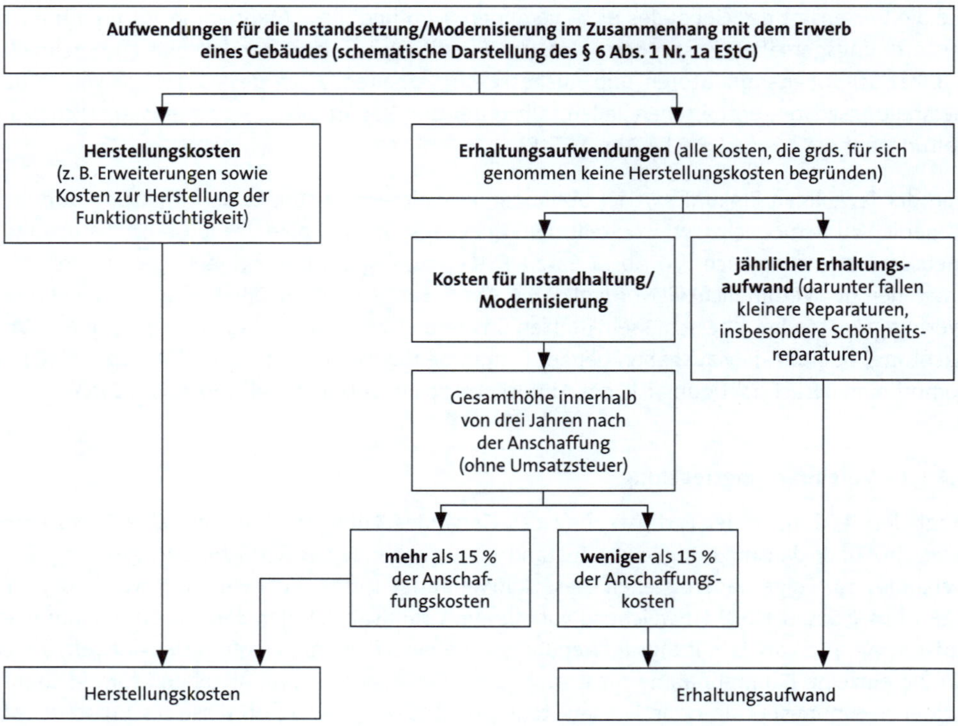

HINWEIS

Die Normierung des § 6 Abs. 1 Nr. 1a EStG findet darüber hinaus auch im Bereich der **Überschusseinkünfte** (§ 9 Abs. 5 Satz 2 EStG) sowie i. R. der **Einnahmenüberschussermittlung** (§ 6 Abs. 7 Nr. 2 EStG) Anwendung.

Exkurs – aktuelle Rechtsentwicklung

Im Jahr 2016 hat der BFH neue Grundsätze im Zusammenhang mit der Normierung des § 6 Abs. 1 Nr. 1a EStG festgelegt.[78] Diese sind im BMF-Schreiben vom 20. 10. 2017 festgehalten (abgedruckt im Anhang 30 V.2 EStHB).[79]

Zum einen vertritt der BFH nunmehr die Auffassung, dass bei **Schönheitsreparaturen** ein räumlicher, zeitlicher und sachlicher Zusammenhang zu Modernisierungs- und Instandsetzungsmaßnahmen **nicht** notwendig ist, um die Kosten in die Berechnung der 15 % Grenze mit einzubeziehen. In seiner bisherigen Rechtsprechung vertrat der BFH die Auffassung, dass ohne einen derartigen Zusammenhang, Schönheitsreparaturen nicht in die Berechnung mit einzubeziehen sind, sondern als Erhaltungsaufwand zu qualifizieren sind.[80]

Weiterhin hat der BFH klargestellt, dass die Prüfung der 15 % Grenze bei einem aus **mehreren Einheiten** bestehenden Gebäude nicht auf das gesamte Gebäude, sondern auf den jeweiligen selbständigen Gebäudeteil abzustellen ist. Maßgeblich dafür soll sein, ob die einzelnen Gebäudeteile in verschiedenen Nutzungs- und Funktionszusammenhängen stehen.

Es wird nicht beanstandet, wenn auf Antrag des Stpfl., unter Beachtung des **§ 176 Abs. 1 Nr. 3 AO**, die bisherigen Grundsätze hinsichtlich der Schönheitsreparaturen sowie der Berechnung der 15 % Grenze bei mehreren Gebäudeteilen auf Sachverhalte angewendet werden, bei denen der Kaufvertrag vor dem 1. 1. 2017 abgeschlossen wurde.

BEISPIEL

Eine Prüfungsaufgabe im Zusammenhang mit einer teilentgeltlichen Grundstücksübertragung und der Anwendung von § 6 Abs. 1 Nr. 1a EStG wird im Kapitel V.1.1 dargestellt.

78 Vgl. BFH, Urteile vom 14. 6. 2016 - IX R 25/15 (BStBl II S. 992), IX R 15/15 (BStBl II S. 996) und IX R 22/15 (BStBl II S. 999).

79 Vgl. BMF, Schreiben vom 20. 10. 2017 - IV C 1 - S 2171-c/09/10004 :006 - 2017/0397458, BStBl I S. 1447.

80 Vgl. BFH, Urteil vom 25. 8. 2009 - IX R 20/08, BStBl 2010 II S. 125.

7.5 Nachträgliche Anschaffungs- und Herstellungskosten

7.5.1 Abgrenzung zu Erhaltungsaufwendungen

Die Abgrenzung zwischen Anschaffungskosten, Herstellungskosten sowie Erhaltungsaufwendungen bei der Instandsetzung und Modernisierung von Gebäuden wird durch das BMF-Schreiben vom 18. 7. 2003 erleichtert (abgedruckt im Anhang 30 V.1 EStHB).[81] Die Aussagen des BMF-Schreibens lassen sich in drei wesentliche Teile gliedern. Die in den **ersten beiden Teilen** enthaltenen Grundsätze können grafisch wie folgt dargestellt werden.

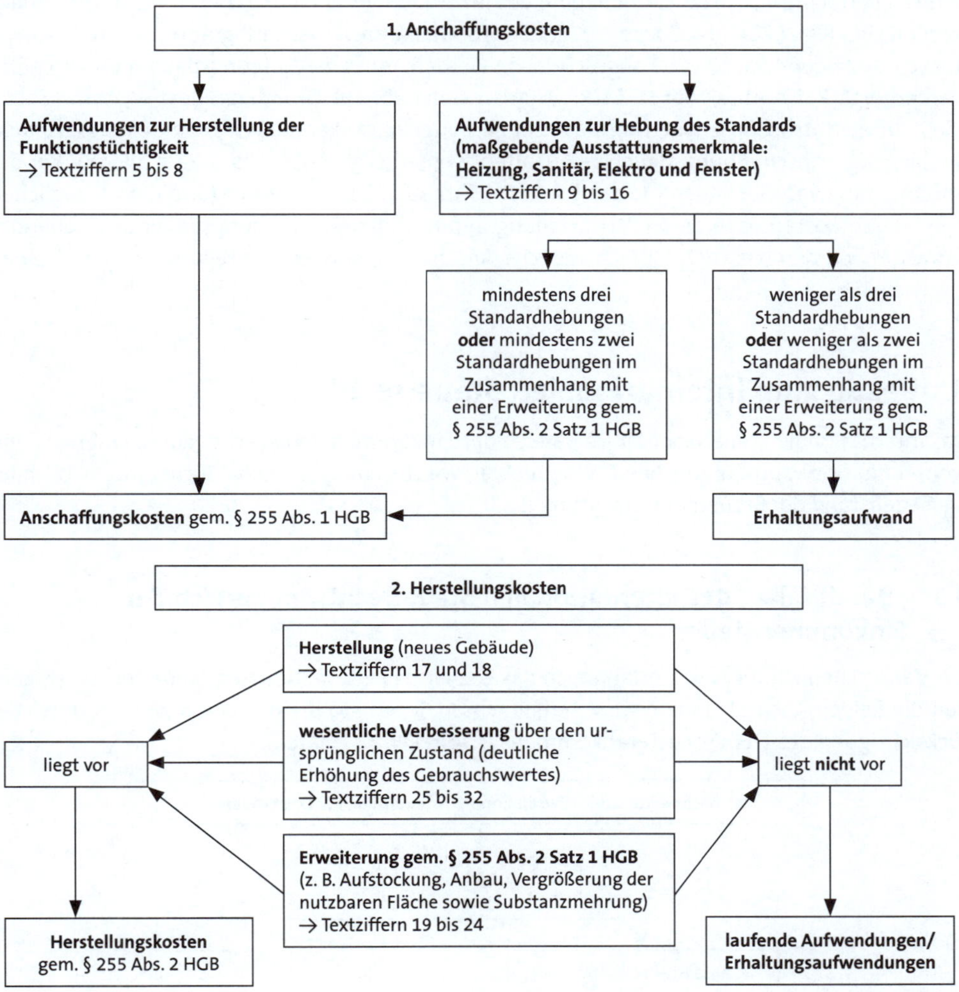

Im **dritten Teil** regelt das BMF-Schreiben das Zusammentreffen von Anschaffungs- und Herstellungskosten mit Erhaltungsaufwendungen. Wurden i. R. von umfassenden Instandsetzungs- und Modernisierungsmaßnahmen neben Arbeiten zur Schaffung eines betriebsbereiten Zustandes, zur Erweiterung des Gebäudes oder Maßnahmen, die über eine zeitgemäße substanzerhaltende Erneuerung hinausgehen, zusätzlich auch Erhaltungsarbeiten durchgeführt, sind die auf die einzelnen Bereiche entfallenden Aufwendungen grds. in Anschaffungs- oder Herstellungskosten und Erhaltungsaufwendungen aufzuteilen. Die Aufteilung kann ggf. im Wege der Schätzung erfolgen (vgl. Anhang 30 V.1 EStHB, Tz. 33). Aufwendungen für mehrere Einzelmaßnahmen, welche für sich genommen teilweise Anschaffungs- bzw. Herstellungskosten und teilweise Erhaltungsaufwendungen darstellen, sind in ihrer Gesamtheit als Anschaffungs- oder Herstellungskosten zu beurteilen, wenn die gesamten Einzelmaßnahmen in einem sachlichen Zusammenhang zueinanderstehen (vgl. Anhang 30 V.2 EStHB, Textziffern 34 und 35).

81 Vgl. BMF, Schreiben vom 18. 7. 2003 - IV C 3 - S 2211 - 94/03, BStBl I S. 386.

7.5.2 Wirkung von nachträglichen Herstellungskosten

Werden Aufwendungen des Stpfl. als nachträgliche Herstellungskosten qualifiziert, so erhöhen diese Aufwendungen die Bemessungsgrundlage für die AfA und wirken sich somit über die Verteilung als Abschreibungsbeträge auf die Höhe der Einkünfte aus. Die Abschreibungsmethode bleibt aufgrund der nachträglichen Herstellungskosten unverändert (vgl. H 7.3 „Nachträgliche Anschaffungs- oder Herstellungskosten“ 1. Spiegelstrich EStH).

Aus Vereinfachungsgründen werden die nachträglichen Herstellungskosten im Jahr des Anfalls fiktiv so betrachtet, als dass sie zu Beginn des jeweiligen Veranlagungszeitraums aufgewendet worden sind (vgl. R 7.4 Abs. 9 Satz 3 EStR). Bei abnutzbaren Wirtschaftsgütern, welche nach § 7 Absätze 1, 2 oder 4 Satz 2 EStG abgeschrieben werden, muss die Nutzungsdauer neu geschätzt werden (vgl. R 7.4 Abs. 9 Satz 1 EStR). Werden Gebäude auf Grundlage des § 7 Abs. 4 Satz 2 EStG auf die tatsächliche Nutzungsdauer abgeschrieben, so kann aus Vereinfachungsgründen die bisherige Abschreibungsdauer beibehalten werden (vgl. R 7.4 Abs. 9 Satz 2 EStR). Bei der Abschreibung von Gebäuden i. R. des § 7 Abs. 4 Satz 1 EStG kann die AfA für die nachträglichen Herstellungskosten nach deren Fertigstellung ggf. nach der Restnutzungsdauer des Gebäudes bemessen werden (vgl. H 7.4 „Nachträgliche Anschaffungs- oder Herstellungskosten“ 3. Spiegelstrich EStH).

8. Bezug zum Internationalen Steuerrecht

Das Internationale Steuerrecht ist im Bereich des Einkommensteuerrechts ein schwieriges und weitläufiges bzw. umfangreiches Themengebiet, welches mit unterschiedlicher Intensität häufig Gegenstand der Steuerberaterprüfung ist.

8.1 „Bandbreite“ des Internationalen Steuerrechts im Bereich der Einkommensteuer

Zur Veranschaulichung, wie umfangreich das Gebiet das Internationalen Steuerrechts ist, können die beiden nachfolgenden, stark vereinfachten Schemata dienen. Diese wurden unter Berücksichtigung des OECD-Musterabkommens (Kapitel IV.8.2) erstellt.

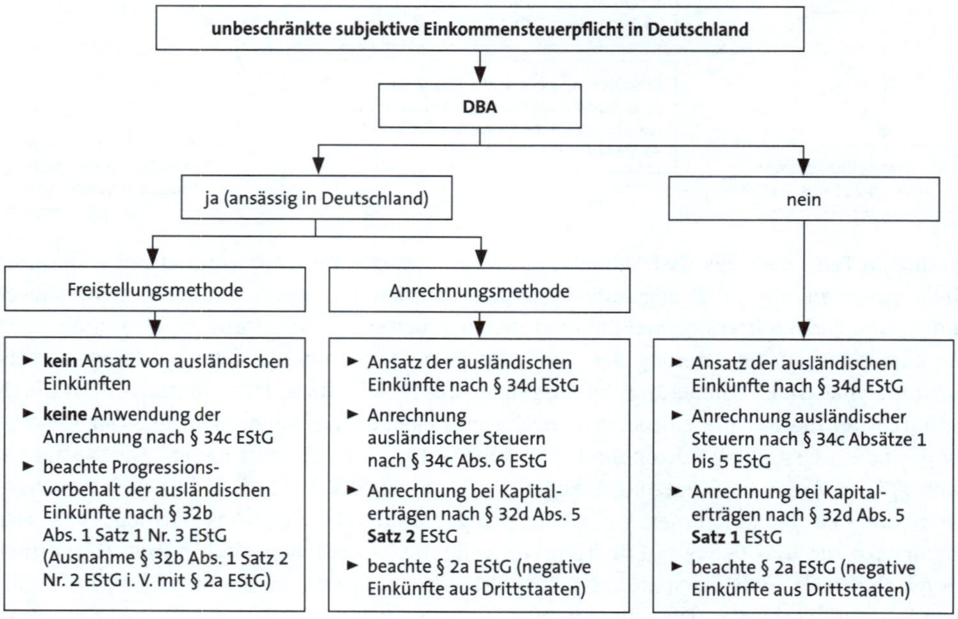

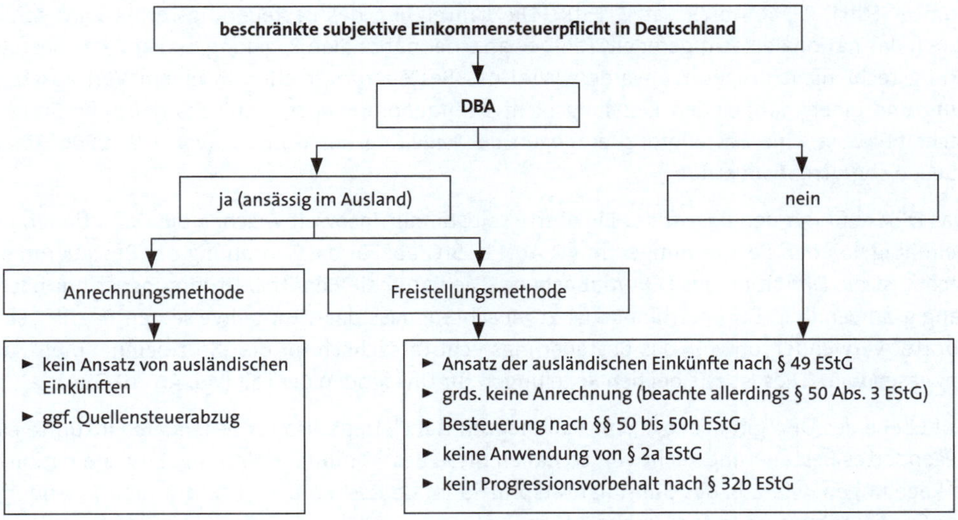

HINWEIS

Der Wechsel von unbeschränkter subjektiver Steuerpflicht zu beschränkter subjektiver Steuerpflicht im laufenden Veranlagungszeitraum war bereits mehrmals Gegenstand der Steuerberaterprüfung. Für den Zeitraum der beschränkten Steuerpflicht ist in diesem Fall zu beachten, dass die in dieser Zeit erzielten Einkünfte in einer Veranlagung zur unbeschränkten Einkommensteuerpflicht mit einzubeziehen sind (vgl. **§ 2 Abs. 7 Satz 3 EStG**).

8.2 Abkommen zur Vermeidung der Doppelbesteuerung

Ein **Doppelbesteuerungsabkommen (DBA)** stellt eine bilaterale (= zwischenstaatliche) Maßnahme zur Vermeidung einer Doppelbesteuerung dar. Die beiden Vertragsstaaten schränken durch ein derartiges Abkommen ihre Besteuerungshoheit ein. Dies bedeutet, dass für einen in Deutschland unbeschränkt Steuerpflichtigen das ertragsteuerliche Grundprinzip der Welteinkommensbesteuerung (H 1a „Allgemeines" EStH) eingeschränkt wird.

I. R. dieses Leitfadens ist es nicht möglich, einzelne Doppelbesteuerungsabkommen mit ihren detaillierten/unterschiedlichen Regelungen zu beleuchten. Im Folgenden wird daher ausschließlich auf das Musterabkommen der OECD eingegangen.[82]

HINWEIS

Das OECD-Musterabkommen hat aufgrund der Erstellung durch eine internationale Organisation (= OECD; „Organisation für wirtschaftliche Zusammenarbeit und Entwicklung")[83] einen Empfehlungscharakter. Die Zitierung einzelner Artikel erfolgt im Folgenden mit der Bezeichnung „DBA".

8.2.1 Grundsätze eines DBA

Grundlegende Voraussetzung für die Anwendung eines DBA sind zwei Vertragsstaaten, von denen einer den **Ansässigkeitsstaat** und der andere den **Quellenstaat** darstellt. Vereint ein Vertragsstaat den Ansässigkeitsstaat sowie den Quellenstaat in sich, entsteht keine Doppelbesteuerung. Für die Einordnung der Ansässigkeit ist die Definition i. S. des DBA maßgebend. Wird das DBA angewandt, so weist dieses das Besteuerungsrecht einem Staat (oder beiden Staaten) zu **(= Zuteilungsnorm)**. Gleichzeitig schränkt das DBA das Besteuerungsrecht eines der beiden Staaten ein **(= Schrankennorm)**. Ein DBA gilt grds. sowohl für positive als auch für negative Einkünfte.

Das DBA trifft keine Regelung zur **Ermittlung der Einkünfte**, sondern weist lediglich das Recht zur Besteuerung zu. In der Folge findet daher auch in Fällen mit DBA die Ermittlung der Ein-

82 Vgl. OECD-Musterabkommen 2017 vom 21. 11. 2017 („Model Tax Convention on Income and on Capital: Condensed Version 2017").

83 Bei der OECD handelt es sich um eine internationale Organisation mit derzeit 36 Mitgliedsstaaten. Ziel dieser Organisation ist es, eine Politik zu fördern, die für die Weltbevölkerung eine wirtschaftliche und soziale Verbesserung hervorruft. Daneben hat diese Organisation unter anderem Studien zu den Gebieten von Integration, Umweltpolitik, Digitalisierung und der Globalisierung des Finanzsystems veröffentlicht.

künfte ausschließlich nach dem deutschen Steuerrecht statt (vgl. H 32b „Ausländische Einkünfte" EStH, R 34c Abs. 3 Satz 3 EStR). Die Umsetzung des Besteuerungsrechts wird somit durch das nationale Recht geregelt. Fehlt es an einer nationalen Regelung, so kann das Besteuerungsrecht nicht umgesetzt werden. Wird das Besteuerungsrecht von einem Vertragsstaat aufgrund einer mangelnden Regelung nicht wahrgenommen, so sieht das deutsche Steuerrecht teilweise eine Besteuerung entgegen der Regelung des DBA vor (vgl. z. B. § 50d Abs. 8 EStG; = sog. **„treaty override"**).

Das DBA definiert den **Begriff der Einkünfte** selbständig. Insoweit weichen die Definitionen regelmäßig von den Bestimmungen in § 2 Abs. 1 EStG ab. Für die Zuordnung des Besteuerungsrechts ist die Definition des DBA maßgebend. Die nationale Begriffsbestimmung ist nur nachrangig anwendbar. Darüber hinaus ist zu beachten, dass das DBA teilweise den Begriff „Einkünfte" verwendet, obwohl das Besteuerungsrecht tatsächlich für die „Bruttoeinnahmen" zugewiesen wird. Dies ist z. B. bei den Regelungen für Dividenden der Fall (vgl. Art. 10 DBA).

Auf Ebene des DBA gilt der sog. **„Spezialitätsgrundsatz"**. Liegt also für besondere Einkünfte ein gesondertes Besteuerungsrecht vor, so haben diese Bestimmungen Vorrang. Etwaige nationale Regelungen, wie z. B. das Subsidiaritätsprinzip im deutschen EStG sind für die Anwendung des Spezialitätengrundsatzes unbeachtlich.

8.2.2 Aufbau und Inhalt des OECD-Musterabkommens

Übersicht über den Aufbau des Musterabkommens	
Abschnitte und Inhalte	**Fundstellen**
Abschnitt I: Geltungsbereich des Abkommens	Art. 1 und 2 DBA
persönlicher, räumlicher und sachlicher Geltungsbereich	
Abschnitt II: Begriffsbestimmungen	Art. 3 bis 5 DBA
Person, Gesellschaft, Unternehmen, Ansässigkeit, Betriebsstätte	
Abschnitt III und IV: Besteuerung des Einkommens und Vermögens (= Zuordnung des Besteuerungsrechts)	Art. 6 bis 22 DBA
Unbewegliches Vermögen (inklusive Land- und Forstwirtschaft), Unternehmensgewinne, Seeschifffahrt und Luftfahrt, Dividenden, Zinsen, Lizenzgebühren, Veräußerungen von Vermögen, selbständige Arbeit, unselbständige Arbeit, Aufsichtsratsvergütungen, Künstler und Sportler, Ruhegehälter, öffentlicher Dienst, Studenten, andere Einkünfte	
Vermögensbesteuerung	
Abschnitt V: Methoden zur Meinung der Doppelbesteuerung	Art. 23 A und Art. 23 B DBA
Freistellungsmethode, Anrechnungsmethode	
Abschnitt VI: besondere Bestimmungen	Art. 24 bis 30 DBA
unter anderem Gebot der Gleichbehandlung, gegenseitiger Informationsaustausch	
Abschnitt VII: Schlussbestimmungen	Art. 31 bis 32 DBA

8.2.3 Musteraufbau Klausurlösung

möglicher Aufbau der Klausurlösung bei einer Aufgabe mit Anwendung eines DBA

1. Nationales Steuerrecht
    a. Prüfung der persönlichen Steuerpflicht
    b. Prüfung der sachlichen Steuerpflicht

2. Internationales Steuerrecht
    a. Prüfung, welches DBA Anwendung findet (Anhang 12 I EStHB)[84]
    b. Prüfung räumlicher, persönlicher und sachlicher Geltungsbereich
    c. Prüfung des Besteuerungsrechts von Deutschland
    d. Anwendung der Freistellungsmethode oder
    e. Anwendung der Anrechnungsmethode
3. Übertragung des Besteuerungsrechts in das nationale Steuerrecht
    a. Übertragung der Feststellungen im Internationalen Steuerrecht auf das nationale Steuerrecht

HINWEIS

Je nach Ausgestaltung des Sachverhalts kann es auch sinnvoll sein, die Anwendung des Internationalen Steuerrechts sowie die Übertragung des Besteuerungsrechts in das nationale Steuerrecht in einem Punkt je Einkunftsart zusammenzufassen.

8.2.4 Prüfungsfälle

BEISPIEL

In den Kapiteln V.2.1.1 und V.2.1.2 werden Prüfungsfälle im Zusammenhang mit der Anwendung eines DBA dargestellt.

8.3 Wichtige Bezugsnormen im EStG

Für die Bearbeitung einer Prüfungsaufgabe mit dem Bezug zum Internationalen Steuerrecht im Bereich der Einkommensteuer ist es unerlässlich, die infrage kommenden Vorschriften sowie deren wesentlichen Inhalt im EStG zu kennen.

8.3.1 Steueranrechnung gem. § 34c EStG bei Einkünften i. S. des § 34d EStG

Grundsätzliche Voraussetzung für die Anwendung von § 34c EStG ist, dass ein unbeschränkt Stpfl. ausländische **Einkünfte i. S. des § 34d EStG** erzielt und für diese eine ausländische Steuer entrichten muss. Es handelt sich bei der Anrechnungsvorschrift des § 34c EStG um eine **unilaterale Maßnahme** zur Vermeidung einer Doppelbesteuerung.

HINWEIS

Der Nachweis über die Höhe der ausländischen Einkünfte sowie die Festsetzung und Zahlung von ausländischen Steuern erfolgt gem. § 68b EStDV durch die Vorlage von entsprechenden Urkunden (z. B. Steuerbescheide). Der Finanzbehörde obliegt es dabei, ob sie beglaubigte Übersetzungen dieser Urkunden verlangt (vgl. § 87 AO).

Die Ermittlung der Höhe der ausländischen Einkünfte erfolgt bei der Besteuerung im Inland nach den Vorschriften des EStG (vgl. R 34c Abs. 3 Satz 3 EStR). Die Vorschrift des § 34c EStG kann in **zwei Teile gegliedert** werden – in einem ersten Teil (= Absätze 1 bis 3) werden Regelungen für Fälle getroffen, in denen kein DBA mit dem Quellenstaat besteht; in einem zweiten Teil (= Absatz 6) werden Regelungen für Fälle dargestellt, in denen ein DBA mit dem Quellenstaat besteht.

8.3.1.1 Kein DBA mit Quellenstaat

8.3.1.1.1 Grundfall: Anrechnung der Steuer

Liegt mit dem Quellenstaat kein DBA vor, so unterliegen die betroffenen Einkünfte in aller Regel der vollen Besteuerung im Inland (= 1. Ebene der Besteuerung). Eine etwaige Doppelbesteuerung wird in diesem Fall erst im Wege der Anrechnung der ausländischen Steuer auf die deutsche Einkommensteuer vermieden (= 2. Ebene der Besteuerung).

Im Ergebnis werden die ausländischen Einkünfte mit dem deutschen Steuersatz besteuert. Bestehen steuerliche Ermäßigungen im Ausland, so gehen diese verloren. Der Anrechnungsbetrag wird i. R. der Höchstbetragsberechnung des § 34c Abs. 1 Satz 2 EStG ermittelt. Die Be-

84 Vgl. BMF, Schreiben vom 17. 1. 2019 - IV B 2 - S 1301/07/10017-10, BStBl I S. 31.

rechnung erfolgt für jeden Staat getrennt und berücksichtigt dabei jeweils alle Einkünfte des jeweiligen Staates (vgl. § 68a EStDV; = sog. **„per country limitation“**).

Ausländische Einkünfte können nicht berücksichtigt werden, sofern im Quellenstaat keine tatsächliche Besteuerung stattfindet oder die Besteuerung der Einkünfte im Wege der **Abgeltungsbesteuerung** erfolgt (vgl. § 34c Abs. 1 Satz 3 EStG).

HINWEIS

Zu beachten ist, dass es sich bei § 34c EStG um eine Norm zur Anrechnung von ausländischen Steuern handelt. Im Wege der grammatikalischen Auslegung ergibt sich daher, dass eine Erstattung von ausländischen Steuern aufgrund dieser Norm grds. nicht möglich ist.

Zusammenfassung

Tatbestandsmerkmale:

- unbeschränkte Steuerpflicht
- ausländische Einkünfte i. S. des § 34d EStG
- **keine** Kapitaleinkünfte i. S. des § 32d Absätze 1, 3 bis 6 EStG
- die ausländische Steuer entspricht der deutschen Einkommensteuer (H 34c Absätze 1 und 2 „Verzeichnis ausländischer Steuern in Nicht-DBA-Staaten, die der deutschen Einkommensteuer entsprechen“ EStH)
- festgesetzte, gezahlte und um einen entstandenen Ermäßigungsanspruch gekürzte ausländische Steuer

Rechtsfolge:

- Anrechnung der ausländischen Steuer von Amts wegen (§ 34c Abs. 1 EStG)
- ggf. Umrechnung der ausländischen Steuer in € (R 34c Abs. 1 EStR)

8.3.1.1.2 Antrag auf Abzug der Steuer als Betriebsausgaben bzw. Werbungskosten

Unter Umständen führt die Anwendung von § 34c Abs. 1 EStG tatsächlich nicht zu einer Vermeidung der Doppelbesteuerung. Dies kann z. B. dann der Fall sein, wenn der Gesamtbetrag der Einkünfte negativ ist oder ein Verlustvortrag berücksichtigt wurde und in der Folge keine deutsche Einkommensteuer entsteht. Positive ausländische Einkünfte würden in diesem Fall den negativen Gesamtbetrag der Einkünfte bzw. den Verlustvortrag mindern.

Um dieses Ergebnis zu vermeiden, kann durch einen **Antrag i. S. des § 34c Abs. 2 EStG** der Abzug der ausländischen Steuer als Werbungskosten bzw. Betriebsausgaben vorgenommen werden. Ist der Antrag erfolgreich, so kann die Anwendung zu einem höheren Verlustvortrag führen, welcher sich in folgenden Veranlagungszeiträumen wiederum steuermindernd auswirken kann.

Zusammenfassung

Tatbestandsmerkmale:

- Antrag nach § 34c Abs. 2 EStG
- Voraussetzungen des § 34c Abs. 1 EStG sind erfüllt
- steuerpflichtige Einkünfte (liegen teilweise steuerfreie Einkünfte vor, so ist die ausländische Steuer entsprechend zu kürzen, da in diesem Fall eine Doppelbesteuerung nicht entstehen kann)

Rechtsfolge:

- Abzug der festgesetzten, gezahlten und um einen entstandenen Erstattungsanspruch gekürzten ausländischen Steuern als Betriebsausgaben bzw. Werbungskosten i. R. der Ermittlung der Einkünfte

HINWEIS

Ergibt eine von Amts wegen durchzuführende Steueranrechnung nach § 34c Abs. 1 EStG, dass Steuerbeträge nicht in voller Höhe angerechnet werden können, so ist für die nicht anzurechnenden Steuerbeträge kein gleichzeitiger Antrag nach § 34c Abs. 2 EStG möglich (vgl. R 34c Abs. 4 Satz 1 EStR). Die Möglichkeit eines Antrages nach § 34c Abs. 2 EStG kann somit für jeden Veranlagungszeitraum nur einheitlich ausgeübt werden.

8.3.1.1.3 Abzug der Steuer als Betriebsausgaben bzw. Werbungskosten von Amts wegen

Werden die Voraussetzungen für eine Steueranrechnung von Amts wegen gem. **§ 34c Abs. 1 EStG nicht erfüllt**, weil die Steuer nicht der deutschen Einkommensteuer entspricht oder nicht in dem Staat aufgehoben wird, aus dem die Einkünfte stammen oder weil keine ausländischen Einkünfte vorliegen, so sind die festgesetzten, gezahlten und um einen Erstattungsanspruch gekürzten ausländischen Steuern von Amts wegen nach **§ 34c Abs. 3 EStG** als Betriebsausgaben oder Werbungskosten abzuziehen.

8.3.1.2 DBA mit Quellenstaat

Liegt mit dem Quellenstaat ein gültiges DBA vor, so ist davon auszugehen, dass einige Einkünfte im Wege der Freistellungsmethode von der Besteuerung in Deutschland ausgenommen werden. Bei der Anwendung der Freistellungsmethode wird eine Doppelbesteuerung bereits auf der ersten Ebene der Besteuerung vermieden, da die betroffenen ausländischen Einkünfte nur der Besteuerung im Ausland unterliegen. In der Folge regelt § 34c Abs. 6 Satz 1 EStG zutreffend, dass dem Grunde nach eine Steueranrechnung nicht erfolgen kann, in denen die betroffenen Einkünfte aufgrund der Freistellung in Deutschland nicht besteuert werden.

Sieht das Doppelbesteuerungsabkommen mit dem Quellenstaat keine Anwendung der Freistellungsmethode für ausländische Einkünfte vor, so kann eine Steueranrechnung nach den Regelungen in § 34c Abs. 6 Satz 2 EStG erfolgen. Die Anrechnung und der Abzug erfolgen dabei unter analoger Anwendung von § 34c Abs. 1 Sätze 2 bis 5 i.V. mit § 34c Abs. 2 EStG (vgl. § 34c Abs. 6 Sätze 2 und 3 EStG). Aufgrund der analogen Anwendung ist die Steueranrechnung konsequenterweise im Falle von Einkünften i. S. des § 32d Absätze 1, 3 bis 6 EStG nicht möglich (vgl. § 34c Abs. 6 Satz 2 Halbsatz 2 EStG).

BEISPIEL

Ein Prüfungsfall aus dem Internationalen Steuerrecht im Zusammenhang mit § 34c EStG und einem anwendbaren DBA wird im Kapitel V.2.1.1 dargestellt.

8.3.1.3 Steueranrechnung in den Fällen der Abgeltungsbesteuerung

Wie bereits dargestellt worden ist, kann eine Steueranrechnung i. R. der Höchstbetragsberechnung nicht für Einkünfte erfolgen, die der Abgeltungsbesteuerung unterliegen (vgl. § 34c Abs. 1 Satz 2 EStG i.V. mit § 34c Abs. 1 Satz 1 Halbsatz 2 EStG). Vielmehr erfolgt in diesen Fällen eine Steueranrechnung ausländischer Steuern auf Grundlage des § 32d Abs. 5 Satz 2 EStG.

HINWEIS

Werden ausländische Kapitalerträge einem inländischen Bankkonto gutgeschrieben, so hat die Bank auf Grundlage des § 43a Abs. 3 Satz 1 EStG eine Anrechnung der ausländischen Quellensteuer auf die Abgeltungssteuer gem. § 32d Abs. 5 EStG vorzunehmen. Ein etwaiger die Abgeltungssteuer übersteigender Betrag muss von der Bank nicht erstattet werden (vgl. § 32d Abs. 5 Satz 3 EStG).

Voraussetzung für eine Anrechnung nach § 32d Abs. 5 EStG ist, dass die ausländische Steuer der deutschen Einkommensteuer entspricht und diese festgesetzt, gezahlt und um einen entstandenen Ermäßigungsanspruch gekürzt wurde. Darüber hinaus müssen Nachweise i. S. des § 68b EStDV vorliegen. Entspricht die ausländische, anzurechnende Steuer daher nicht dem Steuersatz von 25 %, so ist es in der Folge möglich, dass dem Stpfl. mit ausländischen Kapitalerträgen eine endgültige steuerliche Belastung entsteht.

8.3.2 Einkünfte nach § 49 EStG bei beschränkter Steuerpflicht

8.3.2.1 Grundlagen der beschränkten Steuerpflicht

Die beschränkte Steuerpflicht betrifft natürliche Personen, welche im Inland weder einen Wohnsitz noch einen gewöhnlichen Aufenthalt haben. Diese Personen können im Inland nur insoweit besteuert werden, als dass sie inländische Einkünfte erzielen (= **Territorialitätsprinzip**). Der Umfang dieser Einkünfte ist enumerativ in § 49 Abs. 1 EStG abschließend dargestellt. Für die Besteuerung von beschränkt Steuerpflichtigen gelten Besonderheiten i. R. der Ermittlung der Einkünfte und dem Steuertarif. Die Regelungen dazu ergeben sich aus § 50 Abs. 1 EStG. Durch § 50a EStG wird die Steuererhebung im Wege eines Steuerabzuges geregelt.

Im sachlichen Bereich wird die beschränkte Steuerpflicht auf Grundlage der §§ 2 und 5 AStG erweitert (= **erweiterte beschränkte Steuerpflicht**). Es handelt sich bei diesen Vorschriften um eine Maßnahme zur Vermeidung der Verlagerung von Steuern in das niedrig besteuernde Ausland.

8.3.2.2 Inländische Einkünfte nach § 49 EStG

Durch § 49 Abs. 1 EStG wird der sachliche Umfang der beschränkten Steuerpflicht abschließend definiert.

Übersicht über die Einkünfte i. S. des § 49 Abs. 1 EStG		
Fundstelle	**Einkunftsart**	**Erläuterung (und Beispiel)**
§ 49 Abs. 1 Nr. 1 EStG	Land- und Forstwirtschaft	► Die Land- und Forstwirtschaft wird dort betrieben, wo sich die land- und forstwirtschaftlichen Grundstücke befinden. Eine Betriebsstätte i. S. des § 12 AO ist nicht erforderlich. ► Auf der Ebene vom DBA wird das Besteuerungsrecht allein dem Belegenheitsstaat zugeordnet (vgl. Art. 6 Abs. 1 DBA, Art. 13 Abs. 1 DBA) ► Beispiel: Eine polnische Kapitalgesellschaft betreibt in Deutschland eine Milchviehanlage.
§ 49 Abs. 1 Nr. 2 EStG	Gewerbebetrieb	Von diesem Tatbestand werden in den Buchst. a bis g diverse Lebenssachverhalte erfasst, die auszugsweise dargestellt werden soll.
§ 49 Abs. 1 Nr. 2 Buchst. a EStG		► Es liegen Einkünfte aus Gewerbebetrieb vor, wenn eine inländische Betriebsstätte i. S. des § 12 AO unterhalten wird oder ein ständiger Vertreter i. S. des § 13 AO bestellt wird. ► Auf der Ebene vom DBA wird das Besteuerungsrecht dem Betriebsstättenstaat sowohl für die laufenden Einkünfte als auch für die Veräußerungseinkünfte zugewiesen (vgl. Art. 7 DBA, Art. 13 Abs. 2 DBA). ► Beispiel: Eine französische Kapitalgesellschaft unterhält eine Betriebsstätte i. S. des § 12 AO im Inland.
§ 49 Abs. 1 Nr. 2 Buchst. d EStG		► Es liegen Einkünfte aus Gewerbebetrieb für gewerbliche Darbietungen und Verwertung dieser im Inland vor. Diese Norm ist nachrangig zur Zuordnung zu den freiberuflichen Einkünften (§ 49 Abs. 1 Nr. 3 EStG) sowie den Einkünften aus nicht selbständiger Tätigkeit (§ 49 Abs. 1 Nr. 4 EStG). ► Auf Ebene des DBA ist zu unterscheiden, ob es sich um eine Ausübung oder Verwertung handelt. Für die Ausübung wird das Besteuerungsrecht dem Staat zugeordnet, in dem die Tätigkeit persönlich ausgeübt wird (vgl. Art. 17 DBA). Für das Verwerten einer Tätigkeit wird das Besteuerungsrecht regelmäßig dem Ansässigkeitsstaat zugeordnet (vgl. Art. 12 DBA). ► Beispiel: Ein österreichischer Künstler ist i. R. einer Filmproduktion in Deutschland tätig und erzielt daraus Einkünfte.
§ 49 Abs. 1 Nr. 2 Buchst. e Doppelbuchst. aa EStG		► Die Veräußerung einer Beteiligung i. S. des § 17 EStG stellt Einkünfte aus Gewerbebetrieb dar, wenn es sich um Anteile an einer Kapitalgesellschaft, die ihren Sitz oder Geschäftsleitung im Inland hat, handelt. ► Das Besteuerungsrecht wird i. d. R. dem Ansässigkeitsstaat zugeordnet (vgl. Art. 13 Abs. 5 DBA).

§ 49 Abs. 1 Nr. 3 EStG	selbständige Tätigkeit	► Erfasst werden Einkünfte aus selbständiger Arbeit, die im Inland ausgeübt oder verwertet wird bzw. für die im Inland eine feste Einrichtung oder eine Betriebsstätte i. S. des § 12 AO unterhalten wird. ► Auf Ebene des DBA ist der Spezialitätengrundsatz zu beachten. Für die selbständige Tätigkeit liegt das Besteuerungsrecht beim Betriebsstättenstaat (Art. 7 Abs. 1 DBA, Art. 5 DBA). Für Künstler, Sportler und Aufsichtsräte wird das Besteuerungsrecht dem Quellenstaat zugewiesen (Art. 16 DBA, Art. 17 DBA). Für Lizenzeinkünfte wird das Besteuerungsrecht dem Ansässigkeitsstaat zugewiesen (Art. 12 Abs. 1 DBA).
§ 49 Abs. 1 Nr. 4 EStG	nichtselbständige Tätigkeit	► Wesentlicher Bestandteil dieser Norm ist die Besteuerung von nichtselbständiger Arbeit, die im Inland ausgeübt oder verwertet wird (vgl. § 49 Abs. 1 Nr. 4 Buchst. a EStG). ► Auf Ebene des DBA wird das Besteuerungsrecht dem Ort der Tätigkeit zugeordnet (vgl. Art. 15 Abs. 1 DBA). Unter Umständen kann das Besteuerungsrecht allerdings auf den Ansässigkeitsstaat zurückfallen (vgl. Art. 15 Abs. 2 DBA).
§ 49 Abs. 1 Nr. 5 EStG	Kapitalvermögen	Von diesem Tatbestand werden in den Buchstaben a bis d verschiedene Lebenssachverhalte erfasst, die auszugsweise dargestellt werden sollen.
§ 49 Abs. 1 Nr. 5 Buchst. a EStG		► Erfasst werden Einkünfte i. S. des § 20 Abs. 1 Nummern 1, 2, 4, 6 und 9 EStG, sofern der Schuldner der Zahlungen einen Wohnsitz, die Geschäftsleitung oder den Sitz im Inland hat. ► Auf Ebene des DBA wird das Besteuerungsrecht sowohl dem Quellenstaat als auch dem Ansässigkeitsstaat zugeordnet. Eine Vermeidung der Doppelbesteuerung erfolgt in diesen Fällen i. R. der Anrechnungsmethode durch den Ansässigkeitsstaat (vgl. Art. 10 DBA, Art. 23 A Abs. 2 DBA).
§ 49 Abs. 1 Nr. 5 Buchst. c EStG		► Auszugsweise werden die Einkünfte i. S. des § 20 Abs. 1 Nummern 5 und 7 EStG dargestellt. ► Auf Ebene des DBA wird das Besteuerungsrecht für Zinsen dem Ansässigkeitsstaat und anteilig dem Quellenstaat zugewiesen (Art. 11 Absätze 1 und 2 DBA). Eine Doppelbesteuerung wird durch Anwendung der Anrechnungsmethode durch den Ansässigkeitsstaat vermieden (Art. 23 A Abs. 2 DBA).
§ 49 Abs. 1 Nr. 6 EStG	Vermietung und Verpachtung	► Erfasst werden die Vermietung und Verpachtung der in § 21 EStG benannten Wirtschaftsgüter. Diese Vorschrift ist dabei subsidiär zu den Normierungen in § 49 Abs. 1 Nummern 1 bis 5 EStG. ► Auf der Ebene des DBA ist zwingend zu unterscheiden, ob Einkünfte aus unbeweglichem Vermögen (Art. 6 Abs. 1 DBA; Belegenheitsprinzip), Einkünften aus der Rechtüberlassung (Art. 12 DBA; Besteuerungsrecht für den Ansässigkeitsstaat) oder Einkünfte aus der Überlassung von beweglichem Betriebsvermögen (Art. 7 DBA; Besteuerungsrecht grds. Ansässigkeitsstaat, unter Umständen Quellenstaat) vorliegen.
§ 49 Abs. 1 Nummern 7 bis 10 EStG	sonstige Einkünfte	► Erfasst werden von diesen Normierungen verschiedene sonstige Einkünfte.

Für die Prüfung, ob inländische Einkünfte vorliegen und dadurch eine beschränkte Steuerpflicht begründet wird, sind im **Ausland gegebene Besteuerungsmerkmale** unbeachtlich, sofern durch deren Berücksichtigung inländische Einkünfte i. S. des § 49 Abs. 1 EStG nicht vorliegen würden (vgl. § 49 Abs. 2 EStG).

BEISPIEL

Frau Karla König (KK) ist in Wien ansässig und alleinige Gesellschafterin der in Dresden ansässigen König-GmbH (GmbH). Die Beteiligung an der GmbH hält KK im Betriebsvermögen ihres in Wien ansässigen Einzelunternehmens. Im Jahr 2018 veräußert KK 50 % der Anteile an einen fremden Dritten.

Zu prüfen ist, ob KK in 2018 in Deutschland der beschränkten Steuerpflicht unterliegt.

LÖSUNG

Die Einordnung und Ermittlung der Einkünfte von KK erfolgt ausschließlich auf Grundlage des deutschen Steuerrechts. Das Merkmal der Zuordnung der Anteile zu einem Einzelunternehmen im Ausland (Österreich) ist gem. § 49 Abs. 2 EStG unbeachtlich, da andernfalls keine inländischen Einkünfte i. S. des § 49 Abs. 1 EStG angenommen werden könnten. Die im Inland verwirklichten maßgeblichen Merkmale sind die Veräußerung von Anteilen an einer im Inland ansässigen Körperschaft, an der KK innerhalb der letzten fünf Jahre zu mindestens 1 % beteiligt war. Damit erzielt KK Einkünfte i. S. des § 17 Abs. 1 EStG. Diese Einkünfte unterliegen der Einkommensteuer gem. § 49 Abs. 1 Nr. 2 Buchst. e EStG und KK begründet im Veranlagungszeitraum 2018 eine beschränkte Steuerpflicht in Deutschland.

Im nächsten Schritt wäre prüfen, ob das Besteuerungsrecht nach einem DBA Deutschland zugewiesen wird.

BEISPIEL

Inländische Einkünfte bei beschränkter Steuerpflicht (§ 49 EStG) sind Gegenstand der im Kapitel V.2.1.2 dargestellten Prüfungsaufgabe.

8.3.2.3 Besonderheiten bei der Veranlagung zur beschränkten Steuerpflicht

Beim Vorliegen der beschränkten Steuerpflicht in Deutschland werden ausschließlich inländische Einkünfte i. S. des § 49 Abs. 1 EStG i. R. der Veranlagung erfasst. Erzielt der Stpfl. Einkünfte, die nicht von § 49 Abs. 1 EStG erfasst werden, so werden diese i. d. R., genau wie die ausländischen Einkünfte, nicht besteuert. Eine Ausnahme stellt dabei der Wechsel von der unbeschränkten Steuerpflicht in die beschränkte Steuerpflicht und umgekehrt dar (vgl. § 2 Abs. 7 Satz 3 EStG; Kapitel IV.8.1).

Die **Ermittlung der Einkünfte** sowie die Art der Besteuerung der inländischen Einkünfte wird durch § 50 EStG geregelt. Betriebsausgaben (§ 4 Abs. 4 EStG) sowie Werbungskosten (§ 9 EStG) können nur insoweit steuermindernd berücksichtigt werden, als dass sie mit inländischen Einkünften i. S. des § 49 Abs. 1 EStG in (un-) mittelbarem wirtschaftlichen Zusammenhang stehen. Entfallen diese Aufwendungen teilweise auch auf Einkünfte, die nicht i. R. der beschränkten Steuerpflicht erfasst werden, so kann eine Aufteilung gegebenenfalls i. R. der Schätzung erfolgen. Dabei trägt der Stpfl. die Nachweispflicht (vgl. zur erhöhten Mitwirkungs- und Nachweispflicht des Stpfl. § 90 Abs. 2 AO).

Für die Besteuerung beschränkt Steuerpflichtiger ist grds. der **Grundtarif** gem. § 32a Abs. 1 EStG maßgebend (vgl. § 50 Abs. 1 Satz 2 EStG). Eine Zusammenveranlagung inklusive der Anwendung des Splittingtarifs kommt nicht in Betracht. Weiterhin ist zu beachten, dass in den Grundtarif grds. der Grundfreibetrag eingearbeitet ist. Für beschränkt Steuerpflichtige wird jedoch dieses Existenzminimum von der Besteuerung nicht freigestellt, da diese Freistellung dem Ansässigkeitsstaat obliegt. Daher ist das maßgebliche Einkommen beschränkt steuerpflichtiger Personen um den geltenden Grundfreibetrag zu erhöhen.

Der **Progressionsvorbehalt** i. S. des § 32b EStG ist nicht zu berücksichtigen, da beschränkt steuerpflichtige Personen nicht nach der Leistungsfähigkeit, sondern vielmehr mit den inländischen Einkünften besteuert werden.

I. R. der **Fürsorgepflicht** sieht das deutsche Steuerrecht den steuermindernden Abzug von einigen Ausgaben aus dem persönlichen Bereich sowie die Anwendung einiger persönlicher Freibeträge bzw. Pauschbeträge vor. Diese Fürsorgepflicht erstreckt sich allerdings nur auf die unbeschränkte Steuerpflicht. Entsprechende Ausgaben bei beschränkt Steuerpflichtigen sind in der Folge grds. nur durch den Wohnsitzstaat zu berücksichtigen. In der Konsequenz wird durch § 50 Abs. 1 Satz 3 EStG geregelt, welche Vorschriften für beschränkt Steuerpflichtige **keine** Anwendung finden. Im Umkehrschluss sind Vorschriften, die in der Ausschlussnorm des § 50 Abs. 1 Satz 3 EStG nicht aufgeführt sind, auch für beschränkt Steuerpflichtige berücksichtigungsfähig.

Übersicht über steuermindernde Ausgaben bei beschränkter Steuerpflicht (§ 50 Abs. 1 Satz 3 EStG)	
nicht anwendbare Vorschriften	**anwendbare Vorschriften**
► Sonderausgaben nach § 10 Abs. 1 EStG, § 10 Abs. 1a Nummern 1, 3 und 4 EStG, § 10 Absätze 2 bis 6 EStG, § 10a EStG, § 10c EStG	► Versorgungsleistungen nach § 10 Abs. 1a Nr. 2 EStG (bei unbeschränkter Steuerpflicht des Empfängers)
► außergewöhnliche Belastungen nach § 33 EStG, § 33b EStG, § 33c EStG	
► Veräußerungsfreibetrag i. S. des § 16 Abs. 4 EStG	
► Entlastungsbetrag für Alleinerziehende i. S. des § 24b EStG	► Altersentlastungsbetrag i. S. des § 24a EStG
► Kinderfreibetrag i. S. des § 32 EStG	
► Splittingtarif nach § 32a Abs. 6 EStG	
► Ermäßigung für haushaltsnahe Dienstleistungen § 35a EStG	
	► Werbungskostenpauschalen i. S. des § 9a EStG
	► Spendenabzug nach § 10b EStG i.V. mit § 34g EStG

8.3.2.4 Steuerabzug und Anrechnung nach § 50 Absätze 2 und 3 EStG

Für beschränkt Steuerpflichtige, die inländische Einkünfte nach § 49 Abs. 1 EStG beziehen, gilt insoweit die Abgeltungswirkung eines Steuerabzuges. Der Steuerabzug ist für den Arbeitslohn (§§ 38 ff. EStG), für Kapitalerträge (§§ 43 ff. EStG) sowie in Fällen des § 50a EStG (Kapitel IV. 8.3.2.5) vorgesehen. Die Abgeltungswirkung des § 50 Abs. 2 Satz 1 EStG findet keine Anwendung, soweit die Voraussetzungen von § 50 Abs. 2 Satz 2 EStG erfüllt werden. In diesem Fall können Betriebsausgaben oder Werbungskosten steuermindernd berücksichtigt werden. Darüber hinaus ergibt sich die Möglichkeit eines Ausgleichs mit anderen negativen Einkünften oder einer Verrechnung mit einem Verlustvortrag.

Übersicht Ausnahmen von der Abgeltungswirkung (§ 50 Abs. 2 Satz 2 EStG)	
Kurzerläuterung	**Fundstelle**
Wurden Einnahmen dem Steuerabzug unterworfen, die einem **inländischen Betrieb oder einer inländischen Betriebsstätte** zuzuordnen sind, so hat das Veranlagungsverfahren den Vorrang vor dem Steuerabzug. Ein ggf. erfolgter Steuerabzug wird i. R. der Veranlagung auf die festzusetzende Einkommensteuer angerechnet (vgl. § 36 Abs. 2 Nr. 2 EStG).	§ 50 Abs. 2 Satz 2 Nr. 1 EStG
Wurde ein Steuerabzug aufgrund der **falschen Annahme einer unbeschränkten Steuerpflicht** vorgenommen und ergibt sich im Nachhinein, dass die Voraussetzungen des § 1 Abs. 2 EStG oder § 1 Abs. 3 EStG oder § 1a EStG nicht vorgelegen haben, so wird die Abgeltungswirkung aufgehoben und der Steuerabzug kann berichtigt werden. Der Stpfl. kann in diesen Fällen auch einen Antrag auf Veranlagung stellen, sofern die Voraussetzungen erfüllt sind.	§ 50 Abs. 2 Satz 2 Nr. 2 EStG

Grds. findet bei beschränkter Steuerpflicht **keine Anrechnung von ausländischen Steuern** statt, weil in diesen Fällen nur eine Besteuerung von inländischen Einkünften erfolgt. Durch **§ 50 Abs. 3 EStG** werden Ausnahmefälle normiert, in denen eine Anrechnung nach Maßgabe des § 34c Absätze 1 bis 3 EStG möglich ist. Diese Norm ist ausschließlich für Gewinneinkünfte anwendbar, für die im Inland ein Betrieb unterhalten wird und die nicht in einem ausländischen Staat erzielt werden, in dem der Stpfl. durch eine unbeschränkte Steuerpflicht (oder in einem ähnlichen Umfang) zu einer Steuer vom Einkommen herangezogen wird.

8.3.2.5 Steuerabzug nach § 50a EStG

Für ausgewählte inländische Einkünfte eines beschränkt Steuerpflichtigen wird der Steuerabzug durch § 50a EStG geregelt. In § 50a Abs. 1 EStG wird in den Nummern 1 bis 4 eine abschließende Aufzählung der beschränkt steuerpflichtigen Einkünfte, welche dem Steuerabzug unterliegen, vorgenommen.

Übersicht Steuerabzug nach § 50a EStG	
Fundstelle	**Kurzerläuterung**
§ 50a Abs. 1 Nr. 1 EStG	► Durch diesen Tatbestand werden die Einkünfte aus der Ausübung künstlerischer, sportlicher, artistischer, unterhaltender sowie ähnlicher Darbietungen erfasst (vgl. Einkünfte i. S. des § 49 Abs. 1 Nummern 2, 3, 4 und 9 EStG). ► Eine Ausnahme bilden die Einkünfte aus nichtselbständiger Tätigkeit i. S. des § 49 Abs. 1 Nr. 4 EStG, wenn diese dem Steuerabzug vom Arbeitslohn unterliegen (vgl. §§ 38 ff. EStG).
§ 50a Abs. 1 Nr. 2 EStG	► Durch diesen Tatbestand wird die inländische Verwertung von Darbietungen i. S. des § 49 Abs. 1 Nummern 2, 3, 4 und 6 EStG erfasst.
§ 50a Abs. 1 Nr. 3 EStG	► Durch diesen Tatbestand werden die Vergütungen für die Überlassung der Nutzung von Rechten oder der Überlassung des Rechts darauf erfasst (vgl. § 49 Abs. 1 Nummern 2, 3, 6 und 9 EStG).
§ 50a Abs. 1 Nr. 4 EStG	► Durch diesen Tatbestand werden die Einkünfte von Aufsichtsratsmitgliedern oder Verwaltungsratsmitgliedern i. S. des § 49 Abs. 1 Nr. 3 EStG erfasst, sofern das Unternehmen eine in dieser Vorschrift benannte Rechtsform aufweist. ► Nicht erfasst wird durch diesen Tatbestand die Zahlung von Entgelten, sofern diese einem Gesellschafter als Mitunternehmer zufließen oder die nicht für eine Überwachung des Unternehmens geleistet werden (= Beratungsleistungen).

Der **Steuersatz** sowie die **Bemessungsgrundlage** ergibt sich aus § 50a Abs. 2 EStG. Der Steuersatz beträgt für die Einkünfte, welche in § 50a Abs. 1 Nummern 1 bis 3 EStG genannt werden, grds. 15 %. Für die in § 50a Abs. 1 Nr. 4 genannten Einkünfte beträgt der Steuersatz 30 %. Die Bemessungsgrundlage ist der Bruttobetrag der Vergütung ohne einen Abzug, jedoch ohne die Umsatzsteuer (vgl. § 50a Abs. 2 Satz 2 EStG).

HINWEIS

Findet bei einer beschränkten Steuerpflicht ein DBA Anwendung, so sind für einen Steuerabzug neben § 50a EStG die Regelungen des § 50d EStG anwendbar.

8.3.3 Wegzugsbesteuerung § 6 AStG

Steuerberaterprüfung 2012, 2014

Grds. gehören Gewinne aus der Veräußerung von Beteiligungen an Kapitalgesellschaften zu den Einkünften aus Gewerbebetrieb, sofern die Voraussetzungen des § 17 EStG erfüllt sind. Die Vorschrift des § 17 EStG ist jedoch nur gegenüber unbeschränkt steuerpflichtigen Personen ohne Einschränkung anzuwenden. Für beschränkt steuerpflichtige Personen entfällt eine Besteuerungsmöglichkeit für Anteile an ausländischen Gesellschaften, soweit nicht ein Sonderfall des § 49 Abs. 1 Nr. 2 Buchst. e Doppelbuchst. bb EStG erfüllt ist.

Werden Anteile von einem beschränkt Steuerpflichtigen an einer inländischen Kapitalgesellschaft veräußert, so sind die erzielten Gewinne grds. als Einkünfte i. S. des § 49 Abs. 1 Nr. 2 Buchstabe e EStG zu erfassen. Jedoch wird das Besteuerungsrecht in derartigen Fällen regelmäßig dem Ansässigkeitsstaat zugewiesen (Art. 13 Abs. 5 DBA). In der Folge verzichtet Deutschland in derartigen Fällen im Wege der Freistellungsmethode auf das Besteuerungsrecht. Zur Vermeidung des Entstehens einer Einkommensteuer in Deutschland würde sich in solchen Fällen eine Wohnsitzverlegung von Deutschland in einen niedrig besteuernden ausländischen Staat anbieten. Würden die Anteile in der Folge veräußert, so könnten die in Deutschland entstandenen stillen Reserven grds. nicht von Deutschland besteuert werden.

Vor diesem Hintergrund regelt § 6 AStG, dass unter den darin genannten Voraussetzungen bei der Beendigung einer unbeschränkten Steuerpflicht (= Wegzug) die entstandenen stillen Reserven einer Beteiligung i. S. des § 17 EStG der Besteuerung zu unterwerfen sind, auch wenn tatsächlich keine Veräußerung stattfindet. Zu beachten ist, dass § 6 AStG nur die Besteuerung eines etwaigen Vermögenszuwachses vorsieht. Im Falle eines Verlusts kommt § 6 AStG demnach nicht zur Anwendung.[85]

Sachliche Voraussetzung für die Anwendung des § 6 AStG ist das Vorliegen eines Anteils i. S. des § 17 EStG, d. h., dass der Stpfl. innerhalb der letzten fünf Jahre vor dem Wegzug an der Kapitalgesellschaft unmittelbar oder mittelbar zu mindestens 1 % beteiligt gewesen sein muss. Persönliche Voraussetzung für die Anwendung von § 6 AStG ist eine zehnjährige unbeschränkte Steuerpflicht, welche der Stpfl. in seinem gesamten Leben realisieren muss (vgl. § 6 Abs. 1 Satz 1 AStG). Der Zeitraum der unbeschränkten Steuerpflicht muss dabei nicht zusammenhängend sein, d. h. bei einem mehrmaligen Wechsel zwischen unbeschränkter und beschränkter Steuerpflicht werden alle Zeiten der unbeschränkten Steuerpflicht zusammengerechnet.

Sind sowohl die persönlichen als auch die sachlichen Voraussetzungen erfüllt, so fingiert § 6 Abs. 1 Satz 1 AStG in der Folge eine Veräußerung i. S. des § 17 Abs. 1 EStG. Diese Fiktion erfolgt in der logischen Sekunde des Wegzuges. Daher kann eine Problematik im Zusammenhang mit einer Doppelbesteuerung nicht entstehen. Die Gewinnermittlung erfolgt nach den allgemeinen Grundsätzen des § 17 Abs. 2 EStG. Den fiktiven Veräußerungspreis bildet dabei der gemeine Wert i. S. des § 9 BewG (vgl. § 6 Abs. 1 Satz 4 AStG).

Die Anwendung von § 6 AStG war bereits mehrfach Gegenstand der Steuerberaterprüfung. Eine Prüfungsaufgabe in der Fallbearbeitung wird in Kapitel V.2.1.2 dargestellt. BEISPIEL

8.3.4 Anerkennung von Verlusten i. S. des § 2a EStG

Steuerberaterprüfung 2006

8.3.4.1 Allgemeines

Verluste werden grds. i. R. des sog. vertikalen und horizontalen Verlustausgleichs berücksichtigt. Sie verringern im Ergebnis die Höhe der Einkünfte und wirken sich steuermindernd aus. Dem bei der unbeschränkten Steuerpflicht geltenden Welteinkommensprinzip folgend sind grds. auch negative Einkünfte aus einer Einkunftsquelle in einen anderen Staat einzubeziehen. Aufgrund von Steuersparmodellen in der Vergangenheit hat der Gesetzgeber in **§ 2a EStG besondere Regelungen im Zusammenhang mit ausländischen Verlusten** getroffen.

Der **räumliche Geltungsbereich** des § 2a EStG wird durch § 2a Abs. 1 EStG geregelt und erstreckt sich auf Drittstaaten. Drittstaaten i. S. dieser Norm sind alle Nicht-EU-Staaten sowie EWR-Staaten, welche keine Amtshilfe leisten bzw. keine Auskünfte erteilen (vgl. § 2a Abs. 2 EStG).

Die **Grundaussage** von § 2a Abs. 1 EStG ist, dass bestimmte negative Einkünfte aus einem Drittstaat nur mit positiven Einkünften der jeweils selben Art aus demselben Staat ausgeglichen werden dürfen. Darüber hinaus dürfen diese Verluste auch nicht nach § 10d EStG abgezogen werden.

Übersicht Katalog des § 2a Abs. 1 Satz 1 EStG (auszugsweise)		
Fundstelle	**Der Verlust bzw. die Gewinnminderung stammt aus ...**	**Produktivitätsklausel**[86]
§ 2a Abs. 1 Satz 1 Nr. 1 EStG	einer in einem Drittstaat belegenen land- und forstwirtschaftlichen Betriebsstätte i. S. des § 12 AO.	ohne Produktivitätsklausel

85 Vgl. BFH, Urteil vom 26. 4. 2017 - I R 27/15, BStBl II S. 1194.

86 Bei einigen Tatbeständen des § 2a Abs. 1 Satz 1 EStG entfällt die Verlustbeschränkung, sofern die Produktivitätsklausel (Kapitel IV.8.3.4.2) erfüllt ist.

§ 2a Abs. 1 Satz 1 Nr. 2 EStG	einer in einem Drittstaat belegenen gewerblich tätigen Betriebsstätte i. S. des § 12 AO.	§ 2a Abs. 2 Satz 1 EStG
§ 2a Abs. 1 Satz 1 Nr. 3 Buchst. a EStG	der Teilwertabschreibung auf einen Anteil an einer Drittstaatenkörperschaft, welcher zu einem Betriebsvermögen gehört.	§ 2a Abs. 2 Satz 2 EStG
§ 2a Abs. 1 Satz 1 Nr. 3 Buchst. b EStG	der Veräußerung oder Entnahme eines Anteils an einer Drittstaatenkörperschaft, welcher zu einem Betriebsvermögen gehört.	§ 2a Abs. 2 Satz 2 EStG
§ 2a Abs. 1 Satz 1 Nr. 4 EStG	der Veräußerung von Anteilen i. S. von § 17 EStG an einer Drittstaatenkörperschaft.	§ 2a Abs. 2 Satz 2 EStG
§ 2a Abs. 1 Satz 1 Nr. 5 EStG	der Beteiligung an einem Handelsgewerbe als stiller Gesellschafter, wenn der Schuldner seinen Wohnsitz bzw. Sitz bzw. Ort der Geschäftsleitung in einem Drittstaat hat.	ohne Produktivitätsklausel
§ 2a Abs. 1 Satz 1 Nr. 6 Buchst. a EStG	der Vermietung oder Verpachtung von in einem Drittstaat belegenen unbeweglichen Vermögen oder Sachinbegriff.	ohne Produktivitätsklausel

HINWEIS

Eine Prüfung von § 2a EStG sollte i. R. der Steuerberaterprüfung erfolgen, sofern ein Stpfl., der im Inland unbeschränkt steuerpflichtig ist, Verluste im Zusammenhang mit einer ausländischen Einkunftsquelle erzielt.

BEISPIEL

Der unbeschränkt steuerpflichtige Carl Casper (CC) betreibt eine Milchviehanlage in Costa Rica und erwirtschaftet aus dieser Tätigkeit einen Verlust. Mit Costa Rica liegt **kein anwendbares DBA** vor.

Zu prüfen ist, ob § 2a EStG auf den erzielten Verlust Anwendung findet.

LÖSUNG

Durch § 2a EStG wird die Behandlung von Verlusten mit Bezug zu einem Drittstaat geregelt. Costa Rica ist kein Staat der EU oder des EWR und stellt folglich einen Drittstaat i. S. dieser Vorschrift dar (vgl. § 2a Abs. 2a Satz 1 Nr. 1 EStG). Der räumliche Geltungsbereich des § 2a EStG ist damit erfüllt. Sofern keine Liebhaberei anzunehmen ist, findet § 2a Abs. 1 EStG i. R. der Einkünfteermittlung Anwendung. In der Folge wird der in Costa Rica erzielte Verlust aus Land- und Forstwirtschaft i. S. des § 2a Abs. 1 Satz 1 Nr. 1 EStG nicht berücksichtigt und mindert weder die Summe der Einkünfte noch das zu versteuernde Einkommen. Darüber hinaus ist ein Verlustausgleich nach § 10d EStG ausgeschlossen. Es findet auf Grundlage des § 2a Abs. 1 Satz 3 EStG ein Verlustvortrag statt, welcher auf positive Einkünfte aus demselben Staat und Einkünfte derselben Art beschränkt ist. Der Verlustvortrag ist gem. § 2a Abs. 1 Satz 5 EStG gesondert festzustellen.

BEISPIEL

Abwandlung

Der Sachverhalt entspricht dem vorstehenden Beispiel mit dem Unterschied, dass CC die Milchviehanlage in Südafrika betreibt. Mit Südafrika liegt **ein anwendbares DBA** vor.[87]

Zu prüfen ist, ob § 2a EStG auf den erzielten Verlust Anwendung findet.

LÖSUNG

Durch § 2a EStG wird die Behandlung von Verlusten mit Bezug zu einem Drittstaat geregelt. Südafrika ist kein Staat der EU oder des EWR und stellt folglich einen Drittstaat i. S. dieser Vorschrift dar (vgl. § 2a Abs. 2a Satz 1 Nr. 1 EStG). Der räumliche Geltungsbereich des § 2a EStG ist damit erfüllt.

Im Gegensatz zum Ausgangsfall besteht mit Südafrika ein DBA. Nach Art. 6 Abs. 1 DBA sind die Einkünfte aus Land- und Forstwirtschaft im Quellenstaat, mithin Südafrika zu besteuern. Eine Doppelbesteuerung wird in Deutschland i. R. der Freistellungsmethode vermieden. Damit wirkt sich § 2a EStG nicht auf Ebene der Einkünfteermittlung aus. Der erzielte Verlust unterliegt auch nicht dem negativen Progressionsvorbehalt (vgl. H 32b „Ausländische Verluste" 2. Spiegelstrich EStH). Auf der Ebene des Einkommenstarifs ist die Verrechnungsfähigkeit des negativen Progressionsvorbehalts gesondert festzustellen (vgl. § 2a Abs. 1 Satz 5 EStG analog).

8.3.4.2 Produktivitätsklausel

§ 2a Abs. 1 Satz 1 Nr. 2 EStG ist für den Verlust einer in einem Drittstaat belegenen, gewerblich tätigen Betriebsstätte i. S. von § 12 AO nicht anzuwenden, sofern die Voraussetzungen des § 2a Abs. 2 Satz 1 EStG erfüllt sind und damit produktive Einkünfte i. S. dieser Vorschrift vorliegen.

87 Die Lösung des Beispiels erfolgt anhand des OECD Musterabkommens (vgl. dazu auch Kapitel IV.8.2).

Die produktiven Einkünfte müssen dabei ausschließlich oder fast ausschließlich erzielt werden (vgl. R 2a Abs. 3 EStR). Wird diese Mindestgrenze wegen schädlichen, nicht produktiven Tätigkeiten unterschritten, so ist in der Folge die gesamte Tätigkeit der Betriebsstätte als schädlich einzustufen. **Unschädliche, produktive Einkünfte** sind die Herstellung und/ oder Lieferung von Waren, die Gewinnung von Bodenschätzen sowie das Bewirken gewerblicher Leistungen. **Schädliche, nicht produktive Tätigkeiten** sind die Herstellung und/ oder die Lieferung von Waffen, die Errichtung oder der Betrieb von Anlagen, welche dem Fremdenverkehr dienen sowie die Vermietung und Verpachtung von Wirtschaftsgütern aller Art.

§ 2a Abs. 1 Satz 1 Nummern 3 und 4 EStG sind nicht anzuwenden, wenn bei der Drittstaatenkörperschaft seit ihrer Gründung oder im Jahr des Verlusts und in den fünf vorausgegangenen Jahren die Voraussetzungen des § 2a Abs. 2 Satz 1 EStG vorgelegen haben, d. h. in dieser Zeit ausgeübte Tätigkeiten produktiver, unschädlicher Natur waren (vgl. § 2a Abs. 2 Satz 2 EStG).

V. Fallbearbeitung von Prüfungsaufgaben

1. Die (vorweggenommene) Erbfolge

Die (vorweggenommene) Erbfolge ist regelmäßig Gegenstand der Steuerberaterprüfung und wurde im Kapitel IV kurz im Zusammenhang mit anderen Prüfungsschwerpunkten aufgegriffen. An dieser Stelle wird jeweils eine Prüfungsaufgabe zur vorweggenommenen Erbfolge und zur Erbfolge dargestellt.

HINWEIS

Im Zusammenhang mit der Fallbearbeitung von Aufgaben im Bereich der (vorweggenommenen) Erbfolge sollte man immer den Anhang 13 I des EStHB (Erbfolge)[88] sowie den Anhang 13 II des EStHB (vorweggenommene Erbfolge)[89] im Hinterkopf behalten.

Ein unentgeltlicher Erwerb liegt sowohl bei Schenkung unter Lebenden als auch bei Erwerb von Todes wegen durch Erbschaft vor. Darüber hinaus stellt auch ein Erwerb i. R. eines Vermächtnisses einen unentgeltlichen Erwerb dar.

Grundaussagen unentgeltlicher Erwerb	
Vorgangsart	**Fundstelle**
Erwerb von Todes wegen (Erbschaft)	§§ 1922, 1942 BGB i.V. mit BMF, Schreiben vom 14. 3. 2006 - IV B 2 - S 2242 - 7/06, BStBl 2006 I S. 253 (Anhang 13 I EStHB)
Vermächtnis	§§ 1939, 2147 BGB i.V. mit BMF, Schreiben vom 14. 3. 2006 - IV B 2 - S 2242 - 7/06, BStBl 2006 I S. 253 (Anhang 13 I EStHB, Tz. 60 ff.)
Schenkung unter Lebenden	§§ 516 ff. BGB i.V. mit BMF, Schreiben vom 13. 1. 1993 - IV C 2 – S 2230 - 46/06, BStBl 1993 I S. 80 (Anhang 13 II EStHB)

1.1 Die vorweggenommene Erbfolge – Teilaufgabe Steuerberaterprüfung 2014 (Aufgabe 2)[90]

Vermögensübertragung im Wege der vorweggenommenen Erbfolge, verbilligte Vermietung von Wohnräumen, anschaffungsnahe Herstellungskosten § 6 Abs. 1 Nr. 1a EStG

Sachverhalt:

Die Eheleute M (Eheleute) sind beide inzwischen 80 Jahre alt und wohnhaft in Münster. Sie haben Anfang der Fünfzigerjahre auf einem 1.000 Quadratmeter großen Grundstück (Webergasse 10 in Münster), das sie für umgerechnet 10.000 € (inklusive Nebenkosten) erworben haben, ein Dreifamilienhaus errichtet. Das Erdgeschoss (EG) hat eine Nutzfläche von 160 Quadratmetern und wurde seit Fertigstellung als Betriebsfläche fremdvermietet. Das Obergeschoss (OG) mit einer Wohnfläche von 80 Quadratmetern wurde an fremde Dritte zu Wohnzwecken vermietet. In Dach- und Spitzgeschoss (DSG) befindet sich eine Maisonettewohnung mit einer Wohnfläche von 160 Quadratmetern, die zunächst ebenfalls fremdvermietet, ab dem Jahr 1998 aber unentgeltlich der ältesten Tochter Carmen (CM) zu deren eigenen Wohnzwecken überlassen wurde.

Die Herstellungskosten, die sich gleichmäßig auf die einzelnen Gebäudeteile entsprechend der Nutz- bzw. Wohnflächen verteilen, betrugen insgesamt umgerechnet 100.000 €. Im Laufe der Jahre hat die Immobilie erheblich an Wert gewonnen. So lag der Verkehrswert des Gebäudes am 1. 7. 2016 bei 400.000 € (bei gleichmäßiger Verteilung entsprechend der Nutz- bzw. Wohnflächen). Steuerlich war das Haus zu diesem Zeitpunkt hingegen bereits vollständig abgeschrieben. Der Bodenrichtwert (= Verkehrswert) für das Grundstück betrug zum 1. 7. 2016 200 € je Quadratmeter.

88 Vgl. BMF, Schreiben vom 14. 3. 2006 - IV B 2 - S 2242 - 7/06, BStBl I S. 253.

89 Vgl. BMF, Schreiben vom 13. 1. 1993 - IV B 3 - S 2190 - 37/92, a. a. O.

90 Diese Teilaufgabe wurde aus „NWB, Steuerberaterprüfungsklausuren, Ausgabe 2017“ entnommen, abgewandelt und auf den Rechtsstand 2018 angepasst.

In 2016 beschlossen die Eheleute, das Dreifamilienhaus auf CM (geboren am 10. 1. 1959) i. R. der **vorweggenommenen Erbfolge** zu übertragen. In dem notariell beurkundeten Vertrag vom 10. 6. 2016 ist als Übergang von Nutzen und Lasten der 1. 7. 2016 vereinbart. Zu diesem Zeitpunkt bewohnte CM bereits das DSG. Um Streitereien mit ihrem jüngeren Bruder Hugo (HM) zu vermeiden, verpflichtete sich CM gegenüber ihren Eltern, an HM eine Ausgleichszahlung i. H. von 300.000 € zu leisten. Hierfür musste CM jedoch ein endfälliges Darlehen i. H. von 200.000 € aufnehmen, für das sie bis zum Laufzeitende (2025) monatlich Zinsen i. H. von 600 € gegenüber ihrer Bank zu leisten hat. Die Zinsen sind jeweils zum Monatsersten fällig und wurden von CM stets pünktlich gezahlt. Die im Zusammenhang mit der Eigentumsumschreibung angefallenen Nebenkosten i. H. von 12.000 € (Notarkosten, Gerichtskosten etc.) wurden von CM noch im Jahr 2016 gezahlt.

Die Betriebsräume im EG werden seit 2008 durchgängig an die B-GmbH verpachtet, die hierfür einen ortsüblichen monatlichen Pachtzins i. H. von 1.500 € zzgl. umlagefähiger Nebenkosten i. H. von 400 € zahlt. Die Wohnung im OG wurde bis Mitte 2017 zu einer fremdüblichen Miete i. H. von monatlich 800 € (zzgl. ortsübliche umlagefähige Nebenkosten i. H. von 200 €) an Ursula Uhl (U) vermietet. Die von CM bis 2017 in Anspruch genommene AfA für die fremdvermietete Wohnung betrug zutreffend 1.065 €. Nach dem Auszug von U hat CM zunächst das Bad im OG erneuern lassen. Eine wesentliche Zustandsverbesserung, die eine höhere Miete rechtfertigen würde, wurde dabei nicht erreicht.

Der Aufwand für die Baderneuerung betrug insgesamt 15.000 € inklusive der Umsatzsteuer (19 %). Da die beauftragten Firmen einige Nachbesserungsarbeiten erst Ende 2017 beenden konnten, hat CM die gesamte Rechnung erst im Februar 2018 überwiesen. Seit dem 1. 1. 2018 wird die Wohnung im OG an die Tante von CM für monatlich 450 € (zzgl. Nebenkosten i. H. von 150 €) vermietet. Die Tante hat die Miete jeweils pünktlich zum Monatsersten an CM überwiesen.

Anfang 2017 ließ CM die Fassade des Gebäudes mit einem modernen Wärmedämmverbundsystem erneuern. Die Kosten hierfür betrugen 50.000 € (inklusive Umsatzsteuer i. H. von 19 %) und wurden bereits in 2017 bezahlt. Eine Mieterhöhung lässt sich durch diese Maßnahme wirtschaftlich jedoch nicht rechtfertigen.

CM zahlte in 2018 für den Unterhalt des Gebäudes (Strom, Wasser, Heizung etc.) monatlich 850 €, davon entfallen 400 € auf das EG, 150 € auf das OG und 300 € auf das DSG. Eine Nebenkostenabrechnung hat CM gegenüber ihren Mietern in 2018 nicht erstellt, sodass insoweit keine weiteren Zahlungen geflossen sind.

Aufgabe:

Ermitteln Sie die steuerpflichtigen Einkünfte von CM für den Veranlagungszeitraum 2018. Begründen Sie Ihre Ergebnisse jeweils ausführlich unter Hinweis auf die einschlägigen Rechtsgrundlagen. Auf allgemeine Fragen (persönliche Steuerpflicht, Tarif etc.) ist nicht einzugehen. Etwaige umsatzsteuerliche Fragen sind nicht zu klären.

HINWEIS

- Sofern verschiedene Lösungsmöglichkeiten bestehen, ist das für 2018 günstigste steuerliche Ergebnis zu wählen.
- Erforderliche Anträge gelten als gestellt. Lediglich ein Antrag i. S. des § 176 Abs. 1 Nr. 3 AO soll in jedem Fall nicht gestellt werden.
- Gehen Sie in Ihrer Lösung davon aus, dass CM nicht zum Vorsteuerabzug berechtigt ist.
- Auf Cent lautende Beträge sind abzurunden.

LÖSUNG

1. Grundstücksübertragung

a) teilentgeltliche Vermögensübertragung

Die Eheleute haben zum 1. 7. 2016 kraft einzelvertraglicher Regelung das Grundstück Webergasse 10 in Münster auf ihre Tochter CM übertragen. Der Verkehrswert beträgt insgesamt 600.000 € (Grund und Boden 1.000 Quadratmeter x 200 € je Quadratmeter = 200.000 €; Gebäude 400.000 €). Es ist von einem Fall der vorweggenommenen Erbfolge auszugehen, da offensichtlich nach dem Willen der Beteiligten die Tochter zumindest teilweise das übertragene Vermögen unentgeltlich erhalten soll (vgl. Anhang 13 II EStHB, Tz. 1). Dem Verkehrswert des von den Eltern übernommenen Vermögens i. H. von 600.000 € steht als Gegenleistung der CM nur die von ihr an ihren Bruder HM zu leistende Ausgleichszahlung i. H. von 300.000 € gegenüber. Von einem voll entgeltlichen Rechtsgeschäft kann nicht ausgegangen werden, da die beiderseitigen Leistungen nicht wie unter fremden Dritten nach kaufmännischen Gesichtspunkten gegeneinander abgewogen sind und nicht von einer subjektiven Gleichwertigkeit ausgegangen wird (vgl. Anhang 13 II EStHB, Tz. 2).

Es liegt daher eine teilentgeltliche Vermögensübertragung i. R. der vorweggenommenen Erbfolge vor. Ein Anschaffungsgeschäft besteht für CM nur insoweit, als sie sich zur Zahlung der Ausgleichszahlung an ihren Bruder HM verpflichtet hat (vgl. Anhang 13 II EStHB, Tz. 7). Die Ausgleichszahlung i. H. von 300.000 € führt zu Anschaffungskosten des Grundstücks, im Übrigen liegt für sie ein unentgeltlicher Erwerb vor (vgl. Anhang 13 II EStHB, Tz. 14). Der Vorgang ist in einen entgeltlichen und einen unentgeltlichen Teil aufzuteilen. Der entgeltlich und der unentgeltlich erworbene Teil des Grundstücks sind nach dem Verhältnis des Entgelts (ohne Anschaffungsnebenkosten) zum Verkehrswert des Grundstücks im Zeitpunkt des Grundstückserwerbs zu berechnen.

Nach dem Verhältnis der Gegenleistung von 300.000 € zum Verkehrswert des Grundstücks von 600.000 € liegt zu 50 % eine entgeltliche und zu 50 % eine unentgeltliche Übertragung des Grundstücks vor.

Verkehrswert zum 01.07.2016	600.000 €
Anschaffungskosten (= Ausgleichszahlung)	300.000 €
entgeltlicher Erwerb	50 %
unentgeltlicher Erwerb	50 %

Die aufgewandten Anschaffungsnebenkosten i. H. von 12.000 € werden in voller Höhe den Anschaffungskosten zugerechnet (vgl. Anhang 13 II EStHB, Tz. 13). Die Anschaffungskosten betragen danach in Summe 312.000 € (= Ausgleichszahlung 300.000 € + Anschaffungsnebenkosten 12.000 €).

b) Aufteilung der Anschaffungskosten des entgeltlich erworbenen Grundstücksteils

Entsprechend dem Verhältnis des Verkehrswerts des gesamten Grundstücks zum Verkehrswert des Grund und Bodens und des Gebäudes sind die Anschaffungskosten i. H. von 312.000 € auf Grund und Boden und Gebäude aufzuteilen (vgl. H 7.3 „Kaufpreisaufteilung" 2. Spiegelstrich EStH). Der Verkehrswert des Grund und Bodens beträgt im Zeitpunkt der Eigentumsübertragung 200.000 € und der des Gebäudes 400.000 €. Die Anschaffungskosten verteilen sich damit auf Grund und Boden und Gebäude wie folgt:

Grund und Boden	1/3 von 312.000 €	104.000 €
Gebäude	2/3 von 312.000 €	208.000 €

Das Gebäude wird von CM teils zu fremden gewerblichen Zwecken sowie teils zu fremden und teils zu eigenen Wohnzwecken genutzt. Jeder der drei unterschiedlich genutzten Gebäudeteile bildet mit dem dazugehörigen anteiligen Grund und Boden ein besonderes Wirtschaftsgut, da das Gebäude in die verschiedenen Nutzungs- und Funktionszusammenhänge aufzuteilen ist (R 4.2 Abs. 4 Satz 1 EStR). Die Anschaffungskosten des Gebäudes sind nach dem Verhältnis der Nutzfläche des Gebäudeteils zur Nutzfläche des ganzen Gebäudes den einzelnen Wirtschaftsgüter anteilig zuzurechnen (R 4.2 Abs. 6 EStR).

Geschoss	**Wohnfläche**	**prozentualer Anteil an der Gesamtfläche**
EG – fremde betriebliche Nutzung	160 m²	40 %
OG – fremde Wohnzwecke	80 m²	20 %
DSG – eigene Wohnzwecke	160 m²	40 %
Summe	400 m²	100 %

Im gleichen Verhältnis sind die Anschaffungskosten des Grund und Bodens aufzuteilen (vgl. R 4.2 Abs. 7 EStR). Eine abweichende vertragliche Zuordnung der Anschaffungskosten wurde durch die Vertragsparteien nicht vorgenommen. Die Anschaffungskosten der entgeltlich erworbenen Wirtschaftsgüter verteilen sich wie folgt:

Geschoss	**Ermittlung anteilige Anschaffungskosten**	
EG – fremde betriebliche Nutzung		
Grund und Boden	40 % von 104.000 € =	41.600 €
Gebäude	40 % von 208.000 € =	83.200 €
OG – fremde Wohnzwecke		
Grund und Boden	20 % von 104.000 € =	20.800 €
Gebäude	20 % von 208.000 € =	41.600 €
DSG – eigene Wohnzwecke		
Grund und Boden	40 % von 104.000 € =	41.600 €
Gebäude	40 % von 208.000 € =	83.200 €
Summe		312.000 €

c) **Fortführung der Anschaffungs- und Herstellungskosten des unentgeltlich erworbenen Grundstücksteils**

Hinsichtlich des unentgeltlich erworbenen Grundstücksteils setzt CM die bisherige Rechtsposition der Vermögensübergeber fort. Einzusetzen sind die anteiligen Anschaffungskosten des Grund und Bodens mit 5.000 € (50 % von 10.000 €) sowie die anteiligen Herstellungskosten des Gebäudes mit 50.000 € (50 % von 100.000 €). Da laut Sachverhalt das Gebäude im Zeitpunkt der Eigentumsübertragung von den Rechtsvorgängern bereits vollständig abgeschrieben wurde, kommt für CM insoweit keine AfA mehr in Betracht.

Die CM zuzurechnenden Anschaffungskosten des Grund und Bodens sind auf die einzelnen Wirtschaftsgüter wie folgt zu verteilen:

Geschoss	Ermittlung anteilig übernommene Anschaffungskosten	
EG	40 % von 5.000 € =	2.000 €
OG	20 % von 5.000 € =	1.000 €
DSG	40 % von 5.000 € =	2.000 €

2. Modernisierungsarbeiten

Bei den von CM getätigten Aufwendungen für die Erneuerung des Bades im OG sowie die Erneuerung der Gebäudefassade handelt es sich nicht um Anschaffungskosten, da das Gebäude sofort nach dem Erwerb tatsächlich genutzt wurde und sich aus dem Sachverhalt keine objektiv bzw. subjektiv funktionsuntüchtigen Wirtschaftsgüter im Zeitpunkt des Erwerbs ergeben (vgl. Anhang 30 V.1 EStHB, Tz. 3, 6 bis 8). Darüber hinaus führen die durchgeführten Arbeiten nicht zu einer wesentlichen Verbesserung durch Anhebung des Gebäudestandards (vgl. Anhang 30 V.1 EStHB, Tz. 9 ff.).

Weiterhin handelt es sich nicht um nachträgliche Herstellungskosten i. S. des § 255 Abs. 2 Satz 1 HGB, da nach den Sachverhaltsangaben die Baumaßnahmen nicht zu einer wesentlichen Zustandsverbesserung geführt haben (vgl. § 6 Abs. 1 Nr. 1a Satz 2 EStG i. V. mit § 9 Abs. 5 Satz 2 EStG). Die Baumaßnahmen gehen nicht über eine zeitgemäße substanzerhaltende Erneuerung hinaus (vgl. Anhang 30 V.1 EStHB, Tz. 28).

Es ist zu prüfen, ob die innerhalb von drei Jahren nach der Anschaffung durchgeführten Baumaßnahmen als (anschaffungsnahe) Herstellungskosten zu qualifizieren sind (vgl. § 6 Abs. 1 Nr. 1a Satz 1 EStG). Von einer Renovierung und Modernisierung im Zusammenhang mit der Anschaffung eines Grundstücks kann ausgegangen werden, soweit die baulichen Maßnahmen innerhalb von drei Jahren nach der Anschaffung durchgeführt werden. CM ist laut Sachverhalt nicht zum Vorsteuerabzug berechtigt (vgl. § 9b Abs. 1 EStG).

Es handelt sich bei den durch die baulichen Maßnahmen entstandenen Aufwendungen weder um laufende, jährlich wiederkehrende Erhaltungsaufwendungen noch um Aufwendungen für die Erweiterung i. S. des § 255 Abs. 2 Satz 1 HGB. Bei einem teilentgeltlichen Erwerb können anschaffungsnahe Herstellungskosten nur im Verhältnis zum entgeltlichen Teil des Erwerbsvorgangs gegeben sein. Im Übrigen liegen Erhaltungsaufwendungen oder, unter den Voraussetzungen des § 255 Abs. 2 HGB, Herstellungskosten vor (vgl. Anhang 30 V.1 EStHB, Tz. 16). Hinsichtlich des unentgeltlich erworbenen Gebäudeteils ist auf die Anschaffung durch die Rechtsvorgänger abzustellen. Die Möglichkeit anschaffungsnaher Herstellungskosten scheidet vorliegend offensichtlich aus.

In die Prüfung sind nur 50 % der Gesamtaufwendungen ohne Umsatzsteuer einzubeziehen, soweit sie auf die jeweiligen selbständigen Gebäudeteile entfallen. Die Aufwendungen für die Fassadenerneuerung (netto 42.016 €, Umsatzsteuer 7.984 €) entfallen entsprechend dem Nutzungsverhältnis gleichmäßig auf die einzelnen selbständigen Gebäudeteile. Die Erneuerung des Bades im OG entfällt dagegen nur auf diese Wohnung (netto 12.605 €, Umsatzsteuer 2.395 €). Die Gesamtaufwendungen verteilen sich auf die einzelnen selbständigen Gebäudeteile wie folgt:[91]

Geschoss	Anteil an Aufwendungen	davon 50 % entgeltlicher Teil (Aufwendungen i. S. des § 6 Abs. 1 Nr. 1a EStG)	Summe je Geschoss
EG			
Fassade	40 % von 42.016 € = 16.806 €	8.403 €	8.403 €
OG			
Bad	12.605 €	6.302,50 €	10.504 €
Fassade	20 % von 42.016 € = 8.403 €	4.201,50 €	
DSG			
Fassade	40 % von 42.016 € = 16.806 €	8.403 €	8.403 €

91 Die Prüfung der 15 % Grenze erfolgt einzeln für jeden selbständigen Gebäudeteil. Maßgebend ist, dass die einzelnen Gebäudeteile in verschiedenen Nutzungs- und Funktionszusammenhängen stehen (vgl. BMF, Schreiben vom 20. 10. 2017 - IV C 1 - S 2171-c/09/10004 :006 - 2017/0397458, a. a. O. (abgedruckt im Anhang 30 V.2 EStHB).

Die Aufwendungen für die Modernisierungsmaßnahmen im EG übersteigen nicht 15 % der anteiligen Anschaffungskosten i. H. von 83.200 €. Die Aufwendungen waren daher im Jahr 2017 als Werbungskosten zu berücksichtigen. Auch für das DSG liegen die anteiligen Aufwendungen für Modernisierungsmaßnahmen unterhalb von 15 % der Anschaffungskosten.

Die Aufwendungen für die Modernisierungsmaßnahmen der Wohnung im OG i. H. von netto 10.504 € übersteigen 15 % der anteiligen Gebäudeanschaffungskosten des OG (15 % von 41.600 € = 6.240 €) und sind daher den Gebäudeanschaffungskosten mit dem Bruttobetrag i. H. von 12.500 €[92] zuzurechnen. Die Abschreibungsmethode bleibt aufgrund der nachträglichen Herstellungskosten unverändert (vgl. H 7.3 „Nachträgliche Anschaffungs- oder Herstellungskosten" EStH).

Die auf den unentgeltlich erworbenen Teil entfallenden Aufwendungen für die Erneuerung der Fassade stellen Erhaltungsaufwand dar und waren im Jahr 2017 sofort abzugsfähige Werbungskosten. Die auf den unentgeltlich erworbenen Teil entfallenden Aufwendungen für die Baderneuerung i. H. von 7.500 € stellen im Jahr 2018 bei der Ermittlung der Einkünfte aus der Wohnung im OG zu berücksichtigende Werbungskosten dar.

3. Ermittlung der Einkünfte aus Vermietung und Verpachtung

Aus der Vermietung der Wohnung im OG sowie des EG erzielt CM Einkünfte aus Vermietung und Verpachtung i. S. des § 21 Abs. 1 Satz 1 Nr. 1 EStG, die der Einkommensteuer unterliegen (vgl. § 2 Abs. 1 Satz 1 Nr. 6 EStG). Diese Einkünfte sind gem. § 2 Abs. 2 Satz 1 Nr. 2 EStG der Überschuss der Einnahmen (§ 8 EStG) über die Werbungskosten (§ 9 EStG). Das Zu- und Abflussprinzip des § 11 EStG findet Anwendung.

a) Einnahmen

Die Einnahmen aus der Vermietung (insgesamt 30.000 €) ermitteln sich wie folgt:

Geschoss	mtl. Kaltmiete	mtl. Nebenkosten (H 21.2 „Einnahmen" 5. Spiegelstrich EStH)	Einnahmen § 8 EStG
EG	1.500 €	400 €	(1.500 € + 400 €) x 12 Monate = 22.800 €
OG	450 €	150 €	(450 € + 150 €) x 12 Monate = 7.200 €
Summe	**1.950 €**	**550 €**	**30.000 €**

Hinsichtlich des OG ist zu beachten, dass § 21 Abs. 2 EStG Anwendung findet. CM vermietet die Wohnung im OG seit dem 1. 1. 2018 an ihre Tante für monatlich 450 € zzgl. Nebenkosten i. H. von 150 €. Die ortsübliche Miete umfasst die übliche Kaltmiete zzgl. der umlagefähigen Kosten (vgl. R 21.3 Satz 2 EStR). Die vereinbarte Miete von insgesamt 600 € (450 € + 150 €) beträgt somit nur 60 % der ortsüblichen Miete von 1.000 € (800 € + 200 €). Auf Grundlage des § 21 Abs. 2 Satz 2 EStG ist die Nutzungsüberlassung in einen entgeltlichen und in einen unentgeltlichen Teil aufzuteilen, da das Entgelt für die Überlassung der Wohnung zu Wohnzwecken weniger als 66 % der ortsüblichen Marktmiete beträgt.

b) Werbungskosten

EG:

Nach § 9 Abs. 1 Satz 3 Nr. 7 EStG ist die AfA als Werbungskosten zu berücksichtigen. Die AfA für den entgeltlich erworbenen Teil des EG bemisst sich gem. § 7 Abs. 4 Satz 1 Nr. 2 Buchst. a EStG für das nach dem 31.12.1924 fertig gestellte Gebäude mit jährlich 2 % der anteiligen Gebäudeanschaffungskosten i. H. von 83.200 € (vgl. Anhang 13 II EStHB, Tz. 16 und 17).[93] Die AfA für den entgeltlich erworbenen Grundstücksteil berechnet sich wie folgt:

Anschaffungskosten Geschäftsräume EG	83.200 €
anschaffungsnahe Herstellungskosten	0 €
AfA-Bemessungsgrundlage	83.200 €
AfA (2 % von 83.200 €)	1.664 €

Soweit CM das Gebäude unentgeltlich erworben hat, führt sie die AfA-Bemessungsgrundlage und die AfA-Methode der Rechtsvorgänger fort (vgl. § 11d Abs. 1 Satz 2 EStDV). Da laut Sachverhalt das Gebäude im Zeitpunkt der Übertragung bereits vollständig abgeschrieben war, kommt für den unentgeltlich erworbenen Gebäudeteil des EG eine AfA nicht in Betracht.

Für die fremdübliche Vermietung des EG findet § 21 Abs. 2 EStG keine Anwendung. Ungeachtet dessen würde die Anwendung auch bei einem geringen Mietzins ausscheiden, da das EG zu fremden, betrieblichen Zwecken und nicht zu Wohnzwecken überlassen wird. Die Werbungskosten für das EG ermitteln sich daher wie folgt:[94]

92 (Fassade 50.000 € x Anteil OG 20 % + Bad 15.000 €) x entgeltlicher Erwerb 50 % = 12.500 €

93 Eine AfA nach § 7 Abs. 4 Satz 1 Nr. 1 EStG scheidet für das EG aus, da der Bauantrag nicht nach dem 31. 3. 1985 gestellt wurde. Vielmehr wurde das Gebäude laut Sachverhalt in den 1950er Jahren gebaut.

94 Die Aufwendungen für die Modernisierungsmaßnahme (Fassade) war im Jahr 2017 zu berücksichtigen (Abflussprinzip; vgl. § 11 Abs. 2 Satz 1 EStG).

	Art der Werbungskosten	Ermittlung der Höhe
2.880 €	Zinsen Darlehen (§ 9 Abs. 1 Satz 3 Nr. 1 EStG)	600 € × 12 Monate × 40 %
+ 1.664 €	AfA (§ 9 Abs. 1 Satz 3 Nr. 7 EStG)	1.664 € (vgl. oben)
+ 4.800 €	Kosten der Grundstücksunterhaltung (§ 9 Abs. 1 Satz 1 EStG)	400 € × 12 Monate
= 9.344 €	Summe	

<u>OG:</u>

Nach § 9 Abs. 1 Satz 3 Nr. 7 EStG ist die AfA als Werbungskosten zu berücksichtigen. Die AfA für den entgeltlich erworbenen Teil des OG bemisst sich gem. § 7 Abs. 4 Satz 1 Nr. 2 Buchst. a EStG für das nach dem 31. 12. 1924 fertig gestellte Gebäude mit jährlich 2 % der anteiligen Gebäudeanschaffungskosten i. H. von 41.600 € zzgl. der als anschaffungsnahe Herstellungskosten zu behandelnden Aufwendungen für Modernisierungsmaßnahmen. Die anschaffungsnahen Herstellungskosten sind dabei so zu berücksichtigen, als wären sie zu Beginn des Jahres aufgewendet worden (vgl. R 7.4 Abs. 9 Satz 3 EStR). Die AfA für den entgeltlich erworbenen Grundstücksteil berechnet sich wie folgt:

Anschaffungskosten Wohnung OG	41.600 €
anschaffungsnahe Herstellungskosten	12.500 €
AfA-Bemessungsgrundlage (vgl. R 7.3 Abs. 1 Satz 1 EStR)	54.100 €
AfA (2 % von 54.100 €)	1.082 €

Soweit CM das Gebäude unentgeltlich erworben hat, führt sie die AfA-Bemessungsgrundlage und die AfA-Methode der Rechtsvorgänger fort (vgl. § 11d Abs. 1 Satz 2 EStDV). Da laut Sachverhalt das Gebäude im Zeitpunkt der Übertragung bereits vollständig abgeschrieben war, kommt für den unentgeltlich erworbenen Gebäudeteil des OG eine AfA nicht in Betracht.

	Art der Werbungskosten	Ermittlung der Höhe
1.440 €	Zinsen Darlehen (§ 9 Abs. 1 Satz 3 Nr. 1 EStG)	600 € × 12 Monate × 20 %
+ 1.082 €	AfA (§ 9 Abs. 1 Satz 3 Nr. 7 EStG)	1.082 € (vgl. oben)
+ 1.800 €	Kosten der Grundstücksunterhaltung (§ 9 Abs. 1 Satz 1 EStG)	150 € × 12 Monate
+ 7.500 €	Kosten Baderneuerung	15.000 € x 50 % (unentgeltlich erworbener Gebäudeteil)
= 11.822 €	Summe	

Die auf die Vermietung der Wohnung im OG entfallenden Werbungskosten sind nur mit 60 % (entgeltlicher Anteil) und damit i. H. von 7.093 € abzugsfähig (vgl. § 21 Abs. 2 EStG).

<u>Summe Werbungskosten:</u>

Die Summe der Werbungskosten beträgt 16.437 € (9.344 €+ 7.093 €).

c) Einkünfte

Die Einkünfte aus Vermietung und Verpachtung betragen in 2018 13.563 € (Einnahmen 30.000 € ./. Werbungskosten 16.437 €). Durch die Eigennutzung des DSG erzielt CM in 2018 keine Einkünfte. Die Aufwendungen für diesen Gebäudeteil sind den Kosten der privaten Lebensführung zuzuordnen (vgl. § 12 Nr. 1 EStG).

1.2 Die Erbfolge – Teilaufgabe Steuerberaterprüfung 2008 (Aufgabe 1)[95]

Erbengemeinschaft, Erbauseinandersetzung, Veräußerung von Anteilen an Kapitelgesellschaften § 17 EStG

Sachverhalt:

Herr B (B) lebt seit Jahren in einem Einfamilienhaus in Bad Hersfeld (Hessen). Der Vater (V) von B besaß seit 2016 Aktien der Müll-AG (AG; Sitz und Geschäftsleitung in Gera, Thüringen) im Nennwert von 6.000 €. Er hatte die Aktien für 4.500 € angeschafft. Das Nennkapital der AG beträgt 400.000 €. Am 25. 9. 2018 verstarb V. Die Aktien haben im Jahr 2018 durchgehend einen Kurswert von 10.000 € und gingen zu je 50 % auf B und seine Schwester (S) über, die sie im Privatvermögen hielten. I. R. der Erbauseinandersetzung erhält B die gesamte Erbmasse (Anteile an der AG) und zahlt S einen fremdüblichen Ausgleich i. H. von 5.000 € (= Kurswert). Die Erbauseinandersetzung im Zusammenhang mit der Übertragung des wirtschaftlichen Eigentums der Anteile der S auf B erfolgt zum 10. 12. 2018.

Aufgabe:

Ermitteln Sie die steuerpflichtigen Einkünfte von S für den Veranlagungszeitraum 2018. Begründen Sie Ihre Ergebnisse jeweils ausführlich unter Hinweis auf die einschlägigen Rechtsgrundlagen. Auf allgemeine Fragen (persönliche Steuerpflicht, Tarif etc.) ist nicht einzugehen. Etwaige umsatzsteuerliche Fragen sind nicht zu klären.

HINWEIS

- Sofern verschiedene Lösungsmöglichkeiten bestehen, ist das für 2018 günstigste steuerliche Ergebnis zu wählen.
- Erforderliche Anträge gelten als gestellt.
- Auf Cent lautende Beträge sind abzurunden.

LÖSUNG

a) Gesamtrechtsnachfolge (25. 9. 2018)

Mit dem Tod des Erblassers (V) geht der gesamte Nachlass unentgeltlich im Wege der Gesamtrechtsnachfolge (§ 1922 BGB, § 45 AO) auf die Erbengemeinschaft (B und S; § 2032 BGB) über (vgl. Anhang 13 I EStHB, Tz. 1). Der Nachlass ist das Gesamthandsvermögen der Erben, d. h., dass kein Erbe einzeln und allein über das Vermögen einzeln und allein verfügen kann (vgl. § 719 BGB, § 1922 BGB). Steuerlich wird die Erbengemeinschaft für in der Erbmasse befindliches Privatvermögen wie eine Bruchteilsgemeinschaft behandelt (vgl. § 39 Abs. 2 Nr. 2 AO).

Die Beteiligung von V am Nennkapital der AG betrug 1,5 % (Nennwert Aktien 6.000 €/Nennkapital AG 400.000 €). Zunächst übernehmen B und S jeweils 0,75 % der Anteile am Nennkapital unentgeltlich von V. Aus dem Sachverhalt ergeben sich für die Erbengemeinschaft keine laufenden Einkünfte für das Jahr 2018.

b) Erbauseinandersetzung (10. 12. 2018)

Da B und S mit je 50 % am Nachlass beteiligt sind, stehen ihnen jeweils wertmäßig 5.000 € zu (Gesamtwert des Nachlasses laut Sachverhalt 10.000 €). Da B 100 % der Erbmasse übernimmt, erhält er 5.000 € mehr, als ihm wertmäßig zustehen. Zum Ausgleich muss B 5.000 € an S begleichen.

Ein steuerlich neutraler Übergang von Vermögen aus der Erbengemeinschaft auf die Erben ist nur insoweit möglich, als das Vermögen die jeweilige Erbquote nicht übersteigt. Daher kann B lediglich 5.000 € steuerneutral übernehmen. I. H. der Ausgleichszahlung (5.000 €) liegt ein steuerliches Veräußerungsgeschäft (S) und ein Anschaffungsgeschäft (B) vor.

Laut Aufgabenstellung sollen die Einkünfte der S im Jahr 2018 ermittelt werden. Daher ist das Veräußerungsgeschäft der S i. R. der Erbauseinandersetzung (= sog. **„Realteilung der Zufallsgemeinschaft"**) im Folgenden steuerlich zu würdigen (vgl. Anhang 13 I EStHB, Tz. 26).

c) Einkünfte der S

Die Veräußerung des Erbteils der S ist nur steuerpflichtig, soweit die Voraussetzungen des § 17 EStG erfüllt sind (vgl. Anhang 13 I EStHB, Tz. 27).

S hat als Veräußerer den Anteil an der Kapitalgesellschaft unentgeltlich erworben und der Rechtsvorgänger V war innerhalb der letzten fünf Jahre vor der Veräußerung zu mehr als 1 % an der Kapitalgesellschaft beteiligt (vgl. H 17 Abs. 2 „Nominelle Beteiligung" EStH). Ungeachtet der Tatsache, dass S nur zu 0,75 % am Nennkapital der AG beteiligt war, unterliegt die Veräußerung an B der Besteuerung i. R. des § 17 EStG (vgl. § 17 Abs. 1 Satz 4 EStG).

In der Folge erzielt S aus der Veräußerung der Anteile an der Kapitalgesellschaft Einkünfte aus Gewerbebetrieb i. S. des § 17 Abs. 1 Satz 1 EStG i. V. mit § 15 EStG. Die Einkünfte unterliegen der Einkommensteuer gem. § 2 Abs. 1 Satz 1 Nr. 2 EStG und sind der Gewinn (vgl. § 2 Abs. 2 Satz 1 Nr. 1 EStG).

---

95 Die Teilaufgabe wurde verändert und an den Rechtsstand 2018 angepasst.

Es findet die besondere Gewinnermittlung des § 17 Abs. 2 EStG Anwendung. Für die Besteuerung i. R. des § 17 EStG ist die Übertragung des wirtschaftlichen Eigentums, hier der 10. 12. 2018 (H 17 Abs. 4 „Wirtschaftliches Eigentum" 1. Spiegelstrich EStH), maßgebend. Für den Zeitpunkt der Besteuerung sowie die Ermittlung der Einkünfte findet im Umkehrschluss § 11 EStG keine Anwendung.

Die Anschaffungskosten ergeben sich in diesem Fall auf Grundlage des § 17 Abs. 2 Satz 5 EStG. Demnach bilden die anteiligen Anschaffungskosten des V aufgrund der vorangegangenen unentgeltlichen Übertragung die steuerlich relevanten Anschaffungskosten der S. Die Anschaffungskosten betragen mithin 2.250 € (4.500 € x 50 %).

Der Gewinn i. S. des § 17 EStG ermittelt sich wie folgt:

5.000 €		Veräußerungspreis
./. 2.000 €		steuerfreier Anteil (40 %; § 3 Nr. 40 Buchst. c EStG)
=	3.000 €	Zwischensumme steuerpflichtiger Veräußerungspreis
2.250 €		Anschaffungskosten
+ 0 €		Veräußerungskosten
= 2.250 €		Zwischensumme gesamte Betriebsausgaben
./. 900 €		steuerfreier Anteil (40 %; § 3c Abs. 2 EStG)
=	1.350 €	Zwischensumme Betriebsausgaben
=	1.650 €	steuerpflichtiger Veräußerungsgewinn
./. 67 €		anteiliger Freibetrag i. S. des § 17 Abs. 3 Satz 1 EStG (9.060 € x 0,75 %)
+ 67 €		Kürzung des Freibetrags nach § 17 Abs. 3 Satz 2 EStG (36.100 € x 0,75 % = 270 €; Veräußerungsgewinn übersteigt Grenze um 1.380 € und ist vollständig zu kürzen)
=	0 €	anzuwendender Freibetrag
=	**1.650 €**	steuerpflichtige Einkünfte i. S. des § 17 EStG

Im Ergebnis erzielt S im Jahr 2018 Einkünfte aus Gewerbebetrieb (§ 17 EStG) i. H. von 1.650 €. Der steuerpflichtige Veräußerungsgewinn i. S. des § 17 EStG wird nicht vom einkommensteuerlichen Begriff der außerordentlichen Einkünfte eingeschlossen. Damit unterliegen die Einkünfte i. S. des § 17 EStG nicht dem ermäßigten Steuertarif des § 34 EStG.

2. Ausgewählte Prüfungsschwerpunkte

2.1 Internationales Steuerrecht

2.1.1 Auswirkungen eines DBA im Bereich der Einkommensteuer – Teilaufgabe Steuerberaterprüfung 2012 (Aufgabe 3)[96]

Prüfung eines DBA und der Auswirkungen auf die Besteuerung im Inland

Sachverhalt:

Der ledige Steuerpflichtige R (wohnhaft in Düsseldorf) ist seit mehreren Jahren in Köln gewerblich tätig. Seinen Gewinn ermittelt R zulässigerweise durch Anwendung der Einnahmenüberschussrechnung i. S. des § 4 Abs. 3 EStG.

R ist zu 10 % am Kapital der österreichischen X-GmbH (Sitz und Geschäftsleitung in Linz) beteiligt. Die Hälfte der Anteile des R sind unstreitig seinem Betriebsvermögen zuzuordnen. Zur Finanzierung der Anteile hat er einen fremdüblichen Kredit aufgenommen, für den er im Jahr 2018 1.000 € Zinsen an seine Bank gezahlt hat. Im Jahr 2018 schüttete die X-GmbH Gewinne an ihre Anteilseigner aus. Nach Abzug einer österreichischen Kapitalertragsteuer i. H. von 25 % seitens der GmbH, wird auf dem Bankkonto von R ein Betrag i. H. von 4.500 € gutgeschrieben.

Der steuerliche (negative) Gewinn des R aus seiner gewerblichen Tätigkeit (ohne Berücksichtigung der Gewinnausschüttung und der Finanzierungsaufwendungen) beträgt im Jahr 2018 aufgrund hoher Betriebsausgaben ./. 5.000 €.

Andere Einkünfte hat R im Jahr 2018 nicht erzielt.

Aufgabe:

Ermitteln Sie die aus dem vorstehenden Sachverhalt für den Veranlagungszeitraum 2018 ergebenden (in Deutschland steuerpflichtigen) Einkünfte des R. Begründen Sie Ihre Ergebnisse unter Angabe der einschlägigen Rechtsgrundlagen.

HINWEIS

Sofern Anträge zu einem günstigeren steuerrechtlichen Ergebnis für den Steuerpflichtigen führen, gelten diese als gestellt. Auswirkungen auf andere Veranlagungszeiträume sind nicht zu berücksichtigen. Das DBA ist in der Anlage 1 zu diesem Sachverhalt abgedruckt (Zitierung im Folgenden Art. [...] DBA).[97] Auf die EU-Zinsrichtlinie ist nicht einzugehen.

LÖSUNG

1. **Nationales Steuerrecht (persönliche und sachliche Steuerpflicht)**

   a) **Persönliche Steuerpflicht**

R ist als natürliche Person unbeschränkt einkommensteuerpflichtig, da er seinen Wohnsitz (§ 8 AO) in Düsseldorf und damit im Inland hat (vgl. § 1 Abs. 1 Satz 1 EStG). Der Einkommensteuer unterliegen somit sämtliche in- und ausländischen Einkünfte, soweit sie nicht durch ein DBA von der inländischen Besteuerung freigestellt werden (vgl. § 2 Abs. 1 Satz 1 EStG, H 1a „Allgemeines" EStH).

   b) **Einkünfte aus Gewerbebetrieb**

R erzielt aus seinem Gewerbebetrieb in Köln Einkünfte aus Gewerbebetrieb i. S. des § 15 Abs. 1 Satz 1 Nr. 1 EStG. Seinen Gewinn ermittelt R zulässigerweise als Überschuss der Betriebseinnahmen über die Betriebsausgaben nach § 4 Abs. 3 EStG, da er laut Sachverhalt weder zur Buchführung verpflichtet ist (§§ 140, 141 AO), noch freiwillig Bücher führt. Die Gewinnausschüttung der österreichischen X-GmbH gehört, soweit sie auf die zum Betriebsvermögen gehörenden Anteile entfällt, nicht zu den Einkünften aus Kapitalvermögen i. S. des § 20 Abs. 1 Nr. 1 EStG, sondern ist vielmehr den Einkünften aus Gewerbebetrieb zuzurechnen (= Subsidiaritätsprinzip; vgl. § 20 Abs. 8 EStG). Der gesonderte Steuertarif für Einkünfte aus Kapitalvermögen nach § 32d EStG ist für diese Einkünfte nicht einschlägig (vgl. § 32d Abs. 1 Satz 1 EStG).

Die Gewinnausschüttung unterliegt nach § 3 Nr. 40 Buchst. d Satz 1 EStG dem Teileinkünfteverfahren, da die Gewinnausschüttung zu den Einkünften aus Gewerbebetrieb gehört (vgl. § 3 Nr. 40 Satz 2 EStG). Zur Ermittlung des Gewinns sind 60 % der Gewinnausschüttung nach § 3 Nr. 40 Buchst. d EStG anzusetzen und 60 % der Finanzierungskosten nach § 3c Abs. 2 EStG als Betriebsausgaben abzugsfähig. Die österreichische Kapitalertragsteuer gehört zu den nach § 12 Nr. 3 EStG nicht abzugsfähigen Personensteuern und darf den Gewinn nicht mindern.

---

96 Diese Teilaufgabe wurde aus „NWB, Steuerberaterprüfungsklausuren, Ausgabe 2018" entnommen und angepasst.

97 Vgl. https://datenbank.nwb.de/Dokument/Anzeigen/95047/, zuletzt geprüft am 2. 3. 2019.

Die Einkünfte unterliegen der Einkommensteuer gem. § 2 Abs. 1 Satz 1 Nr. 2 EStG und sind der Gewinn (vgl. § 2 Abs. 2 Satz 1 Nr. 1 EStG). Die Ermittlung der Einkünfte darf nur nach dem deutschen Steuerrecht erfolgen (vgl. R 34c Abs. 3 Satz 3 EStR, H 32b „Ausländische Einkünfte" EStH).

Da die Ausschüttung durch eine in Österreich ansässige Kapitalgesellschaft erfolgt, liegen ausländische Einkünfte i. S. des § 34d Nr. 2 Buchst. a EStG i.V. mit § 34d Nr. 6 EStG vor.

c) Einkünfte aus Kapitalvermögen

Soweit die Gewinnausschüttung auf die im Privatvermögen gehaltenen Anteile an der X-GmbH entfällt, erzielt R nach § 20 Abs. 1 Nr. 1 EStG Einkünfte aus Kapitalvermögen. Die Einkünfte unterliegen nicht dem Teileinkünfteverfahren. § 3 Nr. 40 Buchst. d Satz 1 EStG ist nicht anzuwenden (vgl. § 3 Nr. 40 Satz 2 EStG). Die Einkünfte unterliegen damit dem gesonderten Steuertarif i. S. des § 32d Abs. 1 EStG.

Diese Einkünfte unterliegen der Einkommensteuer gem. § 2 Abs. 1 Satz 1 Nr. 5 EStG und sind der Überschuss der Einnahmen über die Werbungskosten (vgl. § 2 Abs. 2 Satz 1 Nr. 2 EStG i.V. mit § 2 Abs. 2 Satz 2 EStG). Die Ermittlung der Einkünfte darf nur nach dem deutschen Steuerrecht erfolgen (vgl. R 34c Abs. 3 Satz 3 EStR, H 32b „Ausländische Einkünfte" EStH). Auch hier ist die Bruttodividende anzusetzen, da die von Österreich einbehaltene Kapitalertragsteuer nach § 12 Nr. 3 EStG bei der Ermittlung der Einkünfte nicht abzugsfähig ist.

Da die Ausschüttung durch eine in Österreich ansässige Kapitalgesellschaft erfolgt, liegen ausländische Einkünfte i. S. des § 34d Nr. 6 EStG vor.

2. Internationales Steuerrecht (DBA)

Laut Aufgabenstellung findet auf den vorliegenden Sachverhalt das DBA zwischen Deutschland und Österreich Anwendung (vgl. auch Anhang 12 I EStHB).[98]

Das DBA gilt sowohl für den Staat Deutschland, als auch den Staat Österreich ohne Einschränkungen (= räumlicher Geltungsbereich). Unter das DBA fallen alle Steuern vom Ertrag, d. h. auch die österreichische und die deutsche Einkommensteuer werden von dem DBA erfasst (= sachlicher Geltungsbereich; Art. 2 Absätze 1 und 2 DBA). Nach Art. 1 DBA ist dieses anzuwenden, wenn eine Person in einem oder in beiden Staaten ansässig ist. R ist eine natürliche Person i. S. des § 1 BGB und fällt deshalb unter den Anwendungsbereich des Art. 3 Abs. 1 Buchst. d DBA. Er hat einen Wohnsitz in Deutschland und wird aufgrund dessen in Deutschland als unbeschränkt steuerpflichtig behandelt. R gilt daher als in Deutschland ansässig (= persönlicher Geltungsbereich; Art. 4 Abs. 1 DBA).

a) Gewerbebetrieb

Für die Dividende der österreichischen X-GmbH steht der Bundesrepublik Deutschland ein Besteuerungsrecht zu (vgl. Art. 10 Abs. 1 DBA i.V. mit Art. 7 Abs. 8 DBA). Es handelt sich um eine Dividende i. S. des Art. 10 Abs. 3 DBA. Die X-GmbH und R sind in verschiedenen DBA Staaten ansässig – die X-GmbH als Kapitalgesellschaft in Österreich und R als natürliche Person in Deutschland. Die Dividende der österreichischen X-GmbH unterliegt der inländischen Besteuerung (vgl. Art. 23 Abs. 1 Buchst. a DBA).

Die Einkünfte aus Österreich werden nicht von der Besteuerung in Deutschland nach Art. 23 Abs. 1 Buchst. a DBA freigestellt. Die Dividende wird nicht an eine in Deutschland ansässige juristische Person gezahlt (vgl. Art. 3 Abs. 1 Buchst. e DBA).

Die Republik Österreich darf ebenfalls die Dividende als Vertragsstaat, in dem die die Dividende zahlende Gesellschaft (Art. 3 Abs. 1 Buchst. e DBA) ansässig ist, besteuern (vgl. Art. 10 Abs. 2 DBA). Die Steuer darf nach Art. 10 Abs. 2 Buchst. b DBA 15 % des Bruttobetrages der Dividende nicht übersteigen. Soweit die von Österreich einbehaltene Quellensteuer 15 % (Kapitalertragsteuer) der Bruttodividende übersteigt, ist sie auf Antrag des R von Österreich zu erstatten (Art. 27 Abs. 1 DBA).

Die österreichische Kapitalertragsteuer wird nach Art. 23 Abs. 1 Buchst. b DBA, soweit sie nach österreichischem Recht und in Übereinstimmung mit dem DBA für diese Einkünfte gezahlt worden ist, unter Beachtung der Vorschriften über die Anrechnung ausländischer Steuern, auf die deutsche Einkommensteuer angerechnet (= Anrechnungsmethode; vgl. § 34c Abs. 6 Satz 2 EStG). Die österreichische Kapitalertragsteuer ist eine Steuer, auf die das DBA Anwendung findet (vgl. Art. 1 Abs. 1 DBA).

b) Dividendeneinkünfte

Die Dividende der X-GmbH unterliegt der inländischen Besteuerung, soweit sie auf den im Privatvermögen gehaltenen Anteil entfällt. Für die Dividende steht Deutschland ein Besteuerungsrecht zu (Art. 10 Abs. 1 DBA). Österreich ist als Quellenstaat nach Art. 10 Abs. 2 Buchst. b DBA berechtigt, die Dividende einer Quellensteuer von 15 % des Bruttobetrages der Dividende zu unterwerfen.

Die auf die ausländischen Kapitalerträge festgesetzte und um einen Ermäßigungsanspruch gekürzte ausländische Steuer ist, jedoch höchstens zu 25 % der ausländischen Steuer auf den einzelnen Kapitalertrag, auf die zusätzliche tarifliche Einkommensteuer anzurechnen, die auf die hinzuzurechnenden Kapitaleinkünfte entfällt (vgl. Art. 23 Abs. 1 Buchst. b DBA; § 32d Abs. 6 Satz 2 EStG i.V. mit § 32d Abs. 5 Satz 2 EStG). Die österreichische Kapitalertragsteuer ist eine Steuer, auf die das DBA Anwendung findet (vgl. Art. 1 Abs. 1 DBA).

98 Vgl. BMF, Schreiben vom 17. 1. 2019 - IV B 2 - S 1301/07/10017-10, a. a. O.

3. **Übertragung des Besteuerungsrechts in das nationale Steuerrecht**

a) **Einkünfte aus Gewerbebetrieb**

Es ist zu prüfen, ob und inwieweit eine Anrechnung der österreichischen Kapitalertragsteuer auf Grundlage des § 34c Abs. 6 Satz 2 EStG erfolgen kann. Der Anrechnung steht § 34c Abs. 6 Satz 2 Halbsatz 2 EStG nicht entgegen, da die Dividende nach § 20 Abs. 8 EStG den Einkünften aus Gewerbebetrieb zuzurechnen ist und insoweit § 32d Absätze 1, 3 bis 6 EStG nicht anzuwenden sind. Eine Anrechnung der österreichischen Kapitalertragsteuer kann bis zu einem Maximalbetrag i. H. von 450 € (= 15 % von 3.000 €) erfolgen.

Die ausländische Steuer ist auf die deutsche Einkommensteuer nur in der Höhe anzurechnen, wie die sich bei der Veranlagung des zu versteuernden Einkommens ergebende deutsche Einkommensteuer nach dem Verhältnis der ausländischen Einkünfte zur Summe der Einkünfte auf die ausländischen Einkünfte entfällt (vgl. § 34c Abs. 1 Satz 2 EStG). Damit kann eine Anrechnung der österreichischen Kapitalertragsteuer nach § 34c Abs. 1 EStG nicht erfolgen, da sich bei der Höhe des Einkommens des R für 2018 eine Einkommensteuer i. H. von 0 € ergibt. Statt der Anrechnung ist die ausländische Steuer auf Antrag bei der Ermittlung der Einkünfte abzuziehen, soweit sie auf ausländische Einkünfte entfällt, die nicht steuerfrei sind (vgl. § 34c Abs. 2 EStG i.V. mit § 34c Abs. 6 Satz 2 EStG). Da die Dividende nach § 3 Nr. 40 Buchst. d Satz 2 EStG zu 40 % steuerfrei ist, sind nur 270 € (= 60 % von 450 €) der ausländischen Kapitalertragsteuer nach § 34c Abs. 2 EStG abzugsfähig.

Der Verlust aus Gewerbebetrieb ermittelt sich wie folgt:

	./. 5.000 €	erklärter Verlust
3.000 €		Gewinnausschüttung (50 % von 6.000 €)
./. 1.200 €		steuerfreier Anteil (40 % von 3.000 €; § 3 Nr. 40 Buchst. d Satz 2 EStG)
	= + 1.800 €	steuerpflichtiger Anteil (§ 3 Nr. 40 Buchst. d Satz 2 EStG)
500 €		Betriebsausgaben (Zinsen; 50 % von 1.000 €)
./. 200 €		nicht abzugsfähig (40 % von 500 €; § 3c Abs. 2 EStG)
	./. 300 €	abzugsfähig (60 % von 500 €; § 3c Abs. 2 EStG)
	= ./. 270 €	abzugsfähige ausländische Steuer (60 % von 450 €; § 34c Abs. 2 EStG)
	= ./. 3.770 €	**Einkünfte aus Gewerbebetrieb (Verlust)**

b) **Einkünfte aus Kapitalvermögen**

Die Einkünfte aus Kapitalvermögen unterliegen nach § 32d Abs. 1 Satz 1 EStG der Abgeltungssteuer. Ein Antrag nach § 32d Abs. 2 Nr. 3 EStG auf Nichtanwendung des § 32d Abs. 1 Satz 1 EStG kann R nicht stellen. R ist weder an der X-GmbH zu mindestens 25 % beteiligt (§ 32d Abs. 2 Nr. 3 Buchst. a EStG), noch ist R nach dem Sachverhalt für die X-GmbH beruflich tätig (vgl. § 32d Abs. 2 Nr. 3 Buchst. b EStG).

Auf Antrag des R werden anstelle der Besteuerung nach § 32d Absätze 1, 3 und 4 EStG die nach § 20 Abs. 9 EStG ermittelten Kapitaleinkünfte den Einkünften i. S. des § 2 Abs. 1 EStG hinzugerechnet und der tariflichen Einkommensteuer unterworfen (vgl. § 2 Abs. 1 Satz 2 EStG i.V. mit § 32d Abs. 6 Satz 1 EStG). Bei der Ermittlung der Einkünfte ist als Werbungskosten ein Betrag i. H. von 801 € abzuziehen (= Sparerpauschbetrag). Der Abzug der tatsächlichen Werbungskosten ist nach § 32d Abs. 6 EStG ausgeschlossen (vgl. § 20 Abs. 9 Satz 1 Halbsatz 2 EStG).

Es ist davon auszugehen, dass R einen entsprechenden Antrag nach § 32d Abs. 6 EStG auf Einbeziehung der Kapitaleinkünfte i. R. der Veranlagung stellt, da R hierdurch eine Besteuerung seiner ausländischen Einkünfte in Deutschland vermeidet.

Die österreichische Kapitalertragsteuer kann zu höchstens 15 % (maximaler Quellensteuersatz laut DBA) auf den einzelnen Kapitalertrag, auf den die zusätzliche tarifliche Einkommensteuer entfällt, angerechnet werden (vgl. § 32d Abs. 6 Satz 2 EStG i.V. mit § 32d Abs. 5 Satz 2 EStG). Da sich bei der Höhe des Einkommens des R, auch unter Einbeziehung seiner Kapitaleinkünfte, eine Einkommensteuer i. H. von 0 € ergibt, entfällt eine Anrechnung der österreichischen Kapitalertragsteuer.

Die ausländische Kapitalertragsteuer kann nicht auf Antrag nach § 34c Abs. 2 EStG bei der Ermittlung der Einkünfte abgezogen werden. Für ausländische Einkünfte, auf die § 32d Absätze 1 und 3 bis 6 EStG anzuwenden ist, findet § 34c Abs. 2 EStG keine Anwendung (vgl. § 34c Abs. 6 Satz 2 Halbsatz 2 EStG). Weder das DBA noch § 32d Abs. 6 Satz 2 EStG sehen im Ergebnis einen Abzug der ausländischen Steuer bei der Ermittlung der Einkünfte vor.

Hiernach ermitteln sich die Einkünfte aus Kapitalvermögen wie folgt:

3.000 €	Einnahmen (§ 20 Abs. 1 Nr. 1 EStG)
./. 801 €	Sparerpauschbetrag (§ 20 Abs. 9 EStG)
= 2.199 €	**Einkünfte aus Kapitalvermögen**

c) **Ermittlung der Summe der Einkünfte**

./. 3770 €	Einkünfte aus Gewerbebetrieb (Verlust)
+ 2.199 €	Einkünfte aus Kapitalvermögen
= ./. 1.571 €	**Summe der Einkünfte**

Anlage 1 (Auszug DBA Österreich):[99]

Artikel 1 Persönlicher Geltungsbereich

Dieses Abkommen gilt für Personen, die in einem Vertragsstaat oder in beiden Vertragsstaaten ansässig sind.

Artikel 2 Unter das Abkommen fallende Steuern

(1) Dieses Abkommen gilt, ohne Rücksicht auf die Art der Erhebung, für Steuern vom Einkommen und vom Vermögen, die für Rechnung eines Vertragsstaats oder seiner Gebietskörperschaften erhoben werden.

(2) Als Steuern vom Einkommen und vom Vermögen gelten alle Steuern, die vom Gesamteinkommen, vom Gesamtvermögen oder von Teilen des Einkommens oder des Vermögens erhoben werden, einschließlich der Steuern vom Gewinn aus der Veräußerung beweglichen oder unbeweglichen Vermögens, der Lohnsummensteuern sowie der Steuern vom Vermögenszuwachs.

(3) Zu den bestehenden Steuern, für die das Abkommen gilt, gehören insbesondere

a. in der Bundesrepublik Deutschland:

   1. die Einkommensteuer,
   2. die Körperschaftsteuer,
   3. die Gewerbesteuer und
   4. die Grundsteuer,

einschließlich der hierauf erhobenen Zuschläge (im Folgenden als "deutsche Steuer" bezeichnet);

b. in der Republik Österreich:

   1. die Einkommensteuer,
   2. die Körperschaftsteuer,
   3. die Grundsteuer,
   4. die Abgabe von land- und forstwirtschaftlichen Betrieben und
   5. die Abgabe vom Bodenwert bei unbebauten Grundstücken,

einschließlich der hierauf erhobenen Zuschläge (im Folgenden als "österreichische Steuer" bezeichnet).

(4) Das Abkommen gilt auch für alle Steuern gleicher oder im Wesentlichen ähnlicher Art, die nach der Unterzeichnung des Abkommens neben den bestehenden Steuern oder an deren Stelle erhoben werden. Die zuständigen Behörden der Vertragsstaaten teilen einander, soweit für die Abkommensanwendung erforderlich, am Ende eines jeden Jahres die in ihren Steuergesetzen eingetretenen Änderungen mit.

Artikel 3 Allgemeine Begriffsbestimmungen

(1) Im Sinne dieses Abkommens, wenn der Zusammenhang nichts anderes erfordert,

   a. bedeutet der Ausdruck "ein Vertragsstaat" und "der andere Vertragsstaat", je nach dem Zusammenhang, die Bundesrepublik Deutschland oder die Republik Österreich;

   b. bedeutet der Ausdruck "Bundesrepublik Deutschland" das Hoheitsgebiet der Bundesrepublik Deutschland sowie das an das Küstenmeer angrenzende Gebiet des Meeres-

99 Abkommen zwischen der Bundesrepublik Deutschland und der Republik Österreich zur Vermeidung der Doppelbesteuerung auf dem Gebiet der Steuern vom Einkommen und vom Vermögen (DBA Österreich) vom 24. 8. 2000 (BGBl 2002 II S. 735) i. d. F. des Änderungsprotokolls vom 29. 12. 2010 (BGBl 2011 II S. 1210).

bodens, seines Untergrunds und der darüber liegenden Wassersäule, in dem die Bundesrepublik Deutschland in Übereinstimmung mit dem Völkerrecht und ihren innerstaatlichen Rechtsvorschriften souveräne Rechte und Hoheitsbefugnisse zum Zwecke der Erforschung, Ausbeutung, Erhaltung und Bewirtschaftung der lebenden und nichtlebenden natürlichen Ressourcen ausübt;

c. bedeutet der Ausdruck "Republik Österreich" das Hoheitsgebiet der Republik Österreich;

d. umfasst der Ausdruck "Person" natürliche Personen, Gesellschaften und alle anderen Personenvereinigungen;

e. bedeutet der Ausdruck "Gesellschaft" juristische Personen oder Rechtsträger, die für die Besteuerung wie juristische Personen behandelt werden;

f. bedeuten die Ausdrücke "Unternehmen eines Vertragsstaats" und "Unternehmen des anderen Vertragsstaats", je nachdem, ein Unternehmen, das von einer in einem Vertragsstaat ansässigen Person betrieben wird, oder ein Unternehmen, das von einer im anderen Vertragsstaat ansässigen Person betrieben wird;

g. bedeutet der Ausdruck "internationaler Verkehr" jede Beförderung mit einem Seeschiff oder Luftfahrzeug, das von einem Unternehmen mit tatsächlicher Geschäftsleitung in einem Vertragsstaat betrieben wird, es sei denn, das Seeschiff oder Luftfahrzeug wird ausschließlich zwischen Orten im anderen Vertragsstaat betrieben;

h. bedeutet der Ausdruck „Staatsangehöriger" [...]

Artikel 4 Ansässige Person

(1) Im Sinne dieses Abkommens bedeutet der Ausdruck „eine in einem Vertragsstaat ansässige Person" eine Person, die nach dem Recht dieses Staates dort auf Grund ihres Wohnsitzes, ihres ständigen Aufenthalts, des Ortes ihrer Geschäftsleitung oder eines anderen ähnlichen Merkmals steuerpflichtig ist, und umfasst auch diesen Staat, seine Gebietskörperschaften und andere juristische Personen des öffentlichen Rechts. Der Ausdruck umfasst jedoch nicht eine Person, die in diesem Staat nur mit Einkünften aus Quellen in diesem Staat oder mit in diesem Staat gelegenem Vermögen steuerpflichtig ist.

(2) Ist nach Absatz 1 eine natürliche Person in beiden Vertragsstaaten ansässig, so gilt Folgendes:

a. Die Person gilt als nur in dem Staat ansässig, in dem sie über eine ständige Wohnstätte verfügt; verfügt sie in beiden Staaten über eine ständige Wohnstätte, so gilt sie als nur in dem Staat ansässig, zu dem sie die engeren persönlichen und wirtschaftlichen Beziehungen hat (Mittelpunkt der Lebensinteressen);

b. kann nicht bestimmt werden, in welchem Staat die Person den Mittelpunkt ihrer Lebensinteressen hat, oder verfügt sie in keinem der Staaten über eine ständige Wohnstätte, so gilt sie als nur in dem Staat ansässig, in dem sie ihren gewöhnlichen Aufenthalt hat;

c. hat die Person ihren gewöhnlichen Aufenthalt in beiden Staaten oder in keinem der Staaten, so gilt sie als nur in dem Staat ansässig, dessen Staatsangehöriger sie ist;

d. ist die Person Staatsangehöriger beider Staaten oder keines der Staaten, so werden sich die zuständigen Behörden der Vertragsstaaten bemühen, die Frage in gegenseitigem Einvernehmen zu regeln.

(3) Ist nach Absatz 1 eine andere als eine natürliche Person in beiden Vertragsstaaten ansässig, so gilt sie als in dem Staat ansässig, in dem sich der Ort ihrer tatsächlichen Geschäftsleitung befindet.

Artikel 7 Unternehmensgewinne

(1) Gewinne eines Unternehmens eines Vertragsstaats dürfen nur in diesem Staat besteuert werden, es sei denn, das Unternehmen übt seine Tätigkeit im anderen Vertragsstaat durch eine dort gelegene Betriebsstätte aus. Übt das Unternehmen seine Tätigkeit auf diese Wei-

se aus, so dürfen die Gewinne des Unternehmens im anderen Staat besteuert werden, jedoch nur insoweit, als sie dieser Betriebsstätte zugerechnet werden können.

(2) Übt ein Unternehmen eines Vertragsstaats seine Tätigkeit im anderen Vertragsstaat durch eine dort gelegene Betriebsstätte aus, so werden vorbehaltlich des Absatzes 3 in jedem Vertragsstaat dieser Betriebsstätte die Gewinne zugerechnet, die sie hätte erzielen können, wenn sie eine gleiche oder ähnliche Tätigkeit unter gleichen oder ähnlichen Bedingungen als selbständiges Unternehmen ausgeübt hätte und im Verkehr mit dem Unternehmen, dessen Betriebsstätte sie ist, völlig unabhängig gewesen wäre.

(3) Bei der Ermittlung der Gewinne einer Betriebsstätte werden die für diese Betriebsstätte entstandenen Aufwendungen, einschließlich der Geschäftsführungs- und allgemeinen Verwaltungskosten, zum Abzug zugelassen, gleichgültig, ob sie in dem Staat, in dem die Betriebsstätte liegt, oder anderswo entstanden sind.

(4) Soweit es in einem Vertragsstaat üblich ist, die einer Betriebsstätte zuzurechnenden Gewinne durch Aufteilung der Gesamtgewinne des Unternehmens auf seine einzelnen Teile zu ermitteln, schließt Absatz 2 nicht aus, dass dieser Vertragsstaat die zu besteuernden Gewinne nach der üblichen Aufteilung ermittelt; die gewählte Gewinnaufteilung muss jedoch derart sein, dass das Ergebnis mit den Grundsätzen dieses Artikels übereinstimmt.

(5) Auf Grund des bloßen Einkaufs von Gütern oder Waren für das Unternehmen wird einer Betriebsstätte kein Gewinn zugerechnet.

(6) Bei der Anwendung der vorstehenden Absätze sind die der Betriebsstätte zuzurechnenden Gewinne jedes Jahr auf dieselbe Art zu ermitteln, es sei denn, dass ausreichende Gründe dafür bestehen, anders zu verfahren.

(7) Dieser Artikel gilt auch für die Einkünfte aus der Beteiligung an einer Personengesellschaft. Er erstreckt sich auch auf Vergütungen, die ein Gesellschafter einer Personengesellschaft von der Gesellschaft für seine Tätigkeit im Dienst der Gesellschaft, für die Gewährung von Darlehen oder für die Überlassung von Wirtschaftsgütern bezieht, wenn diese Vergütungen nach dem Steuerrecht des Vertragsstaats, in dem die Betriebsstätte gelegen ist, den Einkünften des Gesellschafters aus dieser Betriebsstätte zugerechnet werden.

(8) Gehören zu den Gewinnen Einkünfte, die in anderen Artikeln dieses Abkommens behandelt werden, so werden die Bestimmungen jener Artikel durch die Bestimmungen dieses Artikels nicht berührt.

Artikel 10 Dividenden

(1) Dividenden, die eine in einem Vertragsstaat ansässige Gesellschaft an eine im anderen Vertragsstaat ansässige Person zahlt, dürfen im anderen Staat besteuert werden.

(2) Diese Dividenden dürfen jedoch auch in dem Vertragsstaat, in dem die die Dividenden zahlende Gesellschaft ansässig ist, nach dem Recht dieses Staates besteuert werden; die Steuer darf aber, wenn der Nutzungsberechtigte der Dividenden eine in dem anderen Vertragsstaat ansässige Person ist, nicht übersteigen:

   a. 5 vom Hundert des Bruttobetrags der Dividenden, wenn der Nutzungsberechtigte eine Gesellschaft (jedoch keine Personengesellschaft) ist, die unmittelbar über mindestens 10 vom Hundert des Kapitals der die Dividenden zahlenden Gesellschaft verfügt;

   b. 15 vom Hundert des Bruttobetrags der Dividenden in allen anderen Fällen.

Dieser Absatz berührt nicht die Besteuerung der Gesellschaft in Bezug auf die Gewinne, aus denen die Dividenden gezahlt werden.

(3) Der in diesem Artikel verwendete Ausdruck "Dividenden" bedeutet Einkünfte aus Aktien, Genussrechten oder Genussscheinen, Kuxen, Gründeranteilen oder sonstige Einkünfte, die nach dem Recht des Staates, in dem die ausschüttende Gesellschaft ansässig ist, den Einkünften aus Aktien steuerlich gleichgestellt sind. Der Ausdruck "Dividenden" umfasst auch Einkünfte eines stillen Gesellschafters aus seiner Beteiligung als stiller Gesellschafter, Einkünfte aus partiarischen Darlehen, Gewinnobligationen und ähnliche Vergütungen, wenn sie nach dem Recht des Staates, aus dem sie stammen, bei der Ermittlung des Gewinns des

Schuldners nicht abzugsfähig sind, sowie Ausschüttungen auf Anteilscheine an einem Investmentvermögen.

(4) Die vorstehenden Absätze 1 und 2 sind nicht anzuwenden, wenn der in einem Vertragsstaat ansässige Nutzungsberechtigte im anderen Vertragsstaat, in dem die die Dividenden zahlende Gesellschaft ansässig ist, eine gewerbliche Tätigkeit durch eine dort gelegene Betriebsstätte oder eine selbständige Arbeit durch eine dort gelegene feste Einrichtung ausübt und die Beteiligung, für die die Dividenden gezahlt werden, tatsächlich zu dieser Betriebsstätte oder festen Einrichtung gehört. In diesem Fall ist Artikel 7 beziehungsweise Artikel 14 anzuwenden.

(5) Bezieht eine in einem Vertragsstaat ansässige Gesellschaft Gewinne oder Einkünfte aus dem anderen Vertragsstaat, so darf dieser andere Staat weder die von der Gesellschaft gezahlten Dividenden besteuern, es sei denn, dass diese Dividenden an eine im anderen Staat ansässige Person gezahlt werden oder dass die Beteiligung, für die die Dividenden gezahlt werden, tatsächlich zu einer im anderen Staat gelegenen Betriebsstätte oder festen Einrichtung gehört, noch Gewinne der Gesellschaft einer Steuer für nichtausgeschüttete Gewinne unterwerfen, selbst wenn die gezahlten Dividenden oder die nichtausgeschütteten Gewinne ganz oder teilweise aus im anderen Staat erzielten Gewinnen oder Einkünften bestehen.

Artikel 13 Gewinne aus der Veräußerung von Vermögen

(1) Gewinne, die eine in einem Vertragsstaat ansässige Person aus der Veräußerung unbeweglichen Vermögens i. S. des Artikels 6 bezieht, das im anderen Vertragsstaat liegt, dürfen im anderen Staat besteuert werden.

(2) Gewinne aus der Veräußerung von Aktien und sonstigen Anteilen an einer Gesellschaft, deren Aktivvermögen überwiegend aus unbeweglichem Vermögen in einem Vertragsstaat besteht, dürfen in diesem Staat besteuert werden.

(3) Gewinne aus der Veräußerung beweglichen Vermögens, das Betriebsvermögen einer Betriebsstätte ist, die ein Unternehmen eines Vertragsstaats im anderen Vertragsstaat hat, oder das zu einer festen Einrichtung gehört, die einer in einem Vertragsstaat ansässigen Person für die Ausübung einer selbständigen Arbeit im anderen Vertragsstaat zur Verfügung steht, einschließlich derartiger Gewinne, die bei der Veräußerung einer solchen Betriebsstätte (allein oder mit dem übrigen Unternehmen) oder einer solchen festen Einrichtung erzielt werden, dürfen im anderen Staat besteuert werden.

(4) Gewinne aus der Veräußerung von Seeschiffen oder Luftfahrzeugen, die im internationalen Verkehr betrieben werden, von Schiffen, die der Binnenschifffahrt dienen, und von beweglichem Vermögen, das dem Betrieb dieser Schiffe oder Luftfahrzeuge dient, dürfen nur in dem Vertragsstaat besteuert werden, in dem sich der Ort der tatsächlichen Geschäftsleitung des Unternehmens befindet.

(5) Gewinne aus der Veräußerung des in den vorstehenden Absätzen 1 bis 4 nicht genannten Vermögens dürfen nur in dem Vertragsstaat besteuert werden, in dem der Veräußerer ansässig ist.

(6) Bei einer natürlichen Person, die in einem Vertragsstaat während mindestens fünf Jahren ansässig war und die im anderen Vertragsstaat ansässig geworden ist, berührt Absatz 5 nicht das Recht des erstgenannten Staates, bei Anteilen an Gesellschaften nach seinen innerstaatlichen Rechtsvorschriften bei der Person einen Vermögenszuwachs bis zu ihrem Ansässigkeitswechsel zu besteuern. Besteuert der erstgenannte Vertragsstaat bei Wegzug einer in diesem Staat ansässigen natürlichen Person den Vermögenszuwachs, so wird bei späterer Veräußerung der Anteile, wenn der daraus erzielte Gewinn in dem anderen Staat gem. Absatz 5 besteuert wird, dieser Staat bei der Ermittlung des Veräußerungsgewinns als Anschaffungskosten den Betrag zu Grunde legen, den der erstgenannte Staat im Zeitpunkt des Wegzugs als Erlös angenommen hat.

Artikel 16 Aufsichtsrats- und Geschäftsführervergütungen

(1) Aufsichtsrats- oder Verwaltungsratsvergütungen und ähnliche Zahlungen, die eine in einem Vertragsstaat ansässige Person in ihrer Eigenschaft als Mitglied des Aufsichts- oder

Verwaltungsrats einer Gesellschaft bezieht, die im anderen Vertragsstaat ansässig ist, dürfen im anderen Staat besteuert werden.

(2) Ungeachtet der Artikel 14 und 15 dürfen Vergütungen, die eine in einem Vertragsstaat ansässige Person in ihrer Eigenschaft als Geschäftsführer oder als Vorstandsmitglied einer Gesellschaft bezieht, die in dem anderen Vertragsstaat ansässig ist, im anderen Staat besteuert werden.

<u>Artikel 23 Vermeidung der Doppelbesteuerung</u>

(1) Bei einer in der Bundesrepublik Deutschland ansässigen Person wird die Steuer wie folgt festgesetzt:

a. Von der Bemessungsgrundlage der deutschen Steuer werden die Einkünfte aus der Republik Österreich sowie die in der Republik Österreich gelegenen Vermögenswerte ausgenommen, die nach diesem Abkommen in der Republik Österreich besteuert werden dürfen und nicht unter Buchstabe b fallen. Die Bundesrepublik Deutschland behält aber das Recht, die so ausgenommenen Einkünfte und Vermögenswerte bei der Festsetzung des Steuersatzes für andere Einkünfte und Vermögenswerte zu berücksichtigen. Für Einkünfte aus Dividenden gelten die vorstehenden Bestimmungen nur dann, wenn diese Dividenden an eine in der Bundesrepublik Deutschland ansässige Gesellschaft (jedoch nicht an eine Personengesellschaft) von einer in der Republik Österreich ansässigen Gesellschaft gezahlt werden, deren Kapital zu mindestens 10 vom Hundert unmittelbar der deutschen Gesellschaft gehört, und bei der Ermittlung der Gewinne der ausschüttenden Gesellschaft nicht abgezogen worden sind.

Für die Zwecke der Steuern vom Vermögen werden von der Bemessungsgrundlage der deutschen Steuer ebenfalls Beteiligungen ausgenommen, deren Ausschüttungen, falls solche gezahlt werden würden, nach den vorhergehenden Sätzen von der Steuerbemessungsgrundlage auszunehmen wären.

b. Auf die deutsche Steuer vom Einkommen für die folgenden Einkünfte wird unter Beachtung der Vorschriften des deutschen Steuerrechts über die Anrechnung ausländischer Steuern die österreichische Steuer angerechnet, die nach österreichischem Recht und in Übereinstimmung mit diesem Abkommen für diese Einkünfte gezahlt worden ist:

aa) Dividenden, die nicht unter Buchstabe a fallen,

bb) Zinsen,

cc) Lizenzgebühren, [...]

(2) Bei einer in der Republik Österreich ansässigen Person wird die Steuer wie folgt festgesetzt:

a. Bezieht eine in der Republik Österreich ansässige Person Einkünfte oder hat sie Vermögen und dürfen diese Einkünfte oder dieses Vermögen nach diesem Abkommen in der Bundesrepublik Deutschland besteuert werden, so nimmt die Republik Österreich vorbehaltlich der Buchstaben b und c diese Einkünfte oder dieses Vermögen von der Besteuerung aus.

b. Bezieht eine in der Republik Österreich ansässige Person Einkünfte, die nach den Artikeln 10, 11, 13 Absatz 2 und 17 Absatz 1 Satz 2 und 3 in der Bundesrepublik Deutschland besteuert werden dürfen, so rechnet die Republik Österreich auf die vom Einkommen dieser Person zu erhebende Steuer den Betrag an, der der in der Bundesrepublik Deutschland gezahlten Steuer entspricht. Der anzurechnende Betrag darf jedoch den Teil der vor der Anrechnung ermittelten Steuer nicht übersteigen, der auf die aus der Bundesrepublik Deutschland bezogenen Einkünfte entfällt.

c. Dividenden i. S. des Artikels 10 Absatz 2 Buchstabe a, die von einer in der Bundesrepublik Deutschland ansässigen Gesellschaft an eine in der Republik Österreich ansässige Gesellschaft gezahlt werden und die bei Ermittlung der Gewinne der ausschüttenden Gesellschaft nicht abgezogen worden sind, sind, vorbehaltlich der entsprechenden Bestimmungen des innerstaatlichen Rechts der Republik Österreich, aber ungeachtet etwaiger nach diesem Recht abweichender Mindestbeteiligungserfordernisse, in der Republik Österreich von der Besteuerung ausgenommen.

d. Einkünfte oder Vermögen einer in der Republik Österreich ansässigen Person, die nach dem Abkommen von der Besteuerung in der Republik Österreich auszunehmen sind, dürfen gleichwohl in der Republik Österreich bei der Festsetzung der Steuer für das übrige Einkommen oder Vermögen der Person einbezogen werden.

Artikel 27 Erstattung der Abzugsteuern

(1) Werden in einem Vertragsstaat die Steuern von Dividenden, Zinsen, Lizenzgebühren oder sonstigen von einer im anderen Vertragsstaat ansässigen Person bezogenen Einkünften im Abzugsweg (an der Quelle) erhoben, so wird das Recht des erstgenannten Staates zur Vornahme des Steuerabzugs zu dem nach seinem innerstaatlichen Recht vorgesehenen Satz durch dieses Abkommen nicht berührt. Die im Abzugsweg (an der Quelle) erhobene Steuer ist auf Antrag des Steuerpflichtigen zu erstatten, wenn und soweit sie durch das Abkommen ermäßigt wird oder entfällt.

(2) Die Anträge auf Erstattung müssen vor dem Ende des vierten auf das Kalenderjahr der Festsetzung der Abzugsteuer auf Dividenden, Zinsen, Lizenzgebühren oder anderen Einkünfte folgenden Jahres eingereicht werden.

(3) Der Vertragsstaat, aus dem die Einkünfte stammen, kann eine Bescheinigung der zuständigen Behörde über die Ansässigkeit in dem anderen Vertragsstaat verlangen.

(4) Die zuständigen Behörden können in gegenseitigem Einvernehmen die Durchführung dieses Artikels regeln und gegebenenfalls andere Verfahren zur Durchführung der im Abkommen vorgesehenen Steuerermäßigungen oder -befreiungen festlegen.

2.1.2 Inländische Einkünfte bei beschränkter Steuerpflicht – Teilaufgabe Steuerberaterprüfung 2012 (Aufgabe 4)[100]

Wechsel von unbeschränkter zu beschränkter Steuerpflicht, Wegzugsbesteuerung nach § 6 AStG, Einkünfte gem. § 49 EStG

Sachverhalt:

Der Stpfl. (S) lebt seit seiner Geburt im Jahr 1979 in Deutschland. Nach seiner Heirat mit der Österreicherin (Ö) verzieht S am 28. 2. 2018 nach Wien (Österreich). Dort ist er fortan aufgrund eines neu begründeten Wohnsitzes unbeschränkt steuerpflichtig. Einen Wohnsitz in Deutschland behält S nicht zurück.

a) Aufsichtsrat

S ist Aufsichtsratsmitglied der T-AG mit Sitz und Geschäftsleitung in Düsseldorf. Für die Teilnahme an zwei Sitzungen in Düsseldorf in der zweiten Hälfte des Jahres 2018 ist dem S im Dezember 2018 ein Betrag von insgesamt 7.000 € überwiesen worden. Auf entsprechende Nachfrage wurde dem S wahrheitsgemäß erklärt, dass die T-AG ihren steuerlichen Pflichten nachgekommen ist. Kosten sind dem S für die Teilnahme an den Sitzungen nicht entstanden. S ermittelt seinen Gewinn zulässigerweise durch Einnahmenüberschussrechnung gem. § 4 Abs. 3 EStG.

b) Wohnung Österreich (Salzburg)

Zum Privatvermögen des S gehört eine Wohnung in Salzburg (Österreich), die er in 2018 ganzjährig für monatlich 1.000 € vermietet hat. Die Monatsmiete hat S im Jahr 2018 jeweils am Anfang des betreffenden Monats erhalten. Werbungskosten (einschließlich AfA) sind in Bezug auf die Wohnung im Jahr 2018 i. H. von 400 € angefallen.

c) Anteile AB-GmbH

S ist seit dem Jahr 2010 alleiniger Gesellschafter der AB-GmbH mit Geschäftsleitung und Sitz in Wien (Österreich). Die Anteile hält S im Privatvermögen. Am 10. 10. 2018 gelingt es S, seine

100 Diese Teilaufgabe wurde aus „NWB, Steuerberaterprüfungsklausuren, Ausgabe 2018" entnommen und angepasst.

Anteile für insgesamt 500.000 € zu veräußern, obwohl der gemeine Wert der Anteile seit mehreren Jahren unverändert bei 450.000 € liegt. Die Anschaffungskosten für die Anteile betrugen 350.000 €.

Aufgabe:

Ermitteln Sie die sich aus dem vorstehenden Sachverhalt für den Veranlagungszeitraum 2018 ergebenden, in Deutschland steuerpflichtigen Einkünfte sowie die Auswirkung auf den Progressionsvorbehalt. Einkünfte aus Vermietung und Verpachtung, die nur i. R. des Progressionsvorbehalts zu berücksichtigen sind, brauchen **nicht** der Höhe nach ermittelt werden.

Begründen Sie Ihre Ergebnisse unter Angabe der einschlägigen Rechtsgrundlagen.

HINWEIS

Aus Vereinfachungsgründen ist davon auszugehen, dass bei der Veräußerung der Anteile an der AB-GmbH keine Veräußerungskosten angefallen sind.

Ein Auszug des DBA zwischen Österreich und Deutschland ist als Anlage 1 zum Kapitel V.2.1.1 dargestellt (Zitierung im Folgenden Art. [...] DBA).

LÖSUNG

1. Persönliche Steuerpflicht

S ist im Veranlagungszeitraum 2018 bis zur Aufgabe seines inländischen Wohnsitzes in Deutschland am 28. 2. 2018 unbeschränkt einkommensteuerpflichtig (vgl. § 1 Abs. 1 EStG). Anschließend unterliegt er der beschränkten Steuerpflicht i. S. des § 1 Abs. 4 EStG, da er seit seiner Wohnsitzverlegung nach Österreich im Inland weder einen Wohnsitz (§ 8 AO) noch einen gewöhnlichen Aufenthalt (§ 9 AO) hat.

S kann nicht auf Antrag für die Zeit seiner beschränkten Steuerpflicht als unbeschränkt steuerpflichtig behandelt werden, da seine Einkünfte im Kalenderjahr 2018 nicht mindestens zu 90 % der deutschen Einkommensteuer unterliegen und die nicht der deutschen Einkommensteuer unterliegenden Einkünfte den Grundfreibetrag nach § 32a Abs. 1 Satz 2 Nr. 1 EStG übersteigen (vgl. § 1 Abs. 3 EStG).

Der Einkommensteuer unterliegen sämtliche Einkünfte, die S während seiner unbeschränkten Einkommensteuerpflicht bezogen hat und alle inländischen Einkünfte i. S. des § 49 EStG, die S während seiner beschränkten Einkommensteuerpflicht erzielt hat (vgl. § 2 Abs. 1 Satz 1 EStG). Die während der Zeit der beschränkten Einkommensteuerpflicht erzielten Einkünfte i. S. des § 49 EStG sind in die Veranlagung zur unbeschränkten Einkommensteuerpflicht einzubeziehen (vgl. § 2 Abs. 7 Satz 3 EStG).

2. Geltungsbereich des DBA

Laut Aufgabenstellung findet auf den vorliegenden Sachverhalt das DBA zwischen Deutschland und Österreich Anwendung (vgl. auch Anhang 12 I EStHB).[101]

Das DBA gilt sowohl für den Staat Deutschland, als auch den Staat Österreich ohne Einschränkungen (= räumlicher Geltungsbereich). Unter das DBA fallen alle Steuern vom Ertrag, d. h. auch die österreichische und die deutsche Einkommensteuer werden von dem DBA erfasst (= sachlicher Geltungsbereich; Art. 2 Absätze 1 und 2 DBA). Nach Art. 1 DBA ist dieses anzuwenden, wenn eine Person in einem oder in beiden Staaten ansässig ist. R ist eine natürliche Person i. S. des § 1 BGB und fällt deshalb unter den Anwendungsbereich des Art. 3 Abs. 1 Buchst. d DBA. Er hat zunächst einen Wohnsitz in Deutschland und wird aufgrund dessen in Deutschland als unbeschränkt steuerpflichtig behandelt. S gilt daher als in Deutschland ansässig (= persönlicher Geltungsbereich; Art. 4 Abs. 1 DBA). Ab dem 28. 2. 2018 gilt S aufgrund seiner Wohnsitzverlegung als in Österreich ansässig.

3. Sachliche Steuerpflicht i. V. mit der Anwendung des DBA

a) Einkünfte aus selbständiger Tätigkeit (§ 18 Abs. 1 Nr. 3 EStG)

Als Aufsichtsratsmitglied der T-AG in Düsseldorf erzielt S während der Zeit seiner beschränkten Steuerpflicht Einkünfte aus selbständiger Arbeit (vgl. § 18 Abs. 1 Nr. 3 EStG). Die Einkünfte ermittelt S zulässigerweise als Überschuss der Betriebseinnahmen über die Betriebsausgaben nach § 4 Abs. 3 EStG, da er laut Sachverhalt weder zur Buchführung verpflichtet ist (§§ 140, 141 AO), noch freiwillig Bücher führt. Die Einkünfte unterliegen der beschränkten Steuerpflicht, da S die Tätigkeit als Aufsichtsratsmitglied in der Zeit seiner beschränkten Steuerpflicht in Düsseldorf und damit im Inland ausgeübt hat (vgl. § 49 Abs. 1 Nr. 3 EStG). Die Einkünfte unterliegen der Einkommensteuer gem. § 2 Abs. 1 Satz 1 Nr. 3 EStG und sind der Gewinn (vgl. § 2 Abs. 2 Satz 1 Nr. 1 EStG).

Die Aufsichtsratsvergütungen, die S als eine in Österreich ansässig Person (Art. 4 Abs. 1 DBA) als Mitglied des Aufsichtsrates der T-AG bezieht, dürfen in Deutschland besteuert werden (vgl. Art. 16 Abs. 1 DBA). Die T-AG ist als Gesellschaft (Art. 3 Abs. 1 Buchst. e DBA) eine Person (Art. 3 Abs. 1 Buchst. d DBA), die in Deutschland ansässig und dort aufgrund des Ortes ihrer Geschäftsleitung steuerpflichtig ist (vgl. Art. 4 Abs. 1 DBA). In Österreich sind diese Einkünfte von der Besteuerung freigestellt (= Freistellungsmethode; Art. 23 Abs. 2 Buchst. a DBA).

Die Einkommensteuer wird bei Einkünften, die Mitgliedern des Aufsichtsrates für die Überwachung der Geschäftsführung gewährt werden, bei beschränkt Steuerpflichtigen im Wege des Steuerabzugs erhoben

101 Vgl. BMF, Schreiben vom 17. 1. 2019 - IV B2 - S 1301/07/10017-10, a. a. O.

(vgl. § 50a Abs. 1 Nr. 4 EStG). Der Steuerabzug beträgt 30 % der gesamten Einnahmen (vgl. § 50a Abs. 2 Satz 1 EStG). Da laut Sachverhalt die T-AG ihren steuerlichen Pflichten nachgekommen ist, ist davon auszugehen, dass der Steuerabzug in der gesetzlichen Höhe von der T-AG mit 3.000 € (30/70 von 7000 €) vorgenommen wurde. Die Abzugsteuer nach § 50a EStG gehört nach § 12 Nr. 3 EStG zu den nicht abzugsfähigen Personensteuern. Die Einnahmen aus der Aufsichtsratstätigkeit betragen somit 10.000 € und stellen gleichzeitig die Einkünfte aus selbständiger Arbeit dar, da S nach dem Sachverhalt keine Aufwendungen im Zusammenhang mit dieser Tätigkeit entstanden sind.

Nach § 50 Abs. 2 Satz 1 EStG gilt die Einkommensteuer für Einkünfte, die dem Steuerabzug nach § 50a EStG unterliegen, bei beschränkt Steuerpflichtigen grds. mit dem Steuerabzug als abgegolten. Da S im Kalenderjahr 2018 jedoch sowohl unbeschränkt als auch beschränkt einkommensteuerpflichtig war, tritt die Abgeltungswirkung nicht ein (vgl. § 50 Abs. 2 Satz 2 Nr. 3 EStG). Die während der beschränkten Einkommensteuerpflicht erzielten Einkünfte sind in die Veranlagung einzubeziehen (vgl. § 2 Abs. 7 Satz 3 EStG).

Die Einkünfte aus selbständiger Tätigkeit i. S. des § 18 Abs. 1 Nr. 3 EStG betragen 10.000 €.

b) Einkünfte aus Vermietung und Verpachtung (§ 21 Abs. 1 Satz 1 Nr. 1 EStG)

Aus der Vermietung der zum Privatvermögen gehörenden Wohnung in Salzburg (Österreich) erzielt S während der Zeit seiner unbeschränkten Steuerpflicht bis zum 28. 2. 2018 Einkünfte aus Vermietung und Verpachtung i. S. des § 21 Abs. 1 Satz 1 Nr. 1 EStG.

Die Einkünfte, die S als eine in Deutschland ansässige Person aus dem in Österreich belegenen unbeweglichen Vermögen bezieht, dürfen von Österreich besteuert werden (Art. 6 Abs. 1 DBA). Deutschland stellt diese Einkünfte von der inländischen Besteuerung frei, da Österreich für diese Einkünfte das Besteuerungsrecht hat (= Freistellungsmethode; Art. 23 Abs. 1 Buchst. a Satz 1 DBA). Die in Deutschland von der Besteuerung freigestellten ausländischen Einkünfte sind jedoch i. R. des Progressionsvorbehalts gem. § 32b Abs. 1 Nr. 3 EStG in Übereinstimmung mit dem DBA bei der Festsetzung des Steuersatzes für andere Einkünfte zu berücksichtigen (vgl. Art. 23 Abs. 1 Buchst. a Satz 2 DBA).

Die von S in der Zeit seiner beschränkten Steuerpflicht seit dem 1. 3. 2018 bezogenen Einkünfte aus Vermietung und Verpachtung unterliegen nicht der inländischen Besteuerung. Inländische Einkünfte i. S. des § 49 Abs. 1 Nr. 6 EStG liegen nicht vor, da das vermietete Grundstück **nicht** in Deutschland belegen ist. Die nicht der deutschen Einkommensteuer unterliegenden ausländischen Einkünfte sind i. R. des Progressionsvorbehalts zu berücksichtigen, da S im Veranlagungszeitraum 2018 zeitweise unbeschränkt steuerpflichtig war (vgl. § 32b Abs. 1 Nr. 2 EStG).

c) Anteile an der AB GmbH - Wegzugsbesteuerung § 6 AStG

S beendet mit seiner Wohnsitzverlegung nach Wien (Österreich) am 28. 2. 2018 seine unbeschränkte Steuerpflicht, da er seit diesem Zeitpunkt im Inland weder einen Wohnsitz noch einen gewöhnlichen Aufenthalt in Deutschland hat (vgl. § 1 Abs. 1 EStG). Auf die Anteile der AB-GmbH ist im Zeitpunkt der Beendigung der unbeschränkten Steuerpflicht § 17 EStG auch ohne Veräußerung anzuwenden (vgl. § 6 Abs. 1 AStG). S war bis zu seiner Wohnsitzverlegung nach Wien als natürliche Person insgesamt mindestens 10 Jahre nach § 1 Abs. 1 EStG unbeschränkt einkommensteuerpflichtig, da er seit seiner Geburt im Jahr 1979 in Deutschland gelebt hat.

Deutschland ist berechtigt, nach innerstaatlichem Recht bei den GmbH-Anteilen bis zum Ansässigkeitswechsel des S am 28.02.2018, den eingetretenen Vermögenszuwachs zu besteuern (vgl. Art. 13 Abs. 6 DBA). Das Besteuerungsrecht steht Deutschland zu, da S bis zum 28. 2. 2018 in Deutschland ansässig ist (Art. 13 Abs. 5 DBA). Anhaltspunkte dafür, dass das Aktivvermögen der AB-GmbH überwiegend aus in Österreich belegenen, unbeweglichen Vermögen besteht, ergeben sich aus dem Sachverhalt nicht (vgl. Art. 13 Abs. 2 DBA).

Seit dem Jahr 2010 ist S alleiniger Gesellschafter der AB-GmbH. Die Anteile hält er im Privatvermögen. Damit liegt eine wesentliche Beteiligung i. S. des § 17 EStG vor, da S innerhalb der letzten fünf Jahre vor Beendigung seiner unbeschränkten Steuerpflicht zu mindestens 1 % an der AB-GmbH beteiligt gewesen ist (vgl. § 17 Abs. 1 Satz 1 EStG). Für die Besteuerung ist unerheblich, dass die AB-GmbH weder ihre Geschäftsleitung noch ihren Sitz im Inland hat. Keine Voraussetzung von § 17 Abs. 1 EStG ist, dass die Kapitalgesellschaft unbeschränkt körperschaftsteuerpflichtig im Inland ist (vgl. § 1 Abs. 1 Nr. 1 KStG).

Der Veräußerungsgewinn gilt noch in der Zeit der unbeschränkten Steuerpflicht als bezogen, da § 6 AStG im Zeitpunkt der Beendigung der unbeschränkten Steuerpflicht anzuwenden ist. Der Veräußerungsgewinn ist i. R. der besonderen Gewinnermittlung i. S. des § 17 Abs. 2 EStG zu ermitteln. An die Stelle des Veräußerungspreises tritt der gemeine Wert der Anteile im Zeitpunkt der Beendigung der unbeschränkten Steuerpflicht (vgl. § 17 Abs. 2 EStG i.V. mit § 6 Abs. 1 Satz 4 AStG, § 9 BewG). Das Teileinkünfteverfahren i. S. des § 3 Nr. 40 Buchst. c EStG ist anzuwenden.

450.000 €		gemeiner Wert am 28.02.2018
./. 180.000 €		40 % steuerfrei (§ 3 Nr. 40 Buchst. c EStG)
	= 270.000 €	60 % steuerpflichtig
350.000 €		Betriebsausgaben (Anschaffungskosten der Anteile)
./. 140.000 €		40 % nicht abzugsfähig (§ 3c Abs. 2 EStG)
	= ./. 210.000 €	60 % abzugsfähige Anschaffungskosten der Anteile
	./. 0 €	Freibetrag nach § 17 Abs. 3 EStG
	= 60.000 €	**steuerpflichtiger Veräußerungsgewinn (§ 6 AStG i. V. mit § 17 EStG)**

Ein Freibetrag nach § 17 Abs. 3 EStG ist nicht zu berücksichtigen, da der Veräußerungsgewinn i. H. von 60.000 € den Grenzbetrag von 36.100 € um mehr als 9.060 € übersteigt (vgl. § 17 Abs. 3 Satz 2 EStG).

d) Einkünfte aus Gewerbebetrieb (§ 17 EStG)

Mit der Veräußerung seiner GmbH-Anteile am 10. 10. 2018 realisiert S in der Zeit seiner beschränkten Steuerpflicht einen Veräußerungsgewinn i. S. des § 17 EStG. Der Veräußerungsgewinn ist i. R. der besonderen Gewinnermittlung des § 17 Abs. 2 EStG zu ermitteln. Nach § 6 Abs. 1 Satz 5 AStG ist der nach § 17 Abs. 2 EStG ermittelte Veräußerungsgewinn um den nach § 6 AStG gesteuerten Vermögenszuwachs zu kürzen. Der Veräußerungsgewinn ermittelt sich, unter Berücksichtigung von Art. 13 Abs. 6 DBA, wie folgt:

500.000 €		Veräußerungspreis am 10. 10. 2018
./. 200.000 €		40 % steuerfrei (§ 3 Nr. 40 Buchst. c EStG)
	= 300.000 €	60 % steuerpflichtig
350.000 €		Betriebsausgaben (Anschaffungskosten der Anteile)
./. 140.000 €		40 % nicht abzugsfähig (§ 3c Abs. 2 EStG)
	= ./. 210.000 €	60 % abzugsfähige Anschaffungskosten der Anteile
	./. 0 €	Freibetrag nach § 17 Abs. 3 EStG
	= 90.000 €	Veräußerungsgewinn § 17 EStG
	./. 60.000 €	bereits versteuerter Vermögenszuwachs (§ 6 AStG)
	= 30.000 €	**steuerpflichtiger Veräußerungsgewinn § 17 EStG**

Ein Freibetrag nach § 17 Abs. 3 EStG ist nicht zu berücksichtigen, da der Veräußerungsgewinn i. H. von 90.000 € den Grenzbetrag von 36.100 € um mehr als 9.060 € übersteigt (vgl. § 17 Abs. 3 Satz 2 EStG).

Der steuerpflichtige Veräußerungsgewinn i. H. von 30.000 € unterliegt nicht der beschränkten Steuerpflicht in Deutschland, da durch die Veräußerung keine inländischen Einkünfte i. S. des § 49 Abs. 1 Nr. 1 Buchst. e EStG vorliegen. Ursache dafür ist, dass die AB-GmbH im Inland weder ihren Sitz noch ihre Geschäftsleitung hat.

Der Veräußerungsgewinn gehört zu den ausländischen Einkünften (§ 34d Abs. 1 Nr. 4 EStG) und ist i. R. des Progressionsvorbehalts bei der Ermittlung des besonderen Steuersatzes zu berücksichtigen, da S in 2018 zeitweise unbeschränkt steuerpflichtig war (vgl. § 32b Abs. 1 Nr. 2 EStG i. V. mit § 2 Abs. 7 Satz 3 EStG).

2.2 Gewinneinkünfte

2.2.1 Gewinnermittlung und Gewinnverteilung – Teilaufgabe Steuerberaterprüfung 2011 (Aufgabe 1)[102]

Qualifizierung von Wirtschaftsgütern als Gesamthandsvermögen/Sonderbetriebsvermögen, Ermittlung und Verteilung des Gewinns einer Personengesellschaft, Negativabgrenzung Betriebsaufspaltung, Negativabgrenzung Anwendung § 4h EStG

Sachverhalt:

Zweck der in 2016 gegründeten Mayer GmbH & Co. KG (M-KG) mit Sitz in Aachen ist die Herstellung und der Vertrieb von Armaturen. Gesellschafter der KG sind die weder am Vermögen noch am Gewinn und Verlust beteiligte Mayer-Verwaltungs-GmbH (V-GmbH, kein eigener Ge-

102 Diese Teilaufgabe wurde aus „NWB, Steuerberaterprüfungsklausuren, Ausgabe 2017" entnommen, abgewandelt und an den Rechtsstand 2018 angepasst.

schäftsbetrieb) als Komplementärin, die ihren Sitz ebenfalls in Aachen hat, sowie als alleiniger Kommanditist (Kommanditeinlage 25.000 €; in 2016 bereits voll eingezahlt), der als solcher ausschließlich am Vermögen sowie Gewinn und Verlust der M-KG beteiligt ist, der ledige, konfessionslose Maschinenbauingenieur Bertold Mayer (BM). BM ist auch alleiniger Gesellschafter und Geschäftsführer der V-GmbH, die ein voll eingezahltes Stammkapital von 40.000 € hat. BM ist unentgeltlich als Geschäftsführer der V-GmbH tätig. Die Kommanditeinlage der M-KG hat BM durch ein Darlehen bei einer Bank finanziert und in den Jahren 2017 und 2018 hierfür jährlich Zinsen i. H. von 1.500 € von seinem privaten Bankkonto gezahlt. Die jährlich im Dezember von der M-KG an die V-GmbH gezahlte vertraglich geschuldete Haftungsvergütung i. H. von 1.000 € hat die M-KG als Aufwand verbucht.

Das von der M-KG seit dem 1. 2. 2018 genutzte Produktionsgrundstück in Aachen wird ihr unentgeltlich von der Vermietungs- und Überlassungs-OHG (VÜ-OHG) zur Verfügung gestellt. Gesellschafter der im Handelsregister eingetragenen VÜ-OHG und an deren Vermögen sowie Gewinn und Verlust beteiligt sind BM zu 80 % sowie sein Vater, Fritz Meier (FM), zu 20 %. Der Gesellschaftszweck und auch die tatsächliche Geschäftstätigkeit der VÜ-OHG liegen in dem Erwerb und der langfristigen Überlassung von Grundvermögen an die M-KG. Alleiniger Geschäftsführer der VÜ-OHG ist BM.

a) Grundstücksüberlassung der VÜ-OHG

Die VÜ-OHG hatte das der M-KG überlassene Grundstück im Januar 2018 (Notarvertrag) zu einem Kaufpreis von 800.000 € zzgl. Kosten für Notar und Grundbucheintragung erworben. Der Anteil des Grund und Bodens am Kaufpreis beträgt 25 %. Der Übergang von Nutzen und Lasten sowie die Fälligkeit des Kaufpreises ist der 1. 2. 2018. Der Bauantrag des Gebäudes auf dem Grundstück wurde am 5. 2. 1996 gestellt.

Die Kosten für Notar und Grundbucheintragung i. H. von 10.000 € sowie die Grunderwerbsteuer i. H. von 28.000 € waren laut Kaufvertrag von der VÜ-OHG zu zahlen. Zur Finanzierung des Kaufpreises einschließlich der Kosten für Notar und Grundbucheintragung sowie Grunderwerbsteuer hat die VÜ-OHG bei einer Bank ein Darlehen über 838.000 € aufgenommen. Nach dem Darlehensvertrag sind monatliche Zinszahlungen ab Februar 2018 i. H. von 3.500 € und jeweils am 31. Dezember (erstmals zum 31. 12. 2018) eine jährliche Tilgungsrate i. H. von 10.000 € zu erbringen.

Die monatlichen Zinszahlungen leisteten BM und FM entsprechend ihrer Beteiligungsquoten an der VÜ-OHG von ihrem jeweiligen Privatkonto. Die Zinszahlungen für November und Dezember 2018 sowie die Tilgungsrate für 2018 überwiesen BM und FM (entsprechend ihrer Beteiligungsquoten an der VÜ-OHG) erst am 5. 1. 2019 an die Bank von ihrem jeweiligen Privatkonto. Weitere Wirtschaftsgüter überlässt die VÜ-OHG nicht.

b) Verstoß gegen Arbeitsschutzvorschriften (Geldbußen)

Gegen die M-KG wurde in den Jahren 2017 und 2018 von der Bezirksregierung Köln Geldbußen i. H. von jeweils 2.000 € wegen Verstoßes gegen Arbeitsschutzvorschriften festgesetzt. Ein wirtschaftlicher Vorteil ist mit den Geldbußen, die auch jeweils in 2017 und 2018 gezahlt und von der M-KG als Aufwand verbucht worden sind, nicht abgeschöpft worden.

c) Bilanz zum 31. 12. 2017

Die Bilanz der M-KG zum 31. 12. 2017 sieht (vereinfacht dargestellt) wie folgt aus:

Aktiva				Passiva
diverse Aktiva	140.000 €	Kommanditkapital BM		25.000 €
		Kapitalkonto BM 01.01.2017	10.000 €	
		Einlagen 2017	0 €	
		Entnahmen 2017	0 €	
		Gewinnanteil 2017	65.000 €	
		Kapitalkonto 31.12.2017		75.000 €
		diverse Passiva		40.000 €
	140.000 €			140.000 €

d) Bilanz zum 31. 12. 2018

Die Bilanz der M-KG zum 31.12.2018 sieht (vereinfacht dargestellt) wie folgt aus:

Aktiva				Passiva
diverse Aktiva	118.500 €	Kommanditkapital BM		25.000 €
		Kapitalkonto BM 1. 1. 2018	75.000 €	
		Einlagen 2018	0 €	
		Entnahmen 2018	(./.) 95.000 €	
		Gewinnanteil 2018	48.000 €	
		Kapitalkonto 31. 12. 2018		28.000 €
		diverse Passiva		65.500 €
	118.500 €			118.500 €

e) Schuldzinsen

Im Gesamthandsvermögen der M-KG sind in 2017 und 2018 keine Schuldzinsen angefallen.

Aufgabe:

Ermitteln Sie die sich für den nach § 1 Abs. 1 EStG unbeschränkt einkommensteuerpflichtigen BM aus dem obigen Sachverhalt ergebenden steuerpflichtigen Einkünfte für 2018 und gehen Sie auch auf etwaige Tarifvorschriften ein. Begründen Sie Ihre Ergebnisse ausführlich unter Hinweis auf die einschlägigen Rechtsgrundlagen.

Erstellen Sie darüber hinaus auch eine etwaige Sonderbilanz des BM bei der M-KG zum 31. 12. 2018.

HINWEIS

- Aus Vereinfachungsgründen ist auf Fragen der Gewerbesteuer sowie des § 34a EStG nicht einzugehen.
- Sofern verschiedene Lösungsmöglichkeiten bestehen, wählt BM das günstigste steuerliche Ergebnis.
- Erforderliche Anträge gelten als gestellt.

LÖSUNG

1. Mayer GmbH & Co. KG (M-KG)

Die Tätigkeit der M-KG gilt in vollem Umfang als Gewerbebetrieb, da sie mit der Herstellung und dem Vertrieb von Armaturen eine gewerbliche Tätigkeit i. S. des § 15 Abs. 1 Satz 1 Nr. 1 EStG mit Gewinnerzielungsabsicht ausübt (vgl. § 15 Abs. 3 Nr. 2 EStG). Als Gesellschafter der M-KG sind die Mayer-Verwaltungs GmbH (V-GmbH) und Berthold Meyer (BM) als Mitunternehmer i. S. des § 15 Abs. 1 Satz 1 Nr. 2 EStG des Gewerbebetriebes der KG anzusehen, da sie zivilrechtlich Gesellschafter der M-KG sind und eine gewisse unternehmerische Initiative entfalten können sowie ein unternehmerisches Risiko tragen (vgl. H 15.8 Abs. 1 „Allgemeines" EStH, H 15.8 Abs. 1 „Mitunternehmerrisiko" EStH, H 15.8 Abs. 1 „Mitunternehmerinitiative" EStH). Für die Annahme der Mitunternehmerschaft des Komplementärs (V-GmbH) ist es unerheblich, dass dieser am Gesellschaftskapital nicht beteiligt ist und keine Kapitaleinlage erbracht hat (vgl. H 15.8 Abs. 1 „Komplementär" 1. Spiegelstrich EStH). Die Mitunternehmerstellung der V-GmbH wird auch nicht dadurch ausgeschlossen, dass sie weder am Gewinn noch am Verlust der M-KG beteiligt ist. BM ist als Kommanditist der M-KG Mitunternehmer. Ausreichend ist die Möglichkeit zur Ausübung von Gesellschaftsrechten, die wenigstens den Stimm-, Kontroll- und Widerspruchsrechten angenähert sind, die einem Kommanditisten nach dem HGB zustehen oder die den gesellschaftsrechtlichen Kontrollrechten nach § 716 Abs. 1 BGB entsprechen. Aus dem Sachverhalt ergeben sich keine Anhaltspunkte dafür, dass die BM nach dem Regelstatut des HGB als Kommanditist zustehenden Rechte eingeschränkt wurden (vgl. H 15.8 Abs. 1 „Mitunternehmerinitiative" EStH).

Die M-KG gilt kraft Eintragung gem. § 2 HGB i.V. mit § 6 HGB als Kaufmann, da sie mit der Herstellung und dem Vertrieb von Armaturen ein Handelsgewerbe ausübt. Die M-KG ist nach Handels-und Steuerrecht zur Führung von Büchern verpflichtet (vgl. § 238 HGB, § 242 HGB i.V. mit § 6 HGB, § 140 AO). Ihren Gewinn hat die M-KG durch Betriebsvermögensvergleich zu ermitteln (vgl. § 5 Abs. 1 EStG i.V. mit § 4 Abs. 1 Satz 1 EStG). Die Buchführungspflicht gilt für ihr gesamtes Betriebsvermögen einschließlich etwaigen Sonderbetriebsvermögens der Gesellschafter (vgl. H 5.1 „Gewinnermittlung für Sonderbetriebsvermögen der Gesellschafter" EStH).

Zu den Einkünften aus Gewerbebetrieb der Gesellschafter der M-KG gehören ihre Gewinnanteile und die Vergütungen, die sie von der Gesellschaft für ihre Tätigkeit im Dienst der Gesellschaft, für die Hingabe von Darlehen oder für die Überlassung von Wirtschaftsgütern bezogen haben (vgl. § 15 Abs. 1 Satz 1 Nr. 2 EStG).

a) Vertragliche Haftungsvergütung der Mayer-Verwaltungs GmbH

Im vorliegenden Fall ist die V-GmbH als Komplementärin nicht am Vermögen der M-KG beteiligt und betreibt laut Sachverhalt keinen eigenen Geschäftsgegenstand. Die jährlich von der M-KG zu zahlende Haftungsvergütung ist als Entgelt für die mögliche Inanspruchnahme der V-GmbH zu sehen und stellt keinen Gewinnbestandteil, sondern vielmehr eine Gegenleistung für die Übernahme der persönlichen Haftung dar.[103]

Die M-KG hat handelsrechtlich zutreffend die gegenüber der V-GmbH vertraglich geschuldete Haftungsvergütung i. H. von 1.000 € als Aufwand verbucht. Bei der Ermittlung des steuerlichen Gewinns der M-KG ist die Haftungsvergütung als Sondervergütung i. S. des § 15 Abs. 1 Satz 1 Nr. 2 EStG hinzuzurechnen.

b) Geldbußen in 2017 und 2018

Die gegen die M-KG in 2017 und 2018 festgesetzten Geldbußen i. H. von jeweils 2.000 € gehören nach § 4 Abs. 5 Satz 1 Nr. 8 EStG zu den nicht abziehbaren Aufwendungen und dürfen den Gewinn nicht mindern. Das Abzugsverbot wird nicht durch § 4 Abs. 5 Satz 1 Nr. 8 Satz 4 EStG aufgehoben, da eine Abschöpfung wirtschaftlicher Vorteile nicht vorliegt. Die nicht abziehbaren Ausgaben sind außerhalb der Bilanz dem Gewinn hinzuzurechnen.

Gewinnhinzurechnung 2017	+ 2.000 €
Gewinnhinzurechnung 2018	+ 2.000 €

c) Geschäftsanteil Komplementär (V-GmbH)

Der Geschäftsanteil des Kommanditisten BM an der Komplementärkapitalgesellschaft (V-GmbH) gehört zu seinem Sonderbetriebsvermögen II bei der M-KG, da die V-GmbH keiner eigenen Geschäftstätigkeit nachgeht und ihr alleiniger Zweck die Geschäftsführung der M-KG ist (vgl. H 4.2 Abs. 2 „Anteile an Kapitalgesellschaften" 7. Spiegelstrich EStH).

2. Vermietungs- und Überlassungs-OHG (VÜ-OHG)

Die steuerliche Anerkennung einer OHG setzt voraus, dass eine Mitunternehmerschaft vorliegt, der Gesellschaftsvertrag zivilrechtlich wirksam ist und auch verwirklicht wird. Die tatsächliche Gestaltung muss mit der formellen Gestaltung übereinstimmen (vgl. H 15.9 Abs. 1 „steuerliche Anerkennung von Familiengesellschaften – Allgemeines" EStH). Zivilrechtlich sind BM und FM Gesellschafter der VÜ-OHG. Es wird davon ausgegangen, dass der Gesellschaftsvertrag zivilrechtlich wirksam ist und die tatsächliche Durchführung des Gesellschaftsvertrages mit seiner formellen Gestaltung übereinstimmt.

Als Gesellschafter der VÜ-OHG erzielen BM und FM aus der unentgeltlichen Überlassung des Produktionsgrundstücks in Aachen an die M-KG keine gewerblichen Einkünfte i. S. des § 15 Abs. 1 Satz 1 Nr. 2 EStG. Gewerbliche Einkünfte aus der unentgeltlichen Überlassung liegen für BM und FM nicht vor, da

- die VÜ-OHG keine gewerbliche Tätigkeit i. S. des § 15 Abs. 1 Satz 1 Nr. 1 EStG als Mitunternehmerschaft ausübt (vgl. § 15 Abs. 1 Satz 1 Nr. 2 EStG i.V. mit § 15 Abs. 3 Nr. 1 EStG) **und**
- die Grundstücksüberlassung der VÜ-OHG an die M-KG auch nicht als Vermietung i. R. einer mitunternehmerischen Betriebsaufspaltung zwischen Schwester-Personengesellschaften zu beurteilen ist.

Eine Beurteilung der VÜ-OHG als eine gewerblich geprägte Personengesellschaft i. S. des § 15 Abs. 3 Nr. 2 EStG scheidet aus, da an der VÜ-OHG keine Kapitalgesellschaft als persönlich haftende Gesellschafterin beteiligt ist. Die Eintragung der VÜ-OHG in das Handelsregister ist für die Annahme eines Gewerbebetriebes allein nicht entscheidend, da sich eine OHG nach § 105 Abs. 2 HGB auf die Verwaltung eigenen Vermögens beschränken kann. Unerheblich ist, dass das Vermögen der VÜ-OHG einen erheblichen Wert darstellt. Aus der Eintragung in das Handelsregister kann allein nicht geschlossen werden, dass ihre Gesellschafter den Willen haben, im Rechtsleben als Gewerbetreibende behandelt zu werden.

a) Negativabgrenzung – Einkünfte i. S. des § 15 Abs. 1 Satz 1 Nr. 1 EStG

Die VÜ-OHG ist nach § 15 Abs. 3 Nr. 1 EStG nicht als Gewerbebetrieb zu beurteilen, da sie keine gewerbliche Tätigkeit i. S. des § 15 Abs. 1 Satz 1 Nr. 1 EStG ausübt.

Nach § 15 Abs. 3 Nr. 1 EStG liegen gewerbliche Einkünfte der Gesellschafter einer OHG nur vor, wenn die Gesellschaft eine gewerbliche Tätigkeit i. S. des § 15 Abs. 1 Satz 1 Nr. 1 EStG ausübt. Dies ist dann der Fall, wenn die Gesellschaft mit Einkünfteerzielungsabsicht eine Tätigkeit entfaltet, die die Merkmale eines Gewerbebetriebes i. S. des § 15 Abs. 1 Satz 1 Nr. 1 EStG i.V. mit § 15 Abs. 2 EStG erfüllt und die Gesellschafter als Mitunternehmer des gewerblichen Unternehmens anzusehen sind. Die unentgeltliche Überlassung des Produktionsgrundstücks zur Nutzung durch die M-KG stellt die bloße Verwaltung eigenen Vermögens und keine gewerbliche Tätigkeit dar, da sie nicht über den Rahmen einer privaten Vermögensverwaltung hinausgeht (vgl. R 15.7 Abs. 1 Satz 1 EStR). Darüber hinaus hat die VÜ-OHG nicht die Absicht, gewerbliche Gewinne durch eine Tätigkeit zu erzielen, die nach allgemeiner Auffassung als unternehmerisch zu werten ist. Die Verwaltung des Grundbesitzes erfordert seitens der VÜ-OHG keine Tätigkeit, die über das bei langfristigen Vermietungen übliche Maß hinausgeht (vgl. H 15.7 Abs. 2 „Gewerblicher Charakter der Vermietungstätigkeit" EStH).

103 Vgl. Hallerbach in Söffing, Die GmbH & Co. KG, NWB Verlag GmbH & Co. KG, 3. Auflage 2016, Randziffern 137 und 138.

b) Negativabgrenzung – mitunternehmerische Betriebsaufspaltung

Die Grundsätze zur Bilanzierung von Wirtschaftsgütern bei **Schwester-Personengesellschaften**, nach denen Wirtschaftsgüter, die eine gewerblich tätige oder gewerblich geprägte Personengesellschaft an eine ganz oder teilweise personenidentische Personengesellschaft (Schwestergesellschaft) vermietet, zum Betriebsvermögen der vermietenden Personengesellschaft und nicht der nutzenden Personengesellschaft gehören, sind bei der M-KG und der VÜ-OHG nicht anzuwenden (vgl. H 15.8 Abs. 1 „Vermietung zwischen Schwester-Personengesellschaften" EStH, Anhang 24 I EStHB).[104] An der überlassenden VÜ-OHG und der nutzenden M-KG sind zwar teilweise dieselben Personen als Gesellschaft beteiligt, jedoch übt die VÜ-OHG keine gewerbliche Tätigkeit aus und ist auch keine gewerblich geprägte Personengesellschaft i. S. des § 15 Abs. 3 Nr. 2 EStG.

Die VÜ-OHG ist nicht nach den Grundsätzen der **mitunternehmerischen Betriebsaufspaltung** als Gewerbebetrieb anzusehen (vgl. H 15.7 Abs. 4 „Mitunternehmerische Betriebsaufspaltung" 1. Spiegelstrich EStH). Die VÜ-OHG überlässt zwar der gewerblich tätigen M-KG in Form des Produktionsgrundstücks eine für die Annahme einer Betriebsaufspaltung wesentliche Betriebsgrundlage. Auch ist BM aufgrund seiner Stellung als alleiniger Gesellschafter und Geschäftsführer der V-GmbH sowie seiner alleinigen bzw. mehrheitlichen Beteiligung an der M-KG und der VÜ-OHG deren beherrschender Gesellschafter. Die Annahme einer mitunternehmerischen Betriebsaufspaltung setzt jedoch eine Gewinnerzielungsabsicht des Besitzunternehmens (VÜ-OHG) voraus. Hieran mangelt es vorliegend der VÜ-OHG und damit an einer eigenen gewerblichen Tätigkeit, da das Produktionsgrundstück von der VÜ-OHG der M-KG unentgeltlich zur Nutzung überlassen wird (vgl. Anhang 24 I EStHB, Tz. 1).

Die Grundsätze zur unentgeltlichen Überlassung (Leihe) wesentlicher Betriebsgrundlagen an eine Betriebskapitalgesellschaft sind auf die Prüfung der mitunternehmerischen Betriebsaufspaltung nicht anzuwenden (vgl. H 15.7 Abs. 5 „Leihe" EStH, Anhang 24 I EStHB).

Hinsichtlich des zur Nutzung überlassenen Grundstücks gelten im Ergebnis die allgemeinen Bilanzierungsgrundsätze des § 15 Abs. 1 Satz 1 Nr. 2 EStG, da die Grundsätze zur Bilanzierung von Wirtschaftsgütern bei Schwester-Personengesellschaften im Falle der M-KG und der VÜ-OHG nicht anzuwenden sind (vgl. Anhang 24 I EStHB).

3. Betriebsvermögen der M-KG

Das Produktionsgrundstück in Aachen stellt grds. Gesamthandsvermögen der VÜ-OHG dar, da diese keine gewerbliche Tätigkeit ausübt und auch nicht i. R. einer mitunternehmerischen Betriebsaufspaltung als Gewerbebetrieb gilt (vgl. oben).

Das Betriebsvermögen der M-KG umfasst diejenigen Wirtschaftsgüter, die zum gesamten Vermögen der Gesellschaft gehören und diejenigen Wirtschaftsgüter, die einem Mitunternehmer gehören und der Gesellschaft zur Nutzung für betriebliche Zwecke überlassen werden (vgl. R 4.2 Abs. 2 Satz 1 EStR). Das Produktionsgrundstück in Aachen gehört zum Betriebsvermögen der M-KG, soweit es BM entsprechend seiner Beteiligungsquote gem. § 39 Abs. 2 Nr. 2 AO anteilig zuzurechnen ist (vgl. H 4.2 Abs. 7 „Miteigentum" EStH). Das Grundstück dient seit seinem Erwerb im Jahr 2018 ausschließlich und unmittelbar den gewerblichen Zwecken der M-KG (vgl. R 4.2 Abs. 1 Satz 1 EStR).

Stehen Wirtschaftsgüter mehreren zur gesamten Hand zu, sind sie nach § 39 Abs. 2 Nr. 2 AO den Beteiligten anteilig zuzurechnen. Nur der dem Gesellschafter der gewerblich tätigen M-KG zustehende Anteil an dem Grundstück (BM) ist dem notwendigen Sonderbetriebsvermögen der Personengesellschaft zuzurechnen (vgl. H 4.2 Abs. 7 „Miteigentum" EStH, H 4.2 Abs. 12 „Betriebsvermögen – Miteigentum von Nichtgesellschaftern" EStH).

a) Einlage des Betriebsgrundstücks

Am 01.02.2018 tätigt BM eine Einlage des Grundstücks entsprechend seiner Beteiligung in sein Sonderbetriebsvermögen I bei der M-KG. Die Einlage des Grundstücks in das Sonderbetriebsvermögen ist nach § 6 Abs. 1 Nr. 5 Satz 1 Buchst. a EStG zum 1. 2. 2018 mit den Anschaffungskosten zu bewerten und entsprechend dem jeweiligen Anteil auf Grund und Boden sowie Gebäude (vermindert um die AfA) als Sonderbetriebsvermögen zu bilanzieren.

Die Anschaffungskosten des Grundstücks ermitteln sich wie folgt:

800.000 €	Kaufpreis
+ 10.000 €	Nebenkosten (Kosten Notar und Grundbucheintragung)
+ 28.000 €	Grunderwerbsteuer
= 838.000 €	**Gesamte Anschaffungskosten**
= 209.500 €	**Anteil Grund und Boden (25 % von 838.000 €)**
= 628.500 €	**Anteil Gebäude (75 % von 838.000 €)**

Der Anteil von BM ermittelt sich wie folgt:

= 167.600 €	**Anteil Grund und Boden (80 % von 209.500 €)**
= 502.800 €	**Anteil Gebäude (80 % von 628.500 €)**

104 Vgl. BMF, Schreiben vom 28. 4. 1998 - IV B 2 - S 2241 - 42/98, a. a. O.

b) AfA des Betriebsgebäudes

Für den zum Sonderbetriebsvermögen des BM gehörenden Gebäudeanteil ist die AfA als Sonderbetriebsausgabe zu berücksichtigen. Die AfA-Bemessungsgrundlage bilden die auf BM entfallenden anteiligen Anschaffungskosten des Gebäudes. Die AfA bemisst sich nach § 7 Abs. 4 Satz 1 Nr. 1 EStG mit jährlich 3 % der anteiligen Anschaffungskosten, da das Gebäude nicht Wohnzwecken dient und der Bauantrag nach dem 31. 3. 1985 gestellt worden ist.

Für das Jahr 2018 ist die AfA nur zeitanteilig (p. r. t.) für 11 Monate zu berücksichtigen, da das Gebäude erst am 1. 2. 2018 dem Sonderbetriebsvermögen zugeführt wurde (vgl. § 7 Abs. 1 Satz 4 EStG, R 7.4 Abs. 3 EStR).

Sonderbetriebsausgabe AfA	./. 13.827 € (3 % von 502.800 € x 11/12)

BM kann keine AfA auf die anteilig auf FM entfallenden Anschaffungskosten unter dem Gesichtspunkt des sog. Drittaufwandes geltend machen (vgl. H 4.7 „Drittaufwand" EStH). Die Gebäude-AfA kann nach § 7 Abs. 4 EStG grds. nur derjenige geltend machen, der die Anschaffungs- oder Herstellungskosten getragen hat. Die anteilig auf FM entfallenden Anschaffungskosten des Gebäudes hat FM selbst und nicht BM getragen, da nach dem Sachverhalt BM und FM die monatlichen Zinszahlungen sowie die Tilgungsraten entsprechend ihren Beteiligungsquoten an der VÜ-OHG von ihrem jeweiligen Privatkonto geleistet haben.

c) Verbindlichkeiten

Verbindlichkeiten sind dann dem Betriebsvermögen zuzuordnen, wenn sie durch den Betrieb veranlasst sind. Ausschlaggebend ist die Verwendung der aufgenommenen Mittel für die Bestimmung des Veranlassungszusammenhangs (vgl. H 4.2 Abs. 15 „Betriebsschuld" EStH).

aa) Bankdarlehen zur Finanzierung des Grundstückskaufpreises

Das von der VÜ-OHG zur Finanzierung der Anschaffungskosten des Grundstücks aufgenommene Bankdarlehen wird mit der Einlage des fremdfinanzierten Grundstücks entsprechend der Beteiligungsquote des BM von 670.400 € (80 % von 838.000 €) eine betriebliche Schuld im Sonderbetriebsvermögen I von BM (vgl. R 4.2 Abs. 15 EStR). Es liegt eine betriebliche Schuld vor, da BM die Mittel des von ihm aufgenommenen Kredits für die betrieblichen Zwecke der Mitunternehmerschaft verwendet und der BM zuzurechnende Grundstücksanteil zu seinem Sonderbetriebsvermögen bei der M-KG gehört.

Die geleisteten Schuldzinsen für das Bankdarlehen sind entsprechend der Beteiligungsquote Sonderbetriebsausgaben (§ 4 Abs. 4 EStG) von BM. Als Sonderbetriebsausgaben sind die auf das Jahr 2018 entfallenden Zinsen (unabhängig vom Zeitpunkt des Abflusses i. S. des § 11 Abs. 1 EStG) nach den allgemeinen Grundsätzen des Betriebsvermögensvergleichs (§ 4 Abs. 1 S. 1 EStG, § 5 Abs. 1 EStG) zu berücksichtigen. In einer Sonderbilanz des BM zum 31. 12. 2018 ist eine entsprechende Verbindlichkeit i. H. von 5.600 € (80 % von 7.000 €) zu passivieren.[105]

Sonderbetriebsausgabe Zinsen Bankdarlehen	./. 30.800 € (80 % von 38.500 € (11 Monate x 3.500 €))

Die von BM in 2018 von seinem privaten Bankkonto geleisteten Zinsen stellen i. H. von 25.200 € (80 % von 9 Monaten x 3.500 €) eine Einlage dar.

Die von FM gezahlten anteiligen Schuldzinsen führen bei BM nicht unter dem Gesichtspunkt des sog. abgekürzten Zahlungsweges zu Betriebsausgaben. Bei Kreditverbindlichkeiten kommt eine Berücksichtigung der Zahlung als Betriebsausgaben unter dem Gesichtspunkt der Abkürzung des Vertragsweges nicht in Betracht (vgl. H 4.7 „Drittaufwand" EStH).

bb) Bankdarlehen zur Finanzierung der Kommanditeinlage

Das zur Finanzierung der Kommanditeinlage i. H. von 25.000 € aufgenommene Bankdarlehen ist durch die Beteiligung des BM an der M-KG veranlasst und stellt eine betriebliche Schuld im Sonderbetriebsvermögen II dar. Die Darlehenszinsen i. H. von 1.500 € jährlich sind als Sonderbetriebsausgaben zu berücksichtigen.

Sonderbetriebsausgabe Zinsen Bankdarlehen Kommanditeinlage	./. 1.500 €

cc) Negativabgrenzung Zinsschranke § 4h EStG

Die Abzugsfähigkeit der Zinsen i. H. von 32.300 € (= 30.800 € + 1.500 €) wird nicht durch § 4h Abs. 1 EStG eingeschränkt. Die Zinsaufwendungen übersteigen offensichtlich nicht den Betrag von 3 Mio. € (vgl. § 4h Abs. 2 Satz 1 Buchst. a EStG).

105 Die Zinsen für November und Dezember 2018 wurden laut Sachverhalt erst am 5. 1. 2019 beglichen.

4. Gewinnermittlung

Die Einkünfte aus Gewerbebetrieb der M-KG ermitteln sich für den Veranlagungszeitraum 2018 wie folgt:

Gesamthandsbilanz

48.000 €		Gewinn laut Handelsbilanz 2018
+ 2.000 €		nicht abziehbare Aufwendungen
	= 50.000 €	**Gewinn Gesamthandsbilanz**
	= 4.873 €	Gewinn M-KG insgesamt (50.000 € ./. 46.127 € + 1.000 €)

Sonderbilanz I und II BM

13.827 €		AfA Gebäude
+ 30.800 €		Schuldzinsen Kaufpreisdarlehen
+ 1.500 €		Schuldzinsenfinanzierung Kommanditeinlage
	./. 46.127 €	**Verlust Sonderbetriebsvermögen BM**
	= 3.873 €	Gewinnanteil BM (Einkünfte i. S. des § 15 Abs. 1 Satz 1 Nr. 2 EStG; 50.000 € ./. 46.127 €)

Sonderbilanz I V-GmbH

1.000 €		Haftungsvergütung
	= 1.000 €	**Gewinn Sonderbetriebsvermögen V-GmbH**
	= 1.000 €	Gewinnanteil V-GmbH (Haftungsvergütung)

Die zusammengefasste Sonderbilanz I und II von BM stellt sich zum 31. 12. 2018 wie folgt dar:

Aktiva				**Passiva**
Anteil V-GmbH	40.000 €	Kapital BM zum 1. 1. 2018		15.000 €
Gebäude	488.973 €[106]	Einlage Grundstück	+ 670.400 €	
Grund und Boden	167.600 €	Einlage Darlehen	./. 670.400 €	
		Einlage Zinszahlung (Grundstück)	+ 25.200 €	
		Einlage Zinszahlung (Kommanditkapital)	+ 1.500 €	
		Verlust SBV (vgl. oben)	./. 46.127 €	./. 19.427 €
		Kapital BM zum 31. 12. 2018		./. 4.427 €
		Darlehen Kaufpreis		670.400 €
		Darlehen Einlage M-KG		25.000 €
		Zinsverbindlichkeit		5.600 €
	696.573 €			**696.573 €**

2.2.2 Gründung einer Personengesellschaft (Einbringung eines Einzelunternehmens) – Teilaufgabe Steuerberaterprüfung 2011 (Aufgabe 2)[107]

Einkünfte aus Gewerbebetrieb, Gründung einer Personengesellschaft, Einkünfte aus nichtselbständiger Tätigkeit, Verlustausgleichsbeschränkung § 15a EStG

Sachverhalt:

Doris Döring (D) mit Wohnsitz in Duisburg betreibt in Langenfeld (Hildener Straße 48) ein Bauunternehmen mit dem Firmennamen „Bauen Döring". Der Gewinn wird durch Betriebsver-

106 502.800 € (anteilige Anschaffungskosten Gebäude) ./. 13.827 € (AfA) = 488.973 €

107 Diese Teilaufgabe wurde aus „NWB, Steuerberaterprüfungsklausuren, Ausgabe 2017" entnommen, abgewandelt und an den Rechtsstand 2018 angepasst.

mögensvergleichs (§ 5 Abs. 1 Satz 1 EStG i.V. mit § 4 Abs. 1 EStG) ermittelt. Das Wirtschaftsjahr entspricht dem Kalenderjahr.

Harry Hallhuber (H) ist seit dem Jahr 2010 als leitender Angestellter für das Bauunternehmen tätig. Ihm steht arbeitsvertraglich ein monatliches Bruttogehalt i. H. von 10.000 € zu, welches ihm nach Abzug der Arbeitnehmerbeiträge zur Sozialversicherung und der Lohnsteuer jeweils zum 15. eines Monats ausgezahlt wird. Der Arbeitgeberanteil zur Sozialversicherung beträgt im Jahr 2018 monatlich 1.300 €.

Im Februar 2018 einigten sich D und H darauf, das Bauunternehmen ab dem 1. 3. 2018 gemeinsam in Form einer KG zu betreiben. An dieser KG sollen D als geschäftsführende Komplementärin und H als Kommanditist beteiligt sein. Hierfür gründen D und H mit notariellem Vertrag vom 17. 2. 2018 die „Bauen Döring KG" (BD-KG), die am 15. 3. 2018 ins Handelsregister eingetragen wird. D hat nach dem Gesellschaftsvertrag als Gründungseinlage das bisher von ihr unter der Firma „Bauen Döring" betriebene Bauunternehmen mit allen Aktiva und Passiva auf die BD-KG zu übertragen. Die Kommanditeinlage des H beträgt 100.000 € und ist als Bareinlage zu erbringen. Am Vermögen sowie am Gewinn und Verlust der BD-KG sind D mit 80 % und H mit 20 % beteiligt. D steht darüber hinaus vorab eine monatliche Tätigkeitsvergütung für die von ihr auszuübende Geschäftsführertätigkeit i. H. von 30.000 € zu, die auch im Verlustfall jeweils zum Monatsersten zu zahlen ist. Die monatlichen Auszahlungen der Vergütung sind nach den Vorgaben des Gesellschaftsvertrages in der Gesamthandelsbilanz der BD-KG als Entnahmen der D zu erfassen.

H zahlt seine Kommanditeinlage am 1. 3. 2018 auf das Bankkonto der BD-KG ein. D überträgt zu diesem Zeitpunkt alle Aktiva und Passiva ihres Bauunternehmens auf die BD-KG. Die Gründungseinlagen werden jeweils in voller Höhe den Kapitalkonten von D bzw. H bei der BD-KG gutgeschrieben.

Der zwischen D und H bestehende Anstellungsvertrag wird von der BD-KG fortgeführt. Der von der BD-KG ab dem 1. 3. 2018 an H gezahlte Arbeitslohn unterliegt der Sozialversicherungspflicht.

D stellt zum 28. 2. 2018 folgende Schlussbilanz für ihr Bauunternehmen auf:

Aktiva				**Passiva**
Umlaufvermögen	100.000 €	Kapital 1. 1. 2018	200.000 €	
Anlagevermögen (unbebautes Grundstück)	400.000 €	Gewinn	100.000 €	
		Kapital 28.02.2018		300.000 €
		sonstige Verbindlichkeiten		200.000 €
	500.000 €			**500.000 €**

Der gemeine Wert (entspricht hier dem Teilwert) des zutreffend im Anlagevermögen ausgewiesenen unbebauten Grundstücks beträgt im Zeitpunkt der Übertragung auf die BD-KG 500.000 €. Weitere stille Reserven sind im Einzelunternehmen nicht vorhanden.

Die Gewinn- und Verlustrechnung der BD-KG weist für den Zeitraum vom 1. 3. 2018 bis zum 31. 12. 2018 einen Verlust i. H. von 220.000 € aus. Die Gehaltszahlungen an H (einschließlich der Arbeitgeber- und Arbeitnehmeranteile zur Sozialversicherung) wurden hierbei gewinnmindernd berücksichtigt.

Aufgabe:

Ermitteln Sie die bei den Einkommensteuerveranlagungen von D und H aufgrund des vorgenannten Sachverhalts für das Jahr 2018 anzusetzenden Einkünfte. Auf allgemeine Fragen (persönliche Steuerpflicht, Veranlagungsform, Tarif, etc.) ist nicht einzugehen. Der Lohnsteuerabzug ist nicht zu überprüfen. Begründen Sie ihre Ergebnisse anhand der einschlägigen Rechtsgrundlagen.

- Aus Vereinfachungsgründen ist auf Fragen der Gewerbesteuer, der Grunderwerbsteuer und der Umsatzsteuer nicht einzugehen. Eine Gewerbesteuerrückstellung ist nicht zu bilden.

HINWEIS

- Die Eröffnungsbilanz zum 1. 3. 2018 (einschließlich etwaiger Ergänzungsbilanzen) ist aufzustellen.
- Sofern verschiedene Lösungsmöglichkeiten bestehen, ist für 2018 das günstigste steuerliche Ergebnis zu wählen.
- Erforderliche Anträge gelten als gestellt.
- Auf Cent lautende Beträge sind abzurunden.

LÖSUNG

1. Einzelunternehmen Firma „Bauen Döring" (D)

D erzielt aus ihrem Einzelunternehmen „Bauen Döring" bis zum 28. 2. 2018 Einkünfte aus Gewerbebetrieb i. S. des § 15 Abs. 1 Satz 1 Nr. 1 EStG, die der Einkommensteuer unterliegen (vgl. § 2 Abs. 1 Satz 1 Nr. 2 EStG). Die Tätigkeit des Bauunternehmens ist als gewerbliche Tätigkeit gem. § 15 Abs. 2 EStG anzusehen. Für 2018 ist der Gewinn (§ 2 Abs. 2 Satz 1 Nr. 1 EStG) des Einzelunternehmens nach dem Rumpfwirtschaftsjahr vom 1. 1. 2018 bis zum 28. 2. 2018 zu ermitteln (vgl. § 6 Abs. 2 EStDV).

Einkünfte aus Gewerbebetrieb	**100.000 €**

Die Einbringung des Einzelunternehmens in die BD-KG zum 1. 3. 2018 gilt für D als Betriebsveräußerung i. S. des § 16 Abs. 1 Satz 1 Nr. 1 EStG (vgl. § 24 Abs. 3 Satz 1 UmwStG).

2. Leitender Angestellter H

H erzielt als Angestellter der Einzelfirma „Bauen Döring" bis zum 28. 2. 2018 Einkünfte aus nichtselbständiger Tätigkeit (vgl. § 19 Abs. 1 Satz 1 Nr. 1 EStG). Die Einkünfte unterliegen der Einkommensteuer (§ 2 Abs. 1 Satz 1 Nr. 4 EStG) und sind als Überschuss der Einnahmen (§ 8 EStG) über die Werbungskosten (§§ 9, 9a EStG) zu ermitteln (vgl. § 2 Abs. 2 Satz 1 Nr. 2 EStG). Die Arbeitgeberanteile zur gesetzlichen Sozialversicherung sind gem. § 3 Nr. 62 Satz 1 EStG steuerfrei.

Die Einkünfte ermitteln sich wie folgt:

Einnahmen 1. 1. 2018 bis 28. 2. 2018 (2 x 10.000 €)	20.000 €
Arbeitnehmer-Pauschbetrag (§ 9a Satz 1 Nr. 1 Buchst. a EStG)	./. 1.000 €
Einkünfte aus nichtselbständiger Tätigkeit (§ 19 EStG)	**19.000 €**

3. Errichtung der BD-KG am 1. 3. 2018

a) Einbringung des Einzelunternehmens

D hat ihre Einzelfirma mit sämtlichen Aktiva und Passiva im Wege der Einzelrechtsnachfolge (sog. „Fußstapfentheorie") auf die neu errichtete BD-KG, an der sie als geschäftsführende Komplementärin beteiligt wird, übertragen. Gegenstand der Sacheinlage ist ein ganzer Betrieb i. S. des § 24 Abs. 1 UmwStG. Die Einbringung des Einzelunternehmens erfolgt im Wege der Einzelrechtsnachfolge durch Neugründung der BD-KG. § 24 UmwStG ist anzuwenden, da D als Gegenleistung für die Einbringung Gesellschaftsrechte an der BD-KG erwirbt (vgl. § 1 Abs. 3 Nr. 4 UmwStG; Anhang 28 II EStHB, Tz. 01.47 Doppelbuchst. aa 1. Spiegelstrich).[108] D erlangt durch die Einbringung die Rechtsstellung einer Mitunternehmerin (vgl. H 15.8 Abs. 1 „Allgemeines" EStH).

Die übernehmende BD-KG hat das eingebrachte Betriebsvermögen des Einzelunternehmens in ihrer Eröffnungsbilanz grundsätzlich mit dem gemeinen Wert anzusetzen (vgl. § 24 Abs. 2 Satz 1 UmwStG). Auf Antrag kann die BD-KG zur Vermeidung der Aufdeckung stiller Reserven das auf sie übertragene Betriebsvermögen des Einzelunternehmens in ihrer steuerlichen Übernahmebilanz mit dem Buchwerten der Schlussbilanz des Einzelunternehmens ansetzen (vgl. § 24 Abs. 2 Satz 2 UmwStG). Nach der Aufgabenstellung ist davon auszugehen, dass der Antrag auf Buchwertansatz gewählt wird.

Um die Kapitalkonten der Gesellschafter im richtigen Verhältnis zueinander in ihrer Handelsbilanz auszuweisen, kann die BD-KG die Buchwerte des eingebrachten Betriebsvermögens in ihrer handelsrechtlichen Übernahmebilanz aufstocken und das übernommene unbebaute Grundstück mit dem gemeinen Wert von 500.000 € ausweisen (vgl. Anhang 28 II EStHB, Tz. 24.14 letzter Absatz).

Für die Gesellschafter geben sich nach der Handelsbilanz der BD-KG zum 1. 3. 2018 folgende Kapitalkonten:

Kapitalkonto laut Schlussbilanz Einzelunternehmen 28. 2. 2018	300.000 €	
Aufstockung Buchwert Grundstück	100.000 €	
Kapitalkonto D Handelsbilanz BD-KG 1. 3. 2018		400.000 €
Kapitalkonto H Handelsbilanz BD-KG 1. 3. 2018 (Bareinlage)		100.000 €

Die Kapitalkonten entsprechen einem Verhältnis von 4 zu 1 und damit dem vereinbarten Gewinnverteilungsschlüssel von 80 % für D und 20 % für H.

108 Vgl. BMF, Schreiben vom 11. 11. 2011 - IV C 2 - S 1978-b/08/10001, BStBl I S. 1314.

Für die BD-KG ergibt sich folgende Handelsbilanz (Eröffnungsbilanz) zum 1. 3. 2018:

Aktiva			**Passiva**
Umlaufvermögen	100.000 €	Kapitalkonto D	400.000 €
Anlagevermögen (unbebautes Grundstück)	500.000 €	Kapitalkonto H	100.000 €
Bankkonto	100.000 €	sonstige Verbindlichkeiten	200.000 €
	700.000 €		**700.000 €**

Um die sofortige Versteuerung eines Veräußerungsgewinns für die einbringende D zu vermeiden, können die Gesellschafter der BD-KG für D eine entsprechende negative Ergänzungsbilanz aufstellen (vgl. Anhang 28 II EStHB, Textziffern 24.13 und 24.14). In diese ist ein Korrekturposten i. H. von 100.000 € (= stille Reserven des unbebauten Grundstücks) einzustellen. Ein Antrag nach § 24 Abs. 2 Satz 2 UmwStG gilt als gestellt, da die sofortige Versteuerung eines Veräußerungsgewinns für die einbringende D vermieden werden soll. H hat die vereinbarte Kommanditeinlage von 100.000 € in bar geleistet.

Für D ist nachfolgende Ergänzungsbilanz zum 1. 3. 2018 aufzustellen:

Aktiva			**Passiva**
Minder-Kapital D	100.000 €	Anlagevermögen (unbebautes Grundstück)	100.000 €
	100.000 €		**100.000 €**

D hat aufgrund der Einbringung ihres Einzelunternehmens in die BD-KG keinen Veräußerungsgewinn zu versteuern, da die BD-KG die Buchwerte des Einzelunternehmens fortführt. Nach § 24 Abs. 3 UmwStG gilt der Wert, mit dem die BD-KG das eingebrachte Betriebsvermögen in ihrer Eröffnungsbilanz angesetzt hat, für D als Veräußerungspreis für das eingebrachte Betriebsvermögen (vgl. § 24 Abs. 3 UmwStG). Der sich für D aus der Einbringung ergebende Veräußerungsgewinn i. S. des § 16 Abs. 1 Satz 1 Nr. 1 EStG berechnet sich wie folgt:

Veräußerungspreis (§ 24 Abs. 3 Satz 1 UmwStG)	300.000 €
Buchwert Betriebsvermögen laut Schlussbilanz Einzelunternehmen zum 28. 2. 2018	./. 300.000 €
Veräußerungsgewinn	**0 €**

b) Einkunftsart der Gesellschafter

Der Betrieb der BD-KG stellt eine gewerbliche Tätigkeit i. S. des § 15 Abs. 2 EStG dar. Seit dem 01.03.2018 erzielen D als Komplementärin und H als Kommanditist mitunternehmerische Einkünfte i. S. des § 15 Abs. 1 Satz 1 Nr. 2 EStG aus ihrer jeweiligen Beteiligung, da sie zivilrechtlich Gesellschafter der BD-KG sind und eine gewisse unternehmerische Initiative entfalten können sowie ein unternehmerisches Risiko tragen (vgl. H 15.8 Abs. 1 „Allgemeines" EStH, H 15.8 Abs. 1 „Mitunternehmerrisiko" EStH, H 15.8 Abs. 1 „Mitunternehmerinitiative" EStH).

4. Gewinnermittlung der BD-KG

Die BD-KG hat ihren Gewinn für das Rumpfwirtschaftsjahr vom 1. 3. 2018 bis zum 31. 12. 2018 zutreffend durch Betriebsvermögensvergleich (§ 5 Abs. 1 Satz 1 EStG, § 4 Abs. 1 EStG) ermittelt (vgl. § 8b Satz 2 Nr. 1 EStDV, § 6 Abs. 1 EStDV). Der zwischen den Gesellschaftern der BD-KG vereinbarte Gewinnverteilungsschlüssel bezieht sich auf den Handelsbilanzgewinn (vgl. H 15.8 Abs. 3 „Abweichung des Steuerbilanzgewinns vom Handelsbilanzgewinn" EStH).

a) Tätigkeitsvergütung Komplementärin D

Die D zustehende Tätigkeitsvergütung i. H. von 30.000 € monatlich hat ihre Grundlage im Gesellschaftsvertrag. Nach diesem ist die Vergütung in der Gesamthandsbilanz der BD-KG als Entnahme der D und nicht als Aufwand zu erfassen. Damit liegt keine Sondervergütung i. S. des § 15 Abs. 1 Satz 1 Nr. 2 Halbsatz 2 EStG vor. Die an D gezahlte Vergütung ist vielmehr als Vorabgewinn i. S. des § 15 Abs. 1 Satz 1 Nr. 2 Halbsatz 1 EStG zu erfassen und erhöht damit den in der Handelsbilanz ausgewiesenen Verlust i. H. von 220.000 € um 300.000 € (10 Monate x 30.000 €) auf 520.000 €.

Vorabgewinn D	**300.000 €**

b) Tätigkeitsvergütung H

Die von der BD-KG an H zu zahlende Tätigkeitsvergütung i. H. von monatlich 10.000 € hat ihre Grundlage nicht im Gesellschaftsvertrag, sondern in einer zwischen H und der Gesellschaft getroffenen schuldrechtlichen Vereinbarung. Die BD-KG hat die Vergütung zutreffend handelsrechtlich als Aufwand behandelt. Zu den Vergütungen, die H von der Gesellschaft für seine Tätigkeit im Dienste der BD-KG bezogen hat, gehören auch die Arbeitgeberanteile zur Sozialversicherung des Kommanditisten, der sozialversicherungsrechtlich als Arbeitnehmer der BD-KG angesehen wird. Die Vergütung stellt eine Sondervergütung i. S. des § 15 Abs. 1 Satz 1 Nr. 2 Halbsatz 2 EStG dar, die zutreffend den Gewinn der BD-KG gemindert hat.

H ist steuerrechtlich Mitunternehmer und nicht Arbeitnehmer der BD-KG, ungeachtet der Tatsache, dass zivilrechtlich und sozialversicherungsrechtlich ein Arbeitsverhältnis vorliegt. Da H steuerrechtlich Mitunternehmer der BD-KG und nicht deren Arbeitnehmer ist, ist der Arbeitgeberanteil zu den Sozialversicherungen nicht steuerfrei gem. § 3 Nr. 62 EStG (vgl. H 15.8 Abs. 3 „Tätigkeitsvergütung“ 6. Spiegelstrich EStH). Die Tätigkeitsvergütung umfasst damit insgesamt 113.000 € (Sondervergütung 100.000 € + Arbeitgeberanteil zur Sozialversicherung 13.000 €).

c) **Gewinnverteilung**

	Summe	D	H
Verlust laut Handelsbilanz	./. 220.000 €		
Vorabvergütung D	./. 300.000 €	+ 300.000 €	
	./. 520.000 €		
Verlustanteil D (80 %)		./. 416.000 €	
Verlustanteil H (20 %)			./. 104.000 €
Verlustabzugsverbot § 15a Abs. 1 EStG			+ 4.000 €
Gewinn- bzw. Verlustanteil		./. 116.000 €	./. 100.000 €
Tätigkeitsvergütung H			+ 113.000 €
Einkünfte aus Gewerbebetrieb		**./. 116.000 €**	**+ 13.000 €**

d) **Verlustausgleichsbeschränkung § 15a EStG**

Die Zurechnung des für H ergebenden Verlusts i. H. von 104.000 € führt in der Gesamthandsbilanz der BD-KG zum 31. 12. 2018 zu einem negativen Kapitalkonto des H i. H. von ./. 4.000 € (Kommanditeinlage 1. 3. 2018 100.000 € ./. Verlustanteil 104.000 €). Das Kapitalkonto i. S. des § 15a Abs. 1 Satz 1 EStG setzt sich nur aus dem Kapitalkonto des Gesellschafters in der Gesamthandsbilanz der Gesellschaft sowie dem Mehr- oder Minderkapital aus einer etwaigen positiven oder negativen Ergänzungsbilanz der Gesellschaft zusammen.[109] Der Verlust aus der BD-KG i. H. von 4.000 € ist nicht ausgleichsfähig bzw. abzugsfähig und gem. § 15a Abs. 4 Satz 1 EStG gesondert festzustellen.

e) **Steuerlicher Gewinn (§ 4 Abs. 1 Satz 1 EStG, § 5 Abs. 1 EStG)**

Verlust	./. 520.000 €
Gewinnvorab D (§ 15 Abs. 1 Satz 1 Nr. 2 Halbsatz 1 EStG, Entnahme)	+ 300.000 €
Verlust laut Handelsbilanz 31. 12. 2018	./. 220.000 €
Vergütungen H im Dienste der BD-KG (§ 15 Abs. 1 Satz 1 Nr. 2 Halbsatz 2 EStG)	+ 113.000 €
steuerlicher Gewinn	**./. 107.000 €**

5. Zusammenstellung der Einkünfte im Veranlagungszeitraum 2018

Doris Döring (D)

Einkünfte aus Gewerbebetrieb (§ 15 Abs. 1 Satz 1 Nr. 1 EStG)	100.000 €
Einkünfte aus Gewerbebetrieb (§ 15 Abs. 1 Satz 1 Nr. 2 EStG)	./. 116.000 €
Summe der Einkünfte in 2018	**./. 16.000 €**

Harry Hallhuber (H)

Einkünfte aus nichtselbständiger Tätigkeit (§ 19 Abs. 1 Satz 1 EStG)	19.000 €
Einkünfte aus Gewerbebetrieb (§ 15 Abs. 1 Satz 1 Nr. 2 EStG)	+ 13.000 €
Summe der Einkünfte in 2018	**+ 32.000 €**

2.2.3 Die Einnahmenüberschussrechnung – Teilaufgabe Steuerberaterprüfung 2010 (Aufgabe 1)[110]

Einkünfte aus selbständiger Tätigkeit § 18 EStG, Rücklage §§ 6b/ 6c EStG, Zinseinkünfte § 20 Abs. 1 Nr. 7 EStG

Sachverhalt:

Der verheiratete Franz Klein (FK, geboren am 1. 4. 1959) ist Arzt für innere Medizin und wohnt in Düsseldorf. Seine eigene Praxis hat er im Juli 2012 in eigenen Räumen eröffnet.

Mit notariellem Vertrag von 24. 6. 2008 (Übergang Nutzen und Lasten 1. 8. 2008) erwarb FK als Kapitalanlage das unbebaute Grundstück in Düsseldorf (Bachstraße 12) zu einem Preis von

109 Vgl. BMF, Schreiben vom 30. 5. 1997 - IV B 2 - S 2241a - 51/93 II, a. a. O. (Anhang 29 II EStHB).

110 Diese Teilaufgabe wurde aus „NWB, Steuerberaterprüfungsklausuren, Ausgabe 2016“ entnommen, abgewandelt und an den Rechtsstand 2018 angepasst.

200.000 € (einschließlich Notar- und Gerichtskosten, Grunderwerbsteuer). Den Kaufpreis beglich FK von seinem Termingeldkonto.

In den Jahren 2011 und 2012 ließ FK auf dem Grundstück ein Gebäude zu einem Preis von 300.000 € (Bauantrag vom 1. 2. 2011, Fertigstellung am 15. 1. 2012) errichten. Den Neubau, der mit Büro- und Seminarräumen ausgestattet ist, überließ er ab Fertigstellung aufgrund eines 5-jährigen Mietvertrages der Lern-GmbH, an der er nicht beteiligt gewesen ist. Wegen Insolvenz dieser Gesellschaft wurde das Mietverhältnis bereits zum 30. 6. 2012 beendet und FK nutzt das Gebäude ab dem 1. 7. 2012 für seine eigene, neu eröffnete Praxis. Der Teilwert des Grundstücks betrug in 2012 560.000 € (250.000 € Grund und Boden, 310.000 € Gebäude) und in 2018 600.000 € (280.000 € Grund und Boden, 320.000 € Gebäude).

Die Herstellungskosten für das Gebäude finanzierte er durch ein jederzeit kündbares Fälligkeitsdarlehen seiner Ehefrau Martha Klein (MK), die über den Geldbetrag aufgrund einer Erbschaft verfügte. Das Darlehen ist nicht durch eine Grundschuld oder Hypothek gesichert. FK hat nach dem schriftlichen Darlehensvertrag für das Darlehen einen angemessenen Zinssatz von 5 % jährlich zu zahlen und ist den vereinbarten monatlichen Zinszahlungen i. H. von 1.250 € zum 15. eines jeden Monats auf ein Konto, für das MK die alleinige Verfügungsbefugnis besitzt, fristgerecht nachgekommen. Neben den Zinsen erzielt MK weitere Einkünfte, die allerdings nicht Gegenstand dieser Aufgabe sein sollen.

FK veräußerte das Grundstück mit notariellem Vertrag vom 10. 5. 2018 (Übergang Nutzen und Lasten zum 1. 9. 2018) zu einem Preis von 600.000 € an die Investoren-GmbH (I-GmbH), die in dieser Straße ein Einkaufszentrum errichten will. Aufgrund dessen verlegte FK seine Praxis in ein neu eingerichtetes Ärztehaus und mietete dort entsprechende Räume an. Wegen vorübergehenden Zahlungsschwierigkeiten der I-GmbH erhielt FK von dem Kaufpreis für das Grundstück in 2018 zunächst lediglich einen Teilbetrag von 200.000 € auf sein privates Konto überwiesen. 300.000 € wurden von der I-GmbH am 1. 9. 2018 sofort an seine Ehefrau zur Tilgung des Darlehens überwiesen. Der Restbetrag von 100.000 € wurde ihm nach Einleitung von Zwangsvollstreckungsmaßnahmen am 15. 1. 2019 auf seinem privaten Konto gutgeschrieben.

Die vorläufige Einnahmenüberschussrechnung von FK für 2018 sieht wie folgt aus:

Betriebseinnahmen		
	► kassenärztliche Vereinigung	+ 120.000 €
	► privatärztliche Leistungen	+ 150.000 €
Betriebsausgaben		
	► Personalkosten	./. 70.000 €
	► AfA (medizinische Geräte und Büroausstattung)	./. 20.000 €
	► sonstige Aufwendungen (ohne Zinsen)	./. 40.000 €
vorläufiger Gewinn		+ 140.000 €

Mit der Abrechnung und Einziehung der Honorare für die gegenüber Privatpatienten erbrachten Leistungen hat FK die Einziehungs-GmbH beauftragt, die ihm am 20. 2. 2019 einen Betrag von 20.000 € für in 2018 erbrachte Leistungen überwies, der in der vorläufigen Einnahmenüberschussrechnung für 2018 nicht enthalten ist. Die Einziehungs-GmbH hatte die Hälfte dieses Betrages noch in 2018 und den Rest im Januar 2019 vereinnahmt.

Aufgabe:

Ermitteln Sie die sich aus dem vorstehenden Sachverhalt für den Veranlagungszeitraum 2018 ergebenden Einkünfte und das zu versteuernde Einkommen der unbeschränkt steuerpflichtigen Ehegatten Klein, die zusammen zur Einkommensteuer veranlagt werden. Begründen Sie Ihre Ergebnisse unter Angabe der einschlägigen Rechtsgrundlagen.

HINWEIS

- Ausführungen zur persönlichen Steuerpflicht der Ehegatten Klein sind nicht erforderlich.
- Auf § 23 EStG sowie § 32d Abs. 6 EStG ist nicht einzugehen. Den Sparerpauschbetrag i. S. des § 20 Abs. 9 EStG nimmt FK in 2018 nicht in Anspruch.
- Die Ehegatten Franz und Martha Klein gehören keiner steuerberechtigten Kirche an.

- Abzugsfähige Sonderausgaben und außergewöhnliche Belastungen sind bei der Ermittlung des zu versteuernden Einkommens mit 10.000 € zu berücksichtigen.
- Sofern verschiedene Lösungsmöglichkeiten bestehen, ist das für 2018 günstigste steuerliche Ergebnis zu wählen und zu begründen. Erforderliche Anträge gelten als gestellt.
- Auf Cent lautende Beträge sind abzurunden.

LÖSUNG

1. Franz Klein – Einkünfte aus selbständiger Arbeit (§ 18 EStG)

Franz Klein (FK) erzielt aus seiner Tätigkeit als Arzt für innere Medizin Einkünfte aus selbständiger Arbeit i. S. des § 18 Abs. 1 Nr. 1 Satz 1 EStG. Diese Einkünfte unterliegen der Einkommensteuer gem. § 2 Abs. 1 Satz 1 Nr. 3 EStG. Die Einkünfte sind der Gewinn (vgl. § 2 Abs. 2 Satz 1 Nr. 1 EStG). Den Gewinn ermittelt FK zulässig nach § 4 Abs. 3 EStG als Überschuss der Betriebseinnahmen über die Betriebsausgaben, da er weder zur Buchführung verpflichtet ist (§ 140 AO, § 141 AO), noch freiwillig Bücher führt (vgl. R 4.5 Abs. 1 Satz 1 EStR).

Bei der Gewinnermittlung nach § 4 Abs. 3 EStG sind die Betriebseinnahmen und die Betriebsausgaben nach den Grundsätzen des § 11 EStG zu erfassen (vgl. R 4.5 Abs. 2 Satz 1 EStR). Die Wirtschaftsgüter des Anlagevermögens und Umlaufvermögens i. S. des § 4 Abs. 3 Satz 4 EStG sind gem. § 4 Abs. 3 Satz 5 EStG in besondere, laufend zu führende Verzeichnisse aufzunehmen.

Der von FK ermittelte vorläufige Gewinn 2018 i. H. von 140.000 € ist wie folgt zu korrigieren:

a) Honorare Privatpatienten

Die Honorare der Privatpatienten sind FK bereits mit dem Eingang der Zahlungen bei der Einziehungs-GmbH zugeflossen, da er diese mit der Einziehung bevollmächtigt hat und er zu diesem Zeitpunkt die wirtschaftliche Verfügungsmacht über die Einnahmen erlangt hat (vgl. § 11 Abs. 1 Satz 1 EStG i.V. mit R 11 Satz 2 EStR). Als Betriebseinnahmen 2018 sind die von der Einziehungs-GmbH in 2018 vereinnahmten 10.000 € anzusetzen.

Gewinnänderung – Honorare von Privatpatienten	**+10.000 €**

b) Einlage Grundstück Düsseldorf (Bachstraße 12)

Das Grundstück stellt seit dem 1. 7. 2012 notwendiges Betriebsvermögen der freiberuflichen Praxis dar und war zu diesem Zeitpunkt in den Betrieb einzulegen, da FK das Gebäude mit dem dazugehörigen Grund und Boden seitdem in vollem Umfang unmittelbar für eigenbetriebliche Zwecke nutzt (vgl. R 4.2 Abs. 7 EStR).

- Grund und Boden

In analoger Anwendung des § 6 Abs. 1 Nr. 5 Satz 1 Halbsatz 1 EStG i.V. mit § 6 Abs. 1 Nr. 6 EStG war die Überführung des Grund und Bodens aus dem Privatvermögen in das Betriebsvermögen der freiberuflichen Praxis zum 1. 7. 2012 mit dem Teilwert i. H. von 250.000 € zu bewerten (vgl. § 6 Abs. 7 Nr. 2 EStG). § 6 Abs. 1 Nr. 5 Satz 1 Halbsatz 2 EStG findet keine Anwendung, da der Grund und Boden nicht innerhalb von drei Jahren nach der Anschaffung in das Betriebsvermögen überführt wurde. Die Dreijahresfrist endete bereits am 31. 7. 2011.

Einlagewert 1. 7. 2012	**250.000 €**

- Gebäude

Die Überführung des Gebäudes zum 1. 7. 2012 in das Betriebsvermögen der freiberuflichen Praxis erfolgt mit den Herstellungskosten, vermindert um die AfA, die auf den Zeitraum zwischen der Herstellung des Gebäudes und der Einlage entfällt (vgl. § 6 Abs. 1 Nr. 5 Sätze 1 und 2 EStG, R 6.12 Abs. 1 Satz 1 EStR). § 6 Abs. 1 Nr. 5 Satz 1 Buchst. a EStG findet in diesem Fall Anwendung, da die Einlage innerhalb von drei Jahren nach der Herstellung erfolgte.

Bis zur Überführung in das Betriebsvermögen diente das Gebäude FK zur Erzielung von Einkünften aus Vermietung und Verpachtung i. S. des § 21 Abs. 1 Satz 1 Nr. 1 EStG. Bei der Ermittlung der Einkünfte aus Vermietung und Verpachtung war die AfA gem. § 7 Abs. 4 Satz 1 Nr. 2 Buchst. a EStG mit 2 % jährlich in den Gebäude-Herstellungskosten zu berücksichtigen. § 7 Abs. 4 Satz 1 Nr. 1 EStG war nicht anzuwenden, da das Gebäude bis zum 30. 6. 2012 nicht dem Betriebsvermögen zuzuordnen war. Die degressive AfA nach § 7 Abs. 5 EStG konnte FK nicht in Anspruch nehmen.

Gebäude-Herstellungskosten	300.000 €
AfA 1. 1. 2012 bis 30. 6. 2012 (6/12 Monate x 2 % x 300.000 €)	./. 3.000 €
Einlagewert 1. 7. 2012	**297.000 €**

c) AfA Gebäude

Die Anschaffungs- oder Herstellungskosten für Anlagegüter, die der Abnutzung unterliegen, sind im Wege der AfA auf die Nutzungsdauer des Wirtschaftsgutes zu verteilen (vgl. R 4.5 Abs. 3 Satz 2 EStR, § 7 Abs. 1 Satz 1 EStG). Dies gilt auch für das hergestellte Gebäude. Nach der Überführung des Gebäudes in das Betriebsvermögen bemisst sich die weitere AfA nach den fortgeführten Gebäude-Herstellungskosten i. H. von 297.000 € (vgl. Punkt b) Einlage Grundstück). Die AfA bemisst sich ab dem 1. 7. 2012 nach § 7 Abs. 4 Satz 1 Nr. 1 EStG mit 3 % jährlich der AfA-Bemessungsgrundlage. Für das Gebäude wurde der Bauantrag nach dem 31. 3. 1985 gestellt und die Herstellung des Gebäudes begann nach dem 31. 12. 2000 (vgl. § 52 Abs. 15 Satz 2 EStG). Die AfA-Bemessungsgrundlage bildet der Einlagewert des Gebäudes (vgl. Anhang 1 II EStHB, Tz. 6).[111]

Für 2018 kann nur der Teil des auf ein Jahr anfallenden AfA-Betrages abgesetzt werden, der dem Zeitraum zwischen Beginn des Jahres und der Veräußerung (Übergang Nutzen und Lasten zum 1. 9. 2018) entspricht (vgl. § 7 Abs. 1 Satz 4 EStG, R 7.4 Abs. 8 Satz 1 EStR). Die für 2018 vorgenommenen Abschreibungen sind in die besonderen, laufend zu führenden Verzeichnisse des Anlagevermögens aufzunehmen (vgl. R 4.5 Abs. 3 Satz 4 EStR).

Der Buchwert zum 31. 8. 2018 ermittelt sich wie folgt:

Einlagewert zum 1. 7. 2012	297.000 €
AfA 1. 7. 2012 bis 31. 12. 2017 (5,5 Jahre x 3 % x 297.000 €)	./. 49.005 €
Buchwert zum 31. 12. 2017	= 247.995 €
AfA 1. 1. 2018 bis 31. 8. 2018 (8/12 Jahre x 3 % x 297.000 €)	./. 5.940 €
Buchwert zum 31. 8. 2018	**= 242.055 €**
Gewinnänderung (AfA Gebäude)	**./. 5.940 €**

d) Grundstücksveräußerung zum 1. 9. 2018

Zu den Betriebseinnahmen gehören auch die Einnahmen aus der Veräußerung von abnutzbaren und nicht abnutzbaren Anlagegütern sowie vereinnahmte Umsatzsteuerbeträge (vgl. R 4.5 Abs. 3 Satz 1 EStR). Die Anschaffungs- oder Herstellungskosten oder den an deren Stelle tretende Wert, sind bei nicht abnutzbaren Wirtschaftsgütern des Anlagevermögens erst im Zeitpunkt des Zuflusses des Veräußerungserlöses oder im Zeitpunkt der Entnahme als Betriebsausgaben zu berücksichtigen (vgl. § 4 Abs. 3 Satz 4 EStG).

FK hat das bebaute Grundstück zum 1. 9. 2018 (= Übergang Nutzen und Lasten) an die I-GmbH gegen einen in Raten zu zahlenden Kaufpreis veräußert. Veräußert ein Stpfl. i. R. der Einnahmenüberschussrechnung Wirtschaftsgüter i. S. des § 4 Abs. 3 Satz 4 EStG gegen einen in Raten zu zahlenden Kaufpreis, ist (grds.) in jedem Wirtschaftsjahr i. H. der in demselben Wirtschaftsjahr zufließenden Kaufpreisraten ein Teilbetrag der Anschaffungs- oder Herstellungskosten als Betriebsausgaben abzusetzen (vgl. R 4.5 Abs. 5 Satz 1 EStR). Im Jahr 2018 ist FK von dem vereinbarten Veräußerungspreis i. H. von 600.000 € nur ein Teilbetrag i. H. von 500.000 € (= 200.000 € + 300.000 €) zugeflossen. Der von der I-GmbH unmittelbar an die Ehefrau zur Tilgung des Darlehens überwiesene Betrag i. H. von 300.000 € ist FK als Veräußerungspreis zuzurechnen.

► Rücklage nach § 6b EStG i. V. mit § 6c EStG

FK kann i. H. des Gewinns aus der Veräußerung des Grund und Bodens und des Gebäudes eine steuerfreie Rücklage nach § 6b EStG i. V. mit § 6c EStG bilden. § 6b EStG ist bei der Einnahmenüberschussrechnung bei Vorliegen der übrigen Voraussetzungen entsprechend anzuwenden (vgl. § 6c Abs. 1 Satz 1 EStG i. V. mit R 6c Abs. 1 Satz 1 EStR).

Der Gewinn ist aus der Veräußerung von Grund und Boden und Gebäude entstanden (vgl. § 6b Abs. 1 Satz 1 EStG). Das Grundstück gehört seit dem 1. 7. 2012 zum Betriebsvermögen der freiberuflichen Praxis und war damit bis zur Veräußerung am 1. 9. 2018 mindestens sechs Jahre ununterbrochen dem Anlagevermögen einer inländischen Betriebsstätte zuzuordnen (vgl. § 6b Abs. 4 Satz 1 Nr. 2 EStG).

Zur Ermittlung des nach § 6b EStG i. V. mit § 6c EStG begünstigten Veräußerungsgewinns ist der Veräußerungspreis in voller Höhe im Veräußerungszeitpunkt als Betriebseinnahme zu behandeln, auch wenn er nicht gleichzeitig zufließt (vgl. R 6c Abs. 1 Satz 3 EStR). Begünstigter Veräußerungsgewinn ist ohne Rücksicht auf den Zeitpunkt des Zuflusses des Veräußerungspreises der Betrag, den der Veräußerungspreis nach Abzug der Veräußerungskosten die Aufwendungen für das veräußerte Grundstück übersteigt, die bis zu seiner Veräußerung noch nicht als Betriebsausgaben abgesetzt worden sind (vgl. R 6c Abs. 1 Sätze 2 und 3 EStR).

Veräußerungspreis (insgesamt)	600.000 €
Betriebsausgaben	
Buchwert Grund und Boden	./. 250.000 €
Buchwert Gebäude zum 31. 8. 2018	./. 242.055 €
Gewinnänderung (Veräußerungsgewinn)	**+107.945 €**

FK kann im Wirtschaftsjahr der Veräußerung 2018 eine den steuerlichen Gewinn mindernde Rücklage i. H. von 107.945 € bilden, die i. R. der Ermittlung nach § 4 Abs. 3 EStG als Betriebsausgabe (= Abzug) zu behandeln ist (vgl. § 6c Abs. 1 Satz 2 EStG). Der Veräußerungsgewinn ist aus der Veräußerung von Grund und Boden und Gebäude entstanden (vgl. § 6b Abs. 1 Satz 1 EStG). Im Jahr 2018 hat FK keine nach § 6b Abs. 1 Satz 2 EStG begünstigten Neuinvestitionen vorgenommen (vgl. § 6b Abs. 3 Satz 1 EStG).

Gewinnänderung (Rücklage nach § 6b EStG i. V. mit § 6c EStG)	**./. 107.945 €**

111 Vgl. BMF, Schreiben vom 27. 10. 2010 - IV C 3 - S 2190/09/100007 - 2010/0764153, BStBl I S. 1204.

FK kann von den Anschaffungs- oder Herstellungskosten der in § 6b Abs. 1 Satz 2 EStG bezeichneten Wirtschaftsgüter, die in den folgenden vier Jahren angeschafft oder hergestellt werden, einen Betrag bis zur Höhe der Rücklage im Wirtschaftsjahr ihrer Anschaffung oder Herstellung abziehen (vgl. § 6b Abs. 3 Satz 2 EStG). Eine am Schluss des vierten auf ihrer Bildung folgenden Wirtschaftsjahres noch vorhandene Rücklage ist in diesem Zeitpunkt gewinnerhöhend aufzulösen und ist i. R. der Einnahmenüberschussrechnung als Betriebseinnahme zu behandeln (vgl. § 6b Abs. 3 Satz 5 EStG). Voraussetzung für den Abzug ist die Aufnahme der Wirtschaftsgüter, bei denen ein Abzug vorgenommen worden ist, in ein besonderes, laufend zu führendes Verzeichnis (vgl. § 6c Abs. 2 Satz 1 EStG).

e) Darlehen Martha Klein

Die von FK und Martha Klein (MK) abgeschlossene fremdübliche Darlehensvereinbarung ist nicht zu beanstanden und der Besteuerung zugrunde zu legen, da das Darlehensverhältnis ernsthaft vereinbart und entsprechend der Vereinbarung tatsächlich durchgeführt wird (vgl. R 4.8 Abs. 1 EStR analog; H 4.8 „Darlehensverhältnisse zwischen Angehörigen" EStH; Anhang 2 I EStHB, Tz. 1).[112]

Die Darlehensaufnahme ist unmittelbar durch die Einkünfteerzielung veranlasst. Das gewährte Darlehen i. H. von 300.000 € verwendet FK bis zur Darlehenstilgung am 1. 9. 2018 zur Finanzierung der Herstellungskosten des auf seinem Grundstück errichteten Neubaus. Aus der teilweise fremdfinanzierten, vermieteten Immobilie erzielt FK zunächst Einkünfte aus Vermietung und Verpachtung, wobei die bis zum 30. 6. 2012 gezahlten Schuldzinsen gem. § 9 Abs. 1 Satz 3 Nr. 1 EStG als Werbungskosten zu berücksichtigen waren. Seit Beginn der eigenbetrieblichen Nutzung des Gebäudes ab dem 1. 7. 2012 dient das Grundstück des FK der Nutzung als Arztpraxis, aus der FK Einkünfte i. S. des § 18 EStG erzielt. Seit diesem Zeitpunkt stellt die gegenüber der Ehefrau bestehende Darlehensschuld bis zu ihrer Tilgung eine zum Betriebsvermögen gehörende betrieblich veranlasste Verbindlichkeit dar (vgl. R 4.2 Abs. 15 Satz 2 EStR; H 4.2 Abs. 15 „Betriebsschuld" EStH).

Der Darlehensvertrag und seine tatsächliche Durchführung gewährleisten eine klare und einwandfreie Abgrenzung der Vermögens- und Einkommenssphären der Vertragsschließenden. Sowohl FK als auch MK verfügen über eigenes Vermögen und eigenes Einkommen. Die fehlende Besicherung der Darlehensforderung und eine Regelung über eine Vorfälligkeitsentschädigung führen nicht zur steuerlichen Nichtanerkennung des Darlehensverhältnisses, da das Darlehensverhältnis in allen anderen Punkten dem zwischen fremden Dritten üblichen entspricht und das Darlehen ansonsten bei einem fremden Dritten hätte aufgenommen werden müssen (vgl. Anhang 2 I EStHB, Tz. 8). Entscheidend für die steuerliche Anerkennung ist, dass die getroffenen Vereinbarungen tatsächlich vollzogen werden und FK insbesondere die Darlehenszinsen regelmäßig gezahlt hat.

Im Ergebnis stellen die im Jahr 2018 für die Darlehensgewährung an MK gezahlten Zinsen i. H. von insgesamt 10.000 € (= 8 Monate x 1.250 €) Betriebsausgaben dar, da sie durch den Betrieb der Praxis veranlasst sind (vgl. § 4 Abs. 4 EStG). Die Abzugsbeschränkung des § 4 Abs. 4a EStG findet keine Anwendung, da das Darlehen der Finanzierung der Herstellungskosten eines Wirtschaftsgutes (= Gebäude) des Anlagevermögens der Praxis gedient hat (vgl. § 4 Abs. 4a Satz 5 EStG).

Gewinnänderung (Zinsen Darlehen)	**./. 10.000 €**

f) Ermittlung der Einkünfte aus selbständiger Arbeit (§ 18 EStG)

vorläufiger Gewinn	140.000 €
► Honorare Privatpatienten (a)	+10.000 €
► AfA Gebäude (c)	./. 5.940 €
► Veräußerungsgewinn Grundstück (d)	+107.945 €
► Rücklage § 6b Abs. 3 EStG (d)	./. 107.945 €
► Zinsen Darlehen MK (e)	./. 10.000 €
Gewinn (Einkünfte aus selbständiger Arbeit § 18 EStG)	**= 134.060 €**

2. Martha Klein – Einkünfte aus Kapitalvermögen (§ 20 EStG)

MK erzielt aus dem an ihren Ehemann FK gewährten Darlehen Einkünfte aus Kapitalvermögen i. S. des § 20 Abs. 1 Nr. 7 EStG, da die Darlehensforderung zu ihrem Privatvermögen gehört und das Subsidiaritätsprinzip i. S. des § 20 Abs. 8 EStG keine Anwendung findet. Die Zinseinkünfte unterliegen der Einkommensteuer gem. § 2 Abs. 1 Satz 1 Nr. 5 EStG. Es handelt sich um Überschusseinkünfte (vgl. § 2 Abs. 2 Satz 1 Nr. 2 EStG). Die Einkünfte unterliegen nach § 32d Abs. 1 EStG dem gesonderten Steuertarif. Bei der Ermittlung der Einkünfte aus Kapitalvermögen ist der Abzug tatsächlicher Werbungskosten (§ 9 EStG) ausgeschlossen (vgl. § 20 Abs. 9 Satz 1 EStG, § 2 Abs. 2 Satz 2 EStG). Das Zuflussprinzip i. S. des § 11 Abs. 1 EStG findet Anwendung.

Die Einnahmen i. S. des § 8 EStG sind die in 2018 zugeflossenen Zinsen i. H. von 10.000 € (8 Monate x 1.250 €). Diese unterliegen nicht nach § 43 Abs. 1 Nr. 7 EStG dem Steuerabzug vom Kapitalertrag, da es sich nicht um Zinsen aus Anleihen und Forderungen handelt, die in ein öffentliches Schuldbuch eingetragen sind (§ 43 Abs. 1 Satz 1 Nr. 7 Buchst. a EStG) und FK als Schuldner der Kapitalerträge auch kein inlän-

112 Vgl. BMF, Schreiben vom 23. 12. 2010 - IV C 6 - S 2144/07/10004 - 2010/0862046, a. a. O.

disches Kreditinstitut oder inländisches Finanzdienstleistungsinstitut ist (§ 43 Abs. 1 Satz 1 Nr. 7 Buchst. b EStG). Die Abgeltungsregelung des § 43 Abs. 5 Satz 1 EStG findet damit im vorliegenden Fall mangels Kapitalertragsteuerabzug keine Anwendung.

Zu prüfen ist, ob eine Ausnahme vom gesonderten Steuertarif i. S. des § 32d Abs. 1 EStG anzuwenden ist. Der gesonderte Steuertarif ist gem. § 32d Abs. 2 Nr. 1 Buchst. a EStG für Einkünfte aus Kapitalvermögen i. S. des § 20 Abs. 1 Nr. 7 EStG nicht anzuwenden, wenn Gläubiger und Schuldner der Kapitalerträge einander nahestehende Person sind und die Kapitalerträge Aufwendungen beim Schuldner (= Betriebsausgaben oder Werbungskosten) darstellen (vgl. Anhang 19 II EStHB, Tz. 134).[113] Der Begriff der „nahestehenden Person“ i. S. des § 32d Abs. 2 Nr. 1 Buchst. a EStG ist bei Angehörigen erfüllt, wenn die Person auf den Stpfl. einen beherrschenden Einfluss ausüben kann oder umgekehrt der Stpfl. auf diese Person einen beherrschenden Einfluss ausüben kann oder eine dritte Person auf beide einen beherrschenden Einfluss ausüben kann oder die Person oder der Stpfl. imstande ist, bei der Vereinbarung der Bedingungen einer Geschäftsbeziehung auf den Steuerpflichtigen oder die nahestehende Person einen außerhalb dieser Geschäftsbeziehung begründeten Einfluss auszuüben oder wenn einer von Ihnen ein eigenes wirtschaftliches Interesse an der Erzielung von Einkünften des anderen hat (vgl. Anhang 19 II EStHB, Tz. 136). Von einem derartigen Beherrschungsverhältnis ist auszugehen, wenn dem Beherrschten aufgrund eines absoluten Abhängigkeitsverhältnisses im Wesentlichen kein eigener Entscheidungsspielraum verbleibt.

Im Ergebnis ist zwischen MK und FK kein Beherrschungsverhältnis i. S. dieser Vorschrift ersichtlich und § 32d Abs. 1 EStG ist anzuwenden. Die Einkünfte sind damit in der Einkommensteuererklärung der Ehegatten Klein anzugeben (vgl. § 32d Abs. 3 Satz 1 EStG). Für diese Kapitalerträge erhöht sich die tarifliche Einkommensteuer um den nach § 32d Abs. 1 EStG ermittelten Betrag (vgl. § 32d Abs. 3 Satz 2 EStG). Diese Einkünfte werden gem. § 2 Abs. 5b EStG nicht im Gesamtbetrag der Einkünfte erfasst.

Die Einkünfte i. S. des § 20 Abs. 1 Nr. 7 EStG ermitteln sich wie folgt:

Einnahmen (§ 8 EStG)	10.000 €
Sparerpauschbetrag (§ 9 EStG, § 20 Abs. 9 Sätze 2 und 3 EStG)	./. 1.602 €
Zinseinkünfte (§ 20 EStG)	**= 8.398 €**

3. Ermittlung des zu versteuernden Einkommens

Summe der Einkünfte FK	134.060 €
Summe der Einkünfte MK	0 €
Gesamtbetrag der Einkünfte	= 134.060 €
Sonderausgaben, außergewöhnliche Belastungen	./. 10.000 €
zu versteuerndes Einkommen	= 124.060 €

2.3 Einkünfte aus nichtselbständiger Tätigkeit – Teilaufgabe Steuerberaterprüfung 2010 (Aufgabe 2)[114]

Überlassung von Kraftfahrzeugen an den Arbeitnehmer zur Privatnutzung sowie für Fahrten zwischen Wohnung und erster Tätigkeitsstätte, Pauschalierung der Lohnsteuer (§ 37b EStG – Negativabgrenzung, § 40 EStG, § 40b EStG)

Sachverhalt:

Die Geschenkeidee-GmbH (GmbH) betreibt einen Handel mit Geschenkartikeln und Wohnaccessoires und unterhält Filialen in Köln, Düsseldorf und Essen. Die Geschäftsleitung befindet sich in Köln. Geschäftsführer der GmbH ist Peter Peters (PP), der an dieser nicht vermögensmäßig beteiligt ist.

Im Anstellungsvertrag mit PP ist unter anderem vereinbart, dass ihm die GmbH einen Pkw der Marke „Mercedes E-Klasse“ (Bruttolistenpreis 60.000 €) unentgeltlich zur Verfügung stellt und er diesen Pkw auch für private Zwecke verwenden darf. Entsprechend dieser Vereinbarung nutzt PP den Pkw für Dienstfahrten, Privatfahrten und Fahrten zwischen seiner Wohnung in Neuss und seine Arbeitsstelle in Köln (einfache Entfernung 50 km). Einzelaufzeichnungen werden von PP nicht geführt.

Die GmbH beschäftigt einschließlich PP insgesamt 16 Arbeitnehmer, die alle ihren Wohnsitz in Nordrhein-Westfalen haben und der Sozialversicherungspflicht unterliegen.

113 Vgl. BMF, Schreiben vom 18. 1. 2016 - IV C 1 - S 2252/08/10004 :017 - 2015/0468306, a. a. O.

114 Diese Teilaufgabe wurde aus „NWB, Steuerberaterprüfungsklausuren, Ausgabe 2016“ entnommen, abgewandelt und an den Rechtsstand 2018 angepasst.

Bei der Erstellung der Lohnsteueranmeldung für Dezember 2018 hat der Steuerberater der GmbH folgende Sachverhalte zu beurteilen:

a) Sozialversicherungen

Der zum 15. 12. 2018 fällig gewordene Bruttoarbeitslohn für alle Arbeitnehmer beträgt 40.000 €. Ferner zahlt die GmbH die von ihr nach den sozialversicherungsrechtlichen Vorschriften zu tragenden Beiträge zur gesetzlichen Renten-, Kranken-, Pflege- und Arbeitslosenversicherung i. H. von 7.730 € (= Arbeitgeberanteil).

b) Gruppenunfallversicherung

Die GmbH hat für alle Arbeitnehmer eine Gruppenunfallversicherung abgeschlossen, die nur private Unfälle abdeckt. Nach den Versicherungsbedingungen steht den Arbeitnehmern im Versicherungsfall ein unentziehbarer Anspruch auf die Versicherungsleistung gegenüber dem Versicherer zu. Die GmbH zahlt den Jahresbeitrag i. H. von 1.061,44 € (darin enthalten 69,44 € Versicherungssteuer) am 15. 12. 2018.

c) Fahrten zwischen Wohnung und Erster Tätigkeitsstätte PP

Im Dezember 2018 nutzt PP den ihm überlassenen Pkw zu Dienst- und Privatfahrten sowie für 22 Fahrten zwischen Wohnung und erster Tätigkeitsstätte.

d) Mitgliederversammlung

I. R. seiner Mitgliederversammlung am 14. 12. 2018 verlieh der Geschenkeartikel-Einzelhandelsverband, dem auch die GmbH angehört, dem Leiter der Filiale in Essen, Tobias Pfiffig (TP), einen zuvor ausgeschriebenen Preis für besondere Ausgestaltung des Warensortiments. Im Beisein von PP erhielt TP einen Scheck über 2.000 €.

Aufgabe:

Prüfen Sie, ob und ggf. in welcher Höhe sich bei den Sachverhalten a) bis d) Arbeitslohn im Dezember 2018 ergibt, den die GmbH dem individuellen Lohnsteuerabzug nach Maßgabe des § 39b EStG unterwerfen muss. Bei bestehenden Wahlrechten ist die Alternative mit der möglichst geringsten Lohnsteuerbelastung für die Arbeitnehmer zu wählen. Erforderliche Anträge gelten als gestellt. Begründen Sie Ihre Ergebnisse unter Angabe der einschlägigen Rechtsgrundlagen.

LÖSUNG

Der Arbeitslohn der Arbeitnehmer der GmbH gehört zu den Einkünften aus nichtselbständiger Arbeit (§ 19 Abs. 1 Satz 1 Nr. 1 EStG), die dem Steuerabzug (= Lohnsteuer) vom Arbeitslohn unterliegen (vgl. § 38 Abs. 1 EStG). Der Arbeitslohn wird von einem inländischen Arbeitgeber gezahlt. Die GmbH hat ihre Geschäftsleitung i. S. des § 10 AO in Köln und damit im Inland (vgl. § 38 Abs. 1 Satz 1 Nr. 1 EStG). Die GmbH hat als Arbeitgeberin die Lohnsteuer für Rechnung ihrer Arbeitnehmer bei jeder Lohnzahlung vom Arbeitslohn einzubehalten (vgl. § 38 Abs. 1 Sätze 1 und 3 EStG, § 38 Abs. 3 Satz 1 EStG). Die Lohnsteuer ist an das Betriebsstättenfinanzamt abzuführen (vgl. § 41a Abs. 1 Satz 1 Nr. 2 EStG). Sie entsteht grds. in dem Zeitpunkt, in dem der Arbeitslohn dem Arbeitnehmer zufließt (vgl. § 38 Abs. 2 Satz 2 EStG). Die GmbH haftet für die Lohnsteuer gem. § 42d Abs. 1 Nr. 1 EStG.

1. Ausgaben zur Zukunftssicherung

Zum Arbeitslohn gehören auch Ausgaben des Arbeitgebers zur Zukunftssicherung seiner Arbeitnehmer, um diese oder ihnen nahestehende Personen für den Fall der Krankheit, des Unfalls, der Invalidität, des Alters oder des Todes abzusichern (vgl. § 2 Abs. 2 Nr. 3 Satz 1 LStDV).

a) Arbeitgeberanteil zur gesetzlichen Sozialversicherung

Die von der GmbH nach den sozialversicherungsrechtlichen Vorschriften zu tragenden Arbeitgeberanteile zur gesetzlichen Renten-, Kranken-, Pflege- und Arbeitslosenversicherung i. H. von 7.730 € gehören als Ausgaben zur Zukunftssicherung zum Arbeitslohn der Arbeitnehmer.

Die GmbH ist als Arbeitgeberin aufgrund von sozialversicherungsrechtlichen Vorschriften verpflichtet, die Arbeitgeberanteile zu leisten. Diese sind jedoch nach § 3 Nr. 62 Satz 1 EStG steuerfrei. Somit unterliegt dem Steuerabzug für Dezember 2018 gem. § 38 EStG nur der Bruttoarbeitslohn i. H. von 40.000 €.

b) Gruppenunfallversicherung

Der Jahresbeitrag i. H. von 1.061,44 €, den die GmbH für ihre Arbeitnehmer aufgrund der abgeschlossenen Gruppenunfallversicherung am 15. 12. 2018 gezahlt hat, gehört zum steuerpflichtigen Arbeitslohn der Arbeitnehmer (vgl. § 8 Abs. 2 Satz 1 EStG, § 2 Abs. 1 LStDV). Es handelt sich um Ausgaben, die die GmbH leistet, um ihre Arbeitnehmer für den Fall des Unfalls im privaten Bereich abzusichern (= Zukunftssicherung). Aus dem Sachverhalt ergibt sich, dass den Arbeitnehmern im Versicherungsfall ein unentziehbarer Anspruch auf die Versicherungsleistung gegenüber dem Versicherer zusteht. Eine Steuerbefreiung dieser Leistungen gem. § 3 Nr. 62 Satz 2 EStG kommt nicht in Betracht. Der Jahresbeitrag unterliegt damit bei den Arbeitnehmern dem Lohnsteuerabzug.

Die GmbH kann die Lohnsteuer für die Unfallversicherungsbeiträge mit einem Pauschsteuersatz von 20 % der Beiträge erheben (vgl. § 40b Abs. 3 EStG). Die Pauschalierung ist zulässig, da der Teilbetrag, der sich bei der Aufteilung der gesamten Beträge – nach Abzug der Versicherungssteuer (Beitrag 1.061,44 € ./. Versicherungssteuer 69,44 € = 992 €) – durch die Zahl der gemeinsam versicherten Arbeitnehmer ergibt, den zulässigen Höchstbetrag von 62 € im Kalenderjahr nicht übersteigt (Gesamtbeitrag ohne Versicherungssteuer 992 € / 16 Arbeitnehmer = 62 €).

2. Unentgeltliche Kfz-Nutzung

a) Private Nutzung

Die GmbH gewährt ihrem Arbeitnehmer PP Arbeitslohn in Form von Sachbezügen, die ebenso wie Barlohnzahlungen dem laufenden Arbeitslohn zuzuordnen und dem Steuerabzug zu unterwerfen sind (vgl. § 2 Abs. 1 Satz 1 LStDV, R 8.1 Abs. 1 Satz 1 LStR). Für die Besteuerung der Sachbezüge ist deren Geldeswert gem. § 8 Abs. 2 Satz 1 EStG maßgebend.

PP steht ein betrieblicher Pkw der GmbH zur Verfügung, den er aufgrund vertraglicher Vereinbarungen neben der beruflichen Nutzung auch unentgeltlich für private Zwecke und für Fahrten zwischen Wohnung und erster Tätigkeitsstätte verwenden darf. Die Nutzung des von seiner Arbeitgeberin unentgeltlich zur Verfügung gestellten betrieblichen Kfz für private Fahrten ist für jeden Kalendermonat mit 1 % des inländischen Listenpreises im Zeitpunkt der Erstzulassung zzgl. der Kosten für Sonderausstattung einschließlich Umsatzsteuer als Arbeitslohn anzusetzen (vgl. § 8 Abs. 2 Satz 2 EStG i.V. mit § 6 Abs. 1 Nr. 4 Satz 2 EStG).

Private Pkw-Nutzung (1 % x Bruttolistenpreis 60.000 € = 600 €)	**600 €**

b) Aufwendungen für Fahrten zwischen Wohnung und erster Tätigkeitsstätte

Für die unentgeltliche Nutzung des betrieblichen Kfz durch PP sind für die Fahrten zwischen seiner Wohnung in Neuss und seiner ersten Tätigkeitsstätte in Köln für jeden Kalendermonat 0,03 % des Listenpreises einschließlich Umsatzsteuer des Kfz für jeden Kilometer der Entfernung zwischen seiner Wohnung in Neuss und seiner ersten Tätigkeitsstätte in Köln als geldwerter Vorteil anzusetzen (vgl. § 8 Abs. 2 Satz 3 EStG).

Abweichend von der Regelung des § 8 Abs. 2 Satz 3 EStG ist unter bestimmten Voraussetzungen stattdessen eine auf das Kalenderjahr bezogene Einzelbewertung der tatsächlichen Fahrten zwischen Wohnung und erster Tätigkeitsstätte mit 0,002 % des Listenpreises je Entfernungskilometer für höchstens 180 Tage zulässig (vgl. H 8.1 Absätze 9 bis 10 „Fahrten zwischen Wohnung und erster Tätigkeitsstätte bei pauschaler Nutzungswertermittlung" 2. Spiegelstrich LStH). Liegen die Voraussetzungen für das Wahlrecht vor, muss der Arbeitgeber in Abstimmung mit dem Arbeitnehmer die Anwendung der 0,03 %-Regelung oder der Einzelbewertung für jedes Kalenderjahr einheitlich für alle diesem überlassenen betrieblichen Kfz festlegen (vgl. H 8.1 Absätze 9 bis 10 „Fahrten zwischen Wohnung und erster Tätigkeitsstätte bei pauschaler Nutzungswertermittlung" 3. Spiegelstrich LStH). Soll im Lohnsteuerabzugsverfahren eine Einzelbewertung der tatsächlichen Fahrten zwischen Wohnung und erster Tätigkeitsstätte vorgenommen werden, so hat der Arbeitgeber für alle dem Arbeitnehmer überlassenen betrieblichen Kfz eine jahresbezogene Begrenzung auf insgesamt 180 Fahrten vorzunehmen (vgl. Anhang 24 IV.2 LStHB, Tz. 11).[115] Aus dem Sachverhalt ergeben sich keine Anhaltspunkte, ob von der GmbH eine jahresbezogene Begrenzung auf 180 Fahrten vorgenommen wurde und ob das Wahlrecht zugunsten der Einzelbewertung ausgeübt werden soll. Für den Kalendermonat Dezember 2018 ist dies jedoch auch unbeachtlich, da die Einzelbewertung zu einem ungünstigeren Ergebnis im Vergleich zum vorgesehenen pauschalen monatlichen Zuschlag i. S. des § 8 Abs. 2 Satz 3 EStG führen würde (0,002 % x Bruttolistenpreis 60.000 € x 50 km x 22 Fahrten = 1.320 €).

Eine Bewertung des Nutzungsvorteils nach § 8 Abs. 2 Satz 4 EStG mit den tatsächlich entstandenen Kfz-Aufwendungen ist nicht möglich, da von PP Einzelaufzeichnungen nicht geführt werden und die insgesamt entstandenen Aufwendungen des Kfz nicht durch Belege und ein ordnungsgemäß geführtes Fahrtenbuch nachgewiesen werden.

Der gem. § 8 Abs. 2 Satz 3 EStG anzusetzende Arbeitslohn ermittelt sich daher wie folgt:

Fahrten zwischen Wohnung und erster Tätigkeitsstätte (Entfernung 50 km x 0,03 % x Bruttolistenpreis 60.000 € = 900 €)	**900 €**

c) Lohnsteuerpauschalierung (§ 40 Abs. 2 EStG)

Nach § 40 Abs. 2 Satz 2 EStG kann die GmbH die Lohnsteuer mit einem Pauschsteuersatz i. H. von 15 % erheben, soweit der geldwerte Vorteil auf die unentgeltliche Überlassung des Kfz für Fahrten zwischen Wohnung und erster Tätigkeitsstätte entfällt und den Betrag nicht übersteigt, den PP nach § 9 Abs. 1 Satz 3 Nr. 4 EStG und § 9 Abs. 2 EStG als Werbungskosten geltend machen könnte, wenn die Bezüge nicht pauschal besteuert werden würden. Für die Besteuerung kommt somit ein Betrag i. H. von 330 € (22 Fahr-

115 Vgl. BMF, Schreiben vom 1. 4. 2011 - IV C 5 - S 2334/08/10010 - 2011/0250056, BStBl I S. 301.

ten x 50 km x 0,30 €) in Betracht. Hinsichtlich der pauschalierten Lohnsteuer ist die GmbH Schuldner der pauschalen Lohnsteuer und hat diese zu übernehmen (vgl. § 40 Abs. 3 Sätze 1 und 2 EStG).

Dem individuellen Lohnsteuerabzug nach § 38 EStG sind für den Monat Dezember 2018 damit zu unterwerfen:

private Kfz-Nutzung (1 % x Bruttolistenpreis 60.000 €)	600 €
Kfz-Nutzung für Fahrten zwischen Wohnung und erster Tätigkeitsstätte	
50 km x 0,03 % x Bruttolistenpreis 60.000 €	+ 900 €
pauschal zu besteuernder Arbeitslohn	./. 330 €
Arbeitslohn mit individuellem Lohnsteuerabzug PP	**+ 1.170 €**

3. **Preisverleihung Mitgliederversammlung**

Der vom Geschenkeartikel-Einzelhandelsverband verliehene Preis ist für den Arbeitnehmer TP als Arbeitslohn zu werten (vgl. § 2 Abs. 1 LStDV, § 8 Abs. 2 EStG). Dem Lohnsteuerabzug unterliegender Arbeitslohn kann auch bei der Zuwendung eines Dritten anzunehmen sein, wenn diese ein Entgelt für eine Leistung darstellt, die der Arbeitnehmer i. R. des Dienstverhältnisses für seinen Arbeitgeber erbringt, erbracht hat oder erbringen soll (vgl. § 38 Abs. 1 Nr. 2 EStG, R 38.4 Abs. 2 Satz 1 LStR).

Die in Geld bestehende Einnahme ist dem Arbeitnehmer TP mit der Übergabe des Schecks über 2.000 € zugeflossen und unterliegt als Arbeitslohn dem Lohnsteuerabzug, da die Einnahme dem Arbeitnehmer i. R. des Dienstverhältnisses von einem Dritten gewährt wurde (vgl. § 11 Abs. 1 Satz 1 EStG). Die GmbH ist zum Lohnsteuerabzug nach Maßgabe des § 39b EStG verpflichtet, da sie von der Gewährung der Zuwendung durch den Einzelhandelsverband an ihren Arbeitnehmer TP Kenntnis erlangt hat (vgl. § 38 Abs. 1 Satz 3 EStG).

Eine Pauschalierung der Lohnsteuer nach § 37b EStG kommt nicht in Betracht, da es sich bei dem verliehenen Preis nicht um eine Sachzuwendung handelt.

2.4 Sonstige Einkünfte

2.4.1 Lebenslange Rentenleistung – Teilaufgabe Steuerberaterprüfung 2009 (Aufgabe 4)[116]

sonstige Einkünfte § 22 Nr. 1 Satz 3 Buchst. a Doppelbuchst. bb EStG, steuerfreie Leistungen § 3 Nr. 1 Buchst. a EStG

Sachverhalt:

Anton Meyer (AM) war Geschäftsführer der X-GmbH. Am 31. 7. 2017 übersah AM auf der Fahrt zu einem Kunden ein Stoppschild und verursachte dadurch einen schweren Verkehrsunfall, bei dem er und der Unfallgegner erheblich verletzt wurden. AM wird durch den Unfall so schwer verletzt, dass er seinen Beruf nicht mehr ausüben kann. Das Geschäftsführerverhältnis wird daher noch im Jahr 2017 beendet. Ab dem 1. 10. 2017 erhält AM, der in diesem Zeitpunkt sein 57. Lebensjahr vollendet hatte, ein Verletztengeld der Berufsgenossenschaft i. H. von 1.500 € je Monat und eine lebenslange Rente i. H. von monatlich 1.000 € aus einer vom Anstellungsverhältnis unabhängigen Berufsunfähigkeitsversicherung.

Aufgabe:

Ermitteln Sie die sich aus dem vorstehenden Sachverhalt für den Veranlagungszeitraum 2018 ergebenden Einkünfte des unbeschränkt einkommensteuerpflichtigen AM. Begründen Sie Ihre Ergebnisse unter Angabe der einschlägigen Rechtsgrundlagen.

HINWEIS

- Ausführungen zur persönlichen Steuerpflicht sind nicht erforderlich.
- Erforderliche Anträge gelten als gestellt.
- Auf Cent lautende Beträge sind abzurunden.

LÖSUNG

1. **Verletztengeld aus der gesetzlichen Unfallversicherung**

AM erhält im Jahr 2018 ein monatliches Verletztengeld der Berufsgenossenschaft i. H. von 1.500 € je Monat. Dieses ist gem. § 3 Nr. 1 Buchst. a EStG steuerfrei und führt nicht zu steuerpflichtigen Einkünften i. S. des EStG.

116 Diese Teilaufgabe wurde aus „NWB, Steuerberaterprüfungsklausuren, Ausgabe 2015" entnommen, abgewandelt und an den Rechtsstand 2018 angepasst.

2. Lebenslange Rente (§ 22 EStG)

Die lebenslange Rente (= Leibrente) aus der privaten Berufsunfähigkeitsversicherung gehört zu den sonstigen Einkünften i. S. des § 22 Nr. 1 Satz 3 Buchst. a Doppelbuchst. bb EStG.[117] Die Einkünfte unterliegen gem. § 2 Abs. 1 Satz 1 Nr. 7 EStG der Einkommensteuer. Sie sind gem. § 2 Abs. 2 Satz 1 Nr. 2 EStG der Überschuss der Einnahmen (§ 8 EStG) über die Werbungskosten (§§ 9, 9a EStG). Das Zu- und Abflussprinzip des § 11 EStG findet für diese Einkünfte Anwendung.

Die Einnahmen sind der nach § 22 Nr. 1 Satz 3 Buchst. a Doppelbuchst. bb Satz 4 EStG zu ermittelnde Ertragsanteil der Rente. Der Ertragsanteil der Rente liegt bei 25 %, da AM bei Beginn des Rentenbezuges am 1. 10. 2017 sein 57. Lebensjahr vollendet hat.

Aus dem Sachverhalt ergeben sich keine tatsächlichen Werbungskosten i. S. des § 9 EStG. Daher ist der Werbungskostenpauschbetrag gem. § 9a Satz 1 Nr. 3 EStG anzusetzen.

Die Einkünfte aufgrund der lebenslangen Rente ermitteln sich wie folgt:

Einnahmen (Ertragsanteil der Rente; 25 % x 1.000 € x 12 Monate)	3.000 €
Werbungskostenpauschbetrag (§ 9a Satz 1 Nr. 3 EStG)	./. 102 €
sonstige Einkünfte (§ 22 EStG)	= 2.898 €

2.4.2 Versorgungszusage – Teilaufgabe Steuerberaterprüfung 2010 (Aufgabe 1)[118]

Sonstige Einkünfte § 22 Nr. 5 EStG, steuerfreie Leistungen nach § 3 Nr. 66 EStG, Antrag nach § 4e Abs. 3 EStG

Sachverhalt:

Martha Klein (MK, geboren am 31. 7. 1951) erhält nach ihrem Ausscheiden aus der aktiven Beschäftigung seit August 2016 aufgrund einer ihr von ihrem ehemaligen Arbeitgeber, der Textil- und Bekleidungshaus AG (TB-AG), erteilten Versorgungszusage eine Zahlung i. H. von monatlich 2.000 €. Zum 1. 7. 2017 hat die TB-AG sämtliche bestehende Versorgungsverpflichtungen und Versorgungsanwartschaften gegen Zahlung eines angemessenen mehrstelligen Millionenbetrages (ein Anteil von 235.000 € entfiel auf die Pension von MK) auf einen Pensionsfonds übertragen und beantragt, die insgesamt erforderlichen Leistungen an den Pensionsfonds zur Übernahme dieser Verpflichtungen und Anwartschaften durch den Pensionsfonds erst in den dem Wirtschaftsjahr der Übertragung folgenden zehn Wirtschaftsjahren gleichmäßig verteilt als Betriebsausgabe abzuziehen.

Aufgabe:

Ermitteln Sie die sich aus dem vorstehenden Sachverhalt für den Veranlagungszeitraum 2018 ergebenden Einkünfte der unbeschränkt einkommensteuerpflichtigen MK. Begründen Sie Ihre Ergebnisse unter Angabe der einschlägigen Rechtsgrundlagen.

- Ausführungen zur persönlichen Steuerpflicht sind nicht erforderlich.
- Erforderliche Anträge gelten als gestellt.
- Auf Cent lautende Beträge sind abzurunden.

Die Leistungen des Pensionsfonds an MK in 2018 stellen sonstige Einkünfte i. S. des § 22 Nr. 5 Satz 1 EStG dar. Diese unterliegen der Einkommensteuer gem. § 2 Abs. 1 Satz 1 Nr. 7 EStG. Es handelt sich um Überschusseinkünfte (vgl. § 2 Abs. 2 Satz 1 Nr. 2 EStG).

Die Übertragung der bestehenden Versorgungverpflichtungen und Versorgungsanwartschaften der TB-AG zum 1. 7. 2017 auf den Pensionsfonds führt hinsichtlich der auf MK entfallenden anteiligen Zahlung zu keinem steuerpflichtigen Arbeitslohn. Die Leistungen an den Pensionsfonds sind nach § 3 Nr. 66 EStG steuerfrei, da die TB-AG einen (erfolgreichen) Antrag nach § 4e Abs. 3 EStG gestellt hat.

MK hat bereits nach ihrem Ausscheiden aus der aktiven Beschäftigung seit August 2016 und somit vor der Übertragung der Versorgungsverpflichtungen und Versorgungsanwartschaften auf den Pensionsfonds zum 1. 7. 2017 Leistungen aufgrund der von ihrer ehemaligen Arbeitgeberin erteilten Versorgungszusage erhalten. Den Anspruch gegen den Pensionsfonds auf die monatlichen Zahlungen hat MK aufgrund steuerfreier Leistungen des Arbeitgebers nach § 3 Nr. 66 EStG erworben. Zur Ermittlung ihrer sonstigen Einkünfte sind § 9a Satz 1 Nr. 1 EStG und § 19 Abs. 2 EStG entsprechend anzuwenden (vgl. § 22 Nr. 5

117 Vgl. BMF, Schreiben vom 28. 10. 2009 - IV C 5 - S 2332/09/10004, BStBl I S. 1275, Tz. 2.1.

118 Diese Teilaufgabe wurde aus „NWB, Steuerberaterprüfungsklausuren, Ausgabe 2016" entnommen, abgewandelt und an den Rechtsstand 2018 angepasst.

Satz 11 EStG). Der Versorgungsfreibetrag i. S. des § 19 Abs. 2 EStG ist zu berücksichtigen, da MK zu Beginn des Versorgungsbezuges im August 2016 bereits ihr 65. Lebensalter vollendet hatte. Der Pauschbetrag nach § 9a Satz 1 Nr. 3 EStG (= Werbungskostenpauschbetrag) für sonstige Einkünfte ist nicht zu berücksichtigen.

Die sonstigen Einkünfte ermitteln sich wie folgt:

Versorgungsbezüge (12 Monate x 2.000 €)	24.000 €
Werbungskostenpauschbetrag (§ 9a Satz 1 Nr. 1 Buchst. b EStG)	./. 102 €
Versorgungsfreibetrag § 19 Abs. 2 Satz 3 EStG	
22,4 % x 24.000 € = 5.376 € (maximal 1.680 €)	./. 1.680 €
Zuschlag zum Versorgungsfreibetrag	./. 504 €
sonstige Einkünfte (§ 22 Nr. 5 EStG)	**21.714 €**

N

O

P

R

S

T

U

V

W

Z

STICHWORTVERZEICHNIS

Die angegebenen Zahlen verweisen auf die Textziffern (Tz.).